U0000977

南無本師釋迦牟尼佛

本師釋迦牟尼佛 偈讚

俱胝圓滿妙善所生身

成滿無邊眾生希願語

如實觀見無餘所知意

於是釋迦尊主稽首禮

至尊彌勒

至尊彌勒 偈讚

大慈火燒瞋恚薪

智慧光滅無明暗

紹法王位眾生怙

住兜率尊誠頂禮

阿底峽尊者

阿底峽尊者 偈讚

富饒之地邦伽羅

貴冑撒賀王種姓

菩薩靜命所生族

燃燈智足敬頂禮

宗喀巴大師父子三尊

宗喀巴大師父子三尊 偈讚

肇建雪域車軌宗喀巴

事勢正理自在賈曹傑

顯密教法持主克主傑

佛王父子三尊敬頂禮

菩提道次第廣論四家合註

————白話校註集————
奢摩他

造論／ 宗喀巴大師

合註／ 巴梭法王　語王堅穩尊者　妙音笑大師　札帝格西

譯論／ 法尊法師　總監／真　如　譯註／釋如法　釋如密　釋如行　等

大慈恩・月光國際譯經院

《菩提道次第廣論四家合註白話校註集》
第五冊・譯場成員

承　辦／大慈恩・月光國際譯經院・第一譯場

授　　義／哲蚌赤蘇仁波切、哈爾瓦・嘉木樣洛周仁波切、大格西功德海、
　　　　　如月格西

總　　監／真　如

主　　譯／釋如法

主　　校／釋如密

主　　潤／釋如吉

審　　義／釋性華

合校潤／釋如行

語　　譯／釋性忠　　　　　　助理／釋性照

參　　異／釋性柏　　　　　　助理／釋性懷

考　　據／釋性理、釋性展　　助理／釋清宏、釋清知、釋清揚、釋廣慈

訓　　詁／張瑞麟、蔡纓勳

梵　　語／張瑞麟

眾　　校／釋性普、釋性崇、釋性黎、釋性幻

眾　　潤／潘呂棋昌、蔡纓勳、江寶珠

提　　疑／釋緣亦、釋圓道、釋賢浩、釋見越、釋融法、釋起演、釋起運、
　　　　　釋起論、張瑞麟、游陳溪、陳耀輝、吳孟洲、王淑均、葉郭枝、
　　　　　洪金澤、潘紘、趙軍、張嘉、左玉波、陳永盛

審　　閱／釋見越、釋融法、釋起演、釋起運、釋起論

行　　政／釋性回、釋清育、釋性賀、釋性勇

དགའ་ལྡན་ཁྲི་པ་རི་རྫོང་སྲས་སྤྲུལ་ཐུབ་བསྟན་ཉི་མ།

GADEN TRIPA RIZONG SRAS -TRUL
THUPTEN NYIMA

LUKHIL KHANGTSEN
DREPUNG LOSELING
L.C # 2 , TATTIHALLI
MUNDGOD-581411
N.K. KARNATAKA
SOUTH INDIA

PHONE: 08301 245658

DATE _____

ལམ་རིམ་ཆེན་མོའི་མཆན་བཞི་སྦྱགས་ཀྱི་ཆེད་བརྗོད།

༄༅། །ཕྱོགས་དུས་རྒྱལ་བ་ཀུན་གྱི་མཁྱེན་བརྩེ་ནུས་གསུམ་གཅིག་ཏུ་འདུས་པའི་རང་
གཟུགས་སློབ་བརྩོན་དྲ་སྤྱིག་གར་གྱི་རྣམ་པར་རོལ་བ། །ཁམས་གསུམ་ཆོས་ཀྱི་རྒྱལ་པོ་ཙོང་ཁ་པ་ཆེན་
པོ་དཔལ་བཟང་པོ་མཆོག །རྗེ་སྐུད་དུ། མཱ་ཏི་སྟེ་གདམས་ངག་འབོགས་པའི་རྒྱལ་པོ་ལས། ཀུན་དགའ་བོ།
ད་ལྟ་ལ་ཞིག་དགར་གྱི་འཁྲེར་བ་སྟེར་བའི་ཐིའུ་འདི། ང་ཡི་བསྟན་པ་གསོ་བྱེད་ལ། །མ་འོངས་སྦྱིགས་
མའི་དུས་སུ་ནི། །འབྲི་དང་ལྟུན་གྱི་ས་མཆམས་སུ། །དགེ་ཞེས་བུ་བའི་དགོན་པ་འདེབས། །སྤྲོ་བཟང་
ཞེས་བུའི་མིང་ཅན་འབྱུང་། །ཞེས་སོགས་རྒྱ་ཆེར་གསུངས་པ་ལྟར། འགྲོ་རི་པོ་ཆེ་དགའ་ལྡན་རྣམ་པར་
རྒྱལ་བའི་སྐྱེད་ཕྱུག་བཏབ་པ་མཛད་ཅིང་། སྤྱག་པར་རྗེ་རང་ཉིད་ཀྱི་ཞལ་སྲུ་ནས། དེ་དུས་རྣལ་འབྱོར་
བཙོན་རྣམས་ཕོ་ལ་ཅུང་། །མང་ཐོས་ནམས་ལེན་གནད་ལ་མི་མཁས་ཤིང་། །ཕལ་ཆེར་གསུང་རབ་
བསླབ་ལ་ཕྱོགས་རེའི་མིག །ཁྱུང་དོན་རིགས་པས་འབྱེད་པའི་མཆུ་མེད་ལས། །བསྟན་པའི་གནད་རྣམས་
རྟོགས་པའི་གདམས་པ་མཆོག །མཁས་པ་དགྱེས་པའི་ལམ་དང་བྲལ་མཐོང་ནས། །ཤིང་རྟ་ཆེན་པོའི་
ལམ་འདི་བཤད་པ་ལ། །བདག་གི་ཡིད་འདི་ཀུན་ནས་སྤྲོ་བར་གྱུར། །ཞེས་གསུངས་པ་ལྟར། བཀའ་སྟུན་
ཀྱི་བསྟན་པ་རྒྱ་ཆེར་སྤེལ་བར་མཛད་ཅིང་། ཁྱད་པར་དུ་ལྷ་བཅུའི་གཙུག་རྒྱན་རྗེ་པོ་རྗེ་དཔལ་ལྡན་ཨ་ཏི་
ཤས་མཛད་པའི་བྱང་ཆུབ་ལམ་སྒྲོན་ལ་བརྟེན་ནས་ཆེ་བ་བཞི་དང་ཁྱད་ཆོས་གསུམ་ལྡན་གྱི་སྨྲེས་བུ་
གསུམ་གྱི་ལམ་གྱི་རིམ་པ་དང་། ༼རྗེ་བཅུན་འཇམ་པའི་དབྱངས་ཀྱི་མན་ངག་ལ་བརྟེན་ནས་ལམ་གྱི་གཙོ་
བོ་རྣམ་པ་གསུམ་གྱི་གནད་རྣམས་ལེགས་པར་བསྒྲས་ནས་ས་གསུམ་གྱི་སྒྲོན་མེ་གཅིག་ཏུ་བྱུང་ཆུབ་
ལམ་རིམ་ཆེན་མོ་མཛད་ཅིང་། དེ་ནས་བྱང་ཆུབ་ལམ་རིམ་ཆེན་མོའི་མཆན་བཞི་སྦྱགས་ཀྱི་འགྲེལ་བ་

日宗仁波切藏文序

དགའ་ལྡན་ཁྲི་པ་རི་རྫོང་སྲས་སྤྲུལ་ཐུབ་བསྟན་ཉི་མ།

GADEN TRIPA RIZONG SRAS -TRUL
THUPTEN NYIMA

LUKHIL KHANGTSEN
DREPUNG LOSELING
L.C # 2 , TATTIHALLI
MUNDGOD-581411
N.K. KARNATAKA
SOUTH INDIA

PHONE: 08301 245658

DATE _____

ཐེག་ཆེན་ལམ་གྱི་གསལ་སྒྲོན་ཞེས་བྱ་བ་བྱུང་རིམ།   ༼རྗེ་ཉིས་རབ་རྒྱ་མཚོའི་གསུང་ལྷུང་སྤྲུལ་བརྒྱུད་

གདམས་པའི་བཀའ་བབས་པ་པོ་ཆོས་ཀྱི་རྒྱལ་མཆན་གྱི་སྐྱེ་ཕྲེང་ལྔ་དབང་ཆོས་ཀྱི་རྒྱལ་མཆན་གྱིས་

དགའ་བའི་གནད་ལ་མཆན་ཡིག་ཅིག་མཛད།   དེ་ནས་ཀུན་མཁྱེན་ཆོས་ཀྱི་འབྱུང་གནས་ཀྱི་གསུང་རྒྱུན་

ཁྲི་སྲུག་ཡུང་བྲག་ལ་རྡོ་གྲོས་རྒྱ་མཚོ་དང་།   རྒྱལ་མཆོག་ལྔ་པའི་ཡོངས་འཛིན་ཁྲི་དགོན་མཆོག་ཆོས་

འཕེལ་གཉིས་ནས་རིམ་བརྒྱུད།   སྟེ་དྲུག་མཁན་པོ་བག་དབང་རབ་བརྟན་ནས་མཆན་ཡིག་བཏབ།   དེའི་

རྗེས་ཀུན་མཁྱེན་འཛམ་དབྱངས་བཞད་པ་དགའ་དབང་བཙུན་འགྲུས་ཀྱིས་མཆན་འགྲེལ་གསེར་གྱི་འཕྲེང་

པོ་ཞེས་པ་དགའ་གནད་ཀུན་ལ་དོན་གྱིས་ཁོག་ཕྱུབ་པའི་ཞིན་མཆན་ཞིག་མཛད།   དེའི་རྗེས་འཛམ་

དབྱངས་དགར་པོ་རྗེས་སུ་བཟུང་བའི་སེར་བྱེས་སྲུ་ཊེའི་དགེ་བཤེས་རིན་ཆེན་དོན་འགྲུབ་ཀྱིས་སྔག་

མཐོང་གི་མཆན་ཡིག་ཅིག་མཛད་པ་བཅས་མཆན་བཞི་བྱུང་བ་དེ་དག་པོ་སོར་སྤྱང་བའི་འཆད་ཉན་བྱུང་

ཡོད་འདུག་ཀྱང་།   རབ་བྱུང་བཅུ་གསུམ་པའི་ཆུ་ཁྲི་སྤི་ལོ་ ༡༨༠༣ པོར་ཆེ་མཆོག་སྦྱིང་མཛོད་པ་དགེ་

ལེགས་རྒྱལ་མཆན་གྱིས་པར་དུ་བསྐྲུན་པ་དེ་ཉིད་མཆན་བཞི་སྣགས་དཔེ་བསྐྲུན་བྱས་པ་ཕོག་མ་དེ་ཡིན་

འདུག   པར་མ་དེའི་ནང་མཆན་འདྲག་མཆམས་ཆོར་བ་དང་།   མ་དག་པ་མང་བས་བརྒྱ་ནར་ཁྱབ་ཏུ་

སོང་ན་བསྐྲུན་པ་ལ་ཕན་ལས་གནོད་ཆབས་ཆེ་བས་བསྐྱར་ཞིན་ལེགས་བཅོས་དགོས་ཆུལ་ཁྲི་ཆེན་དང་

དབང་སྡུན་བྲགས་དང་།   རྒྱལ་ཆར་ཆོ་མེར་ཉན་འཛམ་དཔལ་ཡེ་ཤེས་བསྐྲུན་པའི་རྒྱལ་མཆན་སོགས་

ཀྱིས་བཀའ་ནན་པོ་སྲུ་ཕྱིར་ཡེབས་དོན་ལྟར།   འབྲུ་སྤུངས་མི་ཉག་དགེ་བཤེས་ཆུལ་ཁྲིམས་རྣམ་རྒྱལ་

ཀྱིས་ཕྱགས་འགན་གཙོ་བཞེས་ཕོག་ཁྲི་ཆེན་དག་དབང་སྡུན་གྲགས་དང་བྱུང་ཙེ་ཆོས་རྗེ་བློ་བཟང་སྡུན་

གྲུབ་སོགས་མཁས་གྲུབ་མང་པོས་ཞས་དག་གནང་སྟེ།   པར་གཞི་གཉིས་པ་དེ་རབ་བྱུང་བཅུ་བཞི་པའི

དགའ་ལྡན་ཁྲི་པ་རི་རྫོང་སྲས་སྤྲུལ་ཐུབ་བསྟན་ཉི་མ།

GADEN TRIPA RIZONG SRAS -TRUL
THUPTEN NYIMA

LUKHIL KHANGTSEN
DREPUNG LOSELING
L.C # 2 , TATTIHALLI
MUNDGOD-581411
N.K. KARNATAKA
SOUTH INDIA

PHONE: 08301 245658

DATE _____

རྒྱ་སྤྱག་སྤྱི་ལོ ༡༨༤༢ བོར་ཚེ་མཆོག་སྦྱིང་ནས་བསྒྱུར་བསྐྱུན་བྱས་འདུག པར་གཞི་གསུམ་པ་དེ་རང་

བྱུང་བརྒྱ་དྲག་པའི་མི་ཁྲི་ཕྱི་ལོ ༡༨༩༦ བོར་སྲིད་སྐྱོང་ཡོངས་འཛིན་སྤྱག་བྱག་རིན་པོ་ཆེའི་བཀའ་

འབྲེལ་སྤྱར་གོང་གི་ཚེ་མཆོག་སྦྱིང་པར་མ་བོར་བཞག་ཕྱིག་གཞུང་ས་མཆོག་ནས་པོ་བྱང་ཆེན་པོ་པོ་དུ་

པའི་ཞལ་དཔར་ཁང་ཆེན་པོ་གངས་ཅན་པར་བདེའི་གཏེར་མཛོད་སྦྱིང་དུ་པར་བསྒྱུར་ཞུས་པ་བཞིན་གྱི་

མ་དཔེ་གཞིར་བཟུང་ཕོག དེ་ལམ་མེ་ལྷན་ཚོགས་གཉིས་ཚེས་ཚོགས་ནས་བྱུང་རྒྱབ་ལམ་རིམ་ཆེན་མོའི་

མཚན་བཞི་སྤྱགས་ཀྱི་འབྲེལ་བ་རྒྱུ་ཡིག་ཕོག་དཔར་གསར་བསྒྱུན་ཞུ་བཅུ་ཡོད་པ་སྟེར། གོང་དུ་བཀོད་

མ་ཐག་པ་བཞིན་གྱི་མཁས་གྲུབ་གཉིས་སྤྲུན་གྱི་སྙིང་ཚེན་དམ་པ་མང་པོ་དག་ཕེར་རླག་དུ་བྱུང་བ་

མཛད་པའི་མཆན་པོ་པོའི་འདུག་མཚམས་དང་། གོང་འོག་མ་ནོར་བ་རང་བཟོའི་བཞེས་སྤྱང་མེད་པར་

བསྐང་སྤྲུབ་བསྐུན་པ་རི་ར་པོ་ཆེའི་ཞབས་འབྲེགས་སུ་འགྲོ་རིས་ཡོད་པ་ཞིན་དུ་གལ་ཆེ་བས་དེ་དོན་ཚང་

མས་ཐུགས་དགོངས་སུ་མཛད་པར་འཚལ།

ཞེས་མེ་ལྷན་ཚོགས་གཉིས་ཚེས་ཚོགས་ནས་རྒྱ་ཡིག་ཕོག་ལམ་རིམ་ཆེན་མོའི་མཚན་བཞི་སྤྲུབ་ཀྱི་

འབྲེལ་པ་པར་གསར་དུ་བསྒྱུན་གནང་མཛད་པ་དེར་ཆེན་བཏོང་ཅིག་དགོས་ཞེས་བསྐལ་མ་བྱུང་བ་བཞིན་

དགའ་ལྡན་ཁྲི་ཕོག ༡༠༢ པའི་མཆན་གྲུལ་དུ་འབོད་པ་རྒྱ་གར་ཏེ་མ་ལ་ཡའི་རི་རྒྱུད་སྤོང་མཐའ་རིམ་ལ་དགས་

རི་རྫོང་སྲས་སྤྲུལ་ཐུབ་བསྟན་ཉི་མས། ཕྱི་ལོ ༢༠༡༨ ཟླ་བ ༠༩ ཚེས ༣༡ ཉིན་རྒྱ་གར་ལྷོ་ཕྱོགས་གདན་ས་

ཆེན་པོ་དགའ་ལྡན་ནས་པར་རྒྱལ་བའི་སྦྱིང་གི་ཁྲི་ཕོག་ཁང་ནས་ཕུལ།

總攝十方三世一切諸佛悲智力的本體、勤持戒律舞現著袈裟相、三界法王宗喀巴大師最勝吉祥賢，如同《教授王經》廣泛宣說道：「阿難，現在供養我白水晶鬘的這位童子，將復興我教，未來濁世中，於具『止』地界，建寺名具『善』，其人名『善慧』……」，興建卓山甘丹尊勝洲寺；特別又如大師自己所說：「今勤瑜伽多寡聞，廣聞不善於修要，觀視佛語多片眼，復乏理辨教義力。故離智者歡喜道，圓滿教要勝教授；見已釋此大車道，我心全然遍勇喜。」廣大地弘傳講修的教法，特別依著五百智者的頂嚴——具德阿底峽尊者所造的《道炬論》，將具足四種殊勝、三種特法的三士夫菩提道次第，以及依靠至尊文殊的口訣，將三主要道的扼要善巧地收攝，而撰寫了三地唯一明燈——《菩提道次第廣論》。

　　之後《菩提道次第廣論四家合註‧大乘道明炬論》作註者出現的順序，如慧海大師所說：由耳傳教授受囑者巴梭法幢的轉世——巴梭天王法幢對難點撰寫一部箋註。之後遍智法源的口傳教授，由座主達隆札巴‧慧海及五世佛王的親教師——座主珍寶法增二師依序傳承，由德竹堪布語王堅穩作註。在此之後，遍智妙音笑語王精進對所有難點撰寫直指心要的詳細的箋註——《金輪》。之後則是白文殊所攝受的色拉傑札帝格西大寶義成撰寫《毗缽舍那註》，共產生四部箋註。過去雖然有結合這些個別箋註進行講聞，但是在十三迴繞壬戌、西元 1802 年，由勝壽寺司庫善妙幢合併刻版，這即是首次印行《四家合註》。由於此刻本有許多箋註安插錯誤及不正確之處，假如此本盛行於世，對於教法弊大於利，因此經赤欽語王美譽、紹勝諾門汗妙吉祥智教法幢等先後殷重囑咐要重新善加校正，哲蚌木雅格西戒勝主要承擔此重任，在這之上赤欽語王美譽及絳孜法王善慧任運等諸多善巧成就者進行校訂，此第二版於十四迴繞壬寅、西元 1842 年在勝壽寺重新印行。第三版在十六迴繞丙戌、西元 1946 年依照攝政親教師達札仁波切的敦囑，完全依循前次勝壽寺的刻本，由政府在布達拉宮雪印經院‧雪域利樂寶藏洲刊刻。

最近台灣福智團體以上述為底本打算出版漢文本《菩提道次第廣論四家合註》，應依上述具足善巧成就二種功德的許多正量士夫經過殊勝校正的箋註，其中個別應該安插之處，以及前後無謬，不摻雜臆造之失，才必然能夠承事大寶講修聖教。由於這非常重要，因此希望所有譯者將上述內容放在心上。

　　應台灣福智團體即將出版漢文本《菩提道次第廣論四家合註》，請求說需要賜予此書一篇序言。

時任第 102 任甘丹赤巴、喜馬拉雅山脈上部阿里拉達克
日宗轉世佛教日輪（圖登尼瑪）於西元 2016 年 4 月 26 日
在南印大寺甘丹尊勝洲寺的甘丹座主樓撰寫
釋如密　恭譯

總監序言

　　生老病死，是人生似乎難以更改，難以迴避的大災大難。眾生為了生死，淚成了海，每一生所拋下的屍骨，如不損壞，可成須彌。

　　但佛陀找到了這種痛苦的解藥。所有成佛之路的艱辛與偉大，只是為了不忍眾生苦的堅忍探索。偉大的佛陀成功地渡越了生死的大海，並擁有令有情眾生得以渡越的方便。那方便即是八萬四千法要──浩瀚的典籍所詮說的自度度他的不二法門。而《菩提道次第廣論》以三主要道詮釋佛經的要義，是一個補特伽羅從凡夫到成佛所有的次第無所缺少的殊妙法門。自從宗喀巴大師造論以來，被廣大的修道者奉為不能離開的稀有的引導與難得的助伴。所以道次第的相關著作，多達三百多種，而《四家合註》是其中《菩提道次第廣論》最權威的一個註釋，幸得至尊上師哈爾瓦・嘉木樣洛周仁波切的傳承，福智僧團的法師們認真的學習藏文已二十多年，其中用了近十年完成了從《攝類學》到《戒論》的第一輪五大論的學習課程後，才開始譯經。在量與非量的層層辨析中，力求準確再準確，多方請教大善知識，為求一字的深義，也曾用心良苦，真是為伊消得人憔悴，衣帶漸寬終不悔的真實寫照。

　　至今終於能出版《四家合註》，請廣大讀者莫將經典容易看，浸滿著傳承祖師、譯師們心血乃至生命的譯著，實非為名為利，也非只是讓家中的書櫃再充盈飽滿，以眩人目，終是為了芸芸眾生依之離苦，無邊有情依之得樂。為勸發此心，為成熟眾善，代代譯師，殫精於此。捧讀之際，祈願再再成熟讀者相續的善種子，用力開敷出離三界的聖潔之花，令菩提心樹枝繁葉茂，以此報三寶上師的洪恩、報父母恩、報僧眾恩、報眾生恩，這方是世世代代的出家人擎舉教典的目的啊！

真　如

出版說明

　　兩千五百多年前，本師釋迦牟尼佛出世，為娑婆世界久處無明長夜的眾生，帶來無限的光明與希望！無量有情多生多劫以來無法解決的生命問題，因此得以解決，不僅可以生生增上，甚而能夠解脫、成佛。

　　佛陀示寂之後，歷經正法、像法而至末法，歷代傳承祖師紹隆佛種，續佛慧命，源遠流長的法脈，亙古一如的道心，師師相承，光明續耀。

　　般若為佛法之核心要義，一千六百年前，由彌勒菩薩所造、無著菩薩傳出的《現觀莊嚴論》，將《般若經》隱義現觀之內涵，和盤托出，故此論又稱《般若經論現觀莊嚴頌》，成為世所著稱「彌勒五論」之一。

　　一千年前，不論大乘小乘、性宗相宗乃至顯教密教所有智者的頂上莊嚴——阿底峽尊者，從印度被迎請至西藏弘法，造《菩提道炬論》，將佛陀三藏十二部融攝成為「道次第」，傳授時人，開啟道次第學修之先河。

　　六百年前，宗喀巴大師，總依《現觀莊嚴論》，別依《菩提道炬論》，同時廣引經論，而造《菩提道次第廣論》。因此，宗喀巴大師的《菩提道次第廣論》，即是總攝一切佛法之綱要，能普利有情眾生，從博地凡夫一直修證到圓滿佛果的大寶全書。

　　由於宗喀巴大師清淨圓滿的教證功德，與震古鑠今的佛行事業，經其不可思議的悲智願力所詮釋的《菩提道次第廣論》，六百年來已真實饒益了無數有情。

　　此曠世鉅作古來註疏者不少，其中最為著稱而完整者，即為《菩提道次第廣論四家合註》，顧名思義正是由四位祖師加以註釋，令佛日光輝，再次顯耀。這四位祖師分別為巴梭法王、語王堅穩尊者、妙音笑大師及札帝格西。

　　其中，巴梭法王主要是針對難解、簡約的文句，嵌入字詞以釋其義，令學者暢讀無滯；語王堅穩尊者多為徵引典故、歸結論義、探討難點，結合修要的大段註釋；妙音笑大師側重列科疏文、釋說難點之科判式註解；而札帝格西則註解前三家未詳

盡註釋之〈毗缽舍那〉。四家註解交相呼應，互為補充，四家的箋註合輯，形成一部天衣無縫、完整的《廣論》註本。

1966 年，恩師 日常老和尚由於特殊因緣，在台灣獲贈《廣論》海內孤本。而後多年於海內外廣學深研漢、藏佛法，見到本論如此殊勝，矢志弘揚，先於 1982 年在洛杉磯啟講，雖屢次挫敗卻毫不氣餒，更以清淨的發心、無與倫比的慈悲、智慧與勇氣，廣傳此一教法，於今《廣論》學員遍及世界各地。

2000 年，真如老師值遇了日常老和尚，殷重地祈求老和尚能詳講《廣論》的止、觀二章，以利廣大習學道次的眾生。當時老和尚告訴真如老師：這個佛法事業，就由你來完成。轉而敦囑真如老師求受《菩提道次第廣論四家合註》的傳承。

於是真如老師向哈爾瓦・嘉木樣洛周仁波切多次祈請，於 2002 年得到《菩提道次第廣論四家合註》的傳承。

2013 年，仁波切應真如老師及眾僧祈請，蒞臨加拿大傳燈寺，歷經半月，為五百多位僧眾及五百多位居士完整傳授《四家合註》講誦傳承。此希有的道次傳承，遂始傳佈於漢土的僧團、信士之中。仁波切更殷重囑咐真如老師及求法僧眾，交付弘傳此法的神聖任務。而日常老和尚高瞻遠矚，於二十年前即開始招收沙彌，教令學習古文及藏文，以期將來成辦譯經事業，饒益各方眾生，遂有本書的誕生。

本書是由大慈恩・月光國際譯經院參考玄奘大師的譯場分工，斟酌現況，訂立一級譯場的各種分工：授義、總監、主譯、主校、主潤、審義、合校潤、核定、參異、考據、語譯、眾校、眾潤、提疑等。嚴密為學，用心於契理契機，祈願立聖教於千古；對未學佛者，有趣入之階；對已學佛者，由此更為增上；對於已學習《廣論》之佛弟子而言，更是一部不可或缺之修行寶典。

全書正文架構包含五項：

一、「原文」為《廣論》原文與四家祖師箋註文，《廣論》文採用粗明字體，箋註文配合不同祖師註釋標色，採用中黑字體，科判文則為特粗明體。

二、「語譯」為《廣論》及四家箋註的白話語譯，採用字體為與原文相同之小字，俾利不慣古文者，免於消文所難，能輕鬆了解其內容。

三、「校勘」為參校不同藏文版本，讓讀者即使不懂藏文，也能讀到不同版本的差異處，配合不同祖師箋註標色，採用仿宋字體。

四、「註釋」有四種內容：

  1.「考據」即註解引文出處、人物生平、地理考據。

  2.「法義」即註解論典中出現的法相名詞及難解之義理。

  3.「訓詁」即訓釋原文中的古文字詞。

  4.「科判」即對照說明前後科判差異。

  以上四種，主要採用中明字體。

五、「說明」即針對原文中應詳盡討論的議題進一步說明，採用仿宋字體。

以上五項，由於內容繁複，恐有不易了解之處，敬請參閱〈編輯凡例〉。

全套《菩提道次第廣論四家合註白話校註集》擬分八冊依次出版，首冊內容為詮釋《廣論》之〈道前基礎〉；其後分別為：〈共下士道〉一冊、〈共中士道〉及〈上士道‧發心〉一冊、〈上士道‧六度；四攝〉一冊、〈上士道‧奢摩他〉一冊、〈上士道‧毗缽舍那〉三冊。

本書內容龐大複雜，雖經多人反覆編校，然錯漏之處必所難免，懇請十方大德不吝斧正！

感恩上師、三寶、護法加持，本書得以出版問世！

祈願正法僧團恆興隆，聖教久住恆光耀！

祈願一切見聞者，學修增上，速疾圓滿離苦得樂！

編輯凡例

 原 文

一、本書之《四家合註》原本，係依哲蚌寺果芒僧院所出版的《菩提道次第廣論‧四家合註》（以下簡稱《四家合註》）作為基礎，參校異本，擇善而從。

二、本書所譯法相名詞，主要以玄奘大師及法尊法師所譯為主。未見先賢譯法者，則依藏文原義及據師長授義譯之。

三、本書之漢文原本，依《菩提道次第廣論》第三版（福智之聲出版社，2010）為底本，而進行〈四家合註‧奢摩他〉章翻譯，次別錄其中〈廣論‧奢摩他〉章。因法尊法師的恩德，《廣論》中最艱深的〈止觀〉章得以廣被漢土，本譯經院方能在此基礎上，翻譯《四家合註》並完善法尊法師的譯文。故在原來的譯文上，針對較微細的藏文字句、義理稍作刪補，令尊法師所盛讚的「奇寶」，能盡可能呈現出宗喀巴大師論述的原貌，圓滿尊法師弘揚佛教的事業。因此，譯經院進行詳細校訂，反覆討論而後改譯。本書校訂處眾多，礙於篇幅，另表列於附錄，提供讀者參閱。

凡《廣論》原文皆標作黑色粗明體。又為令讀者易解，增加之字詞皆以小字表示。

例如：**安住**㊁心中**歡喜及**㊁**身輕安**相應**之心**，

四、原文翻譯，主要採取直譯方式，保留原樣。除非直譯在漢文語法上極難理解，方作調整。

五、為尊重出處故，凡引用經論原文，即予保留其原用字為原則，箋註則使用現代通用字。

例如：

廣論：**毘缽舍那**

箋註：毗缽舍那

六、為易於閱讀，故某些冷僻字改以常用字取代。

例如：后當宣說＝後當宣說

七、人名採義譯，於註釋中再附上音譯、藏文或梵文。

八、四家合註分別為巴梭法王箋註、妙音笑大師箋註、語王堅穩尊者箋註、札帝格西箋註。巴梭法王箋註以紅字呈現，並於每段箋註前標上小字的巴。妙音笑大師的箋註，其箋註以藍字呈現，並於每段箋註前標上小字的妙。語王堅穩尊者箋註以綠字呈現，並於每段箋註前標上小字的語。札帝格西箋註只註解毗缽舍那的部分，其箋註以褐字呈現，並依藏文母本不作標記。

九、《四家合註》原本採取註解插入原文的箋註作法，翻譯時亦保留原樣。故《四家合註》的讀法大多可依著箋註及《廣論》原文的排序直接讀文，但是部分箋註是針對單字作解釋，如果依照語序直接讀時，則有不通暢的問題，針對這部分的註解，在原文中會加入〔 〕符號，上下文連讀時只留下〔 〕內的黑字連讀，其餘〔 〕內的內容必須另讀。

例如：

應知妙觀巴之〔道，巴謂即所緣也。〕廣作開演而思擇諸法義。

上下文連讀時讀為「應知妙觀之〔道，〕廣作開演而思擇諸法義。」

至於〔 〕內的內容〔道，謂即所緣也。〕則另外單讀。

十、《四家合註》藏文版中，或有於文中標上藏文字母 ཀ ཁ ག ང ཅ ཆ 等，以說明建議的閱讀順序。翻譯時，以中文數字（一）、（二）、（三）、（四）、（五）、（六）取代。讀者閱讀時，可試依其數字讀之。

例如：

《攝波羅蜜多論》云：「(二)由勤修觀巴智慧抉擇力，(一)〔退弱，巴謂沉沒也。〕則(三)策舉巴心。」

若依其所標順序，則讀作：

《攝波羅蜜多論》云：「(一)〔退弱，巴謂沉沒也。〕則(二)由勤修觀巴智慧抉擇力，(三)策舉巴心。」

一、《四家合註》原本採取註解插入原文的箋註作法，翻譯時亦保留相同的格式。因此閱讀《四家合註》正文時，既可全文連貫通讀，也可以略過箋註

內容，直接循讀黑字正文。白話語譯中，亦須呈現這樣的特性，不僅通篇閱讀時要能表達完整的內涵，只讀黑字時，也要能讀出連貫的文意。因此，在符合此要求的前提下，語譯盡可能追求通順流暢的可讀性。

二、《四家合註》正文中的偈頌體，在語譯中一律改為散文體，標點使用上也稍作調整，以求白話散文通暢順達為原則，因此與《四家合註》正文標點用法有所不同。

三、為了符合白話表達方式，或是符合藏文的語序，行文的排列會與原文不盡相同。

例如：

正文：**退弱應寬廣，修廣大所緣。**

語譯：**退弱，要透過修持廣大的所緣而使之寬廣。**

四、藏文底本於原文引用經論處，部分段落會另外標註閱讀順序之記號。語譯時即依據所標註的記號調整語序。

五、《廣論》原文引述經論、語錄時，有同一本經或同一位祖師名稱前後不統一者，語譯統一使用同一個名稱。例如原文中《般若波羅蜜多教授論》與《慧度教授論》重出，然是指同一部論，語譯統一作《般若波羅蜜多口訣論》。又如原文中「至尊上師」、「至尊」、「至尊師」重出，然實為同一人，語譯統一作「至尊宗喀巴大師」。

六、《廣論》正文之用詞，有因文言文之行文通暢所需，或為尊重法尊法師原譯，而與原文不盡相同者，語譯主要依循藏文原文，儘量譯出原文之用詞，以供讀者對照參考。

例如：

正文：**如是六法能攝妙定未生新生**

語譯：**上述這六種法，統攝了新生起賢善等持**

又例如正文常出現「所有」一詞，藏文多半為「的」之義；以及正文常見「勤修」，其中「修」字多為藏文所無，為能補成雙音節詞彙，而於翻譯時添加，語譯於此悉遵藏文翻譯，故與《廣論》正文略有不同。餘例尚繁，茲不備舉。亦因過於繁多，故不在註釋欄中一一說明，以節省篇幅。

七、古文限於特定之表達方式，以及偈頌體須控制字數統一等，整體文風以精

簡為訴求，因此轉譯時，部分藏文細節便會消失，語譯中則會還原缺省的原貌，故與正文略為不同。並且註家作註時，經常只是補上一個虛字，或將原先簡化的詞補回原貌，而此等增減，多數於文義毫無影響，因此在語譯中不再另外譯出。

例如：

正文：^巴修習之時忘^巴失聖言

語譯：修持的時候遺忘教授

說明：此句《辨中邊論》偈文有加「修習之時」、「失」兩個箋註。前者「修習之時」是加字說明，故如藏文譯出。而後者「失」字即使未註，字面原意即是「遺忘」。而「忘」字於原頌文以縮寫呈現，巴註補一虛字以足之，然於義毫無增減，加與不加於義全無差別。故正文漢譯時但藉此註足所缺省，語譯於此則不再區分箋註與正文。

八、完整單詞於正文中分作二色者，語譯中合併成一色，不再區分。

九、語譯之人名、地名等多使用現代通用字及常用字。

一、《四家合註》版本略述：

《四家合註》從目前所知的第一次合輯開始，到現在確切可考的版本，共有九種。如下：勝壽寺古本（公元 1802 年）、拉卜楞寺本（公元 1807 年，簡稱拉寺本）、勝壽寺新本（公元 1842 年）、拉薩布達拉宮雪本（公元 1946 年，簡稱雪本）、新德里本（公元 1972 年）、哲霍長壽法會小組本（公元 2005 年，簡稱哲霍本）、印度果芒僧院本（公元 2005 年，簡稱果芒本）、色珠佛教古籍收輯社本（公元 2005 年後）、隆務寺本（公元 2005 年後）。九個版本可以分為拉薩和安多兩個流傳系統，除了拉卜楞寺本是安多系統外，其餘八種版本都是拉薩系統。以下簡述拉薩系統和安多系統的刊刻始末。

拉薩系統從一開始依永津班智達智幢大師心願，公元 1802 年由勝壽寺司庫

善妙幢整理刊刻，這即是勝壽寺古本。之後第 66 任甘丹赤巴語王名稱一再提及此本有許多誤植等錯誤，因此永津班智達諾門罕文殊慧幢大師發心重刻，請了戒勝格西重新校勘，於公元 1842 年在勝壽寺重刻新本。此二本刊刻的緣由在戒勝格西所著的《四家合註箋註源流始末》中有說明。

後來攝政王達札班智達擔心勝壽寺的《四家合註》刻版因老舊而損壞，因此在公元 1946 年布達拉宮的雪印經院利樂寶庫洲重新刊刻。公元 1972 年語王忍辱比丘以雪本為底本，第一次以現代化印刷，並請赤江仁波切撰跋發願，即新德里本，不過此本錯誤極多，使用上需慎重。公元 2005 年，哲霍長壽法會小組為了在嘉瓦仁波切的長壽法會上供養《四家合註》，重新以新德里本作為底本，用雪本訂正，修正了新德里本大多數的謬誤，此本即是哲霍本。

同年，印度果芒僧院圖書館也應達波仁波切善慧文殊慈海大師的心願：希望能利益到想要學習《四家合註》的人們，重新以雪本作為底本，依木刻版《菩提道次第廣論》進行校訂，並將箋註部分以紅色小字標明，比起其他版本更易於辨識閱讀，而且校勘工作更勝於哲霍本。之後的色珠佛教古籍收輯社本及隆務寺本都是翻印哲霍本，並未作出新的校訂修正。

安多系統係三世妙音笑大師等大德因人勸請而發起，請了多位格西重新校訂《四家合註》，在公元 1807 年出版。據說文革期間拉卜楞寺的經書和經版曾遭毀損，《四家合註》本亦未倖免，所以又曾經整理重刻，不過目前並未確切見到文獻記載相關情況。

另外，我們在《四家合註》第二冊的翻譯時，在南印度的果芒圖書館找到了妙音笑大師的《廣論》單註本《菩提道次第箋註金輪寶》的長函（簡稱長函本）。此書是為僧團授課的大格西功德海私人藏書，因為達波仁波切的祈請，將書交由南印果芒圖書館重新打字出版（簡稱冊裝本）。

《菩提道次第箋註金輪寶》是妙音笑大師的根本上師義成海大師，對妙音笑大師作了三次的教勅，要妙音笑大師對《菩提道次第廣論》作箋註，以及許多當時的大德們祈請，妙音笑大師在松贊岡布王的修行處帕繃喀著出。

長函本的整理是寶增法師在公元 1839 年藏曆六月在甘丹法輪寺完成，寶增法師是以一世妙音笑大師的秘書珍寶持教和同為妙音笑大師的隨從語王吉祥兩人的手稿，還有《四家合註》的長函以及哲蚌寺果芒札倉本、拉卜楞寺本、勝壽寺本眾多版本對比作整理。他發現單註本本來是寫在《廣論》每頁的天地格或行與行之間，所以用了許多藏式縮寫，在《四家合註》裡都已經改為一般的拼寫，考慮到理解比維持原樣更重要，只保留原單註本的少數縮寫，基本依《四家合註》。單註本和《四家合註》的妙註除了藏式縮寫外，仍有不少差異，寶增法師認為刻本過於古老，字形不清楚，寫本也有過於潦草等諸多問題，讓他難以確定孰是孰非，希望後人能找到更好的版本來解決。

冊裝本則是南印度果芒圖書館依照寶增法師整理的長函本作電腦登錄的版本。我們譯經院主要是以長函本的掃描圖檔為主作校對，在長函看不清楚下參考冊裝本。在出校時如果二本相同，統一稱單註本；若二本相異，則各稱名為單註長函本、單註冊裝本。

二、本書依據之版本：

底本：印度果芒僧院本（簡稱果芒本）

校本：拉卜楞寺本（簡稱拉寺本）

布達拉宮雪本（簡稱雪本）

哲霍長壽法會小組本（簡稱哲霍本）

妙音笑大師單註本（簡稱單註本）

校勘時所用相關書籍，如青海本《菩提道次第廣論》（簡稱青海本《廣論》）、《夏日東文集》等，各舉其稱。

凡引用前賢校說者，必具名以述，不敢掠美。

三、校勘原則：

1. 凡中文無法表達歧異者，概不出校。

2. 校勘之註條於文中皆以 [1] 等數字標示。

例如：**今說彼一切功德皆止觀之果**[1]

3. 各本僅出異於果芒本者，同果芒本者不另說明。

例如：「^巴涅槃」哲霍本作語註

他本皆同果芒本作巴註，故不另外說明。

4. 他本異文善於果芒本者，則據他本改之。

　　例如：

　　　　「乃至心力未轉弱前」 果芒本原作「乃至心力未成弱前」，拉寺本、雪本、哲霍本作「乃至心力未轉弱前」。按，依如月格西解釋，此處應依拉寺等本作「漸次轉弱」之義，故依拉寺等本改之。

5. 各本異文若未勝於果芒本，亦錄出並酌情予以評斷，俾令讀者瞭解各本樣貌。

　　例如：

　　　　「於諸所緣而作勝解」 拉寺本、單註本、《丹珠爾》對勘本作「於諸所緣而作勝解時」，意指修習寂止，於所緣作勝解時，以九住心來成辦寂止。果芒本、雪本、哲霍本、玄奘大師原譯、法尊法師原譯之意為「修習寂止，於所緣作勝解此者，乃以九住心來成辦寂止」。據如月格西解釋，此二解皆可，然就文字習慣，果芒等本為勝。

6. 果芒本與法尊法師原譯相異，又無勝出者，仍依法尊法師原譯。如改法尊法師原譯，則出譯註說明理由。

　　例如：

　　　　「然仍說是『非等引地』」 果芒本原作「然仍說是『等引地』」，拉寺本、雪本、青海本《廣論》、法尊法師原譯作「然仍說是『非等引地』」。按，欲地乃是非等引地，仍依法尊法師原譯。

7. 果芒本、哲霍本皆有後人附加之段落標題，非原《四家合註》所有，今皆改以插頁分段，此等概不出校。

8. 各本中如有僅缺標作者，則直接說明未標作者。

　　例如：

　　　　「🟣謂若有人」 哲霍本未標作者。

9. 果芒本中箋註缺標作者，則據他本補之。

　　例如：

　　　　「🟣證達空性」 原果芒本未標作者，今依拉寺本補之。

一、此書的註釋內容分為四項：

    1.「考據」即註解引文出處、人物生平、地理考據。

    2.「法義」即註解論典中出現的法相名詞及難解之義理。

    3.「訓詁」即訓釋原文中的古文字詞。

    4.「科判」即對照說明前後科判差異。

二、凡所註釋的詞條，會於原文該詞句後，以黑圈反白數字標示順序。

    例如：

        別學後二波羅蜜多者 ⑫。

三、所註的名詞、人名、地名、法相、引文等，首次出現時會作較為詳盡的介紹。若之後再次出現相同的詞條，即略作說明，後附上「見前頁……註……」，以利查詢。

    例如：

        義總 即義共相。參見前頁 54 註 3。

四、若同一經論再次被引用，則省略介紹，直接摘錄該文的段落；若只見出處不見引文，則表示此書只有藏文版，沒有對應的漢譯本。

    例如：

        《中邊論》云 引文陳真諦三藏譯《中邊分別論》作：「高下能覺知。」

        《修次中篇》亦云 引文見《丹珠爾》對勘本冊 64，頁 131。

五、參考資料的出處，涉及中、藏二版，尚無相應的漢譯段落，所以會說明無相應段落。

    例如：經查證《佛說月燈三昧經》、《文殊師利菩薩十事行經》無相應段落。

六、雖全書使用常用字、名稱字詞作統一之原則；但為尊重出處故，凡引用經論之書名、作者名、引文，皆予保留其原用字。

    例如：「比丘」字全書依常用字統一用「比丘」，而在頁 233「善來」註釋中引用唐義淨大師譯《根本說一切有部毘奈耶》：「……時諸苾芻皆不敢受……」，為尊重出處故，即予保留原用字。

目 錄

002 ／譯場成員

003 ／日宗仁波切序

008 ／總監序言

009 ／出版說明

012 ／編輯凡例

023 ／科判

上士道

027 ／止觀總說

099 ／別學奢摩他法　修止前行、次第

125 　　　　　　　　修止所緣

165 　　　　　　　　注心之理

191 　　　　　　　　有無沉掉應如何修

237 　　　　　　　　依彼引生住心次第

261 　　　　　　　　寂止成與未成之界限

295 　　　　　　　　依奢摩他趣道軌理

333 ／索引 佛菩薩、人名

337 書名

342 法相

347 地名

349 ／附錄一 《菩提道次第廣論》
原文改譯參考表

403 ／附錄二 大慈恩譯經基金會
簡介與榮董名單

菩提道次第廣論四家合註〈第五冊〉科判表

※ 本科判表科文標有甲乙……干支者，乃援用法尊法師譯本科判之標示。

【表一】

子二別學後二波羅蜜多 028
  丑一修習止觀之勝利 034
    一開示大小乘一切功德皆是止觀之果 035
    二除其疑已，由相似品類之門顯彼勝利 035
      一疑彼 035
      二答之 035
        一正答 035
        二將彼結合經教 035
    三成辦大小二乘一切功德勝利 035
    四斷除所斷勝利 041
      一結合《解深密經》經文而說斷除所斷勝利 041
      二說彼經義 041
    五以此為徵，其餘勝利亦當了知 041
  丑二顯示此二攝一切定 044
    一由譬喻門顯示此是大小二乘一切功德根本，是故攝入此二 044
      一舉喻解義 044
        一喻 044
        二義 044
      二將彼結合教典 044
    二顯示由是諸靜慮師應須尋求此二三摩地總綱 044
      一顯示由是諸靜慮師應須尋求此二三摩地總綱 044
      二此二結合《修次》二篇之文 044
  丑三止觀自性 048
  丑四須雙修之因相 070
  丑五次第決定之理 087
  丑六各別學法 100
    寅一學奢摩他法【接表二】
    寅二學毘缽舍那法（見第六冊）
    寅三彼二雙運之法（見第八冊）

【表二】

寅一學奢摩他法 100
├─ 卯一修止資糧 100
├─ 卯二依止資糧修奢摩他之理 106
│   ├─ 辰一加行 106
│   └─ 辰二正行 106
│   ├─ 巳一身何威儀而修 106
│   └─ 巳二正釋修習之次第 110
│   ├─ 午一引生無過三摩地法 120
│   │   ├─ 未一心注所緣先如何修 120
│   │   ├─ 未二注所緣時應如何修 126
│   │   │   ├─ 申一明心住之事──所緣 126
│   │   │   │   ├─ 酉一總建立所緣 126
│   │   │   │   │   ├─ 戌一明正所緣 126
│   │   │   │   │   ├─ 戌二顯示何等補特伽羅應緣何境 141
│   │   │   │   │   └─ 戌三顯示所緣異門 145
│   │   │   │   └─ 酉二明此處之所緣 148
│   │   │   └─ 申二如何心注所緣之理 166
│   │   │   ├─ 酉一立無過規 166
│   │   │   ├─ 酉二破有過規 175
│   │   │   └─ 酉三示座時量 185
│   │   └─ 未三注所緣後應如何修【接表三】
│   └─ 午二依彼引生住心次第【接表四】
└─ 卯三修已成就奢摩他量 262
    ├─ 辰一顯示奢摩他成與未成之界限 262
    │   ├─ 巳一顯示正義 262
    │   └─ 巳二有作意相及斷疑 278
    ├─ 辰二總示依奢摩他趣道軌理 296
    └─ 辰三別顯往趣世間道軌 310
        ├─ 巳一顯往粗靜為相之道先須獲得正奢摩他 310
        └─ 巳二依奢摩他離欲界欲之理 317

【表三】

未三注所緣後應如何修 192

├─ 申一有沈掉時應如何修 192

│　├─ 酉一修習對治不知沈掉 192

│　│　├─ 戌一決擇沈掉之相 192

│　│　└─ 戌二於正修時生覺沈掉正知之方便 200

│　└─ 酉二修習對治知已不為斷彼勤加功用 205

│　　　├─ 戌一正明其思，滅沈掉法 206

│　　　└─ 戌二明依何因而生沈掉 216

└─ 申二離沈掉時應如何修 221

【表四】

午二依彼引生住心次第 238

├─ 未一正明引生住心次第 238

│　├─ 一於彼彼內住 238

│　├─ 二續住 238

│　├─ 三安住 238

│　├─ 四近住 238

│　├─ 五調順 238

│　├─ 六寂靜 239

│　├─ 七最極寂靜 241

│　├─ 八專注一境 241

│　└─ 九平等住 242

├─ 未二由六力成彼之法 248

└─ 未三彼具四作意之理 254

上士道

止觀總說

(巴)由解說「第二學習後二波羅蜜多道理」之門而皈敬之理者：

敬禮勝尊具大悲者足

(語)謂此法傳承之至尊上師❶自身諸本傳上師❷也。此復即如前說，從能仁王❸傳至彌勒❹、無著❺等廣行派❻，及傳文殊❼、龍樹❽、寂天❾等深見派❿諸師；特如至尊自所宣說⓫：「由師恩德得見時，我意於今獲安息[1]。」雖實義中，至尊上師自與文殊怙主無二無別，然於共通所化方面，猶仍示現親從文殊聽聞甚深中觀正見之相，故禮彼等。

第二、**別學後二波羅蜜多者⓬，謂修奢摩他、毘缽舍那道理。此二如其次第，即是靜慮及慧波羅蜜多之所攝故。**

語譯

從宣說「第二科、學習後二種波羅蜜多方法」的角度而皈敬的道理：

恭敬頂禮具足大悲的諸位至尊勝士之足

是指傳承此法的至尊宗喀巴大師自己的根本與傳承上師。而這也如前文所述，從能仁王佛傳承至彌勒、無著等廣行派祖師，以及傳承至文殊、龍樹、寂天等深見派祖師；尤其是如同至尊宗喀巴大師親自敘述的：「透過上師的恩德而觀見時，我的內心終於得以歇息。」雖然實際上至尊宗喀巴大師自身與文殊怙主無二無別，但是就共通所化機那方面而言，仍然示現出親自從文殊聽聞了甚深中觀正見，因此禮敬彼等。

特別學習後二種波羅蜜多：是指修持寂止與勝觀的方法，因為這二者依序統攝於靜慮波羅蜜多與般若波羅蜜多當中。

[1]「我意於今獲安息」 拉寺本、雪本作「於今獲我意安息」。

❶ **至尊上師** 即宗喀巴大師。宗喀巴大師，格魯派開派祖師（公元1357～1419），藏語ཙོང་ཁ་པ་ཆེན་པོ，本名善慧名稱（洛桑札巴·བློ་བཟང་གྲགས་པ），出生於青海宗喀（མཚོ་སྔོན་ཙོང་ཁ）境內，3歲即在四世噶瑪巴若必多傑（ཀརྨ་པ་རོལ་པའི་རྡོ་རྗེ）座前受居士五戒；7歲於法王義成寶（ཆོས་རྗེ་དོན་གྲུབ་རིན་ཆེན）座前出家，取名為善慧名稱，並在法王的指導之下學習顯密諸多法類。16歲赴衛藏（དབུས）等地區廣泛地聞思、辯論諸多教典，前後依止年本慶喜德（ཉ་དབོན་ཀུན་དགའ་དཔལ）、仁達瓦（རེད་མདའ་བ）等諸位大師學習顯教經論及部分密法，獲得善巧，並在各大寺院立宗答辯，講經說法，令諸與會大眾目睹大師的清淨行誼及智慧，從而令大眾生起強力的淨信。之後，向一切智布敦大師（བུ་སྟོན་ཐམས་ཅད་མཁྱེན）的弟子法祥大師（ཆོས་ཀྱི་དཔལ་བ）、壽自在瑜伽師（ཡོ་ག་བ་ཚེ་དབང）、穹波雷巴（ཁྱུང་པོ་ལྷས་པ）等大師學習密續的教義、儀軌、引導及金剛舞等，獲得通達，成為密教教主。宗喀巴大師也依止喇嘛鄔瑪巴（བླ་མ་དབུ་མ་བ）學習文殊法類，並修習文殊法，親見文殊菩薩（Mañjuśrī），恆得菩薩親自攝受。之後，宗喀巴大師依文殊菩薩指示進行閉關，精進修持《三十五佛懺》、《廣曼達》及各種密法，親見三十五佛。36歲至沃卡精奇寺（འོལ་ཁ་རྫིང་རྗེ）朝拜慈氏聖像供養發願，又見此寺年久失修，遂與僧俗大眾修復該寺。38歲追隨洛札虛空幢大師（ལྷོ་བྲག་ནམ་མཁའ་རྒྱལ་མཚན）學噶當教授派、口訣派的傳承，以及諸多顯密教法。42歲至拉頂（ལྷ་སྟེང）靜修，向與本尊無別的上師殷重祈求，並研閱《佛護論》，因此證得中觀應成見。其後宗喀巴大師與仁達瓦、勝依吉祥賢譯師（ལོ་ཙཱ་བ་སྐྱབས་མཆོག་དཔལ་བཟང་པོ）為令聖教久住世間，宣講《律經》，自此聽法大眾皆依律而行。46歲造《菩提道次第廣論》，47歲造《菩薩戒品釋》、《事師五十頌釋》、《根本墮釋》，49歲造《密宗道次第廣論》，51歲造《中論廣釋》，52歲造《辨了不了義

善說藏論》。53歲為令教法久住，於大昭寺前啟建祈願法會。59歲啟建甘丹寺，63歲示寂。弟子有賈曹傑大師、克主傑大師等無量弟子。參見《至尊宗喀巴大師傳》（法王周加巷著，郭和卿居士譯，台北市：福智之聲出版社，1997）；《起信津梁：宗喀巴大師傳記合刊》（克主傑大師等造論，釋性景等譯註，臺北市：福智文化，2019）。

❷**本傳上師** 指直接與間接的傳承上師。

❸**能仁王** 指佛陀。一般而言，有時也可以稱聲聞、獨覺阿羅漢為能仁，然而聲聞、獨覺阿羅漢不是能仁王，唯有佛陀獲得了超勝於聲聞、獨覺、菩薩的無上正法自在，所以稱佛陀為能仁王。

❹**彌勒** 繼釋尊後賢劫第五尊佛，梵語Maitreya音譯，又名慈尊、慈氏、紹勝尊、阿逸多（Ajita）等。《賢愚經・波婆離品》及《彌勒上生經》中記載，佛世時至尊彌勒投生為波羅奈國輔相的兒子，具三十二相，才智殊特。其餘經中也宣說許多彌勒菩薩本生故事及當來下生時的授記。《賢愚經》說，久遠劫前，彌勒菩薩作轉輪王，名為照顯，以大悲心供養大勢如來齋食時，初發菩提心。《悲華經》中提到，此娑婆世界住劫時，寶藏如來授記海塵婆羅門的一千門徒於賢劫時成佛，各個門徒也都發願將來成佛時想要攝受的剎土，唯留人壽百歲和八萬歲兩個時段無人發願攝受。海塵婆羅門即發願攝受百歲有情，而其一千門徒中的第五位名為無垢光，則發願攝受八萬歲有情，此即彌勒菩薩前生。而於未來世人壽十歲時，人皆相互鬥爭受苦，菩薩乃化生於世，教導眾人修習忍辱，由此人壽漸增。直至人壽八萬歲時，菩薩降生，由睹世間無常，出家修道，成正等覺，度化眾生六萬年而示現涅槃。曾於釋迦佛教法中持戒、布施、造塔等而未解脫的行者，皆當於彌勒佛三轉法輪中得度。又慈氏之名的由來，為菩薩往昔在寶傘如來出世時出家，名慧堅比丘。凡是見到菩薩的面貌、聽到菩薩談話，甚至處於菩薩曾經走過的地方，都會生起慈心三摩地。因此寶傘如來及十方一切菩薩都稱他為「慈氏」，直至成佛之間，皆號此名。另外《一切智光明仙人慈心因緣不食肉經》中說，無量劫前菩薩於同名為彌勒的佛前，聽聞慈心教法發心修行，願成佛時亦號彌勒。於是上山修行。後因饑荒數日未食，釋尊前生之兔王投火以身肉供養，菩薩因而發願一切生中不食眾生肉。彌勒菩薩的造像，藏系為雙足下垂坐姿，表示當降世間成佛。又因於

釋迦世尊證空性後，依釋尊為師，常觀導師在頂上，故其頂上有菩提塔。至於漢系，《宋高僧傳》中記載，於五代時有一位自稱「契此」的布袋和尚，祖露大腹，笑容可掬，背著布袋遊化人間，相傳為彌勒菩薩化身，此為漢系彌勒菩薩形象的由來。菩薩現居兜率內院，著有慈氏五論：《現觀莊嚴論》、《經莊嚴論》、《辨中邊論》、《辨法法性論》、《寶性論》流傳世間。參見《大正新修大藏經》冊3，頁457；冊4，頁432；冊14，頁50、59、418（大藏經刊行會編，臺北市：新文豐，2000。以下簡稱《大正藏》）；中文《菩提道次第師師相承傳》冊上，頁72（雲增耶喜絳稱著，郭和卿譯，臺北市：福智之聲，2004）；藏文《菩提道次師承傳》冊上，頁105（榮增‧益西堅參著，拉薩：西藏人民出版社，2011。以下中藏版本簡稱《師師相承傳》）。

❺ **無著** 唯識宗開派祖師（約公元4、5世紀），梵語Asaṅga及藏語ཐོགས་མེད་（妥美）義譯。菩薩出生於北印度健馱邏國（Gandhāra），母親是乘願再來的大乘行者，與王族結婚後生無著菩薩。菩薩年少依母親期望出家，不久博達三藏，為求了悟《般若》隱義的現觀次第，因此前往雞足山專修，求見至尊彌勒。前後勤修十二年，曾經三次萌生退念，卻由於見到磨杵為針、滴水穿石、鳥翎磨岩的因緣而繼續專修。最後生起大悲心，割捨身肉以濟蛆犬，終於親見天顏。從至尊彌勒聽受《慈氏五論》，隨聽隨證無量三摩地，進登三地。師秉性柔和溫順，但在消滅邪行邪念時卻非常犀利。一切行為皆先請示本尊然後施行，並且弘揚衰微的大乘法，曾令一村之人同時聞法獲得忍位，隨其修學的弟子無不成為三藏法師。對於宗義並不偏執一方，能以一切法門演說，因此聲聞眾也敬重菩薩。眾人共許為大乘教法的宗主，被讚為南贍部洲二勝六莊嚴之一，對教法弘布作出極大貢獻。曾住持那爛陀寺（Nālandā），建立清淨見地與律儀，相傳住世一百五十年。最富盛名的著作為《阿毗達磨集論》、《攝大乘論》、《顯揚聖教論頌》，而在藏傳佛教中認為《瑜伽師地論》也是無著菩薩所造。首要弟子為世親菩薩。參見《大正藏》冊51，頁896；冊50，頁188；冊30，頁642；《印度佛教史》，頁121（多羅那他著，張建木譯，成都：四川人民出版社，1988）；《師師相承傳》中文冊上，頁84；藏文冊上，頁122。

❻ **廣行派** 道次第的傳承之一。佛陀傳給彌勒菩薩，彌勒菩薩再傳給無著菩薩等依次傳下來的傳承。此派側重闡釋廣大行的內涵，所以稱為廣行派。

❼**文殊**　深見派傳承祖師，梵語Mañjughoṣa、Mañjuśrī及藏語འཇམ་དབྱངས（蔣揚）、འཇམ་དཔལ（蔣悲），又名曼殊廓咯。曼殊為妙，廓咯為音。其名又作文殊師利、滿殊尸利、曼殊室利，義為妙吉祥、妙德。往昔作轉輪王，名為虛空，於雷音王佛前發菩提心，在無數劫中，令無量有情趣入大乘，成等正覺。賢劫千佛皆因文殊菩薩的教化而發菩提心，因此共稱其為諸佛之師。導師釋尊教化人間時，示現菩薩相，為釋尊八大近侍佛子之一。有些經典說其於往昔龍種尊勝如來時，或說於龍種明燈佛時即已成佛，並在南方無塵淨積佛土中，示現成佛事業，佛號普照如來。唐不空三藏譯《大聖文殊師利菩薩佛土功德莊嚴經》也記載：文殊菩薩當於南方如願圓滿積集離塵清淨世界中，示現成佛，名為普見。由於文殊菩薩口不出惡語，言語有美妙之德，故名妙音。參見《大正藏》冊11，頁915；《師師相承傳》中文冊上，頁134；藏文冊上，頁182；《藏漢大辭典》，頁887（張怡蓀編，北京：民族出版社，1998）。

❽**龍樹**　中觀宗開派祖師（約公元2世紀），梵語Nāgārjuna義譯。依漢傳說法：菩薩出生於南印婆羅門家，幼時即能背誦《吠陀》四萬偈而聞名諸國，博通天文地理等各種方術。曾與三位好友以隱身術潛入王宮遊樂，事發後三位好友皆被處死，因而體悟「欲為苦本，危身敗德皆由此起」。於是遠至山中小乘寺院出家，九十天便通達三藏，但仍感不足。後來遇到一老比丘贈予大乘經典，覺得此法雖妙，然因當時大乘教法尚未廣弘，在印度境內不見其他大乘經典，又見其理論有所不足，故欲自己推演以利後學而創立新派。大龍菩薩見而悲憫，遂將菩薩帶至龍宮，示以無量經典。龍樹菩薩九十天中廣閱大乘經典，證入無生法忍，從此打消獨樹一幟的念頭，回到南印度廣弘大乘教法。當時有一婆羅門不服，向國王請求與菩薩比試。王說：「此菩薩明與日月爭光，智與聖心並照，你豈敢如此出言不遜！」但婆羅門堅持，國王只好答應。比試當天，婆羅門化出千葉蓮花高坐其上，口出狂言，菩薩即化六牙白象，拔起蓮花丟擲於地，婆羅門遂心服口服。當時有一國王信奉邪道，拒見沙門。菩薩為了勸化此王，應其招募成為將軍，藉機靠近國王，對王自稱一切智人。國王疑而不信，遂問：「天人現在正做何事？」菩薩答道：「天人正與阿修羅交戰。」便使天空墜落干戈及阿修羅的耳鼻手足，又現空中天人與阿修羅兩陣相對。王深為菩薩折服，時殿上眾婆羅門皆隨菩薩出家受戒。菩薩示寂的說法有二：據《大唐

西域記》記載，引正王從菩薩乞得妙藥，壽數百歲，小王子欲繼位而不得，後從其母得知父王所以長壽，皆因菩薩之力，若菩薩示寂，王亦當亡，便向菩薩乞求頭顱。菩薩效學世尊捨身布施，遂用乾茅斷頭捨壽。另外姚秦鳩摩羅什譯《龍樹菩薩傳》提及，有小乘法師因嫉恨心，向菩薩說不願菩薩久住世間，幾日後菩薩便在靜室中示寂。相傳菩薩住世六百多年，著作極豐。著名的有：《中論》、《迴諍論》、《七十空性論》、《六十正理論》、《細研磨論》、《中觀寶鬘論》等，有「千部論主」之稱，為大乘佛教奠基者、中觀宗開派祖師、漢傳八宗共祖。主要弟子有聖天（Āryadeva）、佛護（Buddhapālita）、清辨（Bhāvaviveka）、月稱（Candrakīrti）、馬鳴（Aśvaghoṣa）、寂天（Śāntideva）。參見《大正藏》冊51，頁929；冊50，頁184；《佛光大辭典》冊9，頁8012（慈怡、永本著，高雄市：佛光文化，2014）。

❾**寂天** 偉大行派開派祖師（約公元7、8世紀），梵語Śāntideva及藏語ཞི་བ་ལྷ（喜瓦拉）義譯。菩薩生於印度金剛座（Vajrāsana）西方柯謨桑，名為寂鎧（Śāntivarman）。父為國王，母為金剛瑜伽母化身。6歲從一位成就者求得文殊修法，勤修不久，即得親見文殊。後父王逝世，繼位前夕，經文殊指點，逃往那爛陀寺出家，法名寂天。菩薩長時依止寺院堪布班智達勝天(Jayadeva)，精研三藏，同時於文殊菩薩前，聽受顯密圓滿教法，一心專修。菩薩內證高深，但外表卻示現只做食、睡、如廁三事。有人刻意安排他上座說法，想要讓他知難而去，未料他說法當天，騰空而說《入行論》，隨即飛往南方。後在他的房樑上找到菩薩親筆所書《集經論》與《集學論》。菩薩又於印度各處，運用神變和解紛諍、救貧解飢、調伏暴君、摧破外道。著有《入行論》、《集學論》、《集經論》等著名論典。主要弟子有唉拉達里。參見《師師相承傳》中文冊上，頁174；藏文冊上，頁226。

❿**深見派** 道次第的傳承之一。是由佛陀傳給文殊菩薩，文殊菩薩再傳給龍樹菩薩等依次傳下來的傳承。此派側重闡釋甚深空正見的內涵，所以稱之為深見派。

⓫**至尊自所宣說** 此處至尊指宗喀巴大師。引文出自《緣起讚善說藏論》。《緣起讚善說藏論》，共58偈，宗喀巴大師著。漢譯本有法尊法師譯《由說甚深緣起門中稱讚無上大師世尊善說心藏》。此頌為大師41歲駐錫沃卡（ཝོལ་ཁ）時，

於一日晚上夢見佛護論師手持中觀梵本加持大師，為大師講授中觀正見，並與之探討。隔天，當大師閱讀《佛護論》時，對於中觀應成派最究竟的見解，及真正空性見所破的界限等，不費多力就生起究竟定解，如實證達空性。因此，在對於導師釋迦世尊生起堅定的信心和極為虔誠的感動中寫下此讚。引文法尊法師譯《由說甚深緣起門中稱讚無上大師世尊善說心藏》作：「由師恩見時，我意獲安息。」見《法尊法師全集》冊2，頁550（楊德能、胡繼歐主編，北京：中國藏學出版社，2017）；《文殊怙主上師宗喀巴大師文集》對勘本冊2，頁21（宗喀巴大師著，印度：父子三尊文集編輯室，2019。以下簡稱《宗喀巴大師文集》）。

❷ **別學後二波羅蜜多者**　夏日東活佛提到，「別學後二波羅蜜多」這個科判，是與「於總行學習道理」相對而言；《菩提道次第廣論》中士道時說：「若導尋常中士道者，此應廣釋於三學中引導之理，然非如是，故修止觀心慧二學，於上士時茲當廣釋，今不繁述。」其中的「於上士時茲當廣釋」，就是指在止觀的章節中會詳細解釋。此處詳細解釋止觀，固然有許多原因，但主要是因為對於三乘斷除各自道的所斷而言，其對治品止觀雙運的見解極為重要，而且在宗喀巴大師那個時代，許多智者及論典解釋止觀時都出現錯誤，因此，宗喀巴大師才進行了廣泛的破立。參見《菩提道次第廣論》中文頁194（宗喀巴大師著，法尊法師譯，臺北市：福智之聲，2010。以下簡稱《廣論》）；藏文頁269（宗喀巴大師著，台北市：佛陀教育基金會，2008）；《至尊夏日東善慧講修海文集》冊3，頁1（夏日東善慧講修著，北京：民族出版社，2011。以下簡稱《夏日東文集》）。

此中分六：一`修習止觀之勝利；二`顯示此二攝一切定；三`止觀自性；四`須雙修之因相；五`次第決定之理；六`各別學法❶。語初中分五：一`開示大小乘一切功德皆是止觀之果；二`除其疑已，由相似品類之門顯彼勝利；三`成辦大小

二乘一切功德勝利；^{四、}斷除所斷勝利；^{五、}以此為徵❷，其餘勝利亦當了知。今初：

大小二乘世出世間一切功德，皆止觀之果。如《解深密經》云❸：「慈氏，若諸聲聞、若諸菩薩、若諸如來所有世間及出世間❹一切善法，應知皆是此奢摩他、毗缽舍那所得之果。」^語第二分二：^{一、}疑彼；^{二、}答之。初者：若謂止觀，豈非已得修所成者相續功德，今說彼一切功德皆止觀之果[1]，云何應理？^語第二分二：^{一、}正答；^{二、}將彼結合經教。初者：答：如下所說真實止觀，實是已得修所成者相續之德，則大小乘一切功德，非盡彼二之果，然於善所緣心一境性❺以上諸三摩地❻，悉皆攝為奢摩他品，及凡簡擇如所有性、盡所有性義諸妙善慧❼，悉皆攝為毗缽舍那品。故密意說三乘所有一切功德皆止觀之果，無相違過。^語第二、結合教典者❽：又於此義，《修信大乘經》❾亦密意說云：「善男子，由此異門❿，說諸菩薩盡其所有大乘信解，^巴謂即意樂圓滿，及大乘出生，^巴謂即加行圓滿，應知皆是無散亂心正思法、義之所出生。」無散亂心，謂奢摩他品心一境性⓫；正思法、義，謂毗缽舍那品妙觀察慧。^語第三、以理亦能成立成辦大小二乘一切功德勝利者⓬：故大小乘一切功德，皆以觀慧思擇而修⓭，及於所緣心一境性二所成辦，非唯止修或唯觀修一分而成。

其中分為六科:¯修持寂止與勝觀的利益;²說明這二者能包含所有的等持;³寂止與勝觀的體性;四二者都必須修持的原因;五順序決定的道理;六分別學習的方法。第一科分為五科:¯說明大小乘一切功德都是止觀之果;²消除相關的疑惑而從相近品類的角度說明其利益;³能成就大小二種乘一切功德的利益;四斷除所斷的利益;五以此為例,也應當了知其餘的利益。第一科:

一切大小乘的世間與出世間功德,都是寂止與勝觀之果,因為《聖解深密經》中說:「慈氏,一切聲聞、菩薩、如來的世間與出世間善法,都應當了知是寂止與勝觀之果。」第二科分為二科:¯對此的疑惑;²回答。第一科:如果心想,寂止與勝觀難道不是已經獲得修所成者心續中的功德?將一切功德都作為這二者的果,豈能合理?第二科分為二科:¯宣說正答;²將此與經文對應。第一科:答道:真正的寂止與勝觀,的確如下文所述,是已經獲得修所成者心續中的功德,因此大小乘的一切功德並非都是這二者的果;然而將一心專注於善所緣以上的定都歸入寂止品,並將分辨如所有性或盡所有性意涵的善智慧都歸入勝觀品,所以基於這個用意,而說三乘一切功德都是止觀之果,因此沒有相違。第二科、與教典對應:基於這個用意,在《修信大乘經》中也提到:「善男子,透過這個異門也應當了知,無論任何菩薩對大乘的信解,亦即意樂圓滿;以及從大乘所生,亦即加行圓滿,這一切都是以無散亂心正思惟義理與正法所出生的。」無散亂心,是指寂止品的一心專注;正思惟義理與正法,則是指勝觀品的觀察慧。第三科、以正理也能成立成辦大小二種乘一切功德的利益:因此,大小二種乘的一切功德,都必須透過以觀察慧觀擇而維繫,以及一心專注於所緣這二者才能成辦,並非單一的止住修或觀察修所能成辦。

[1]「今說彼一切功德皆止觀之果」 果芒本原作「今說彼一切有固皆止觀之果」，拉寺本、雪本、哲霍本、單註本作「今說彼一切功德皆止觀之果」。按，「有固」（ཡོད་བརྟན）為「功德」（ཡོན་ཏན）之訛字。

❶ **各別學法**　關於上述諸科，夏日東活佛提到，為了對果生起踴躍歡喜，所以開示「修習止觀之勝利」；為了開示總攝無數等持的總綱為何，所以開示「顯示此二攝一切定」；為了了解止觀的體性為何，所以開示「止觀自性」；為了了解各別修持止觀無法成就果位，必須修持止觀二者，所以開示「須雙修之因相」；為了了解修持時如果次第紊亂，結果便會紊亂，所以開示「次第決定之理」；為了了解各別的學習方法，所以開示「各別學法」。參見《夏日東文集》冊3，頁3。

❷ **以此為徵**　指以此為代表、以此為例之義。徵，表現、表示、表徵。

❸ **如《解深密經》云**　《解深密經》，經集部經典，共10品。漢譯本有北魏菩提流支譯《深密解脫經》5卷；陳真諦三藏譯《佛說解節經》1卷；唐玄奘大師譯《解深密經》5卷，共三種。此經是佛陀第三轉法輪主要代表經典，為唯識宗根本依據，被《瑜伽師地論》、《攝大乘論》、《成唯識論》等廣泛引用。前人註疏甚多，但今漢傳僅存新羅僧圓測所撰的《解深密經疏》。引文北魏菩提流支譯《深密解脫經・彌勒菩薩問品》作：「能成一切世間、出世間善法，一切聲聞、菩薩、諸佛奢摩他、毗婆舍那果應知。」唐玄奘大師譯《解深密經・分別瑜伽品》作：「復次，善男子！一切聲聞及如來等，所有世間及出世間一切善法，當知皆是此奢摩他、毗鉢舍那所得之果。」《解深密經》，藏文原文作《聖解深密經》，法尊法師係依漢地通用經名譯之。引文見《大正藏》冊16，頁678、701；《中華大藏經甘珠爾》對勘本冊49，頁81（中國藏學研究中心《大藏經》對勘局對勘，北京：中國藏學出版社，2001。以下簡稱《甘珠爾》對勘本）。

❹ **世間及出世間**　一般而言，世間及出世間有許多種不同的安立方式。有時以有漏、無漏作為世出世間的內涵，有漏的功德是世間的功德，無漏的功德是

出世間的功德；有時以分別心與無分別識作為世出世間的內涵，分別心是有漏的，無分別識是無漏的；有時以共與不共外道作為世出世間的內涵，與外道共通的禪定的粗靜相的心是世間，不共外道的證達四諦十六行相的心是出世間；有時以凡夫與聖者作為世出世間的內涵，凡夫是世間，聖者是出世間。夏日東活佛認為此處的世間指異生凡夫，出世間指聖者。參見《夏日東文集》冊3，頁4。

❺ 心一境性　指內心專注於一境之意。

❻ 三摩地　又名定、等持。指專注於自己所觀察的境的心所，例如對空性、無常等境一心專注的心所。

❼ 諸妙善慧　此處「善」指善法，「妙慧」藏文原意為「別別簡擇慧」。如月格西解釋，「別別」是指全面或指每一個。「別別簡擇慧」即全面或對每一個部分都做簡擇的智慧。下文中「妙觀察慧」的「妙」、「別別觀察」的「別別」亦同此解。

❽ 第二結合教典者　即上文「將彼結合經教」一科。

❾ 《修信大乘經》　經集部經典，全名《聖大乘信心進修大乘經》，共2卷，4品，尚無漢譯。此經因緣為，一時佛與諸大菩薩等在王舍城靈鷲山，當時有許多初發心菩薩雲集於此，佛教誨道：「對大乘有信心則獲得大利益，初業行者應當具備此信心。」因此初發心菩薩眾，承佛加持力，勸請佛為大眾宣講此法。經查證《修信大乘經》中無相同引文，引文乃見《修次中篇》。見《甘珠爾》對勘本冊57，頁55；《中華大藏經丹珠爾》對勘本冊64，頁127（中國藏學研究中心《大藏經》對勘局對勘，北京：中國藏學出版社，2001。以下簡稱《丹珠爾》對勘本）。

❿ 異門　此指「種種形式」、「不同形式」。

⓫ 心一境性　按照妙音笑大師解釋，此處的境與所緣同義，令心專注於一所緣的定，即是心一境性的意涵。如月格西認為，此處的心為思惟之意，一境為專注之意，因此心一境性的意涵，係指一心專注思惟。

⓬ 第三以理亦能成立成辦大小二乘一切功德勝利者　即前上文「成辦大小二乘一切功德勝利」一科。

⓭ 修　藏文直譯為「維繫」、「將護」，此亦譯作「修」。

說 明

三乘一切功德是否皆是止觀之果

《廣論》中提到，三乘的功德不一定是真實止觀的果，因為必須獲得修所成，才能獲得止觀，但是並非獲得修所成才能獲得功德，所以在獲得修所成以前的功德，未必是止觀的果。但是如果將一心專注於善所緣以上的定都歸入寂止品，並將分辨如所有性或盡所有性意涵的善智慧都歸入勝觀品，就能解釋《解深密經》中說三乘所有一切功德都是止觀之果的密意。必須將《解深密經》中所說的止觀，解釋為廣義的止觀，意即不僅僅局限於真實的止觀，而是包含了止觀的品類。因此，三乘一切功德雖然不是真實止觀的果，但可以是止觀品類的果。

妙音笑大師在《靜慮無色等至建立・佛教嚴飾教理大海令善緣喜》中提到，如果沒有止住修及觀察修，或者修持定慧的話，便無法獲得三乘的任何功德。觀待修的功德，是依靠止住修或觀察修而獲得；聞思等不觀待修的功德，則是透過聞思行持定慧而獲得。後者也就是指透過專注或抉擇聞思的內容，獲得聞思的功德。因此，大小乘的一切功德，雖然無法攝為真實止觀的果，但是可以攝為行持止觀的果。從妙音笑大師的觀點來說，聞思修的功德都是依靠行持止觀，或者行持定慧而獲得的。

三乘功德固然不一定是真實止觀的果，但是否都是真實止觀或隨順的止觀的果？針對這個問題，才旦夏茸大師提出了較為特別的說法。才旦夏茸大師認為，殊勝輕安所攝持的修所成的等持，是真實的寂止；沒有被殊勝輕安所攝持的止住修，是隨順的寂止；聞思階段的專注一心，是寂止的品類。觀擇力引生的殊勝輕安所攝持的擇法慧，是真實的勝觀；沒有被觀擇力引生的殊勝輕安所攝持的觀察修，是隨順的勝觀；聞思階段的擇法慧，是勝觀的品類。聞思階段的專注一心或擇法慧，屬於止觀的品類，由於與止觀的特質相順，但仍處於聞思的階段，所以是止觀的品類。沒有被殊勝輕安所攝持的止住修及觀察修，雖然還沒有達到真實止觀的階段，但是已經進入修的階段，所以可以是隨順的止觀。因此，止的隨順與止的品類不同，觀的隨順與觀的品類也不同。

才旦夏茸大師將真實止觀、隨順止觀、止觀的品類分成三個不同的層次，但是就《廣論》原文來看，似乎不容易看出隨順止觀與止觀的品類有不同層次的差異。

《廣論‧中士道》說：「故說引發三乘一切功德，皆須二事：一、除善所緣心不餘散，專一而住真奢摩他或其隨順。二、善觀察善所緣境，如所有性盡所有性，毘缽舍那或其隨順。」「此中若無真實止觀及隨順二，則三乘一切功德，非定皆是真實止觀之果。」宗喀巴大師提到三乘一切功德都必須具有止觀或隨順的止觀，如果沒有止觀或隨順的止觀，就無法解釋《解深密經》說三乘一切功德都是止觀之果的密意。《廣論‧奢摩他》說：「然於善所緣心一境性以上諸三摩地，悉皆攝為奢摩他品，及凡簡擇如所有性、盡所有性義諸妙善慧，悉皆攝為毘缽舍那品。故密意說三乘所有一切功德皆止觀之果，無相違過。」宗喀巴大師提到三乘一切功德都是止觀或止觀品類的果，對照《廣論》前後文的文義，揣想大師應該認為隨順的止觀與止觀的品類是同義的。如果隨順的止觀與止觀的品類不是同義的話，那麼只獲得止觀品類，卻尚未獲得隨順止觀或真實止觀的修行者，應當無法生起三乘任何功德。

廣義而言，對於同一個法義，第二次串習的聞思修都是修，一心專注於善所緣的定都是止住修，分辨諸法的慧都是觀察修。因此，聞思的階段就可以具有止住修及觀察修。但嚴格來說，聞思的階段還不算是聞思修三者當中的修，尚未到達聞思修三者當中的修以前，在聞思的階段，無法進行聞思修三者當中的修所屬的觀察修或止住修，但可以行持定慧。到了聞思修三者當中的修的階段時，可以進行修所屬的止住修或觀察修。無論廣義或嚴格的止住修或觀察修，都是行持定慧，也都是行持止觀。

因此，不能說三乘一切功德是真實止觀的果，但可以承許三乘一切功德是行持止觀的果，也是行持定慧的果。

參見《靜慮無色等至建立‧佛教嚴飾教理大海令善緣喜》，頁82、143（遍智妙音笑金剛著，印度：果芒圖書館，2000。以下簡稱《色無色廣論》）；《才旦夏茸至尊無畏勝正理慧文集》冊11，頁4（才旦夏茸著，北京：民族出版社，2007。以下簡稱《才旦夏茸文集》）。

^語第四分二：一`結合《解深密經》經文而說斷除所斷勝利；二`說彼經義。初者：又《解深密經》云❶：「〔眾生，^巴謂若有人[1]〕由修觀，以及^巴串習奢摩他，乃從〔粗重縛，^巴謂心續中所住能生煩惱力能習氣──種子。〕解脫，及^巴從〔相縛，^巴謂滋潤、增長煩惱種者──煩惱現行。〕解脫。^巴總之，即謂『毗缽舍那斷煩惱種，奢摩他能斷現行。』」^語第二、解說經義者❷：言粗重者，謂心相續中所住習氣，增長顛倒有境❸堪能；相者，謂於顛倒境❹前後所生耽著，潤彼習氣❺。前者為觀所斷，後者為止所斷，是為《般若波羅蜜多教授論》所說❻。此等是引有止觀名者所有❼勝利，^語第五、以此為徵，其餘勝利亦當了知：餘未說止觀名者，凡說靜慮般若勝利，其義同故，應知皆是止觀勝利。

第四科分為二科：一`對應《解深密經》的經文而宣說斷除所斷的利益；二`解說教典的意涵。第一科：在《解深密經》中也提到：「〔眾生，是指凡是有人。〕如果串習勝觀與串習寂止，便能從〔粗重的繫縛，是指處於心續當中，能夠發起煩惱的能力的習氣，亦即種子。〕中解脫，以及從〔相縛，是指能夠滋潤、加重煩惱種子的現行煩惱。〕中解脫。總而言之，這是說『勝觀能斷除煩惱種子，寂止能斷除現行煩惱。』」第二科、解說教典的意涵：其中的粗重，是指安住於心續中的習氣，能夠增長顛倒有境的能力；相，則是由於先後所產生對顛倒境的貪著，滋潤其習氣。前者是以勝觀斷除，後者則是以寂止斷除，這是《般若波羅蜜多口訣論》中所說。上述這些是命名為止觀者的利益；

第五科、以此為例，也應當了知其餘的利益：即使未命名為止觀，然而凡是宣說意涵相近的靜慮與智慧的利益，也都應當了知是這二者的利益。

[1]「 ^巴 謂若有人」 哲霍本未標作者。

❶**又《解深密經》云** 引文北魏菩提流支譯《深密解脫經》作：「彼人為相縛，及為煩惱縛，修毘婆奢那、奢摩他得脫。」唐玄奘大師譯《解深密經》作：「眾生為相縛，及彼麁重縛，要勤修止觀，爾乃得解脫。」見《大正藏》冊16，頁668、691；《甘珠爾》對勘本冊49，頁21。

❷**第二解說經義者** 即上文「說彼經義」一科。

❸**有境** 趣入自境的法，是有境的性相。比如心識、能詮聲，以及眼等諸根，由於能趣入自己的對境，所以是有境。

❹**境** 為量所量的事物即是境，凡是存在的法都會為量所度量、證知，所以是境。境與有、所知同義。

❺**謂於顛倒境前後所生耽著潤彼習氣** 依據如月格西解釋，此處的「前後」有「再再」、「反覆」的意思，「習氣」指「粗重」。此句即指反覆串習對顛倒境的貪著，進而滋長粗重的習氣。

❻**《般若波羅蜜多教授論》所說** 《般若波羅蜜多教授論》，唯識部論典，又名《慧度教授論》、《般若波羅蜜多口訣論》，寂靜論師著，尚無漢譯。寂靜論師，阿底峽尊者的上師之一、大手印成就者、唯識宗祖師（約公元10世紀），全名寶作寂，梵語Ratnākaraśānti義譯。論師於摩竭陀國（Magadha）出家，並且學習五明成為大班智達。當時佛法尚未傳入斯里蘭卡，彼國國王耳聞論師的美名，派遣使者迎請，因此論師偕弟子一起遠赴斯里蘭卡，弘揚教法，其弟

子無量無邊。最後論師修持大手印十二年，獲得殊勝悉地。本論主要闡述如所有性及盡所有性的智慧，在聞思修每個階段的體性為何，以及進一步如何修習奢摩他及毗缽舍那的內容。參見《貢德大辭典》冊4，頁286（圖滇桑竹著，台北市：佛陀教育基金會，2013）。相應段落參見《丹珠爾》對勘本冊78，頁413。

❼ 所有　即漢文中「的」的意思，並非指「一切」。

粗重縛與相縛範圍

在《解深密經》中提到相縛與粗重的繫縛。

關於相縛，巴梭法王解釋為能夠滋潤、加重煩惱種子的現行煩惱。大善知識功德海認為，一般而言，「相」一詞，可以指「因」或「耽著」，此處的「相」，是指耽著。

關於粗重的繫縛，巴梭法王解釋為心續當中能夠發起煩惱的能力的習氣種子。一般而言，煩惱的習氣包含煩惱的種子習氣，以及非煩惱種子的習氣二者。煩惱的種子是煩惱的習氣，也是煩惱障；非煩惱種子的習氣則是所知障，不是煩惱障。煩惱的習氣有煩惱障與所知障兩種。巴梭法王在解釋《解深密經》中所說的粗重的繫縛時，只提到了煩惱的種子，沒有直接提到所知障所屬的煩惱習氣。大善知識功德海認為，巴梭法王將粗重的繫縛解釋為煩惱的種子，只是舉例，並非認為粗重的繫縛一定是煩惱的種子。一般而言，粗重包含令顛倒的心識增長的煩惱種子，以及非煩惱種子的下劣習氣，《解深密經》的這段經文開示透過串習勝觀能從粗重的繫縛中解脫，並非只開示了勝觀是煩惱障的對治品，同時也開示了勝觀是所知障的對治品。透過串習勝觀，不僅能從煩惱種子的粗重繫縛中解脫，也能從所知障所屬的煩惱習氣中解脫。在《釋量論》中也提到身語意三者的粗重，因此，粗重包含了三門的一切所斷，唯有成佛才能徹底斷除粗重的繫縛。如月格西則認為，《解深密經》此段頌文可以依照一般所說定制伏煩惱、慧斷除煩惱的說法來理解，因此此處的粗重縛就字面而言，不必指所知障。

第二、^語顯示此二攝一切定，分二：¹`由譬喻門顯示此是大小二乘一切功德根本，是故攝入此二；²`顯示由是諸靜慮師應須尋求此二三摩地總綱。初中分二：¹`舉喻解義；²`將彼結合教典。初分喻、義二者，其中初者：譬如一樹，雖有無邊枝葉花果，然總攝彼一切之扼要者厥❶為根本。^語第二、解義者❷：如是經說大小乘無邊三摩地，然總攝彼一切之宗要❸，厥為止觀[1]。^語第二、將彼結合教典者：如《解深密經》云❹：「如我所說無量聲聞、菩薩、如來有無量種勝三摩地，當知一切皆此所攝。」^語第二分二❺：¹`顯示由是諸靜慮師應須尋求此二三摩地總綱；²`此二結合《修次》❻二篇之文。初者：故欲求定者，不能尋求無邊差別❼，應善尋求一切等持總綱——止觀二者將護道理，一切時中恆應修學。^語第二、結合《修次》二篇之文者❽：如《修次下篇》云❾：「世尊雖說諸菩薩眾無量無數❿等持差別，然止觀二者能遍一切勝三摩地，故當說彼止觀雙運轉道。」^語經中宣說三摩地之異名種種非一，一切亦以止觀二者作差別事⓫，為其差別支分⓬，故謂此中專說止觀二者。《修次中篇》云⓭：「由此二者能攝一切三摩地故，諸瑜伽師一切時中定應修學止觀。」

第二科、說明這二者能包含所有的等持，分為二科：一從譬喻的角度，說明由於是大小乘一切功德的根本，所以統攝於這二者；二說明因此修定者都必須探索這二種等持的總綱。第一科分為二科：一陳述譬喻並解說意涵；二將此與教典對應。第一科分為二科：一譬喻；二意涵。第一科：就如一棵樹木，雖然具有無量無邊的枝葉花果，但是統攝這一切的關鍵是樹根；第二科、解說意涵：同樣地，佛陀開示了大小乘無邊的等持，統攝這一切的殊勝關鍵，即是寂止與勝觀。第二科、將此與教典對應：《解深密經》中說：「凡是我所開示任何聲聞、菩薩與如來的多種定，應當了知這一切全都為寂止與勝觀所包含。」第二科分為二科：一說明因此修定者都必須探索這二種等持的總綱；二將這二者對應《修次》二篇的教言。第一科：因此，由於希求等持者無法探索無邊別相的支分，所以要善加探索所有等持的總綱——止觀二者的修習方法，在任何時候都應當修習。第二科、對應《修次》二篇的教言：就如《修次下篇》中所說：「對此，雖然世尊已經開示了無量無數等不同的菩薩等持，然而寂止與勝觀涵蓋了一切等持，因此將宣說寂止與勝觀雙運並行之道。」經典中所宣說各種不同異名的等持，這一切也都是以止觀這二者作為主體，而為其特徵的支分，所以提到在此只宣說止觀這二者。以及《修次中篇》提到：「由於這二者包含了一切等持，因此所有瑜伽行者在一切時候必定都要修習寂止與勝觀。」

[1]「如是經說大小乘無邊三摩地，然總攝彼一切之宗要，厥為止觀」果芒本原作「如是經說大小乘無邊三摩地，總攝彼一切之宗要，厥為止觀」，拉寺本、單註本、法尊法師原譯作「如是經說大小乘無邊三摩地，然總攝彼一切之宗要，厥為止觀」。

❶ 厥　副詞，乃，即「就是」之意。音「決」。下同。

❷ 第二解義者　即上文「義」一科。

❸ 宗要　宗，尊也。前言扼要，此言宗要，尊崇之語也。如言「崇高的心要」。

❹ 如《解深密經》云　引文北魏菩提流支譯《深密解脫經》作：「彌勒菩薩言：
『世尊！奢摩他、毘婆舍那攝幾種三昧？』佛言：『彌勒！我說種種三昧──所
謂聲聞、菩薩、如來三昧──攝取彼諸一切三昧應知。』」唐玄奘大師譯《解
深密經》作：「佛告慈氏菩薩曰：『善男子！如我所說無量聲聞、菩薩、如來有
無量種勝三摩地，當知一切皆此所攝。』」藏文原意為「凡我所說諸聲聞、菩
薩、如來多種三摩地，當知彼等一切皆止觀所攝」。法尊法師係依玄奘大師譯
《解深密經》文譯出。引文見《大正藏》冊16，頁678、701；《甘珠爾》對勘本
冊49，頁80。

❺ 第二分二　此處的第二即是「顯示由是諸靜慮師應須尋求此二三摩地總
綱」，所分的二科當中的第一科又是「顯示由是諸靜慮師應須尋求此二三摩地
總綱」。按照一般的分科方式，總科與別科通常有所不同，否則不易明了能分
與所分的關係。此處總科與別科同名，應將別科中的第一科視為「正說」，第
二科視為引證。

❻ 《修次》　中觀部論典，又名《修次第論》、《中觀修次》，共3篇，蓮花戒論師
著，《初篇》漢譯本有宋施護譯《廣釋菩提心論》4卷；後二篇尚無漢譯本。蓮
花戒論師，西藏前弘期重整藏地佛教的大班智達（約公元740～795年），梵語
Kamalaśīla及藏語ཀ་མ་ལ་ཤཱི་ལ義譯。於靜命論師（Śāntarakṣita）座下聽受教
義，成為瑜伽行中觀自續派的大班智達。應藏王赤松德贊（ཁྲི་སྲོང་སྡེ་བཙན）之邀
入藏，破斥支那堪布所宣傳的見解，並針對赤松德贊所提出關於見地、修持、
果位三大類的問題，著《修習次第》初、中、下三篇，世稱《修次》三篇。又有
《中觀光明論》等著作。此論的初篇是蓮花戒論師應藏王赤松德贊之邀入藏
後，藏王向此師請問如何抉擇一切無我之義，論師於是著《修次初篇》回答此
問。《中篇》為藏王赤松德贊請問蓮花戒論師如何在一座中修持空性的法義
之後，論師為此所造的論典。《下篇》主要顯示修持寂止及勝觀所得之果，並

破斥支那堪布修無分別的學說。參見《師師相承傳》中文冊上，頁117；藏文冊上，頁161；《東噶藏學大辭典》，頁10（東噶・洛桑赤列編，北京：中國藏學出版社，2009。以下簡稱《東噶辭典》）；《貢德大辭典》冊1，頁480；《藏漢大辭典》，頁5。

❼ 差別　藏文直譯為「別相的支分」。此處是指止觀範疇內的各別功德。

❽ 第二結合《修次》二篇之文者　即上文「此二結合《修次》二篇之文」一科。

❾ 《修次下篇》云　引文見《丹珠爾》對勘本冊64，頁158。

❿ 無量無數　藏文原文作「無量無數等」，「等」字意指佛陀用了無量、無數以及其他的量詞來表示。

⓫ 差別事　具有特徵或特色的事物或基礎。此處是指以止觀作為總綱，而分出無邊的三摩地。

⓬ 差別支分　在差別事之上存在的種種不同的分類。

⓭ 《修次中篇》云　引文見《丹珠爾》對勘本冊64，頁125。

止觀是否攝一切定

《廣論》引了《解深密經》、《修次下篇》及《修次中篇》，提到止觀能攝一切定。

一般而言，定這個詞被應用的範圍非常廣泛，此處的定，也可以稱之為三摩地、等持，是特指一種心所；慧這個詞被應用的範圍也非常廣泛，此處的慧，也是特指一種心所。從《大乘五蘊論》對心所的分類來看，定、慧都屬於五別境，只與善心相應；從《阿毗達磨俱舍論》對心所的分類來看，定、慧都屬於大地法，與一切心相應。因此，無論是《大乘五蘊論》，還是《阿毗達磨俱舍論》，都將定、慧歸類為心所。《大乘五蘊論》與《阿毗達磨俱舍論》都認為，不同的心所彼此是相違的，例如受心所與想心所是相違的，其他心所同理類推。因此，定心所與慧心所也是相違的。

寂止是殊勝輕安所攝持的修所成的等持，所以是定心所；勝觀是觀擇力引生的
輕安所攝持的擇法慧，所以是慧心所，止觀二者，一個必定是定心所，一個必
定是慧心所。

提到止觀總攝一切定的時候，不能解釋為所有的定都是止觀，因為定只可能是
止，而必然不是觀，因為觀與定心所是相違的。既然定或等持只能是寂止，而
不能是勝觀的話，要如何理解止觀總攝一切定？

妙音笑大師在《色無色廣論》中提到，止觀可以從扼要的角度總攝一切定。另
外，止觀是從修的方法總攝一切內外道的定，因為修的方法不外乎止的修法與
觀的修法，除此之外，沒有另外的修法。

因此，止觀總攝一切定，可以從兩個角度來理解，第一種角度是從扼要的角度
總攝，意即止觀是一切定的扼要。第二種角度是從修的方法的角度總攝，意即
所有修的方法都是止觀的修法。止觀總攝一切定，不能理解為所有的定都是止
觀其中一者。

參見《大正藏》冊 31，頁 848；冊 29，頁 19；《色無色廣論》，頁 84。

第三中，奢摩他自性者，如《解深密經》云❶：「[巴]修奢摩他者，即
於[巴]所緣——如是[巴]前所聞義善思惟[巴]任何一[1]法，獨[巴]自安[2]處空閒，
[巴]心內正安住❷[巴]謂內平等住，[巴]緣彼而作意思惟❸；復即於此能思惟
心，內心[巴]不為沉掉所轉，相續作意思惟，如是正行多安住故，[巴]最終
起身輕安及心輕安，[巴]如是所生三摩地[3]，是名奢摩他。如是是為菩
薩遍尋❹奢摩他。[班]此明奢摩他體性之《解深密經》，亦並圓滿開示奢摩他成就之
量。然明毗缽舍那體性經文，雖明毗缽舍那修法，而未圓滿正顯成就之量。」**義謂隨所**

定解十二分教❺中五蘊❻等義為所緣境，緣彼之心不向餘散，由念正知於彼所緣相續繫念，故心於境❼能任運住，若時生起身心輕安所有❽喜樂，此三摩地即奢摩他。此由內攝其心不散所緣即能生起，不要通達諸法真實❾。

第三科當中，寂止的體性：如同《解深密經》中所說：「修持寂止者，獨自安處在僻靜處，心向內正確、平等地安住，對於那些先前所聽聞的義理善加思惟的任何法，緣著那些所緣而進行作意。這種能作意的心，不受沉掉的影響，透過向內持續地作意之心進行作意。如此趣入，並且對此多次地安住，因而最終對此生起身輕安與心輕安，如此生起的等持，這即名為寂止。如此便是菩薩完整地尋求寂止。這段開示寂止體性的《解深密經》，連同修成寂止的標準都已圓滿說明；然而在開示勝觀體性的經文中，雖然開示修持勝觀的方法，卻未直接圓滿地開示修成的標準。」其意涵為，對於所定解十二分教的任何義理，即五蘊等任一義理作為所緣境，緣著此義理的心不散逸於餘處，藉由正念與正知持續安置於該所緣，一旦內心能由此自然而然地安住於所緣，生起身心輕安的喜樂時，其等持便成為寂止。而這僅是透過向內執持內心，不從所緣散漫便能生起，並不觀待於證悟事物的真實性。

[1]「㊣任何一」哲霍本作語註。　[2]「㊣自安」「安」字哲霍本作語註。
[3]「㊣如是所生三摩地」「㊣如是所生」哲霍本未標作者。

❶ 如《解深密經》云 引文北魏菩提流支譯《深密解脫經》作:「諸菩薩等於彼修多羅中善思惟已,於空閑處獨坐觀察,觀察彼心,內常隨順。如是觀心、如是不斷心,彼菩薩得身樂、心樂。彌勒!是名我說菩薩修行奢摩他法。」唐玄奘大師譯《解深密經》作:「即於如所善思惟法,獨處空閑作意思惟。復即於此能思惟心,內心相續作意思惟。如是正行多安住故,起身輕安及心輕安,是名奢摩他。如是菩薩能求奢摩他。」見《大正藏》冊16,頁674、698;《甘珠爾》對勘本冊49,頁61。

❷ 內正安住 據如月格西解釋,此指內心不向外散,而令心平等——沒有沉掉的高低起伏而趣入對境,故巴註以「平等」解釋正文之「正」。

❸ 作意思惟 藏文原意為作意。妙音笑大師提到,所謂作意,是內心趣入之名,由於定能使內心的趣入強而有力,因此對於定假立作意之稱,就如對於發心假立欲求之名,以及對於念處的智慧假立正念之名。下文「能思惟心」之「思惟」亦為作意,其義亦同。「相續作意思惟」,意為持續地以作意的心進行作意。如月格西提到,此係指面對境界的心理活動、內心的動作,有別於五十一心所中的作意心所。參見《色無色廣論》,頁146。

❹ 尋 亦譯作尋求、求。依如月格西解釋,尋求寂止是指尋求成就寂止的方法。

❺ 十二分教 佛經的一種分類方式。十二分教為:契經、應頌、記別、諷頌、自說、因緣、譬喻、本事、本生、方廣、希法、論議。關於十二分教各別的內涵,《瑜伽師地論》云:「十二分教是名正法。云何契經?謂薄伽梵於彼彼方所,為彼彼所化有情,依彼彼所化諸行差別,宣說無量蘊相應語、處相應語、緣起相應語、食相應語、諦相應語、界相應語、聲聞乘相應語、獨覺乘相應語、如來乘相應語、念住正斷神足根力覺支道支等相應語、不淨息念諸學證淨等相應語;結集如來正法藏者,攝聚如是種種聖語,為令聖教久住世故,以諸美妙名句文身,如其所應次第安布次第結集,謂能貫穿縫綴種種能引義利,能引梵行,真善妙義,是名契經。云何應頌?謂於中間或於最後宣說伽他,或復宣說未了義經,是名應頌。云何記別?謂於是中記別弟子命過已後當生等事,或復

宣說已了義經，是名記別。云何諷頌？謂非直說是結句說，或作二句，或作三句，或作四句，或作五句，或作六句等，是名諷頌。云何自說？謂於是中不顯能請補特伽羅名字種姓，為令當來正法久住、聖教久住，不請而說，是名自說。云何因緣？謂於是中顯示能請補特伽羅名字種姓，因請而說，及諸所有毘奈耶相應有因有緣別解脫經，是名因緣。云何譬喻？謂於是中有譬喻說，由譬喻故本義明淨，是名譬喻。云何本事？謂諸所有宿世相應事義言教，是名本事。云何本生？謂於是中宣說世尊在過去世彼彼方分，若死若生，行菩薩行，行難行行，是名本生。云何方廣？謂於是中廣說一切諸菩薩道，為令修證阿耨多羅三藐三菩提、十力、無畏、無障智等一切功德，是名方廣。云何希法？謂於是中宣說諸佛、諸佛弟子、比丘、比丘尼、式叉摩那、勞策男、勞策女、近事男、近事女等，若共不共勝於其餘勝諸世間，同意所許甚奇希有最勝功德，是名希法。云何論議？所謂一切摩呾履迦、阿毘達磨，研究甚深素呾纜義，宣暢一切契經宗要，是名論議。」參見《大正藏》冊30，頁418。

❻五蘊 即色蘊、受蘊、想蘊、行蘊、識蘊。由於五蘊都是許多因緣聚合而生，所以稱之為蘊。

❼境 藏文直譯為「所緣」。此處境與所緣同義。

❽所有 即漢文中「的」的意思，並非指「一切」。

❾不要通達諸法真實 此處的「不要」指不觀待於、不必須要；「真實」指空性。此句意為獲得奢摩他，不須觀待證悟諸法之上的空性。

三摩地、奢摩他、等引、等至、等持的差別

三摩地、奢摩他、等引、等至、等持這些詞彙經常出現，意涵看似相近，實際上卻有不同。

三摩地與等持同義，三摩地是梵文 samādhi 音譯，等持是梵文意譯，是指一種專注於所觀察境的心所。普通凡夫也能具有三摩地，當一個普通人專注思考一件善事時，他心中就會有三摩地、等持這樣的心所。

奢摩他與寂止同義，奢摩他是梵文 śamatha 音譯，寂止是梵文意譯，是指一種殊勝輕安所攝持的修所成的等持。修行者依循九住心、六種力、四種作意的次第實修，當獲得殊勝輕安時，該行者心中的修所成的等持即成為奢摩他或寂止，在此之前的三摩地或等持，都不算是寂止。因此，寂止一定是三摩地或等持，三摩地或等持則不一定是寂止。

等引，是指入定的心識。修行者獲得寂止之後，當該修行者入定時，即進入等引的狀態。由於遠離沉掉，令心王與心所平等地趣入對境，所以稱之為等引。

等至，是指色無色界的近分定或根本定。修行者一旦獲得第一靜慮近分定，即獲得等至。由於入定時，體內的四大種平等運行，所以稱之為等至。

三摩地、等持、奢摩他與寂止，都一定是定心所，而等引、等至則包含心王與心所兩類，獲得奢摩他與寂止，才能獲得等引、等至。

毘缽舍那自性者，即前經云❶：「^⑫修三摩地者，彼由獲得身心輕安為所依故❷，捨離^⑫緣餘境之其餘心相，^⑫止觀二者同所緣故，即於^⑫前由聞思如所善^⑫決擇而思惟^⑫義，前時作為奢摩他所緣之法，內三摩地所行影像，^⑫謂緣心中所現彼義共相❸已，觀察勝解。即於如是勝三摩地所行影像所知義中，能正思擇、最極思擇、周遍尋思、周遍伺察❹，若忍、若樂、若覺、若見、若觀❺，是名毘缽舍那。如是是為菩薩善巧毘缽舍那。」此經宣說毘缽舍那是觀察慧，最極明顯無可抵賴。傳說支那堪布見已謗云：「此是經否，不得而知。」用足毀踏。因彼妄計一切分別皆執實相，要棄觀慧全不作意，乃

為修習甚深法義，不順此經，故用足毀。現見多有隨此派者。聖無著說[6]：「正思擇者，謂思擇盡所有性；最極思擇，謂思擇如所有性；以有分別慧作意[7]取諸相時[1]，名周遍尋思；真實觀[8]時，名周遍伺察。」尋謂粗思，伺謂細察。取諸相者，非是實執，是分辨境相[9]。由是思擇如所有性、盡所有性，皆有周遍尋思及周遍伺察。

勝觀的體性：就如前經中說：「修定者獲得了身輕安與心輕安之後，安住於此，捨棄緣著其他對境的其他內心的行相，由於止觀二者的所緣相同，因此對於先前聞思所抉擇而思惟的意涵，亦即先前作為寂止所緣的那些法，作為內在等持所行境的影像，亦即在心中現起其義共相而緣取，對此觀察、信解。如此一來，在這些等持所行境的影像當中，對於所知的意涵，凡是簡擇、最極簡擇、周遍尋思、周遍伺察；忍可、欲求、區別、觀見與分別，這即名為勝觀。如此一來，菩薩便能善巧勝觀。」這段經文極其清晰地宣說勝觀為觀察慧，毫無抵賴的餘地。傳聞支那堪布看了此文後，說道：「不知道這是不是佛經！」並且用腳踩踏。因為他認為凡是分別心，一切都是相執，因而拋棄了觀察慧，主張毫不作意才是修持甚深義。由於此經與其主張不符，所以這麼做。仍見有極多追隨這一派者。關於此經，聖無著論師提到：「簡擇，是指辨別盡所有性；最極簡擇，是指辨別如所有性；以具有智慧的有尋思作意執取相狀時，便是周遍尋思；正確地尋思時，則是周遍伺察。」尋是指粗略地尋思，伺則是指細緻地伺察。執取相狀並不是指諦實執，而是分辨對境的相狀。既然如此，分辨如所有性與盡所有性，各自都有周遍尋思與周遍伺察二者。

❶ 即前經云 前經即指《解深密經》。引文北魏菩提流支譯《深密解脫經》作：「彼菩薩得身心樂已，依身心樂觀所說法，如向思惟一切諸法，觀察內心三昧境界像，能信諸法，離於思惟。彌勒！諸菩薩等如是觀彼三昧鏡像可知彼義，覺觀思惟，忍怖見意知覺現前。彌勒！是名我說菩薩修行毘婆舍那。彌勒！諸菩薩等應當如是善知毘婆舍那。」唐玄奘大師譯《解深密經》作：「彼由獲得身心輕安為所依故，即於如所善思惟法，內三摩地所行影像，觀察勝解，捨離心相。即於如是三摩地影像所知義中，能正思擇、最極思擇、周遍尋思、周遍伺察，若忍、若樂、若慧、若見、若觀，是名毘鉢舍那。如是菩薩能善毘鉢舍那。」見《大正藏》冊16，頁674、698；《甘珠爾》對勘本冊49，頁61。

❷ 彼由獲得身心輕安為所依故 藏文原意為「他獲得了身輕安與心輕安之後，安住於此」。法尊法師係依玄奘大師譯文。

❸ 義共相 僅僅在分別心顯現那方面成立的增益分，是義共相的性相。例如在執取瓶子的分別心中，明明不是與瓶子為一，卻增益為似乎為一的增益分，即是瓶子的義共相。

❹ 能正思擇最極思擇周遍尋思周遍伺察 夏日東活佛提到，如果結合念死無常來解釋這四者的話，總體抉擇死無常，是正思擇；從三根本、九因相、三種決斷等角度抉擇死無常，是最極思擇；以粗分的方式抉擇義理，是周遍尋思；以細分的方式抉擇義理，是周遍伺察。夏日東活佛此說與《廣論》下文解釋不同。參見《夏日東文集》冊3，頁10。

❺ 若忍若樂若覺若見若觀 妙音笑大師提到，抉擇之後，不害怕或不擾動，所以稱之為忍；希樂如此抉擇，所以稱之為樂；覺慧抉擇分辨，所以稱之為覺；

緣取或隨見，所以稱之為見；耽著，所以稱之為觀。正思擇、最極思擇、周遍尋思、周遍伺察四種毗缽舍那，各別都可以有忍、樂、覺、見、觀五者。才旦夏茸大師與夏日東活佛也提到相同的說法。圓測大師的《解深密經疏》則將忍等五者解釋為毗缽舍那的異名，忍是指忍解，樂是指受樂，慧是指分別，見是指推求，觀是指觀察，雖然有五個不同的名稱，內涵是相同的。此處的「覺」，藏文直譯為「分辨別相」。參見《色無色廣論》，頁135；《才旦夏茸文集》冊11，頁7；《夏日東文集》冊3，頁10；《大正藏》冊21，頁303。

❻ **聖無著說**　相應段落出自《瑜伽師地論》。《瑜伽師地論》，唯識部論典，共100卷。藏傳佛教認為《瑜伽師地論》是無著菩薩著，漢傳則認為是彌勒菩薩所說。漢譯本有唐玄奘大師譯《瑜伽師地論》100卷。另有北涼曇無讖譯《菩薩地持經》10卷、《菩薩戒本》9卷；劉宋求那跋摩譯《菩薩善戒經》9卷、《優婆塞五戒威儀經》1卷；陳真諦三藏譯《十七地論》5卷、《決定藏論》3卷等六種節譯本，其中《十七地論》今已失傳。此論顯示三乘行者所觀之境，所修之行，所證之果的內涵，唯識派亦以此論作為主要依據的論典之一。此論分為：《本地分》、《攝決擇分》、《攝釋分》、《攝異門分》、《攝事分》。相應段落參見唐玄奘大師譯《瑜伽師地論》：「云何名為能正思擇？謂於淨行所緣境界，或於善巧所緣境界，或於淨惑所緣境界，能正思擇盡所有性。云何名為最極思擇？謂即於彼所緣境界，最極思擇如所有性。云何名為周遍尋思？謂即於彼所緣境界，由慧俱行有分別作意，取彼相狀周遍尋思。云何名為周遍伺察？謂即於彼所緣境界，審諦推求周遍伺察。」見《大正藏》冊30，頁451；《丹珠爾》對勘本冊73，頁329。

❼ **有分別慧作意**　據如月格西解釋，此處「分別」為「尋」心所，故此指「有尋的作意」。

❽ **真實觀**　此指正確地尋思。觀，此處為尋思之義。

❾ **分辨境相**　夏日東活佛提到，此處的分辨境相，是指分辨境的差別或部分。參見《夏日東文集》冊3，頁12。

《寶雲經》❶說義同《深密》❷，亦明顯云❸：「奢摩他者，謂心一境性。毘鉢舍那者，謂正觀察。」慈尊於《莊嚴經論》亦云❹：「應知諸法❺名，總❷攝[1]集亦為止❷之〔道，❷謂即所緣也。〕此復言『由名稱之門總攝諸法』者，義謂任住何種奢摩他之所緣，皆當收攝而住。如由『諸行無常』名稱之門而收攝之，終則唯於無常而住其心。應知妙觀❻❷之〔道，❷謂即所緣也[2]。〕廣作開演而思擇諸法義。」又云❼：「正住為所依，心安住於心❽，及善擇法故，是寂止勝觀。」依正定住心說名為止，善擇法慧說名為觀。前經密意作是解已，令更不能別解經義。《菩薩地》亦云❾：「於離言說唯〔事，❷謂該所緣之差別事。〕唯義❷之體性所緣境中繫心令住❷而執持，離諸❷其差別等戲論❿❷所屬散亂，❷或離❷別別觀察之戲論[3]以及沉掉令心擾亂想作意故，❷以作意於諸所緣而作勝解[4]，❷謂修習所緣也[5]，於諸定〔相，❷謂因也，即彼之所緣也。〕令心內住、安❷或還復[6]而住❷作意為始，廣說乃至一趣❷作意、〔等持，❷謂等引作意⓫。〕，是名奢摩他。❷是為成辦奢摩他之理。云何毘鉢舍那？由奢摩他熏⓬修作意，即於如先所思惟❷所緣之法，作意其相，如理簡擇、最極簡擇、極簡擇法❷為始，❷經中廣說乃至覺明慧行⓭，是名毘鉢舍那。」此與前說極相隨順。此文如前雙解經意及慈尊意，能於前文所明止觀堅固定解。《修次中篇》亦云⓮：「❷修所緣故，心於外境散亂既止息已，於內所緣❷不事觀擇，❷依於堪能恆常相續任運而轉，安住❷心中歡喜[7]及❷身輕安相應之心，是名奢摩

他。即由安住奢摩他時，但唯^四緣於彼^四境而以慧思擇之者，是名毘鉢舍那。」

與《解深密經》相呼應，《聖寶雲經》中也明確提到：「寂止是指一心專注，勝觀是指正確地觀察。」至尊慈氏也在《經莊嚴論》中說：「應當了知統合、含攝諸法的名稱，也是寂止之道，亦即所緣；另外，『從名稱的角度統攝諸法』的意涵，是說無論安住於任何寂止的所緣，都必須統攝而安住。例如從『諸行無常』的名稱的角度而統攝，最終內心僅安住於無常一般。應當了知勝觀之道，亦即所緣，是指廣泛地延展而觀擇諸義理。」以及「由於依靠著正確安住，心止住於內心，以及善加辨別法，因此即是寂止與勝觀。」是說依靠正確的定而止住內心為寂止，善加辨別諸法的智慧為勝觀。由於這樣地解釋了經典中如此宣說的原意，因此經典的意涵便不可再引申為其他內容。《菩薩地》中也契合上述內容而提到：「對於不可言說的純粹事物，亦即其所緣的主體，與純粹意涵的體性，內心決定投注於這樣的所緣而執持，作意『遠離一切其特徵等屬於戲論的散亂，或者遠離一切分別觀察的戲論與沉掉所致的散亂心』之想，由此以作意信解一切所緣，亦即修持所緣，這即是對於內在的等持諸相、因，亦即其所緣，從心內住、安住，或反覆安住的作意起，乃至於專注一趣作意、平等住，亦即等引作意之間，這即是名為寂止。上述是修持寂止的方法。何為勝觀？對於此修持寂止的作意所思惟的這些所緣之法，作意其相狀，並且從簡擇、最極簡擇、極簡擇法起，乃至於經典所宣說明與慧行之間，這即是名為勝觀。」此文如同前述而一併解釋了經典與至尊慈氏二者的意趣，對於先前止觀的辨識授予堅固的定解。在《修次中篇》中也提到：「透過修持所緣，內心止息對於外在境界的散亂，能夠不作觀擇，持續自然而然地向內趣入所緣，依此而安住於具足心歡喜與身輕安之心，名為寂止。安住於這樣的寂止時，凡是只對此境界緣取，而以智慧進行觀擇，這便是勝觀。」

[1]「總^巴攝」 拉寺本作「總^巴或攝」。　[2]「^巴謂即所緣也」 雪本未標作者。
[3]「^巴別別觀察之戲論」 果芒本原作「^巴別別之分別戲論」，拉寺本、雪本、哲霍本
作「^巴別別觀察之戲論」。按，「別別之分別」（ས་སོའི་རྟོག་པ）為「別別觀察」（ས་སོར་
རྟོག་པ）之訛字。　[4]「於諸所緣而作勝解」 拉寺本、單註本、《丹珠爾》對勘本作
「於諸所緣而作勝解時」，意指修習寂止，於所緣作勝解時，以九住心來成辦寂止。
果芒本、雪本、哲霍本、玄奘大師原譯、法尊法師原譯之意為「修習寂止，於所緣作勝
解此者，乃以九住心來成辦寂止」。據如月格西解釋，此二解皆可，然就文字習慣，果
芒等本為勝。　[5]「^巴謂修習所緣也」 哲霍本未標作者。　[6]「還復」 果芒本原
作「濕潤」，拉寺本、哲霍本作「還復」。按，「濕潤」（བརླན）為「還復」（སླར）之訛
字，故依拉寺本、哲霍本改之。　[7]「恆常相續任運而轉，安住歡喜」 單註冊裝本作
「恆常相續歡喜任運而轉，安住」。

❶《寶雲經》　經集部經典，全名《聖寶雲大乘經》，共7卷。漢譯本有梁扶
南三藏曼陀羅仙譯《寶雲經》7卷；梁扶南三藏曼陀羅仙共僧伽婆羅譯《大
乘寶雲經》7卷；唐達摩流支譯《佛說寶雨經》10卷；宋法護譯《佛說除蓋障
菩薩所問經》20卷，共四種。此經源於佛在象頭山（Gayāśiras）時，從佛
頂上放出光明，普照十方世界。時東方大蓮華世界中有菩薩名除蓋障
（Sarvanīvaraṇaviṣkambhin），又作除一切蓋障菩薩，看見此大光明，啟問
蓮華眼如來，如來為說此光明的緣由後，除蓋障菩薩與諸菩薩共同前往禮拜
供養釋尊，並請問法義。

❷《深密》　見前頁50註1、頁54註1。

❸亦明顯云　引文出自《寶雲經》。梁扶南三藏曼陀羅仙譯《寶雲經》作：「正
觀諸法如實深義，是名為慧；善攝亂意，歡喜無悔，是名為定。」梁扶南三藏曼
陀羅仙共僧伽婆羅譯《大乘寶雲經》作：「毘婆舍那者，如實法觀；奢摩他
者，一心寂默。」唐達摩流支譯《佛說寶雨經》作：「謂心一境性是奢摩他，如
實觀察是毘鉢舍那。」宋法護譯《佛說除蓋障菩薩所問經》作：「所謂心一境

性是奢摩他，如實觀察諸法自性是毘鉢舍那。」見《大正藏》冊16，頁233、270、319；冊14，頁741；《甘珠爾》對勘本冊64，頁224。

❹《莊嚴經論》亦云　《莊嚴經論》，唯識部論典，全名《大乘經莊嚴論》，又名《經莊嚴論》，共21品，至尊慈氏著。漢譯本有唐波羅頗蜜多羅所譯《大乘莊嚴經論》24品；今人寶僧譯《大乘經莊嚴論寶鬘疏》所載的頌文，共二種。此論以偈頌體方式闡述唯識宗的見解。引文唐波羅頗蜜多羅譯《大乘莊嚴經論》作：「止道，觀道。」見《大正藏》冊31，頁624；《丹珠爾》對勘本冊70，頁845。

❺諸法　「諸」為巴註，法尊法師蓋取巴註譯入正文。

❻妙觀　即勝觀的另一譯法。

❼又云　引文出自《經莊嚴論》。唐波羅頗蜜多羅譯《大乘莊嚴經論》作：「安心於正定，此即名為止。正住法分別，是名為觀相。」見《大正藏》冊31，頁644；《丹珠爾》對勘本冊70，頁872。

❽心安住於心　夏日東活佛將此句的意涵解釋為：止息心對外境的散亂，安住於內心。參見《夏日東文集》冊3，頁12。

❾《菩薩地》亦云　《菩薩地》，唯識部論典、《瑜伽師地論・本地分》的內容之一，全名《瑜伽師地論・菩薩地》，共22卷。藏傳佛教認為《瑜伽師地論》是無著菩薩著，漢傳則認為是彌勒菩薩所說。漢譯本有唐玄奘大師譯《瑜伽師地論・菩薩地》；北涼曇無讖譯《菩薩地持經》10卷、《菩薩戒本》9卷；劉宋求那跋摩譯《菩薩善戒經》9卷；陳真諦三藏譯《十七地論》5卷，共五種。其中《十七地論》今已失傳。《菩薩地》分四部分：初持瑜伽處分十八品，介紹菩薩的種姓、發心、六度、四攝等菩薩所學內容；第二持隨法瑜伽處分四品，闡述依循持瑜伽所說的內容進行修持的道理，因此稱為隨法；第三持究竟瑜伽處分五品，因修習前兩部分所述內容，進而達到不同的位階，直至最後圓滿成佛，故名究竟；第四持次第瑜伽處一品，按照次第總結前面各部分的內容，故名次第。引文唐玄奘大師譯《瑜伽師地論》作：「云何奢摩他？謂諸菩薩由八種思善依持故，於離言說唯事唯義所緣境中繫心令住，離諸戲論，離心擾亂想作意故，於諸所緣而作勝解。於諸定相令心內住、安住、等住，廣說乃至一趣、等持，是名奢摩他。云何毘鉢舍那？謂諸菩薩由奢摩他熏修作意，即於如先所

思惟法，思惟其相，如理簡擇、最極簡擇、極簡擇法，廣說乃至覺明慧行，是名毘鉢舍那。」見《大正藏》冊30，頁504；《丹珠爾》對勘本冊73，頁667。

❿ **戲論**　藏文本義為「開衍、推演」及「開衍、推演的內容」。一般而言，戲論包含所破及非所破的部分。所破如空性的所破的戲論、諦實執的戲論、增益諸法為諦實的聲音的戲論等；非所破如此處所說的戲論。此處的戲論指所緣的體性之上的差別相，如月格西舉例，如同我們緣佛的身像，總體的佛身即是所緣的體性，佛身當中手足四肢等等即是其差別相。

⓫ **等引作意**　此指第九住心。遠離沉掉，令心王與心所平等趣入對境，所以稱之為等引。

⓬ **熏**　無形的習染或感染，本指煙火、煙霧向上冒出，染黑物品；又作「薰」。《說文解字》：「火煙上出也。从屮（音「徹」）从黑。屮黑，熏黑也。」會意字。此處「熏修」即修習之義。

⓭ **如理簡擇最極簡擇極簡擇法廣說乃至覺明慧行**　在海雲大師《菩薩地釋》中解釋，如理簡擇，指執取一切苦的類別而說「此是苦聖諦」。最極簡擇，指分別執持，如說「此是生苦」等等。極簡擇法，指對於開示那些意涵的契經分別觀察。覺，指與生俱來能夠善加簡擇。明，指正確地修習。慧行，指對在聽聞、讀誦、綜論、抉擇等中已經了解的意涵，進一步向上去了解的智慧。此處《菩薩地》的藏文原文無「覺」，法尊法師係取玄奘大師譯文譯出，然於《攝異門分》則有一一列出「覺、明、慧行」等法。從如理簡擇到覺、明、慧行之間，提到諸多勝觀的種類及行相的差別，參考藏經及《瑜伽師地論·攝異門分》，此中應有：簡擇、極簡擇、最極簡擇、解了、等了、近了、機黠、通達、審察、聰叡、覺、明、慧行。以及有作：簡擇、最極簡擇、極簡擇法、解了、等解了、近解了、黠了、通達、審察、聰叡、覺、明、慧行。參見《大正藏》冊26，頁481；冊30，頁762；《丹珠爾》對勘本冊75，頁923。

⓮ **《修次中篇》亦云**　引文見《丹珠爾》對勘本冊64，頁131。

止觀的性相

《廣論》引了許多經論說明止觀的體性，關於止觀，其實有非常嚴格的性相。

寂止的性相為：殊勝輕安所攝持的修所成的等持。提到「輕安」，是為了排除欲界心的修所成是寂止；欲界修所成的等持是存在的，但是沒有被輕安所攝持，所以不是寂止。提到「殊勝」，是為了排除粗分輕安所攝持的等持是寂止。提到「修所成」，是說成就寂止之後，以了相作意等聞思觀擇時，在後得位也會有輕安，為了排除這樣的輕安所攝的聞思所成是寂止。提到「等持」，是為了排除其他心與心所是寂止。簡言之，寂止必須具備三個特色：一、殊勝的輕安所攝持；二、是修所成；三、是等持心所。沒有被殊勝輕安所攝持，或者不是修所成，只是聞思所成，或者是等持以外的其他心識，都不是寂止。

勝觀的性相為：由觀擇力引生的殊勝輕安所攝持的擇法慧。止觀同樣都被殊勝的輕安所攝持，但是止的輕安是由於止住的力量所引生，並不是由觀擇的力量引生的。在寂止的基礎之上，由於觀擇力引生殊勝輕安時，才算獲得勝觀。簡言之，勝觀必須具備兩個特色：一、由觀擇力引生的殊勝輕安所攝持；二、是慧心所。沒有被觀擇力引生的殊勝輕安所攝持，只被止住的力量引生的輕安所攝持，或者是慧以外的其他心識，都不是勝觀。

在經論中宣說止觀的體性時，有時會從不同角度，或者用不同的詞句說明，不一定會在字面上直接提到止觀必須具備的每一個條件，例如這段《廣論》所引的《解深密經》、《菩薩地》、《修次中篇》中提到勝觀的體性時，並沒有強調要被觀擇力引生的輕安所攝持，但是如果對照經論的前後文來看的話，勝觀必須被觀擇力引生的輕安所攝持，這一點在《廣論》宣說止觀次第決定時也有說明。

參見《廣論》中文頁 344；藏文頁 480。

《經莊嚴論》提到的止觀所緣

《廣論》中引了《經莊嚴論》說明止觀的所緣，從字面來看，似乎是理解為名稱是寂止的所緣，義理是勝觀的所緣。

大唐天竺三藏波羅頗蜜多羅所譯的《大乘莊嚴經論》中說：「止道者，謂奢摩他作意，此作意但緣諸法名。觀道者，謂毘鉢舍那作意，此作意但緣諸法義。」依據此文，字面上確實有提及上述的內容。

然而巴梭法王將《經莊嚴論》中止道及觀道的「道」字解釋為所緣，寂止是從名稱統攝的角度安住於所緣，勝觀是從廣泛觀擇義理的角度安住於所緣。此也許是按照唯識宗無性論師的闡述，無性論師認為「應知諸法名，總集為止道」，是指寂止會緣著以名稱總攝諸法的名稱。

事實上止觀的所緣是同義的，語王大師的箋註中說：「總為成實，遍是止觀所緣」，凡是存在的事物都是止觀的所緣。所以凡是寂止的所緣，一定是勝觀的所緣，凡是勝觀的所緣，也一定是寂止的所緣，所以並不能說寂止只緣名稱而不緣義理，勝觀只緣義理而不緣名稱。基於此意，所以巴梭法王對此段《經莊嚴論》不解為止觀的所緣有所不同，而是解為止觀緣境的方式不同。寂止會以名稱統攝所緣，勝觀則是廣泛觀擇義理。波羅頗蜜多羅所譯《大乘莊嚴經論》中提到的「但緣諸法名」、「但緣諸法義」，也應當作此理解。

參見《大正藏》冊 31，頁 624；《丹珠爾》對勘本冊 71，頁 278。

🔴寂靜論師所著《**般若波羅蜜多教授論**》[1]亦云❶：「**盡所有性**，🔴即盡所有也、**如所有性**，🔴即如所有也，以緣此二之覺知❷ ——**無**🔴以妙觀察慧**分別**🔴之覺知中所成**影像**，🔴謂即現起義共相者，是止所緣。🔴又所緣境[2]**盡所有性**——🔴即盡所有、**如所有性**——🔴即如所有**有分別影像**，🔴謂於妙觀擇識

中現起義共相^者，是觀所緣。」此說於^巴心中所現義共相之如所有性、盡所有性之義，不分別住，名奢摩他；思擇二境，名毘鉢舍那。以此亦即《深密》密意，如云❸：「^巴啟白世尊，幾是奢摩他所緣？^巴世尊告曰：一種，謂無^巴以能緣之妙觀察慧而作[3]分別之^巴義共相、於意現起之影像。^巴白云：幾是毘鉢舍那所緣？^巴世尊告曰：一種，^巴此一云何？謂有^巴以能緣覺知妙觀察慧而作分別之^巴覺知，其所現起義共相之影像。^巴白云：幾是俱所緣？^巴世尊[4]告曰：有二，謂事邊際❹、所作成辦❺。」^巴此二是約總體之所緣。《集論》❻於事邊際，開說如所有性及盡所有性之二。由是如前寂靜論師所說❼，止觀皆有緣取如所有性、盡所有性二者。是故止觀非就所緣境相而分，既有通達空性之止，亦有不達空性之觀。若能止心於外境轉，住內所緣故名寂止，增上觀照故名勝觀。

有說內心無分別住，無有明了之明分力❽，說名為止；有明分力，說名為觀。此不應理，以與佛經及慈尊、無著之論，並《修次第》等諸廣決擇止觀相者，說於所緣心一境性勝三摩地名奢摩他，於所知義正簡擇慧名毘鉢舍那皆相違故。特於無分別心有無明了之明分力者，是因三摩地有無沈沒之差別，以此為止觀之差別，極不應理，以一切奢摩他定皆須離沈，凡離沈沒三摩地中，心皆定有明淨分❾故。

寂靜論師所著《般若波羅蜜多口訣論》中也說道：「對於屬於盡其所有，亦即盡所有，與屬於如其所有，亦即如所有，形成緣著這二者的心——無『分別觀察的智慧』所分別之心中的影像，亦即現起義共相，即是寂止的所緣。另外，對於屬於盡其所有——盡所有，與屬於如其所有——如所有的所緣境，形成有分別的影像，亦即在分別觀擇之心中現起義共相，則是勝觀的所緣。」這是說對於在意識中現起義共相的如所有性與盡所有性的義理，無分別而安住為寂止，觀擇這二種境界則為勝觀。因為這即是《解深密經》的意趣，其中提到：「啟白世尊，請問有幾種是寂止的所緣？世尊答道：有一種，即在心中現起無能緣的分別觀察的智慧所分別的義共相的影像。啟白道：請問有幾種是勝觀的所緣？世尊答道：只有一種，哪一種？即有能緣之心——分別觀察的智慧所分別的心中現起義共相的影像。啟白道：請問有幾種是這二者的所緣？世尊答道：有二種，即事物的分際與成辦目的。」提到這二種為總體而言的所緣。由於《集論》提到事物的分際為如所有性與盡所有性二種，因此如同寂靜論師前述所說，寂止與勝觀各各都有緣著如所有與盡所有二種。所以止觀二者並非從所緣境的角度區分，既有證達空性的寂止，也有並未證達空性的勝觀。其中，由於止息了內心奔馳於外在境界，而向內安住於所緣，因此名為寂止；由於超勝、殊勝地觀見，因此名為勝觀。

有人主張內心無分別而安住，沒有明了的明分力量，便是寂止，具有明分的力量則是勝觀。這並不合理，因為佛語、紹聖尊的論典、無著的教典與《修次》等教典中廣泛地抉擇寂止與勝觀的定義，其中提到一心專注於所緣的定為寂止，正確分辨所知意涵的智慧為勝觀，而這種觀點與上述都相違的緣故。尤其無分別心是否具有明了的明分力量，僅是等持有無沉沒的差別，將此作為止觀的差別根本不合理，因為一切寂止的等持必定都需要清除沉沒，而一切遠離沉沒的等持，都必定有內心的澄淨分的緣故。

[1]「《般若波羅蜜多教授論》」果芒本原作「《般若波羅蜜多以下等論》」，拉寺本、雪本、哲霍本、單註本作「《般若波羅蜜多教授論》」。按，「以下等」（མན་དག）為「教授」（མན་དག）之訛字，故依拉寺等本改之。　[2]「^巴又所緣境」哲霍本作語註。[3]「^巴以能緣之妙觀察慧而作」拉寺本作語註。　[4]「^巴世尊」哲霍本未標作者。

❶《般若波羅蜜多教授論》亦云　引文見《丹珠爾》對勘本冊78，頁409。

❷覺知　與心識、明了同義，義為顯現自境的明了。如看見瓶子的眼識，當下在眼識中顯現出瓶子的行相、樣子，這樣的眼識，即是顯現自境的明了。

❸《深密》密意如云　引文元魏菩提流支譯《深密解脫經》作：「彌勒菩薩問佛言：『世尊！有幾種奢摩他觀？』佛言：『彌勒！惟有一種奢摩他觀，所謂無分別觀。』彌勒菩薩復言：『世尊！可有幾種毘婆舍那觀？』佛言：『彌勒！惟有一種，所謂差別觀。』彌勒菩薩復言：『世尊！有幾數名向二觀？』佛言：『彌勒！有於二種：一者、事別，二者、事成就。』」唐玄奘大師譯《解深密經》作：「慈氏菩薩復白佛言：『如世尊說四種所緣境事：一者、有分別影像所緣境事；二者、無分別影像所緣境事；三者、事邊際所緣境事；四者、所作成辦所緣境事。於此四中，幾是奢摩他所緣境事？幾是毘鉢舍那所緣境事？幾是俱所緣境事？』佛告慈氏菩薩曰：『善男子！一是奢摩他所緣境事，謂無分別影像；一是毘鉢舍那所緣境事，謂有分別影像；二是俱所緣境事，謂事邊際、所作成辦。』」見《大正藏》冊16，頁674、697；《甘珠爾》對勘本冊49，頁60。

❹事邊際　指事物究竟的存在狀態，或指其數量就決定為這麼多，或指其究竟本質。參見下文頁126。

❺所作成辦　「所作」，藏文原意為「所為、目的」，此詞為「圓滿成辦目的」之義。

❻《集論》　阿毗達磨部論典，全名《大乘阿毗達磨集論》，共5卷，無著菩薩

著。漢譯本有唐玄奘大師譯《大乘阿毘達磨集論》7卷。本論主要闡述大乘的基道果，及如何引導所化機的方便。此論和《俱舍論》為對法的主要典籍。相應段落參見唐玄奘大師譯《大乘阿毘達磨集論》：「事邊際所緣者，謂一切法盡所有性、如所有性。盡所有性者，謂蘊、界、處；如所有性者，謂四聖諦十六行相真如，一切行無常，一切行苦，一切法無我，涅槃、寂靜、空、無願、無相。」見《大正藏》冊31，頁686；《丹珠爾》對勘本冊76，頁256。

❼ **如前寂靜論師所說** 即《般若波羅蜜多口訣論》所說：「盡所有性、如所有性無分別所成影像者，是止所緣。盡所有性、如所有性有分別影像者，是觀所緣。」

❽ **明了之明分力** 明了即是心識的異名。顯現自境的覺知，是明了的性相。明分力，指清晰度、銳利度。

❾ **明淨分** 此處為「澄淨分」。據如月格西解釋，澄淨分與明分略有不同。明分主要是就對境而言，指顯現境界、所緣是否清晰；澄淨分則不僅指顯現境界清晰，主要也指內心有一種潔淨、靈動、愉悅而不倦怠、不渾濁的狀態。由於可以結合到心的體性、作用與能力之上，範圍比明分稍大。

有分別影像與無分別影像的差別

《廣論》中引了《般若波羅蜜多口訣論》及《解深密經》，提到無分別影像是寂止的所緣，有分別影像是勝觀的所緣。乍看之下，無分別影像與有分別影像似乎是相違的，所以止觀二者的所緣似乎也是相違的。實際上，止觀二者的所緣是同義的，凡是寂止的所緣，都是勝觀的所緣，凡是勝觀的所緣，也都是寂止的所緣。因此，不能說無分別影像只是寂止的所緣，而不是勝觀的所緣，也不能說有分別影像只是勝觀的所緣，而不是寂止的所緣。

那麼，為何會特別強調無分別影像是寂止的所緣，有分別影像是勝觀的所緣？

有分別影像與無分別影像，是從能緣心的角度安立。所謂的影像，是指未必是真實的那個事物本身，而是內心所顯現的該事物的行相。寂止緣著這樣的影像

時，不會分別觀察，所以稱之為無分別影像；勝觀緣著這樣的影像時，會分別觀察，所以稱之為有分別影像。

寂止緣著空性時，沒有分別觀察，純粹安住在空性之上，此時空性的行相就是無分別影像；勝觀緣著空性時，有分別觀察，此時空性的行相就是有分別影像。因此，空性的行相，對於寂止而言是無分別影像，對於勝觀而言，則是有分別影像。其他止觀所緣的行相依此類推。從這個角度來說，有分別影像與無分別影像是同義的。

那麼，是否所有止觀的所緣都是無分別影像與有分別影像？

巴梭法王將有分別影像與無分別影像的「影像」，解釋為義共相。語王大師提到，總體而言，凡是存在的事物，都是止觀的所緣，所以也都是具有分別與無分別。妙音笑大師認為，此處的影像，是指在心識中顯現與境相似的那一分。賽倉大師則認為，界、處雖然是四種周遍所緣當中的前兩者，但是並非有分別影像與無分別影像，心識顯現界、處的行相，才稱之為影像，而四種周遍所緣當中的前兩種列舉為：不觀擇而安住的所緣，以及觀擇的所緣二者。因此，按照巴梭法王、妙音笑大師與賽倉大師的觀點，並非所有的法都是此處的影像。現前識可以如實顯現自己的對境，分別心則無法如實顯現自己的對境，只能顯現相似的那一分，按照巴梭法王與妙音笑大師的觀點，此處的影像是理解為義共相。

《廣論》解釋有分別影像與無分別影像時，提到所謂的影像，是指未必是真實的那個事物本身，而是內心所顯現的該事物的行相；也提到影像是五種淨行所緣、五種善巧所緣、兩種淨惑所緣的影像或行相。因此，有分別影像與無分別影像並非是指所緣的那個事物，而是心識顯現該事物的行相。在開示所緣異門時，也特別提到三摩地影像、三摩地相、三摩地所行境的境、三摩地方便、三摩地門、作意處、內分別體、光影這八者是等持所緣的影像的異名，或者心中顯現的等持所緣的行相的異名。因此，當寂止緣著善巧所緣中的五蘊時，五蘊並不是無分別影像，寂止所顯現的五蘊的行相，才是無分別影像，然而五蘊及寂止所顯現的五蘊的行相，兩者同樣都是寂止的所緣。勝觀的所緣依此類推。

因此，除了語王大師以外，依據其他祖師的觀點，雖然無分別影像與有分別影像分別是止觀的所緣，但是止觀的所緣未必是無分別影像與有分別影像。此處的影像是指義共相，分別心所屬的止觀所顯現的行相，可以稱之為無分別影像與有分別影像，然而現前識所屬的止觀所顯現的行相，則不是無分別影像與有分別影像。

參見《色無色廣論》，頁94、111；《色無色定辨析．開善說藏》，頁169、172。

故緣如所有性之定、慧，是就內心證與未證二無我境隨一而定❶，非就其心住與不住明了、安樂、無分別相而為判別，以心未趣向無我真實者，亦有無量明、樂、無分別三摩地故。現前可證，雖未獲得實性❷見解，但可執心令無分別，故未解空性，生無分別定，無少相違。若能由此久攝其心，以攝心力生堪能風❸，彼生起時，身心法爾能生喜樂，故生安樂亦不相違。喜樂生已，即由喜樂受相明了力，能令心起明分。故說一切明了、安樂、無分別定，皆證真性，全無確證。故證空性妙三摩地，雖有明、樂、無所分別，諸未趣向空性之定，亦有極多明了、安樂及無分別，故應善辨二定差別❹。

因此，緣著如所有性的定與智慧，要從內心是否證達二種無我境任何一者的角度而辨識，不是從內心是否處於具有安樂、清晰的無分別的角度辨識，因為有無量的安樂、清晰、無分別定，並未心向於無我真實性境的緣故。既然如此，雖然未獲得證達本相的正見，但是只要攝持內心不作任何分別即可生起，這是親眼可證的。所以即使不了解空性，對於生起無分別定也沒有絲毫相違。如果能由此而長時間地攝持內心，藉由攝持內心的力量，一旦產生堪能的風息時，身心法爾就會生起喜樂，因此與生起安樂並不相違。當喜樂生起時，藉由喜樂感受的行相清晰的力量，心中便會產生明分。所以沒有任何正確的理由，足以成立一切安樂、清晰的無分別定都要證達真實性。因此，證達空性的定也會有安樂、清晰、無分別；而未心向於空性的定當中，也有非常多會生起安樂、清晰、無分別，所以必須區分這二者的差別。

❶ 定　藏文原意為「辨識、識別」。下文「判別」亦同。
❷ 實性　藏文亦譯作「本相」。指諸法從自己本身而存在、成立的方式、形態，此處引申為諸法的究竟本質——空性。
❸ 堪能風　既通暢又能駕馭身心的氣息。
❹ 故應善辨二定差別　藏文直譯為「故應分辨彼二差別」。才旦夏茸大師提到，關於「彼二」是指哪二者，有不同的解釋方式。有人認為是指「證達空性的明、樂、無分別，以及沒有證達空性的明、樂、無分別二者」；又有人認為是指「證達空性的心，以及沒有證達空性的心二者」；還有人認為是指「證達空性的等持，及沒有證達空性的等持二者」；也有人認為是指「明、樂、無分別，以及緣著空性的勝觀二者」。才旦夏茸大師則認為，按照前後文的內涵，應該是指「證達空性的等持，以及沒有證達空性的等持二者」，但是從他宗疑惑的角

度而言，應該理解為「明、樂、無分別，以及緣著空性的勝觀二者」。參見《才旦夏茸文集》冊11，頁13。

第四、須雙修止觀之因相❶：修止觀一種，何非完足，必雙修耶？答：譬如夜間，為觀壁畫而燃燈燭[1]，若燈明亮無風擾動，乃能明見諸像；若燈不明，或燈雖明而有風動，是則不能明見諸色。如是為觀甚深義故，若具無倒定解真義妙慧，及心於所緣如欲安住而無擾動，乃能明見真實。若僅具有住心不散無分別定，然無通達實性妙慧，是離能見實性之眼，於三摩地任何薰修，然終不能證真實性。若雖有見能悟無我真實性義，然無正定令心專一堅固安住，則無自在為動搖分別風所攪擾，遂終不能明見實義，是故雙須止觀二者。如《修次中篇》云❷：「唯觀離止如風中燭，瑜伽師心於境散亂不能堅住，以是不生明了智光，故當同等習近二者❸。由此《大般涅槃經》亦云❹：『(一)聲聞不❷廣見如來種性❷真如❺，以(三)定力強故，(二)語於彼經由無邊正理異門觀擇之[2]慧力〔劣❷，謂即無有。〕故。❷觀待於彼，(四)菩薩雖❷廣見❷真如，然而未能恆時不替等引、後得❻而見，故而不明顯，❷經由無邊正理異門慧❷觀擇力強故[3]，❷觀待於彼，定力劣故。❷菩薩經由無邊正理異門觀擇空性，雖非過失，然一切等引終皆須起，是由其效所成，以致等引、後得未成一體故[4]。如

云❼：「如日於雲天，此智偏一隅。」唯有如來遍見一切，ⓟ等引、後得既成一體，止觀等故。ⓟ師云：此依《入行論賈曹傑釋》而書之❽，然至尊上師自未添註，故猶當觀擇[5]。』由止力故如無風燭，諸分別風不能動心；由觀力故，永斷一切諸惡見網，不為他破。《月燈經》云❾：『由止ⓟ之力ⓟ心於所緣無動，由觀故ⓟ別別觀擇，即於後得位中，亦能引生決定識❿，如山ⓟ不為其餘邪知所牽。』」心無散亂，自然安住所緣，是修止迹；由證無我之真實性，斷我見等一切惡見，敵不能動，猶如山嶽，是修觀迹。故於此二應各分別。

第四科、止觀二者都必須修持的原因：如果心想，為何不各別修持寂止或勝觀即可，而必須二者一併修持？答道：就如在夜裡為了觀看壁畫而點亮燈火時，如果火焰極其明亮，不受風吹晃動，具足這兩個條件，便可極為清晰地看見畫像；如果火焰不明亮，或者雖然明亮，卻被風吹而晃動，便不能清晰地看見景物。同樣地，要觀視甚深義，如果也具足無顛倒地定解真實性意涵的智慧，以及心能隨欲安住於所緣的不動搖，便能清晰地觀見真實性。如果具有了心不散逸於餘處而安住的無分別定，但是沒有證達實性的智慧，由於遠離了觀視真實性之眼，因此再怎麼串習定，都不可能證達實性；即使具有證悟無我真實性的正見，但是若沒有一心專注、堅固安住的定，就會毫無自主地被動搖的分別之風所擾亂，以致不可能清晰地看見實性的意涵，因此止觀二者都是需要的。《修次中篇》中說：「遠離了寂止，單獨的勝觀會導致瑜伽士的心散亂於外境，就如風中的燭火一般不能堅固，因而無法生起極其清晰的

智慧光明，所以應當相等地習近二者。因此，在《聖大般涅槃經》中也提到：『諸聲聞未詳盡地看見如來種姓——真如，是因為對此從無邊不同的正理的角度觀擇真如的智慧微弱，亦即不存在，以及相對於此而偏重於定。菩薩雖然詳盡地看見真如，卻未能等引、後得無輪替地恆常看見，所以不清晰，是因為偏重於從無邊的不同正理的角度以智慧觀擇，以及定相對地偏於微弱。菩薩從無邊的不同正理的角度觀擇空性，這雖然不是過失，但是一切等引最終都必須出定，由此所導致，而使等引、後得未能成為同一體性。如同有言：「就像太陽在看得見雲的天空中一般，在這當中觀擇的智慧局限於一方。」如來則觀見一切，是因為等引、後得成為同一體性，而使寂止與勝觀平等具足。上師說：雖然上述是依照《入行論賈曹傑釋》而陳述，但是由於沒有宗喀巴大師自己撰寫的解釋，所以有待觀擇。』透過寂止的力量，就如安置於無風之處的燈火一般，內心不會被分別之風所動搖。勝觀能斷除一切惡見之網，因而不被他方破壞。就如《月燈經》中所說：『由於寂止的力量而使內心在所緣上毫無動搖，由於勝觀分別觀擇，所以在後得的階段也能引發決定識，不會被顛倒心引向餘處，因而有如山嶽。』因此，內心不散逸於所緣之外，無論緣何事都能自然地安住，這是寂止的功效；證達無我真實性而斷除我見等眾多惡見，敵方諍論者無法動搖，有如山嶽一般，這是勝觀的功效，所以對於這些應當別別區分。

[1]「為觀壁畫而燃燈燭」 拉寺本、雪本、哲霍本，單註長函本作「為觀顛倒畫而燃燈燭」。按，「顛倒畫」（ལོག་རིས）為「壁畫」（ལོགས་རིས）之訛字。 [2]「⁰於彼經由無邊正理異門觀擇之」 按，下文「⁰經由無邊正理異門慧⁰觀擇力強故」，反推此處文字完全相同，私謂作巴註為宜。 [3]「慧力強故」 雪本作「慧知強故」。按，「慧知強」（ཤེས་རབ་ཀྱིས་ཤེས་ཆེ）為「慧力強」（ཤེས་རབ་ཀྱིས་ནུས་ཆེ）之訛字。 [4]「以致等引、後得未成一體故」 果芒本原作「以致衰退後未成一體故」，雪本作「以致等引、後得未成一體故」。按，「衰退後」（ཉམས་རྗེས）為「等引、後得」（མཉམ་རྗེས）之訛字，故依雪本改之。 [5]「⁰此依《入行論賈曹傑釋》……故猶當觀擇」 雪本、哲霍本作語註。

❶ **第四須雙修止觀之因相**　即前頁34「須雙修之因相」一科。

❷ **如《修次中篇》云**　引文見《丹珠爾》對勘本冊64，頁127。

❸ **同等習近二者**　夏日東活佛提到，同等習近止觀二者，是指止觀互為助伴。參見《夏日東文集》冊3，頁18。

❹ **《大般涅槃經》亦云**　《大般涅槃經》，經集部經典，全名《聖大般涅槃經》，共15品，56卷。漢譯本有東晉法顯譯《大般泥洹經》6卷；北涼曇無讖譯《大般涅槃經》40卷，世稱《北本涅槃經》；劉宋沙門慧嚴等，依《泥洹經》加之而成36卷25品，即《南本涅槃經》，共三種。此經因緣即世尊於拘尸那城（Kuśinagara）娑羅雙樹間，二月十五日將要示現涅槃時，大眾悲啼雲集於此，佛陀於是為大眾宣說佛身常住不壞，涅槃即是法性義，眾生皆有佛性等諸多內涵。引文北涼曇無讖、劉宋沙門慧嚴等譯《大般涅槃經》皆作：「十住菩薩，智慧力多，三昧力少，是故不得明見佛性。聲聞緣覺，三昧力多，智慧力少，以是因緣不見佛性。諸佛世尊，定慧等故，明見佛性，了了無礙，如觀掌中菴摩勒果。」經查證法顯譯《大般泥洹經》無相應段落。見《大正藏》冊12，頁547；《甘珠爾》對勘本冊53，頁346；《丹珠爾》對勘本冊64，頁127。

❺ **如來種性真如**　指眾生心中能轉為自性法身的法性。由於眾生心中具有此法性，所以透過修道，能超凡入聖，進而斷障成佛。

❻ **不替等引後得**　指等引與後得沒有交替出現，而是同時安住於等引位與後得位。尚未成佛以前，無論是菩薩、獨覺、聲聞，進入等引位時，一定不是後得位；進入後得位時，一定是從等引出定，而不是安住於等引中，等引與後得是交替出現的。唯有佛陀恆常安住於等引中，等引後得成為同一體性，無需交替出現。

❼ **如云**　引文出自《寶性論廣釋》。《寶性論廣釋》，瑜伽部論典，全名《大乘後續論廣釋》，又名《寶性論大疏》，共5品，無著菩薩著。漢譯有後魏勒那摩提譯《究竟一乘寶性論》4卷；今人江波譯《辨寶性大乘上續論釋》，共二種。主要以中觀派的角度，闡釋《陀羅尼自在王經》、《吉祥獅子吼經》、《如來藏經》、《寶女請問經》、《入一切佛陀境界廣大慧光經》五本經中見、修、行三

者的內涵，並且詮釋三寶的功德、十二事業等。引文後魏勒那摩提譯《究竟一乘寶性論‧無量煩惱所纏品》作：「譬如薄雲中，見虛空有日。」今人江波譯《辨寶性大乘上續論釋》作：「如雲隙空日，此具一分慧。」見《大正藏》冊31，頁840；《寶性論大疏》冊上，頁87（彌勒菩薩論，聖無著阿遮黎利耶釋，嘉曹傑‧達瑪仁欽疏，江波譯，臺北市：藏傳佛典學會，2012）；《丹珠爾》對勘本冊70，頁1081。

❽《入行論賈曹傑釋》而書之　《入行論賈曹傑釋》，格魯派《入行論》釋論中權威著作，全名《入菩薩行‧佛子津梁》，賈曹傑盛寶著，共10品。漢譯本有今人隆蓮比丘尼譯《入菩薩行論廣解》；如性法師譯《入菩薩行論釋‧佛子正道》，共二種。賈曹傑盛寶，宗喀巴大師的上首弟子之一、甘丹寺第二任寺主（公元1364-1432），藏語རྒྱལ་ཚབ་དར་མ་རིན་ཆེན。此師出生後藏娘堆（གཙང་ཉང་སྟོད），10歲時依止大堪布寶幢（རིན་ཆེན་རྒྱལ་མཚན）出家，於德怙（དཔལ་མགོན）論師座前學習文法、書寫、唸誦。之後於四難論師寶金剛（རིན་ཆེན་རྡོ་རྗེ）及至尊仁達瓦（རེད་མདའ་བ）座前學習顯密教法，成為至尊仁達瓦心子之一。隨後於薩迦（ས་སྐྱ）、桑樸（གསང་ཕུ）等地方巡迴立宗，並且與絨敦釋迦幢（རོང་སྟོན་ཤཱཀྱ་རྒྱལ་མཚན）等智者論辯，獲得十難論師的美名。之後，來到前藏（དབུས་ཕྱོགས）巡迴立宗。其間耳聞宗喀巴大師的美名，為了與其論辯而至大師住錫地，由於聽聞大師深邃講說，遂執弟子之禮依止大師。十二年中追隨宗喀巴大師學習顯密一切教法，獲得究竟，並且協助大師傳法、利生、建立甘丹寺（དགའ་ལྡན་དགོན），成為弟子中的上首弟子。宗喀巴大師示寂後，依大師遺教住持甘丹寺，十三年中依律行事，廣弘教法，培育許多弟子。世壽68。其著作有《釋量論釋‧顯明解脫道》、《入行論賈曹傑釋》、《中觀寶鬘論‧顯明要義》、《現觀莊嚴論‧心要莊嚴疏》等8函。其中《入行論賈曹傑釋》主要依據宗喀巴大師的言教，逐字解釋，闡明菩薩六度的內涵。依據巴註所述，是依《入行論賈曹傑釋》解釋《大般涅槃經》經文，但經查證《入行論賈曹傑釋》不見與巴註完全符合的段落，類似的段落參見今人隆蓮比丘尼譯《入菩薩行論廣解》：「《正法集經》云：『心若平等住，則能如實遍知。』《集學論》云：『能仁言心平等住，則能如實而了知。』其所言平等安住即是心，如實了知即是觀。」如性法師譯《入菩薩行論釋‧佛子正道》：「《攝正法經》云：『若心住定，則能如實了知真實。』」

《集學論》亦云：『能仁說住定，則能知真實。』所言『住定』即奢摩他，『如實了知』則為毗婆舍那。」然對照《寶性論賈曹傑釋》解釋，疑巴註是依《寶性論賈曹傑釋》解釋《大般涅槃經》經文，相應段落參見江波譯《寶性論大疏》：「《大乘上續論》特別所化於資糧、加行道時以總義之理趣通達，能現見者厥為安住十地之菩薩，然亦不能恒常入定而見如來藏，定中、後得須交替。此處說於定中能見少分故，許以如實正智觀見。經云：『如雲隙空日，此中汝惟於定中見勝義諦，故具一分慧，具清淨眼住大地菩薩諸聖者，亦非一切時見。世尊，汝法身中無量慧趣入，以真如中恒入定之理趣周遍所知空際界，彼等一切時見。』」見《入菩薩行論廣解》，頁333（寂天菩薩造頌，傑操大師廣解，隆蓮法師漢譯，台北市：福智之聲出版社，1998）；《入菩薩行論釋‧佛子正道》冊上，頁127（寂天菩薩造頌，賈曹傑大師釋論，釋如性恭譯，台北市：福智之聲出版社，2012）；《寶性論大疏》冊下，頁559；《一切遍智賈曹傑大師文集》對勘本冊3，頁274；冊4，頁167（賈曹傑大師著，印度：父子三尊文集編輯室，2019。以下簡稱《賈曹傑大師文集》）。

❾**《月燈經》云**　《月燈經》，經集部經典，全名《聖開演萬法自性真如三摩地王經》，又名《聖顯一切法自性平等三昧王大乘經》、《三摩地王經》，共15卷，39品。漢譯本有劉宋先公譯《佛說月燈三昧經》殘本1卷、《文殊師利菩薩十事行經》1卷；高齊那連提耶舍譯《月燈三昧經》10卷，共三種。此經因緣為佛在王舍城耆闍崛山，月光童子菩薩啟問佛，為何能為世間作大光明，遠離三業雜染、戒行清淨、得勝智慧？佛說：於眾生起平等心、救護心、無礙心、無毒心，依此證得諸法體性平等無戲論等持，即能獲得如是功德。並開示如何獲得此等持法，及獲得此等持的各種利益。引文高齊那連提耶舍譯《月燈三昧經》作：「奢摩他力得調伏，毗婆舍那山不動。」經查證《佛說月燈三昧經》、《文殊師利菩薩十事行經》無相應段落。見《大正藏》冊15，頁556；《甘珠爾》對勘本冊55，頁49。

❿**決定識**　分別心所屬的再決識。例如證達無常的量能引生證達無常的分別心所屬的再決識，此再決識由於是再次決定、再次定解無常的分別心，所以稱為決定識。

等引與後得的差別

一般而言，等引是指一種入定的心識，後得顧名思義，是指等引後所獲得的心識。

尚未成佛以前，眾生心中還有所知障，所以無法同時安住於等引與後得的狀態，等引與後得只能交替出現，換言之，入定時不是出定，出定時則不是入定。而在成佛之前，即便是聖者，如果要現證空性，也只能以等引的心識現證，無法以後得智現證空性。而在現證空性的等引之中，卻又無法證達世俗諸法，唯有佛陀才能以後得智現證空性，並以現證空性的等引智證達世俗諸法。

成佛以後，等引與後得成為同一體性，佛陀的一切相智現證一切法，既是等引也是後得，但並非佛陀入定時是出定，出定時也是入定。了知如所有性的那一分安立為等引，了知盡所有性的那一分安立為後得。在佛地時，之所以稱為後得，不是因為在等引之後獲得，所以稱為後得，而是由於等引的力量所獲得，所以稱為後得。如《入中論善顯密意疏》云：「言後得之後，非從根本定起，時間前後之後，是由根本定力所得或所生之義。」

參見《入中論善顯密意疏》，頁 326（宗喀巴大師著，法尊法師譯，台北市：福智之聲出版社，2006）；《宗喀巴大師文集》對勘本冊 16，頁 374。

又於未成奢摩他前，雖以觀慧觀無我義，心極動搖如風中燭，無我義總❶亦不明顯。若成止後而善❷觀察，則已滅除極動過失，方能明了無我義總。故毘缽舍那心不動分，是從無分別奢摩他生，達實義分非從止生。譬如燈能照色[1]之分，是從前炷

及火而生，非從遮風帳幔❸等起，燈火不動堅固之分，則從帳幔等生。若慧具足心無沈掉不平等相奢摩他之等引，以彼觀之，當知真實之義❹。故《正攝法經》密意說云❺：「由心住定，乃能如實了知真實❻。」《修次初篇》云❼：「心動如水，無止為依，不能安住；非等引心，不能如實了知真義。故世尊亦說：『由心住定，乃能如實了知真實。』」此義是說，如依於水而為滌垢❽等事，須有盛水之器，如是依於心不動搖奢摩他已，更以智慧觀察[2]，方得了知實相之義。非謂毗缽舍那證達實相之分，是心等引之功，亦非是說唯心止住便能證彼[3]。

又若成就奢摩他，非僅能遮正觀❾無我性慧動搖過失[4]，即修無常、業果、生死過患、慈悲、菩提心等，凡此一切妙觀察慧所觀察修，於所緣境散亂過失，亦皆能遣。各於所緣無散亂故，所修眾善力皆極大；未得止前多是散於其餘所緣，故所修善皆悉微劣。如《入行論》云❿：「因由沉掉等故，諸人心散亂，住於猶如殘暴猛獸之煩惱齒中，彼定疾相摧。」又云⓫：「雖經長時修[5]陀羅尼咒之念誦、齋戒等諸[6]苦行等[7]，心散亂於其餘所作，佛⓬於經中說：『諸比丘！心散於欲之苦行及念誦等，不成果利』等，不與所求果故，說無有義利。」

在還未修成寂止以前，即使以觀察慧觀擇無我的意涵，內心會劇烈地動搖，就如風中的燭火一般，因此無我的義共相也無法清晰；一旦修成了寂止，進行觀擇時，已然排除了劇烈動搖的過失，所以無我的義共相便得以清晰。因此勝觀心不動搖的那一分，才是從無分別的寂止而生，證達實性的那一分，並非從寂止而生。如同燭火照亮景物的那一分，是從前一刻的燈芯與燭火而生，並非從防風的燈罩等而生，但是燭火穩固不搖那一分，則是從燈罩等而生。如此一來，如果內心沒有沉掉所致的不平穩，以具足這樣的寂止等引的智慧進行觀察，便能了知真實義。基於這個用意，《正攝法經》中說：「如果內心處於等引，便能如實了知真實。」《修次初篇》提到：「由於內心波動如水，所以沒有寂止的基礎則無從安住；以非等引之心，無法如實了知真實，因為世尊也曾說：『要以等引才能如實了知真實。』」其意涵是指，如同要以水完成洗去汙垢等行為，需要一個盛水的容器。同樣地，依靠心不動搖的寂止，以智慧觀察，才能了知實相的含義。並非指勝觀證達實相的那一分，是內心處於等引的功效，也不是僅憑內心安住便能證達實相。

如果修成寂止，不僅能排除如理觀擇無我慧有所動搖的過失，修習無常、業果、輪迴過患，以及慈悲、菩提心等，凡是以分別觀察的智慧進行的觀察修，一切於所緣散漫的過失也都能去除，能夠趣入各自的任何所緣而不會散逸至餘處，因此無論作任何善行，力量都極其強大；尚未獲得寂止以前，多半會散逸至其餘所緣，所以一切行善的力量都很微弱。就如《入行論》中所說：「由於沉掉等導致內心散亂的人，棲身於有如兇惡猛獸般的煩惱的牙縫當中，因此必定會快速地被煩惱消滅。」以及「即使長時間地行持陀羅尼咒的唸誦與齋戒等的苦行等，但是內心散逸至餘處而行持，明了真實性者——佛陀，在經典中說：『比丘們，內心散逸於五欲的苦行與唸誦等，將會沒有成果』等，提到由於不會授予想要的成果，所以這沒有意義。」

[1]「譬如燈能照色」拉寺本作「譬如多火能照色」。按，「多火」（མང་མེ）為「燈」（མར་མེ）之訛字。 [2]「更以智慧觀察」雪本作「若以智慧觀察」。 [3]「⑱此義是說……亦非是說唯心止住便能證彼」哲霍本未標作者。 [4]「非僅能遮正觀無我性慧動搖過失」果芒本原作「非僅正觀無我性慧能遮動搖過失」，拉寺本、法尊法師原譯作「非僅能遮正觀無我性慧動搖過失」。 [5]「雖經長時修」拉寺本作「雖經長時聰明」。按，「聰明」（སྒྱུང）為「修」（སྒོང）之訛字。 [6]「⑲齋戒等諸」哲霍本作語註。 [7]「苦行等」果芒本原作「經能等」，雪本作「苦行等」。按，「經能」（བཀའ་ནུས）為「苦行」（དཀའ་ནུས）之訛字。

❶義總 即義共相。參見前頁54註3。

❷善 藏文原文無。

❸帳幔 張施於床上或屋內具遮蓋或隔離作用的長布幕。

❹真實之義 即空性。下文「真實」、「真義」亦同。

❺《正攝法經》密意說云 《正攝法經》，經集部經典，全名《聖正攝法大乘經》，共7卷，12品。漢譯本有元魏菩提流支譯《佛說法集經》6卷。其因緣為佛在最勝樓閣妙寶臺上，為聲聞及菩薩等大眾，宣講入一切修行次第法門時，奮迅慧菩薩問無所發菩薩：「云何菩薩摩訶薩知諸佛、如來、應供、正遍知生？云何菩薩摩訶薩知諸佛如來真實身」等問題，無所發菩薩由此承佛威神力，宣講菩薩入十種法行。引文元魏菩提流支譯《佛說法集經》作：「得三昧故，得如實知。」見《大正藏》冊17，頁631；《甘珠爾》對勘本冊65，頁122。

❻由心住定乃能如實了知真實 宗喀巴大師在《於止觀難處無倒宣說聖者密意》中提到，《正攝法經》這段經文，並非開示僅僅串習安住於心一境性，就能證得真實義，而是指透過等引的心了知真實義。以等引的寂止，令心堅固地安住於所緣之後，以智慧觀察實性的話，便能生起證達真實義的智慧。等持與智慧二者並非如同光明與黑暗一般不相順，而是極其相順。參見《宗喀巴大師文集》對勘本冊14，頁483。

❼ **《修次初篇》云** 引文宋施護譯《廣釋菩提心論》作:「是故若欲證彼真實修慧者,應當最初修奢摩他相應勝法,令心安住猶如止水。若心有動非奢摩他,不能攝持而住。如佛所說,住等引心能如實知,若散心位非此相應。」見《大正藏》冊32,頁566;《丹珠爾》對勘本冊64,頁87。

❽ **滌垢** 清除汙穢。滌,清除;音「迪」。

❾ **正觀** 藏文原意為「如理觀擇」。

❿ **《入行論》云** 《入行論》,中觀部論典,全名《入菩薩行論》,共10品,寂天菩薩著。漢譯本有宋天息災譯《菩提行經》4卷;今人隆蓮比丘尼譯《入菩薩行論》10品;如石法師譯《入菩薩行》10品;如性法師譯《入菩薩行論釋·佛子正道》10品,共四種。此論主要闡述中觀應成派大乘基道果的內涵,並詳盡說明發菩提心的勝利,以及發心以後學習菩薩行的道理。引文宋天息災譯《菩提行經》作:「愍彼散心人,煩惱牙間住。」今人隆蓮比丘尼譯《入菩薩行論》作:「人若其心極散亂,如居煩惱齒隙中。」如石法師譯《入菩薩行》、如性法師譯《入菩薩行論釋·佛子正道》皆作:「心意渙散者,危陷惑牙間。」見《入菩薩行論廣解》,頁253;《入菩薩行》,頁71(寂天菩薩造,如石法師譯,臺北市:福智之聲,2010);《入菩薩行論釋·佛子正道》冊下,頁43;《大正藏》冊32,頁552;《丹珠爾》對勘本冊61,頁1000。

⓫ **又云** 引文出自《入行論》,宋天息災譯《菩提行經》作:「諸行若修持,心念恒不捨,一切無利心,虛假宜遠離。」隆蓮比丘尼譯《入菩薩行論》作:「佛言縱於長時中,念誦勤修諸苦行,心於餘境而馳散,雖持明咒終無益。」如石法師譯《入菩薩行》、如性法師譯《入菩薩行論釋·佛子正道》皆作:「雖久習唸誦,及餘眾苦行,然心散它處,佛說彼無益。」見《入菩薩行論廣解》,頁111;《入菩薩行》,頁32;《入菩薩行論釋·佛子正道》冊上,頁118;《大正藏》冊32,頁545;《丹珠爾》對勘本冊61,頁971。

⓬ **佛** 藏文直譯作「明了真實」。印藏註釋解此作「佛」,法尊法師蓋取義或巴註譯入正文。

如是成就無分別住等持，心於所緣不餘散❶者，義為令心於善所緣，成就堪能任欲遣使。此復繫心於一所緣即能安住，欲令起時，亦於無邊善所緣境如欲而轉，如濬溝渠❷引諸流水。故成止後，更須將護所緣行相，謂緣如所有及盡所有境智慧[1]、施心、戒心、忍辱、精進、淨信及厭離等，諸能攝無邊善、滅無邊失者，若唯❸安住一所緣境者，是未了知修止之義❹，應知不能令於善行起大功效❺。⑲故奢摩他是止住修，毗缽舍那是觀察修。如是若捨行品、觀品妙觀察慧所觀察修，唯修三摩地心一境性，其利極小。

既然如此，修成在一個所緣上心不散逸於餘處，無分別而安住的等持，其目的即是為了修成堪能，對於善所緣能夠隨欲驅使內心。而這是指若將心安置於一個所緣，也能夠安住；如果放開，也能隨心所欲地趣向無邊的善所緣，就如將流水導入通暢的溝渠一般。因此，修成寂止之後，便需要對於緣著境——如所有性與盡所有性的智慧、施捨之心、防護之心、忍辱、精進、信心與厭離心等，保持著攝集無邊善法與遮止無邊過失的所緣行相。始終將心安置於一個所緣而安住，其實是不了解修持寂止的目的，所以應當了知，這對於行善無法產生很大的功效。因此，寂止是止住修，而勝觀是觀察修。如此地捨棄了行持方面與見地方面的分別觀察的智慧所進行的觀察修，而修持一心專注的等持，則功效極其微小。

❶ **餘散** 散至餘處。

❷ **濬溝渠** 藏文原意為「通暢的溝渠」。濬，疏通也，通「浚」，音「俊」，此處引申為通暢。溝渠，指人工挖的水道，渠音ㄑㄩˊ（qú）。

❸ **唯** 藏文直譯為「恆常」，法尊法師蓋取持續、一直之義而意譯為「唯」。

❹ **是未了知修止之義** 藏文直譯為「是不了解修止的目的」。

❺ **應知不能令於善行起大功效** 如月格西解釋，在尚未生起出離心以前，不應過早開始修定，否則一旦生起寂止，容易沉迷於輕安的妙樂，不再希求出離輪迴，所以應當在具有修持出離心的基礎上修定。獲得寂止之後，便可透過寂止增強其餘道次法類的修持，產生更大的功效。

尤於無我義，若無引生恆常猛利定解方便，謂以觀慧觀擇將護，如是緣如所有性毘鉢舍那，縱久修習正奢摩他，僅容壓伏現行煩惱，終不能斷煩惱種子。故非唯修止，亦定應修觀。如《修次中篇》云❶：「諸瑜伽師若唯修止，唯能暫伏煩惱，不能斷障[1]，以未發生智慧光明，則定不能壞隨眠❷故。《解深密經》云❸：『由靜慮故，降伏煩惱；由般若故，善摧隨眠。』語成

就奢摩他時，不應以此為足，須更成就毗鉢舍那，若不修此，以奢摩他雖僅暫時壓伏現行煩

惱，然不能斷隨眠或種子故。《三摩地王經》亦云❹：『㊁外道師等雖善修❺㊁奢摩他之正定，㊁僅此不能破我想，㊁由其不能斷我執故，雖能暫令現行煩惱不生，然後㊁還更為煩惱亂，㊁謂還出生，譬如㊁外道勝行修定❻。㊁是故獲得奢摩他已，若觀法無我，觀已善修習，是證涅槃因，㊁若修緣無我義之毗缽舍那，能得解脫，非由餘因能㊁獲寂滅㊁涅槃[2]。』《菩薩藏經》亦云❼：『若未聞此菩薩藏㊁大乘法門，亦未聽聞〔聖法毘奈耶❽，㊁謂即三藏。〕，唯三摩地而得喜足❾，為我慢❿轉墮增上慢⓫，不能解脫生、老、病、死、愁、嘆、苦、憂及諸衰惱，不能解脫六道輪迴，亦復不能解脫苦蘊⓬。如來於此密意說云：「從他㊁善知識聽聞隨順⓭㊁解脫之教授，解脫老死。」』故欲斷諸障發淨智⓮者，應依奢摩他而修妙慧。《寶積經》亦云⓯：『住戒能得定，得定能修慧，由慧得淨智，智淨戒圓滿。』《修信大乘經》亦云⓰：『善男子，若諸菩薩不住於慧，我不說彼能信大乘，㊁謂即意樂圓滿；能生大乘，㊁謂即加行圓滿。』」㊁師云：「成就奢摩他已，任做何種善根，轉趣即成，進程迅疾。故是最初所須成辦，然僅成此未可為足，以彼非唯不能摧壞所斷種子，乃至尚非解脫之道，共內外故。由是既獲此已，求解脫者，於具粗靜行相⓱及諦實行相⓲二者之中，須依後者而修毗缽舍那，以依毗缽舍那方得解脫輪迴。由是持守別解脫學處等，就自體性而言，亦成解脫之因，故從體性之門，較奢摩他尤為超勝，是故修持須當無誤！前者之喻，即如有人購得駿馬，倚之營運南北商貨，則其進程遠過餘人，置而不用，則無所需。」

尤其若是缺少了能對於無我的義理發起強力且長久持續的定解的方法——以分別觀察的智慧觀擇維繫的緣著如所有性的勝觀,則無論多麼長久地串習寂止,也只可能壓制現行煩惱,不可能從根斷除其種子。所以不應僅僅修持寂止,必須也修持勝觀,因為《修次中篇》中說:「唯獨串習寂止,瑜伽士並不能藉此斷除障礙,只能暫時壓制煩惱,因為沒有生起智慧的光明,便無法善為消滅隨眠。因此,《聖解深密經》中說:『靜慮壓制煩惱,智慧善為消滅隨眠。』修成寂止時,不應認為僅此即可,還必須修持勝觀,因為若不修持勝觀,寂止僅是暫時壓制現行煩惱,而不能斷除隨眠或種子。《聖三摩地王經》中也提到:『外道等雖然修持寂止的定,但無法單純只藉此便摧毀我想,因為無法斷除我執,所以現行煩惱即使暫時不生起,其後煩惱仍會再度強烈襲擾、生起,就譬如外道增上行在此修定一般。因此獲得寂止之後,如果對於法分別觀察無我,分別觀察後進行修持,這便是獲得涅槃果位之因,亦即如果修成緣著無我義理的勝觀,便能獲得解脫,其餘任何因都無法獲得寂靜涅槃。』《菩薩藏經》中也說:『凡是還未聽聞菩薩藏中的大乘法門,還未聽聞聖法毗奈耶,亦即三藏,卻認為只要等持便已足夠,由於我慢所致而墮入增上慢,不能從生老病死、悲愁、哀嘆、痛苦、憂惱與煩擾中解脫,不能從六道輪迴中解脫,也不能從苦蘊中解脫。基於這個用意,如來開示道:「從他人——善知識聽聞與解脫相符順的教授,便能從老死解脫。」』因此,希望斷除一切障礙而生起清淨智之人,應當安住於寂止而修持智慧。這在《聖大寶積經》中也開示道:『安住於戒律而獲得定,獲得定之後也要修持智慧,透過智慧能獲得清淨智,由於清淨智而使戒律圓滿。』《聖修信大乘經》中也說:『善男子,如果不安住於智慧,我不會說有菩薩的信解大乘,亦即意樂圓滿;以及從大乘所生,亦即加行圓滿。』」上師說:「所以修成寂止後,無論造集任何善根,只要轉換即可完成,因此前進幅度會極大。所以僅是最初必須修成,並非只要修成寂止即可,因為僅此不但不能消滅所斷的種子,甚至連解脫道都不是,因為是內外所共通的緣故。所以獲得寂止之後,在具粗靜行相與具諦實行相二者當中,希求解脫者必須依靠後者修持勝觀,因為依靠著勝觀才能從輪迴中解脫。因此,

持守別解脫學處等，從自身的本質而言也會成為解脫之因，所以從本質的角度也遠遠超越寂止，因此需要無誤的行持。前述的比喻，也如同有人購買一匹駿馬，如果藉此經營南北貿易，固然能比旁人獲利更多，但是如果不這麼做而放養著，則沒有意義。」

[1]「不能斷障」 哲霍本作「不能香障」。按，「香」（ཟོས）為「斷」（ཟོས）之訛字。
[2]「㊰涅槃」 哲霍本作語註。

❶ 《修次中篇》云　引文見《丹珠爾》對勘本冊64，頁125。

❷ 隨眠　隨眠一詞，有許多不同的含義。此處指種子。由於種子不現行，故稱隨眠。

❸ 《解深密經》云　引文元魏菩提流支譯《深密解脫經》作：「菩薩修行禪波羅蜜，縛諸煩惱；菩薩修行般若波羅蜜，斷一切使。」唐玄奘大師譯《解深密經》作：「由靜慮故，永伏煩惱；由般若故，永害隨眠。」見《大正藏》冊16，頁681、705；《甘珠爾》對勘本冊49，頁100。

❹ 《三摩地王經》亦云　引文高齊那連提耶舍譯《月燈三昧經》作：「雖修世三昧，而不離我想，其過還復起，猶如優坻迦。若修彼無我，於中生欣樂，是涅槃樂因，非感世間法。」此處《廣論》引文於藏文本《三摩地王經》中不見相同文字，而見於《修次中篇》，揣想宗喀巴大師應是引自《修次中篇》。引文見《大正藏》冊15，頁558；《丹珠爾》對勘本冊64，頁126；《甘珠爾》對勘本冊55，頁66。

❺ 善修　原文無「善」字。

❻ 如勝行修定　勝行，又名增上行，一位外道。夏日東活佛提到，永津智幢大師的口傳中說，勝行外道想要與導師佛陀較量，於是留了很長的頭髮，屏住呼吸，十二年間修定，從而獲得了色界與無色界的八種等至。出定之後，看見自己的頭髮被老鼠咬成一段一段，作成鼠窩，於是生起了強猛的瞋心，當下立刻

退失了色界與無色界的八種等至，並吐血而死，死後墮落地獄。文殊名稱阿闍黎所造的《三摩地王經釋》則說勝行是裸形外道，他看見離欲的人能獲得神變，在空中飛行，心生嚮往，於是懷著這樣虛誑之心進入佛教，修習等持而獲得神變。他獲得神變之後，認為裸形外道的教法中也有這樣的神變，再度成為裸形外道，在天空中飛行。之後有人跟他爭辯說：「你修的不是道。」勝行就退失了神變，掉落到地上，之後墮入地獄。參見《夏日東文集》冊3，頁23。

❼**《菩薩藏經》亦云**　《菩薩藏經》，寶積部經典，全名《聖菩薩藏大乘經》，共20卷。漢譯本有唐玄奘大師譯《菩薩藏會》20卷。此經主要闡述四無量、六度、四攝，並且廣泛宣講六度中般若度的內涵。引文唐玄奘大師譯《大寶積經·菩薩藏會》作：「若有樂定修相應行諸菩薩等，未曾聽聞大菩薩藏微妙法門，又不聽聞聖法律教，但於三摩地中生知足想，當知是人以慢力故起增上慢，我說是人不能解脫生、老、病、死、愁、歎、憂、苦、諸熱惱等。既不脫諸熱惱等苦，豈得脫彼五門生死？為之沈溺流轉不息。是諸眾生實非解脫而便自謂我已解脫，實未離苦而便自謂出離眾苦。是故如來依是人故如實說法：『若能從他隨順聽聞，是則解脫諸老死等。』」見《大正藏》冊11，頁297；《甘珠爾》對勘本冊41，頁394。

❽**聖法毘奈耶**　聖法，如月格西解釋，即「正法」之義。毘奈耶，意譯為「調伏」。三世貢唐大師引述《大乘口訣經》，提到調伏包含調伏墮罪及調伏煩惱的調伏兩種。夏日東活佛認為此處是後者。參見《貢唐寶教法炬文集》冊2，頁608（貢唐寶教法炬著，印度：果芒圖書館，2016）；《夏日東文集》冊3，頁24。

❾**喜足**　即知足、滿足之義。

❿**我慢**　高舉自己，不敬他人這一類的心所。

⓫**增上慢**　七種慢之一。對於自己尚未獲得的殊勝所證法，自詡為已經獲得，高舉的心所。

⓬**苦蘊**　夏日東活佛認為，此處的苦蘊主要是指由於業感的力量而受生。參見《夏日東文集》冊3，頁24。

⓭**隨順**　如月格西解釋，此指聽聞的內容，即符順於解脫與解脫道的教授。

⓮**淨智**　夏日東活佛認為，此處的淨智即一切相智。參見《夏日東文集》冊3，頁25。

⓯ **《寶積經》亦云**　《寶積經》，《甘珠爾》中分類的部名，又名寶積部，共6函，49部經。漢譯有唐菩提流志編譯《大寶積經》49會，120卷，及諸多譯師節錄的單行本。相傳那爛陀寺曾三次遭受外道報復，在第三次時，外道徒放火焚燒那爛陀寺，並連同燒毀三間供奉經典的殿堂。大火後，寶積部一千部經典只剩四十九部；華嚴部一千品只剩三十八品；大集經一千品只剩九品；《入楞伽經》只剩不完整的〈如來藏品〉。因此現存《大寶積經》僅剩四十九部。引文失譯《大寶積經·普明菩薩會》作：「依戒得三昧，三昧能修慧，依因所修慧，逮得於淨智，已得淨智者，具足清淨戒。」失譯《佛說摩訶衍寶嚴經》作：「善住淨戒得禪定，已獲禪定修智慧；已修智慧便得脫，已逮解脫平等戒。」宋施護譯《佛說大迦葉問大寶積正法經》作：「此戒淨微妙，安住三摩地，三摩地生觀，智慧自清淨，是名具足戒。」參見《貢德大辭典》冊1，頁97。引文見《大正藏》冊11，頁637；冊12，頁199、214；《甘珠爾》對勘本冊44，頁396。

⓰ **《修信大乘經》亦云**　引文見《甘珠爾》對勘本冊57，頁66。

⓱ **粗靜行相**　修習禪定的一種行相。透過觀察下下地為粗分、具有過患，與此相比，上上地為寂靜、具有功德，從而對下下地離欲。例如觀察欲界為粗分，具有種種過患；相對於欲界，初禪為寂靜，具有種種功德。透過如此不斷思惟觀察，便能依次遠離粗分的欲界煩惱。內道及外道行者都能修習粗靜行相。

⓲ **諦實行相**　修習禪定的一種行相。此處的諦實係指四諦無常等十六行相、無我等內涵，透過修習四諦等內涵而斷除煩惱，唯有內道行者才能修習諦實行相，外道無法修習。

第五、次第決定之理者：如《入行論》云❶：「當知具^(語)於善所緣專一修習而離沈掉，引生身心輕安安樂**止**^(巴)馬之^(巴)證達空性[1]**觀**，能摧^(巴)三界**諸煩惱**^(巴)及其種子，**故應**^(巴)成就證達實相之觀，而**先求**^(巴)其所依之**止**，^(巴)以無止則觀不生故。」謂先修止，次依止故，乃修妙觀。

於說勝觀須以止為前行，有許止觀以證不證達空性境為差別者駁云：「此不應理，以止觀二者所緣之中，俱有二諦，故時於初決擇無我義已，若得成就緣彼奢摩他，則證空性境之毗缽舍那亦同時生故。」然已數數宣說，僅以證達空性境，不能安立為毗缽舍那之因相。若作是念：「《修次初篇》云❷：『此之所緣無定。』此說止緣無有決定。前文亦說，止所緣中俱有有法、法性❸。故先了解無我深義，緣彼而修，則心無散亂之止及緣空性之觀即可俱起，何必先求奢摩他已，次乃修觀耶？」答：此說止為勝觀前行之理者，非說引生證無我正見之領解❹，須先修止，雖無止者，亦能生正見故。又此正見內生轉心覺受，亦不須以止為先，以無止者，僅以觀慧數數思擇串習，亦能轉心，無所違故；以若相違，則修無常、生死過患、菩提心等，引生轉心覺受，皆須依止，太為過失，理相等故。

若爾，觀須寂止，道理為何？於此《解深密經》說❺：「若以觀慧而修思擇、最極思擇，乃至未起身心輕安，爾時但是毗缽舍那隨順作意，生輕安已乃名妙觀。」故若未得止，縱以觀慧任作何許觀修，終不能發身心輕安所有❻喜樂。若得止已，後以觀慧思擇而修，輕安乃生，故觀須止為因，下當廣說。

順序決定的道理：如同《入行論》中所說：「具足透過一心專注地修持善所緣，遠離沉掉而引發身心輕安之樂的寂止之馬的證空勝觀，能夠消滅三界的煩惱，及其種子。知曉之後，便應當修持證達實相的勝觀，而首先應當尋求其所依的寂止，因為沒有寂止便不會生起勝觀。」要先修成寂止，其後依此而修持勝觀。

對於開示勝觀必須以寂止為前行，有些主張以是否證達空性境為止觀的差別者說：「這不合理，因為止觀二者的所緣中都有二諦，所以那時首先抉擇無我的意涵，而修成緣著無我的寂止，此時證達空性境的勝觀也同時生起的緣故。」然而僅僅證達空性境，不能安立為勝觀，其原因已再再說明。對此如果心想：「《修次初篇》中說：『其所緣沒有固定。』」提到寂止的所緣沒有固定。而且如前所述，寂止的所緣有有法與法性二種，因此首先理解無我的義理，繼而緣著無我修持，藉此即可同時生起內心不散逸於餘處的寂止與緣著空性的勝觀。為何要先行尋求寂止，其後才修持勝觀？」答道：寂止作為勝觀的前行的道理，並非是指生起證達無我正見的理解需要以寂止作為前行，因為可以看到，即使沒有寂止也能生起正見。而要對這樣的正見生起轉變心意的感受，也不需要以寂止作為前行，因為即使沒有寂止，透過分別觀察的智慧反覆觀擇串習而使心意產生轉變，也不會有所相違。因為如果會相違，那麼連修習無常、輪迴過患與菩提心，要產生轉變心意的感受，都要取決於寂止，則太過不合理，因為原因完全相等的緣故。

若想，那麼勝觀需要寂止的道理為何？對此，《解深密經》中提到，以分別觀察的智慧進行簡擇與最極簡擇的修持，直到尚未能發起身心輕安以前，都是與勝觀相符順的作意，由此產生輕安時才是勝觀。因此如果未獲得寂止，無論分別觀察的智慧再怎麼觀察修，最終都無法發起身心輕安的喜樂；獲得寂止之後，再以分別觀察的智慧進行觀察修，最後便能生起輕安，所以勝觀必須以寂止為因，這在下文還會宣說。

❶ **《入行論》云** 引文宋天息災譯《菩提行經》作：「依於奢摩他，尾鉢奢曩等，如是而起行，破壞於煩惱，先求奢摩他。」今人隆蓮比丘尼譯《入菩薩行論》作：「已知先須具足妙止已，始生妙觀遍伏諸煩惱，故應最初先勤求妙止。」如石法師譯《入菩薩行》、如性法師譯《入菩薩行論釋‧佛子正道》皆作：「有止諸勝觀，能滅諸煩惱。知已先求止。」見《入菩薩行論廣解》，頁255；《入菩薩行》，頁71；《入菩薩行論釋‧佛子正道》冊下，頁46；《大正藏》冊32，頁552；《丹珠爾》對勘本冊61，頁1000。

❷ **《修次初篇》云** 引文宋施護譯《廣釋菩提心論》作：「彼奢摩他所緣決定如是。」見《大正藏》冊32，頁567；《丹珠爾》對勘本冊64，頁89。

❸ **有法法性** 有法是法性的差別事，意即具有差別法的事例，法性是有法之上的空性。例如五蘊是有法，五蘊之上的空性則是法性。

❹ **引生證無我正見之領解** 據大善知識功德海及哲蚌赤仁波切解釋，「證達無我正見之領解」有很多種，比如「僅聲共相的領解」與「僅文字上的領解」、「以伺察意證達」，都可以是「證達無我正見之領解」，生此領解，在相續中不須證達無我。而下文「正見內生轉心覺受」，則必須在相續中生起「證達無我的正見」；要在相續中生起「證達無我的正見」，就必須證達無我。由於《廣論》按照順序先說了「領解」，其次才說「轉心覺受」，所以可以理解到，先要生起「領解」，後面才會生起「覺受」。依據如月格西解釋，此處是指了解了與緣起見相順的意涵，而不須直接證達空性本身的意涵。由於緣起深義暗通空性之義，諸法透過眾多因緣聚合、心境相依等條件而成立，故名緣起，藉此雖未能直接證達空性義理，然而已近於空性之義，其中暗含空性之理解。此處的理解是指了知，掌握箇中的正確原由，而令心趣向其義，但未必是證達。而

另一種說法，則是將大致了解並掌握其核心內涵，但尚未最終斷定，名為「理解」；徹底地肯定時才名為證達，此時即是以量斷定、截斷增益，以及通曉、完全斷定。至於下文「正見內生轉心覺受」，與此處領解有別，轉心意為使內心轉向而生起覺受，由於轉心可發生於有功用與無功用二種階段，所以此覺受也可分為有功用與無功用二種。此轉心覺受不觀待於生起寂止即可獲得。

❺《解深密經》說　此段是取經文大意，非錄原文，相應段落參見元魏菩提流支譯《深密解脫經》：「彌勒菩薩言：『世尊！菩薩未得身樂、心樂，觀於內身三昧境界，思惟彼法，如是觀心，佛說彼觀名何等觀？』佛言：『彌勒！我說彼觀非毘婆舍那，名隨順信毘婆舍那。』」唐玄奘大師譯《解深密經》：「『世尊！若諸菩薩乃至未得身心輕安，於如所思所有諸法內三摩地所緣影像作意思惟，如是作意當名何等？』善男子！非毘鉢舍那作意，是隨順毘鉢舍那勝解相應作意。」見《大正藏》冊16，頁674、698；《甘珠爾》對勘本冊49，頁62。

❻所有　藏文原意為「的」之意，非指「全部」。

是故觀慧不住一境，即以思擇之力，若能引發輕安之時，乃是成辦毘鉢舍那。雖緣空性為境，若但由其住一所緣，引生輕安，仍未能出修止之法，僅此不立即得毘鉢舍那。以初未得寂止，先求了解無我之義，次緣此義數數思擇，由此思擇終不得止。若不思擇安住而修，由此為依雖可得止，然除修止之法，而無修觀之法，更須求觀。故仍未出先求止已，依此而修勝觀次第。

若不以別別觀察之觀修引發輕安，作為發觀之理，則先求止，次乃依之修觀，全無正理。若不如是次第而修，亦極非理，以如前引《解深密經》，說❶要依獲得奢摩他乃修毘鉢舍那。又

「依前而生後❷」，說六度中靜慮與般若之次第，及依增上定學而生增上慧學之次第，皆先修止而後修觀次第。又如前引《菩薩地》文❸，《聲聞地》亦說❹，當依奢摩他而修毘缽舍那。《中觀心論》❺及《入行論》❻、《修次》三篇[1]❼、智稱論師❽、寂靜論師❾等，皆說先求奢摩他已，後修勝觀。⁽語⁾勝觀須以寂止為前行之理者，謂於所緣，由等引力引發輕安，寂止中亦有；然由妙觀察慧[2]觀擇之力所引輕安既出生已，方說為生起勝觀之量。且於先前若未成就奢摩他，則畢竟不容生彼，若得成就奢摩他，乃能以觀擇力引發輕安。

故印度少數論師，有說無須別求正奢摩他，最初即以觀慧思擇，亦能引生毘缽舍那者，違諸大車❿所造論典，非諸智者可憑信處。

因此，如果不安住於一個所緣，而能夠以分別觀察的智慧所觀擇的力量發起輕安，那時便成為勝觀。因此即使是緣著空性境，然而是由於內心安住一個所緣而發起輕安，則尚未超出修持寂止的方式，所以單憑這一點並不安立為獲得勝觀。因為若是首先尋覓對無我的理解，接著對於其意涵反覆觀擇，由於先前尚未修成寂止，所以不可能藉此修成寂止；若是不作觀擇而進行止住修，藉此雖然能修成寂止，但是這之中並沒有修持寂止方法之外的修持勝觀方法，所以其後仍須尋求勝觀，因此仍然沒有超出先尋求寂止，再依寂止修持勝觀的次第。

既然如此，發起勝觀的方法，若不是指透過分別觀察的觀察修引發輕安，則要先尋求寂止，再依寂止修持勝觀，這點便毫無正確理由了。但是若不以這樣的次第修持，卻又非常不合理，因為就如前文所引述，《解深密經》提到要藉由獲得寂止而修持勝觀；並且如同有言：「依靠前者而生後者」，提到六度當中靜慮與般若的次第，以及依靠增上定學生起增上慧學的次第，都是先修持寂止，後修持勝觀的次第。就如前文所引述的《菩薩地》，在《聲聞地》中也提到要依靠寂止而修持勝觀，《中觀心論》、《入行論》、《修次》三篇，以及智稱論師、寂靜論師，都宣說要先尋求寂止再修持勝觀。寂止必須作為勝觀的前行的道理，是指雖然寂止也具有透過對於所緣等引的力量所引發的輕安，然而是將生起以分別觀察的智慧觀擇的力量所引發的輕安，說為生起勝觀的標準。並且若未先修成寂止，則根本不可能生起勝觀；修成了寂止，才能夠以觀擇的力量引發輕安。

因此有些印度論師主張不須另外尋求寂止，從一開始透過分別觀察的智慧觀擇便能發起勝觀，這違背了眾多大車論師的教典，所以不可作為具智慧者憑信之處。

[1]「《修次》三篇」 果芒本原作「《門次》三篇」，雪本作「《修次》三篇」。按，「門」（སྒོ）為「修」（སྒོམ）之訛字。 [2]「妙觀察慧」 哲霍本作「妙觀察識、世」。按，「識、世」（ཤེས་རབས）為「慧」（ཤེས་རབ）之訛字。

❶《解深密經》說 見前頁52。參見前頁54註1。

❷依前而生後 引文出自《經莊嚴論》。唐波羅頗蜜多羅譯《大乘莊嚴經論》作：「前後。」見《大正藏》冊31，頁628；《丹珠爾》對勘本冊70，頁851。

❸《菩薩地》文 見前頁56。參見前頁59註9。

❹《聲聞地》亦說　　《聲聞地》，唯識部論典，全名《瑜伽師地論·聲聞地》，無著菩薩著，共20卷。漢譯本有唐玄奘大師譯《瑜伽師地論·本地分聲聞地》14卷。本論主要闡述聲聞的種姓、發心、修行和果位，並說明四瑜伽處。相應段落參見唐玄奘大師譯《瑜伽師地論》：「當知如是四種作意，於九種心住中是奢摩他品。又即如是獲得內心奢摩他者，於毘鉢舍那勤修習時，復即由是四種作意，方能修習毘鉢舍那，故此亦是毘鉢舍那品。」見《大正藏》冊30，頁451；《丹珠爾》對勘本冊73，頁329。

❺《中觀心論》　　中觀部論典、中觀自續派開派論典，共11品，清辨論師著，尚無漢譯。清辨論師，中觀自續派及經部行中觀自續派的開派祖師（約公元6世紀），梵語Bhāvaviveka及藏語ལེགས་ལྡན་འབྱེད（雷登傑）義譯，又名婆毗吠伽、婆毗薛迦、明辯、分別明菩薩。師出生於南印度摩梨耶羅（Mālyara）的王族，出家修道，親見金剛手菩薩，並成就殊勝等持，依止龍樹菩薩學習中觀。由於龍樹菩薩所傳的中觀正見意涵幽微，論師為了引導眾生漸次領悟，因而著述《般若燈論》、《中觀心論》、《分別熾燃論》等論著，開創經部行中觀自續派學說，當時追隨其說者甚多。曾破斥同為中觀學派的佛護論師的學說。《大唐西域記》記載，師最後修持持明法居住在阿素洛宮殿，等待至尊慈氏降世。相傳此師為長老須菩提的化身。《中觀心論》以中觀自續派的觀點，闡述龍樹父子的中觀見，並且破斥唯識宗及外道宗義，成為中觀自續派開派論典。參見《大正藏》冊51，頁930；《印度佛教史》，頁142；《師師相承傳》中文冊上，頁161；藏文冊上，頁212；《新譯大唐西域記》，頁550（陳飛、凡評註釋，臺北市：三民書局，2003）。相應段落參見《丹珠爾》對勘本冊58，頁9。

❻《入行論》　　見前頁90註1。

❼《修次》三篇　　《初篇》見前頁80註7，《中篇》見前頁60註14，《後篇》相應段落參見《丹珠爾》對勘本冊64，頁163。

❽智稱論師　　印度大班智達、那洛巴大師（Nāḍapāda）的弟子（約公元11世紀人），全名念智稱，梵語smṛtijñānakīrti義譯，又名彌帝（Smrti）。此師在智光王（ཡེ་ཤེས་འོད）時期，應尼泊爾譯師迎請而至西藏，然譯師半途往生，師因不諳藏語，遂淪為某戶人家的牧羊人。後遇到自己的弟子才被贖回，並迎請至曼隆（སྨན་ལུང་）傳法利益廣大的眾生。後來到登隆唐（འདན་ཀློང་ཐང་）建立講說《俱

舍》的傳規。學會藏語後，到林曲金殿（ ལིང་ཆུ་གསེར་ཁང་ ）翻譯許多印度論典。約公元1024年，此師教導種敦巴尊者梵文，並且翻譯《四座》等密教典籍。普傳阿底峽尊者聽到此師的遭遇，對藏人說：「你們藏人福薄，在東西印度都找不到比此師超勝的班智達！」說完後雙手合十，並感嘆而落淚。相應段落出自《波羅蜜多乘修次教授》。《波羅蜜多乘修次教授》，中觀部論典，智稱論師著，尚無漢譯。此論主要闡述發心、六度及止觀修習的次第、自性等內容。傳記參見《貢德大辭典》冊3，頁424。相應段落參見《丹珠爾》對勘本冊64，頁218。

❾ **寂靜論師** 引文出自《般若波羅蜜多口訣論》。相應段落參見《丹珠爾》對勘本冊78，頁409。

❿ **大車** 一般指龍樹菩薩及無著菩薩。因為他們以聖位菩薩的行相，不須依其他人所寫的解釋而善巧解釋佛語密意，開啟了中觀、唯識兩大宗派，如同開拓兩條車行大道，故稱二位為開大車軌師，簡稱大車。

又此止觀次第，是就最初新生之時應如是修，後亦可先修毗缽舍那，次修奢摩他，故無決定次第。若爾，何故《集論》說❶「有先得勝觀而未得止，彼應依觀而勤修止[1]」耶？答：此非說未得第一靜慮近分定❷所攝之止，是說未得第一靜慮根本定❸以上之止。此復是說[㊣]譬如一來❹依於第一靜慮近分定而現證❺四諦已，[㊣]或如成就現證無我毗缽舍那之後，次依此觀，而[㊣]於中間新修第一靜慮以上之[㊣]根本定所攝具粗靜相之止。《本地分》云❻：「又[㊣]依第一靜慮近分定，已[㊣]成如實善知從苦至道[㊣]之毗缽舍那，然未能得初靜慮[㊣]根本定等[㊣]所攝奢摩他，彼便[㊣]內攝其心[2]宴坐，無間[㊣]而於所緣住心，更不[㊣]以極簡

擇法^𝕓慧觀擇，^𝕓逮至成就靜慮根本定所攝奢摩他時，是依^𝕓先前所成增上慧^𝕓毗缽舍那作為助伴，而修^𝕓成根本定所攝增上心^[3]^𝕓奢摩他。」又為便於立言說^❼故，於九住心^❽通說為止，思擇等四^❾通說名觀。然真實止觀如下所說，要生輕安乃可安立。

上述寂止與勝觀的順序，也是在最初新生起時才是如此，其後也會先行修持勝觀再修持寂止，因此沒有固定順序。那麼《集論》中說：「有些是獲得了勝觀，而未獲得寂止，這是依靠著勝觀而勤於寂止」，所指為何？答道：這並不是指尚未獲得第一靜慮近分定所含攝的寂止，而是指未獲得第一靜慮根本定以上的寂止，亦即譬如以一來為例，依靠著第一靜慮近分定現證四諦後，或者修成現證無我的勝觀之後，要藉此在中間某個時段新修持第一靜慮以上的根本定所含攝具粗靜行相的寂止。因為《本地分》中說：「另外，依靠著第一靜慮近分定，修成正確而如實地完整了知苦諦至道諦的勝觀，而尚未獲得第一靜慮的根本定等所含攝的寂止，此人在向內收攝自心而安坐的當下，內心安住於所緣，而不以最極簡擇諸法的智慧進行觀擇。當修成靜慮根本定所含攝的寂止時，他依靠這個先前修成的增上智慧——勝觀作為輔助，而修鍊、修持根本定所含攝的增上心——寂止。」一般而言，為了使敘述簡便，雖然會將九住心稱作寂止，將簡擇等四者稱作勝觀，但是真正的止觀就如下文所述，必須從生起輕安後才能安立。

[1]「彼應依觀而勤修止」 單註長函本作「從彼依觀而勤修止」。 [2]「^𝕓內攝其心」原果芒本未標作者，今依雪本、哲霍本補之。 [3]「^𝕓成根本定所攝增上心」「根本定所攝」哲霍本作語註。

❶ **《集論》說** 引文唐玄奘大師譯《大乘阿毘達磨集論》作:「或有一類已得毘
鉢舍那非奢摩他,此類依毘鉢舍那進修奢摩他。」見《大正藏》冊31,頁685;
《丹珠爾》對勘本冊76,頁249。

❷ **第一靜慮近分定** 一種禪定。第一靜慮,又名初禪,為色界四種靜慮中的第一
種。近分定,為根本定的加行,包含色界四種靜慮根本定的近分定,以及無色
界四種根本定的近分定。第一靜慮根本定的加行所屬的三摩地,即是第一靜
慮近分定。修行者最初獲得寂止時,即獲得第一靜慮近分定,然而尚未獲得第
一靜慮根本定;依靠第一靜慮近分定降伏粗分的欲界現行煩惱,才能進一步
獲得第一靜慮根本定,所以稱第一靜慮近分定為第一靜慮根本定的加行。由
於在降伏欲界粗分現行煩惱的過程中,尚未獲得有如戰勝敵軍一般的喜樂,
因此近分定還不具備勝利的支分,與第一靜慮根本定有所區別。

❸ **第一靜慮根本定** 一種禪定,為色界四種靜慮根本定中的第一種。根本定與
近分定相對。具足對治、勝利、依處三種支分的根本定,即是靜慮根本定。以
伺察作為對治的支分、喜樂作為勝利的支分、等持作為依處的支分的上界等
至,即是第一靜慮根本定。

❹ **一來** 獲得聖果的一種小乘行者。安住於斷除欲界第六品煩惱所安立的沙
門性果的聖者。此類聖者對於欲界大部分的粗分煩惱離欲之後,由於業惑最
多只會再一次投生於欲界同趣,所以稱為一來。

❺ **現證** 指清晰顯現而證達。現證有別於證達,證達包含比量證達、現量證達
等,然而現證則不包含比量證達。一般而言,修行者首先生起證達無常的比
量,此時已經證達無常,然而尚未現證無常。經過修行,當證達無常的分別心
轉為證達無常的現量時,即是現證無常。

❻ **《本地分》云** 《本地分》,唯識部論典、《瑜伽師地論》其中一個章節,無
著菩薩著,共68卷。漢譯本有唐玄奘大師譯《瑜伽師地論·本地分》50卷。此
分是以十七地的方式,顯示一位補特伽羅所要修得的道次第。十七地是:一、
五識身相應地;二、意地;三、有尋有伺地;四、無尋唯伺地;五、無尋無伺地;
六、三摩呬多地;七、非三摩呬多地;八、有心地;九、無心地;十、聞所成地;十

一、思所成地；十二、修所成地；十三、聲聞地；十四、獨覺地；十五、菩薩地；十六、有餘依地；十七、無餘依地。引文唐玄奘大師譯《瑜伽師地論》作：「又有苾芻，如實知苦乃至知道，而未證得初靜慮等，彼便宴坐，思惟諸法。如是行者，依增上慧，修增上心。」見《大正藏》冊30，頁343；《丹珠爾》對勘本冊72，頁1042。

❼ **便於立言說** 夏日東活佛認為，此指就粗分的名言而說。參見《夏日東文集》冊3，頁30。

❽ **九住心** 成辦奢摩他的一種修法。九住心分別為：內住、續住、安住、近住、調順、寂靜、最極寂靜、專注一境、平等住。

❾ **思擇等四** 指正思擇、最極思擇、周遍尋思、周遍伺察四者。

上士道 別學奢摩他法

修止前行、次第

第六、**各別學法**，分三：一、學奢摩他法；二、學毘缽舍那法；三、彼二雙運之法。初又分三：一、修止資糧；二、依止資糧修奢摩他之理；三、修已成就奢摩他量。今初：

諸瑜伽師當依速易成止之因——寂止資糧。其中有六：一、住隨順處，謂住具五德處：易於獲得❶，謂無大劬勞❷得衣食等；處所賢善❸，謂無猛獸等兇惡眾生，及無怨等之所居住；地土賢善，謂非引生疾病之地；伴友賢善，謂具良友戒見相同；具善妙相，謂日無多人，夜靜聲寂❹。如《莊嚴經論》亦云❺：「具慧修行處，善得賢善處，善地及善友，瑜伽安樂具。」二、少欲，無增上貪眾多上妙法衣等事。三、知足，但得微劣法衣等物，常能知足。四、斷諸雜務，皆當斷除行貿易等諸惡事業，或太親近在家、出家，或行醫藥、算星相等。五、清淨尸羅，於別解脫及菩薩律，皆不應犯性罪、遮罪，破壞學處[1]；設放逸犯，速生追悔，如法還淨。六、斷除欲等諸惡尋思❻，謂於諸欲，當修殺、縛等現法過患，及墮惡趣等當來過患。又生死中愛、非愛事，皆是無常可破壞法，此定不久與我分離，何為於彼而起增上貪等？應如是修，斷除一切諸欲尋思。此如《修次中篇》之意而說❼，於《聲聞地》應當廣知❽。

分別學習的方法，分為三科：㈠學習寂止的方法；㈡學習勝觀的方法；㈢這二者雙運的方法。第一科分為三科：㈠依止寂止的資糧；㈡依此修持寂止的方法；㈢透過修持而成就寂止的標準。第一科：

瑜伽士最初應當依止寂止的資糧，這是能順利而快速地修成寂止的因。這之中有六項：㈠安住於相順的環境，是指具足五種功德的環境，亦即不費力地獲得衣食等，所以容易獲得；猛獸等兇殘眾生以及仇敵等不居住其處，所以處所良好；是不會發生疾病之地，所以地域良好；具足戒律與知見相同的友伴，所以友伴良好；白天沒有人群，夜晚寧靜無聲，所以具足善妙。《經莊嚴論》中也說：「具智慧者修持的環境，是善於獲得、處所良好、地域良好與友伴良好，具足瑜伽安樂的資具。」㈡少欲，是指不過分貪著上等或眾多的法衣等。㈢知足，是指僅僅獲得了粗劣的法衣等，便總是能夠知足。㈣完全捨棄眾多事務，是指完全捨棄買賣等下劣行為，以及與僧俗太過親暱、從事醫療與曆算等等。㈤戒律清淨，是指對於別解脫與菩薩律儀，不違犯性罪與遮罪的學處；即使由於放逸而毀犯，也要迅速地追悔而如法還淨。㈥完全捨棄欲求等分別，是指對於欲求，修持殺戮、束縛等今生的過患，以及前往惡趣等未來的過患；或者心想：悅意與否的一切輪迴事物都具有無常壞滅的特徵，這一切必定不久就會與我分離，既然如此，我對此為何要過分貪著等？應當如此地修持，捨棄一切欲求的分別。這些是按照《修次中篇》的意趣而宣說，詳細內容應當從《聲聞地》中了知。

[1]「皆不應犯性罪、遮罪，破壞學處」 哲霍本作「性罪、遮罪不同學處」。

❶ **易於獲得**　帕繃喀大師及夏日東活佛皆提到，如果不容易獲得如法的生活資具，就必須為了生活而前往城鎮求取。此處的「獲得」必須是如法的獲得，透過不善的貿易、不正當的行為所謀得的利潤及飲食等，並非此處所說的「易於獲得」。如果特意尋找美味佳餚，會成為修定的障礙，所以是指易於獲得能維持生命的飲食。參見《夏日東文集》冊3，頁31；《菩提道次第引導》冊5，頁512（帕繃喀大師講述，墀江仁波切編纂，印度：瑪尼貝出版社，2012）；《掌中解脫——菩提道次第二十四天教授》下冊，頁951（第一世帕繃喀仁波切開示，第三世墀江仁波切編纂；仁欽曲札譯，臺北市：白法螺，2000。以下簡稱《掌中解脫》）。

❷ **劬勞**　勤苦、辛勞。劬，曲盡勞苦，音ㄑㄩˊ（qú）；《說文解字》云：「勞也。」

❸ **處所賢善**　帕繃喀大師及夏日東活佛提到，如果安住在先輩大德加持過的地方，能得到該處的加持；不應該住在毀壞誓言者居住之處、僧團受到擾亂之處、猛獸及盜賊居住之處。參見《夏日東文集》冊3，頁31；《菩提道次第引導》冊5，頁513；《掌中解脫》下冊，頁951。

❹ **日無多人夜靜聲寂**　帕繃喀大師及夏日東活佛提到，此指白晝沒有人群喧鬧的聲音，夜晚沒有水聲、風聲、鳥鳴聲、狗吠聲等。參見《夏日東文集》冊3，頁32；《菩提道次第引導》冊5，頁513；《掌中解脫》下冊，頁952。

❺ **《莊嚴經論》亦云**　引文唐波羅頗蜜多羅譯《大乘莊嚴經論》作：「易求及善護，善地亦善伴，善寂此勝土，菩薩則往生。」見《大正藏》冊31，頁622；《丹珠爾》對勘本冊70，頁842。

❻ **斷除欲等諸惡尋思**　如月格西解釋，此處的「欲」包含所有與道不相順的追求、貪求，如五欲、政治、名聲等等。前文「少欲」是指不過度貪求上好或眾多的物品，而此處是指要思惟貪求及所貪之物的過患。

❼ **《修次中篇》之意而說**　相應段落參見《丹珠爾》對勘本冊64，頁128。

❽ **於《聲聞地》應當廣知**　相應段落參見《瑜伽師地論·聲聞地》中二道資糧的章節，文繁不錄。見《大正藏》冊30，頁402；《丹珠爾》對勘本冊73，頁37。

如是六法能攝妙定未生新生、生已不退安住、增長因緣宗要，尤以清淨尸羅、觀欲過患、住相順處為其主要。善知識敦巴[1]云：「我等唯覺是教授過[2]，專求教授。然定不生，是未安住資糧所致。」言資糧者，即前六等。

又前四度，即是第五靜慮資糧，《修次初篇》云[3]：「若能不著利等諸欲，善住尸羅，性忍眾苦，勤發精進，速能引發正奢摩他。故《解深密經》[4]等，亦說施等為後後因。」《道炬論》亦云[5]：「失壞止支分[6]，雖勵力修習，縱經多千年，不能成正定。」故真欲修止觀定者，應勵力集《聲聞地》中正奢摩他十三支分或資糧等[7]，極為主要。

上述這六種法，統攝了新生起賢善等持、生起後不退失而保持，以及向上增進的因緣的關鍵。尤其戒律清淨、視欲求為過患，以及安住於相順的環境，是最主要的。善知識敦巴曾說：「我們總是心想完全錯在口訣，只是尋覓口訣，然而等持未生起，其實是錯在沒有安住資糧。」資糧指的就是前述的六種等等。

另外，前四度會成為第五靜慮度的資糧，因為《修次初篇》中說：「不顧財物等所欲求的事物，善安住於戒律，具有忍受痛苦等的本性者，如果發起精進，將會快速修成寂止。因此《聖解深密經》等也開示布施等是後後的因。」《道炬論》中也提到：「失去了寂止的支分，即使極其勤奮地修持數千年之久，也不會修成等持。」因此由衷地想要修成止觀等持

的人，要精勤於《聲聞地》所述的十三種等等的寂止支分或資糧，這極
其重要。

❶ **善知識敦巴** 噶當派開派祖師、阿底峽尊者（Atiśa）的法統傳承人（公元
1004～1064），藏語དགེ་བཤེས་སྟོན་པ，本名勝者生源（嘉維迥內‧རྒྱལ་བའི་འབྱུང་
གནས），又名種敦巴、仲敦巴。出生於堆隆普（སྟོད་ལུང་ཕུ）。於金剛自在（རྡོ་རྗེ་དབང་
ཕྱུག）座前受優婆塞戒。19歲承事色尊喇嘛（སེ་བཙུན），負責磨麵粉、放牛馬等一
切雜務，同時也不鬆懈聞思經典。對於色尊喇嘛，未曾生起一絲不敬不信。嫻
熟許多顯密經論後，再前往依止智稱班智達，學習聲明及梵文。後從路人口中
得知阿底峽尊者來到藏地，即往依止尊者。初見尊者時，供養一盞明燈，此後
直至尊者示寂從未間斷。第二天聽完《菩提道炬論》，從此將所聽到的一切法
義，皆攝入三士道而作修持。得阿底峽尊者如瓶注瓶般傳授顯密一切教授，
成為心子。尊者示寂後，傳授噶當法脈，建立熱振寺（ར་སྒྲེང），教化徒眾，世壽
61。相傳此師為觀音菩薩化身。主要弟子有樸窮瓦（ཕུ་ཆུང་བ）、懂哦瓦（སྒྲོན་ཤོ་
བ）、博朵瓦（པོ་ཏོ་བ）三昆仲。參見《師師相承傳》中文冊上，頁241；藏文冊上，
頁300；《東噶辭典》，頁1593。

❷ **教授過** 藏文原意為「歸咎於教授的問題」。

❸ **《修次初篇》云** 引文宋施護譯《廣釋菩提心論》作：「是故修奢摩他時，諸
所得諸所欲當住平等捨，體中苦等而悉除遣，安住淨戒發起精進，速得成就。
此中如是，如《和合解脫經》說：『先修施等勝上之行，次復修持淨戒，然後住
於奢摩他行。』」見《大正藏》冊32，頁566；《丹珠爾》對勘本冊64，頁87。

❹ **《解深密經》** 相應段落參見元魏菩提流支譯《深密解脫經》：「佛言：『觀
世自在！依前後上上轉勝故。觀世自在！菩薩遠離受用欲心，受持淨戒；受持
淨戒已，能忍諸惡；能忍諸惡已，能成精進；能成精進已，能入諸禪；能入諸禪
已，能得出世間智慧。觀世自在！是故我說六波羅蜜如是次第應知。』」唐玄奘
大師譯《解深密經》：「佛告觀自在菩薩曰：『善男子！能為後後引發依故。謂
諸菩薩，若於身財無所顧悋，便能受持清淨禁戒；為護禁戒，便修忍辱；修忍

辱已，能發精進；發精進已，能辦靜慮；具靜慮已，便能獲得出世間慧。是故我說波羅蜜多如是次第。』」見《大正藏》冊16，頁682、705；《甘珠爾》對勘本冊49，頁101。

❺《道炬論》亦云　《道炬論》，噶當派及格魯派修學道次第的根本依據，全名《菩提道炬論》，共68偈，阿底峽尊者著。漢譯本有今人超一法師譯《菩提道炬論》；法尊法師譯《菩提道炬論》；如石法師譯《菩提道燈》，共三種。阿底峽尊者，當時印度佛教的共主（公元982~1054），梵語Atiśa音譯，本名吉祥燃燈智（Dīpaṃkara Śrījñāna），出生於孟加拉（Vāṅgālāḥ），為善勝王的二王子，名為月藏（Candragarbha）。年幼時對於俗家全無貪戀，10歲學習聲明、因明學。29歲於金剛座大菩提寺（Mahā-bodhi）出家，追隨金洲大師（Suvarṇadvīpa）等諸大善知識，遍學各宗各派，精通五明，集顯密諸大傳承於一身，獲得大班智達、大成就者的美名。並且曾多次與外道辯論，復興諸多寺院；破除各宗派邪執，建立清淨法幢，成為當時佛教各派的共主、頂嚴。西藏自從朗達瑪（གླང་དར་མ）滅法後七十年中，曾一度沒有人出家。後雖由諸藏王及大善知識等建立僧伽、恢復戒律，然有一類僧眾從西域來到西藏，自稱班智達，傳授邪法，致使學習顯教者排斥密教，學習密教者輕視戒律，令西藏佛法一片混亂。為此智光王及菩提光王經歷眾多困難，迎請阿底峽尊者入藏。阿底峽尊者到阿里（མངའ་རིས）後，由菩提光王勸請，將顯密的扼要編排成修行次第，著《菩提道炬論》等。尊者住阿里三年、聶塘（སྙེ་ཐང）九年、衛藏等處五年之間，為大眾開示顯密教授，令聖教已衰損的重新建樹；對教法有誤解、不解處的善巧滅除；使舊有的傳規增廣弘揚。法子遍佈五印度、西藏等地，其中以種敦巴尊者為首。最後示寂於聶塘，世壽73。本論主要將世尊所宣說的顯密教法、八萬四千法門，攝取其要義，詮釋三士道的內涵，編排成一位初修業者修學的次第。引文今人超一法師譯《菩提道炬論》作：「修行止紛肢，極勤勞修習，雖有能千歲，修定亦不成。」法尊法師譯《菩提道炬論》作：「止支若失壞，即使勤修習，縱然經千劫，亦不能得定。」如石法師譯《菩提道燈》作：「止支若失壞，縱然奮力修，歷經數千載，三昧終不成。」參見《師師相承傳》中文冊上，頁184；藏文冊上，頁238。引文見《大藏經補編》冊10，頁77（藍吉富主編，臺北：華宇出版社，1984）；《廣論》，頁589；《菩提道燈抉微》，頁70（釋

如石著，臺北市：法鼓文化，1997）；《丹珠爾》對勘本冊64，頁1645。

❻止支分　支分，此解為「因」。夏日東活佛解釋為成辦止的資糧。參見《夏日東文集》冊3，頁36。

❼《聲聞地》中正奢摩他十三支分或資糧等　十三資糧，《瑜伽師地論‧聲聞地》中作二道資糧。相應段落參見玄奘大師譯《瑜伽師地論》：「云何名為二道資糧？嗢拕南曰：『自他圓滿善法欲，戒根律儀食知量，覺寤正知住善友，聞思無障捨莊嚴。』謂若自圓滿、若他圓滿、若善法欲、若戒律儀、若根律儀、若於食知量、若初夜後夜常勤修習覺寤瑜伽、若正知而住、若善友性、若聞正法若思正法、若無障礙、若修惠捨、若沙門莊嚴。如是等法，是名世間及出世間諸離欲道趣向資糧。」關於十三資糧的詳細解釋，文繁不錄。參見《大正藏》冊30，頁402；《丹珠爾》對勘本，冊73，頁37。

第二、**依止資糧修奢摩他之理，分二：一、加行；二、正行。今初：**

修如前說加行六法，尤應久修大菩提心。又應淨修共中、下士所緣自體[1]，為菩提心之支分❶。

第二、正行，分二❷：一、身何威儀而修；二、正釋修習之次第。今初：

如《修次中篇》❸、《下篇》❹所說，於極柔軟安樂坐墊具身威儀八法。其中足者，謂全跏趺，如毘盧遮那佛坐，或半跏趺，應如是行。眼者，謂不應太開[2]，亦非太閉，垂注鼻端。身者，謂

非過後仰，亦莫太前屈，內住正念❺端身而坐。肩者，謂平齊而住。頭者，莫揚莫低，莫歪一方，自鼻至臍正直而住。齒與唇者，隨自然住。舌者，令抵上齒。息者，內外出入莫令有聲、粗猛、急滑❻，必使出入無所知覺，全無功用徐徐❼而轉，應如是行。《聲聞地》說❽於佛所許或床、或座、🈡未開許者，謂即吊鋪、麻繩網座等❾。或草敷上[3]，結跏趺坐，有五因相：一、善斂其身速發輕安，由此威儀順生輕安故。二、由此宴坐能經久時，以此威儀不極令身疾疲倦故。三、由此威儀不共外道及異論故。四、由此威儀宴坐令他見已極信敬故。五、由此威儀，佛、佛弟子❿共所開許、共依止故。正觀如是五因相故，說應結跏趺坐。端正身者，是說為令不生昏沈、睡眠。如是先應令身具八威儀，尤於調息⓫如說善修⓬。

依此而修持寂止的方法，分為二科：一、加行；二、正行。第一科：

應當修習前述六種加行法，尤其是長久地修持菩提心，也要修習與下中士夫共通的所緣體性，作為其支分。

第二科分為二科：一、以什麼樣的身威儀修持；二、正說修持的次第。第一科：

如同《修次中篇》與《修次下篇》所說，應當坐在極為柔軟舒適的坐墊上，身體姿勢要具足八種特徵。其中足部應當按照毘盧遮那佛跏趺坐

而全跏趺，或者半跏趺亦可。眼睛不可睜太開，也不可太過緊閉，注視著鼻尖。身體不可過於後仰，也不過於前傾，端正地挺直，正念內守而安坐。肩膀保持平直齊整。頭部不應抬高或低垂，以及向一側偏斜，從鼻子到肚臍保持筆直。牙齒與唇部保持自然。舌頭抵住上排牙齒。呼吸的氣息進出要避免出聲、粗猛與浮躁，應當做到盡可能感受不到氣息的出入，不費力地緩緩呼吸。《聲聞地》提到在佛陀開許的座位、小座，並未開許的，則是提到網狀吊床與麻繩網座等。或者在草墊上結跏趺而坐，有五種原因：一、如果善加約束身體，由於這樣的威儀與生起輕安相符順，所以會非常迅速地生起輕安。二、能夠維持長時間地端坐，並且這樣的威儀，會使身體不致極度疲累。三、這種姿勢不共於外道與諍論的敵方。四、他人見到以這種威儀端坐，便會生起至極的淨信。五、佛陀與佛陀的聲聞都開許並採用這種威儀。見到這五種原因，於是宣說要結跏趺而坐。說到之所以身體端正挺直，是為了不產生昏沉與睡眠。既然如此，最初便應當按照前述而修持八種身體姿勢，尤其是氣息要平緩。

[1]「淨修共中、下士所緣自體」 果芒本原作「結合共中、下士所緣自體」，拉寺本、單註冊裝本、法尊法師原譯作「淨修共中、下士所緣自體」。 [2]「謂不應太開」 拉寺本、雪本作「謂亦不應太開」。 [3]「或草敷上」 果芒本原作「或根敷上」，拉寺本、法尊法師原譯作「或草敷上」。按，「根」（ཪྩ）為「草」（ཪྩ）之訛字。

❶為菩提心之支分 藏文原意為「為其支分」。夏日東活佛提到，此時應以大約百分之九十的心力修持靜慮，百分之十的心力修持念死無常、輪迴流轉還滅等共下、共中士的法類，作為其支分或助伴。如月格西則認為，此處應是以修共中、共下法類為菩提心之支分，如法尊法師所譯。參見《夏日東文集》冊3，頁37。

❷**第二正行分二**　原文無「正行」，法尊法師蓋取義而譯入正文。

❸**《修次中篇》**　相應段落參見《丹珠爾》對勘本冊64，頁131。

❹**《下篇》**　相應段落參見《丹珠爾》對勘本冊64，頁161。

❺**內住正念**　夏日東活佛解釋為，令心穩定地安住所緣而不散亂。參見《夏日東文集》冊3，頁38。

❻**有聲粗猛急滑**　按阿嘉永津解釋，有聲，指氣息有「呵」聲。粗猛，指強猛，即氣息帶有燥熱之感。急滑，指氣息緩急、長短不均。參見《阿嘉‧雍曾洛桑董智文集》冊上，頁96（阿嘉‧雍曾洛桑董智著，蘭州：甘肅人民出版社，2011。以下簡稱《阿嘉雍曾文集》）。

❼**徐徐**　徐，《說文》：「安行也。」徐徐，謂舒緩、安穩貌；此處言「徐徐」，即是前文「有聲、粗猛、急滑」之反面。

❽**《聲聞地》說**　相應段落參見唐玄奘大師譯《瑜伽師地論》：「云何威儀圓滿？謂於晝分經行宴坐，於初夜分亦復如是，於中夜分右脇而臥，於後夜分疾疾還起經行宴坐，即於如是圓滿臥具，諸佛所許大小繩床、草葉座等結加趺坐，乃至廣說。何因緣故結加趺坐？謂正觀見五因緣故：一、由身攝斂速發輕安，如是威儀順生輕安最為勝故；二、由此宴坐能經久時，如是威儀不極令身速疲倦故；三、由此宴坐是不共法，如是威儀外道他論皆無有故；四、由此宴坐形相端嚴，如是威儀令他見已極信敬故；五、由此宴坐佛佛弟子共所開許，如是威儀一切賢聖同稱讚故。正觀如是五種因緣，是故應當結加趺坐。端身正願者，云何端身？謂策舉身令其端直。云何正願？謂令其心離諂離詐調柔正直，由策舉身令端直故，其心不為惛沈睡眠之所纏擾；離諂詐故，其心不為外境散動之所纏擾。」然此中「諸佛所許大小繩床」一句，指一種可摺疊的輕便坐具，又稱「胡床」，為印度、西域常見的一種坐具。見《大正藏》冊30，頁450；《丹珠爾》對勘本冊73，頁322。

❾**吊鋪麻繩網座等**　吊鋪，用繩索、帆布等所做成的簡單吊床。麻繩網座，在四邊床框之間用麻繩交織而成的坐具。由於這兩者皆容易搖晃，極不穩固，無法令心安住所緣，所以不開許作為修定的坐具。此與《聲聞地》所說的繩床非為一物。

❿**佛弟子**　藏文直譯為「佛聲聞」，古漢譯中「佛弟子」與「佛聲聞」有時可通用。

❶ **調息** 夏日東活佛提到，左右鼻孔各別呼吸二十一次，左右鼻孔一起呼吸二十一次，心隨著呼吸而繫於所緣，如果二十一次還不夠的話，可以數息更多次。參見《夏日東文集》冊3，頁39。

❷ **善修** 原文無「善」字。

第二、**正釋修習之次第者：** ⟨語⟩修持次第，如至尊師自言曰❶：「龍猛無著漸傳來，謂此菩提道次第」等，於此《菩提道次第廣論》中，〈毗缽舍那章〉，是依龍樹怙主宗規；此外諸廣大道，皆依聖者無著宗規《菩薩地》等論典而作準繩。此處依《辨中邊論》所出[1]由八斷行斷五過失之門，修習奢摩他法❷ 而作準繩，解說其中圓具九種住心方便之理、九住心攝入四種作意❸ 之理、以六力❹ 成就之理等。

諸《道次第》多依《辨中邊論》所說，由八斷行斷五過失，修奢摩他。善知識拉梭瓦❺ 所傳之教授，謂於彼上須加《聲聞地》所說六力、四種作意及九住心❻ 而修。⟨語⟩霞惹瓦德稱大師於自《道次第》云❼：「四作意中攝九種住心方便，及六過失❽、八對治行，是為一切正定方便，眾多契經及《莊嚴經論》❾、《辨中邊論》❿、無著菩薩《瑜伽師地論》⓫、《中觀修次》三篇⓬ 等，開示修靜慮之方便中一切皆同。若能先住正定資糧，以此方便勵力修習，決定能得妙三摩地。近世傳說修靜慮之甚深教授中，全不見此方便之名。若不具足正定資糧及無此方便，

雖長時修，不說能成等持。」現見此語是於諸大教典修定方
法，得清淨解。

正說修持的次第：關於修持的次第，如同至尊宗喀巴大師親口所說：「從龍樹、無著二
位依序完善地傳下的菩提道」等等，在這部《菩提道次第廣論》當中，〈毗缽舍那〉的篇章是
依循龍樹怙主的學派；除此之外的廣大道，則是依循聖者無著的學派，依《菩薩地》等教典作
為準繩。此處是以《辨中邊論》所提出的這種從以八種斷行斷除五種過失的角度，修持寂止
的方法作為準繩，宣說了其中完整具備九種住心方法的道理、這九種含攝於四種作意的道理，
以及透過六種力成辦的道理等等。

大多數的《道次第》，都是從《辨中邊論》所說以八種斷行斷除五種過
失的角度宣說修持寂止。善知識拉梭瓦所傳的眾多教授當中，則是在
此之上，提到必須透過《聲聞地》所宣說的六種力、四種作意與九心而
修持。霞惹瓦德稱大智者在自己的《道次第》當中提到：「九種住心的方
法含攝於四種作意，以及六種過失、其對治品的八種斷行，這即是一切
等持的方法，這與眾多經典、《經莊嚴論》、《辨中邊論》、聖無著論師
的《瑜伽師地論》，以及《中觀修次》三篇等，一切開示靜慮方法的教
典都相符順。如果最初透過安住於等持的資糧，而用這些方法勤修，必
定會獲得等持。近代眾多號稱甚深靜慮口訣當中，甚至連這些方法的
名稱都沒有提及。若是不具足等持的資糧、沒有這些方法，縱然長久努
力，也不能說會修成等持。」發現這是對於諸大教典中的修定方法獲得
了清淨定解的話語。

❶ 如至尊師自言曰　引文出自《菩提道次第攝頌》。《菩提道次第攝頌》,道次
第論典,又名《菩提道次第四十五攝頌》,共45偈,宗喀巴大師著,漢譯本有
法尊法師譯《菩提道次第攝頌》45偈。此論為宗喀巴大師所造廣、中、略《道
次第》的略本,主要將《廣論》的內容收攝為四十五偈,讓後世的弟子在修行
時可以隨文觀修。引文法尊法師譯《菩提道次第攝頌》作:「龍猛無著善傳
來,圓滿菩提道次第。」見《法尊法師全集》冊2,頁403;《宗喀巴大師文集》
對勘本冊2,頁81。

❷ 《辨中邊論》所出由八斷行斷五過失之門修習奢摩他法　《辨中邊論》,
唯識部論典,共1卷,至尊慈氏著。漢譯本有陳真諦三藏譯《中邊分別論》2
卷;唐玄奘大師譯《辯中邊論頌》1卷,共二種。本論以唯識派的觀點,分辨有
無二邊、常斷二邊,闡明中道的內涵。相應段落參見陳真諦三藏譯《中邊分別
論》:「捨離五失故,修習八資糧。懈怠忘尊教,及下劣掉起,不作意作意,此五
失應知。依處及能依,此因緣及果。緣境界不迷,高下能覺知,滅彼心功用,寂
靜時放捨。」唐玄奘大師譯《辯中邊論頌》:「滅除五過失,勤修八斷行,懈怠
忘聖言,及惛沈掉舉,不作行作行,是五失應知。為斷除懈怠,修欲勤信安,
即所依能依,及所因能果。為除餘四失,修念智思捨,記言覺沈掉,伏行滅等
流。」八斷行,是斷除修定過程中所出現的五種過失的八個對治品。五種過失
為:懈怠、忘失教授、沉掉、不作行、作行。八斷行為:信心、欲求、精勤、輕
安、正念、正知、作行的思、正住的捨。其中,信心、欲求、精勤、輕安對治懈
怠,正念對治忘失教授,正知對治沉掉,作行的思對治不作意,正住的捨對治
作行。見《大正藏》冊31,頁458、479;《丹珠爾》對勘本冊70,頁908。

❸**四種作意**　成辦寂止的一種修法。四種作意分別為：力勵運轉作意、有間缺運轉作意、無間缺運轉作意、無功用運轉作意。

❹**六力**　成辦寂止的一種修法。六種力分別為：聽聞力、思惟力、憶念力、正知力、精進力、串習力。

❺**拉梭瓦**　那措譯師（ནག་ཚོ）的主要弟子之一（公元11世紀），藏語ལག་སོར་བ音譯。此師通達五明，跟隨許多噶當派師長學法。此師為求阿底峽尊者傳承的教授，心想那措譯師長期擔任阿底峽尊者的翻譯，於是前往依止那措譯師。那措譯師為其傳授許多顯密教法，並宣說阿底峽尊者一生的行誼，其後再由拉梭瓦的弟子記錄成書。曾在旁多地區（ཕན་མདོ）創建拉梭寺（ལག་སོར་དགོན）作為長期修行的地方。主要弟子有賈律師（བྱ་འདུལ་བ）、若慶普瓦（རོག་མཆེད་ཕུ་བ）、南巴瓦（གནམ་པར་བ）、秀勒瓦（ཤུ་ལེན་བ）。參見《噶當派大師箴言集》，頁105（青海：青海民族出版社，1996。以下簡稱《噶當箴言集》）。

❻**《聲聞地》所說六力四種作意及九住心**　相應段落參見唐玄奘大師譯《瑜伽師地論》：「云何名為九種心住？謂有苾芻令心內住、等住、安住、近住、調順、寂靜、最極寂靜、專注一趣，及以等持，如是名為九種心住。云何內住？謂從外一切所緣境界，攝錄其心繫在於內令不散亂，此則最初繫縛其心，令住於內不外散亂，故名內住。云何等住？謂即最初所繫縛心，其性麁動未能令其等住遍住故，次即於此所緣境界，以相續方便、澄淨方便挫令微細遍攝令住，故名等住。云何安住？謂若此心雖復如是內住、等住，然由失念於外散亂，復還攝錄安置內境，故名安住。云何近住？謂彼先應如是如是親近念住，由此念故數數作意內住其心，不令此心遠住於外，故名近住。云何調順？謂種種相令心散亂，所謂色、聲、香、味、觸相，及貪、瞋、癡、男女等相故，彼先應取彼諸相為過患想，由如是想增上力故，於彼諸相折挫其心不令流散，故名調順。云何寂靜？謂有種種欲、恚、害等諸惡尋思，貪欲蓋等諸隨煩惱令心擾動，故彼先應取彼諸法為過患想。由如是想增上力故，於諸尋思及隨煩惱，止息其心不令流散，故名寂靜。云何名為最極寂靜？謂失念故即彼二種暫現行時，隨所生起諸惡尋思及隨煩惱能不忍受，尋即斷滅除遣變吐，是故名為最極寂靜。云何名為專注一趣？謂有加行有功用，無缺無間三摩地相續而住，是故名為專注一趣。云何等持？謂數修數習數多修習為因緣故，得無加行無功用任運轉

道，由是因緣不由加行不由功用，心三摩地任運相續無散亂轉，故名等持。當知此中由六種力，方能成辦九種心住：一、聽聞力；二、思惟力；三、憶念力；四、正知力；五、精進力；六、串習力。初由聽聞、思惟二力，數聞數思增上力故，最初令心於內境住，及即於此相續方便、澄淨方便等遍安住。如是於內繫縛心已，由憶念力數數作意，攝錄其心令不散亂，安住、近住。從此已後由正知力調息其心，於其諸相、諸惡尋思、諸隨煩惱不令流散，調順、寂靜。由精進力設彼二種暫現行時能不忍受，尋即斷滅除遣變吐，最極寂靜、專注一趣。由串習力等持成滿，即於如是九種心住。當知復有四種作意：一、力勵運轉作意；二、有間缺運轉作意；三、無間缺運轉作意；四、無功用運轉作意。於內住、等住中，有力勵運轉作意；於安住、近住、調順、寂靜、最極寂靜中，有有間缺運轉作意；於專注一趣中，有無間缺運轉作意；於等持中，有無功用運轉作意。」見《大正藏》冊30，頁450；《丹珠爾》對勘本冊73，頁325。

❼ **霞惹瓦德稱大師於自《道次第》云** 霞惹瓦德稱大師《道次第》，噶當派教典，霞惹瓦著，尚無漢譯。霞惹瓦，噶當教典派的第二代祖師（公元1070～1141），藏語ཤ་ར་བ音譯，本名德稱（雲丹札‧ཡོན་ཏན་གྲགས）。師為弘揚阿底峽尊者父子的教授乘願再來的大菩薩，出生於熱振（ར་སྒྲེང）與亞澤（ཡ་ཚེ）之間的小村莊絨波（རོང་པོ）。他的母親坐在一個大石板上生下這位祖師，據說石板上仍留著他的足印。此師天資聰穎，本性慈悲，常感家室如同牢獄，一心期盼出家修行。18歲時，家人為他籌辦婚事，於是逃家來到隆學寺（གྲུངས་ཤོད）剃度，法號德稱。師曾跟隨懂哦瓦大師學習教法，之後又依止博朵瓦大師學法，十八年間不曾離開，直至博朵瓦大師示寂，聽受了博朵瓦大師結合《噶當六論》而詳細解說每一種法類的完整菩提道次第引導。又將《集經論》、《寶鬘論》、《中論》、《修次》三篇等論著，現為菩提道次第教授而開示，因此他獲得宣說一切經論的無畏辯才，通達自他宗義的大海，並將三藏及諸大車軌的論著憶持於心，無礙地將所有的經論要義，總攝在菩提道次第中來教授弟子，因此宗喀巴大師以「智慧無比」來讚美這位祖師。36歲起，就一直精勤於弘法事業，門下有兩、三千位弟子。師始終教誡弟子應以淨戒為修行的基礎，進而修習以清淨事師法為根本的三士道次第。巴擦譯師（པ་ཚབ）翻譯《入中論》時，曾延請師幫忙校訂，師雖然不諳梵文，然而透過其不共的理智抉擇中觀正

見，對巴擦譯師的譯文提出修改意見。巴擦譯師核對梵文原典，發現與師所改不謀而合。當時眾人批評巴擦譯師所弘揚的中觀見為斷滅見，師力排眾議，盛讚巴擦譯師所弘揚的是《般若》密意，並派遣數十名年輕僧人隨巴擦譯師學習中觀應成見。師著有廣略兩篇《菩提道次第引導文》，及《善知識博朵瓦傳》頌文體一部。主要弟子有切喀巴（འཆད་ཁ་བ་）、棟敦・慧稱（གདུམས་སྟོན་བློ་གྲོས་གྲགས）等。世壽72。《霞惹瓦道次第》主要闡明三士道的內容，並且明示何為三士引導的教授，此引導方式有何經論依據，成立一切佛法都攝入三士道。參見《師師相承傳》中文冊上，頁361；藏文冊上，頁410；《噶當箴言集》，頁366；引文見《格西夏熱瓦的歷程》，頁194（色昭古籍經典收集整理印經室編輯，拉薩：色珠出版社，2019。以下簡稱《霞惹瓦道次第》）。

❽ **六過失**　修定過程中出現的六種過失。霞惹瓦大師說，一切等持有六種過失：懈怠、忘失所緣、沉沒、掉舉、不作行、作行。說為五種過失是將沉沒、掉舉合為一種。參見《霞惹瓦道次第》，頁191。

❾ **《莊嚴經論》**　相應段落參見唐波羅頗蜜多羅譯《大乘莊嚴經論》：「繫緣將速攝，內略及樂住，調厭與息亂，或起滅亦爾，所作心自流，爾時得無作，菩薩復應習，如此九住心。」「起作及隨攝，繫縛并對治，隨次八斷行，三一二二成。」見《大正藏》冊31，頁624、643；《丹珠爾》對勘本冊70，頁845、870。

❿ **《辨中邊論》**　見前頁112註2。

⓫ **《瑜伽師地論》**　四作意、九住心見前頁113註6。八斷行相應段落參見唐玄奘大師譯《瑜伽師地論》：「彼於如是正修習時有八斷行，為欲永害諸隨眠故，為三摩地得圓滿故差別而轉。何等名為八種斷行？一者欲，謂起如是希望樂欲：我於何時修三摩地當得圓滿，我於何時當能斷滅惡不善法所有隨眠。二者策勵，謂乃至修所有對治不捨加行。三者信，謂不捨加行正安住故，於上所證深生信解。四者安，謂清淨信而為上首心生歡喜，心歡喜故漸次息除諸惡不善法品麤重。五者念，謂九種相，於九種相安住其心奢摩他品能攝持故。六者正知，謂毗鉢舍那品慧。七者思，謂心造作，於斷未斷正觀察時造作其心，發起能順止觀二品身業、語業。八者捨，謂行過去、未來、現在隨順諸惡不善法中，心無染污心平等性；由二因緣於隨眠斷分別了知，謂由境界不現見思，及由境界現見捨故。如是名為八種斷行，亦名勝行。」見《大正藏》冊30，頁444；《丹珠爾》對勘本冊73，頁287。

⓬《中觀修次》三篇　《初篇》相應段落參見宋施護譯《廣釋菩提心論》:「此中意者於彼等事,觀已離過而悉收攝,令心相續勝進增修。若或心生貪等,爾時應作不淨等觀。得止息已,又復過前起勝進心,此不淨等觀思有行相,恐繁且止。若或彼心不能勝進起勝意樂,亦是散亂過失,爾時應觀三摩地所有功德起勝意樂,即能止息非勝意樂。若時昏沈睡眠生起,應觀佛等功德勝喜悅事,彼能止息。復次如是於所緣中,如應堅固攝持不散,即得相應。又復若時前心愛樂喜悅,隨生後心高舉,爾時應作無常等觀。如是總說,於所緣中應使心無動作,專注靜住離高下法,平等所行心得清淨,彼發悟散亂等因而悉棄捨。若有真實發悟所作彼心散亂,於所緣中若無動作,如是乃得所欲所行勝定相應,爾時當知奢摩他成。如是等當知一切奢摩他共相,謂心一境性中自性,彼奢摩他所緣決定如是。此等奢摩他法,佛於《般若波羅蜜多》等經廣說。復次當知,修奢摩他有九種法:一、除;二、正除;三、分位除;四、近除;五、調伏;六、止;七、近止;八、一向所作;九、知止。此等九種行相云何?謂遍此九法是即名除;於所緣中繫心是為遍除;於所緣中相續而轉是分位除;散亂現前而悉摧伏是為近除;散亂離已又復勝前,遍除所緣是為調伏;若愛起時伏故名止;若散亂過失現前不起,勝意樂而能止故是為近止;若昏沈睡眠等起時,速當遣離是為一向所作;於所緣中得無動作已,然後專注得相應止,得彼止已心住於捨,是為知止。如是等義,如聖慈氏菩薩所說。又復當知諸修一切三摩地時,有六種過失:一、懈怠;二、所緣忘失;三、沈下;四、高舉;五、無發悟;六、發悟。此六過失生時,當起八種斷行對治,何等為八?一、信;二、欲;三、勤;四、輕安;五、念;六、正知;七、思;八、捨。此等對治行相云何?謂信等四法對治懈怠。此中意者,以三摩地功德中,要具增上正信順相,彼相應者起勝希望,於希望時發精進行,所起精進身心勇悍後得輕安,是故對治。念對治所緣忘失,是義應知。正知對治沈下、高舉,謂以正知起正觀察,能令高下二法止息,是故對治。思對治無發悟,是義應知。捨對治發悟,由前高下得止息已,心住正直即無發悟,是故對治。如是八斷行,對治六種過失已,所有最上三摩地事業即得成就,神足功德由此而生。」見《大正藏》冊32,頁567;《丹珠爾》對勘本冊64,頁90。《中篇》相應段落參見《丹珠爾》對勘本冊64,頁133;《後篇》相應段落參見《丹珠爾》對勘本冊64,頁168。

又總三乘修道次第引導之理，無著菩薩於《瑜伽師地》❶中極廣決擇，故彼為最廣開示修行之論。又於一論廣說之事，餘則從略。止觀二法，《攝決擇》說於《聲聞地》應當了知❷，故《聲聞地》最為廣者。慈尊亦於《莊嚴經論》、《辨中邊論》說九種住心方便及八斷行，獅子賢論師❸、嘎瑪拉希拉^語蓮花戒論師、寂靜論師等印度智者隨前諸論，亦多著有修定次第。又除緣本尊身、空點、咒字❹等所緣不同外，其定大體，前諸大論與咒所說極相隨順，現見尤於定五過失及除過方便等，經❺反極詳。然見能知依彼大論修者，幾同晝星。將自心垢責為論過，謂彼唯能開闢外解，妄執別有開示心要義理教授，現見於彼所說修定次第，正修定時竟為何似，全無疑惑。今此教授，一切修行前後唯取大論所出，以之為重[1]，故於此處修定方法，亦取大論而為宣說。

對此，總體而言，在聖無著論師的《瑜伽師地論》當中，詳盡地抉擇三乘道次第的眾多引導方法，所以這是一部極為詳廣的開示修持的教典。而在其中一部詳盡解說的內容，在其他部當中便不再解說，因此寂止與勝觀二法，《攝決擇分》中說必須從《聲聞地》當中了知，所以《聲聞地》是極其詳盡的。至尊慈氏也在《經莊嚴論》與《辨中邊論》當中，宣說了九種住心的方法以及八種斷行。獅子賢論師、嘎瑪拉希拉蓮花戒

論師與寂靜論師等印度智者，也依循這些教典而撰寫眾多修定次第。除了緣著本尊身相、明點與種子字等所緣不同之外，等持的總體概貌，上述諸大教典中的說法，與密乘中所說都極為相符。尤其關於等持的五種過失等多種過失，以及如何去除這些過失的方法，發現在顯乘當中極為詳盡。然而見到懂得按照諸大教典而修習的人，已經寥若晨星，因此將自己內心過失的汙垢推諉於這些教典，認為這些僅是剖析了許多外在知識，而另有指出心要意涵的教授。但是現見當行持其中所說的修定次第時，卻連「究竟是如何」的疑惑都不會生起。由於本教授當中，從始至終的一切行持，都僅以諸大教典所述為重，所以在此也將從諸大教典援引修定的方法而宣說。

[1]「以之為重」哲霍本作「以之齜牙」。按，「齜牙」（ གཅིགས ）為「重」（ ཅིགས ）之訛字。

❶《瑜伽師地》　即《瑜伽師地論》。相應段落參見《瑜伽師地論》中《聲聞地》、《獨覺地》、《菩薩地》，文繁不錄。

❷止觀二法《攝決擇》說於《聲聞地》應當了知　《攝決擇》，即《攝決擇分》，唯識部論典、《瑜伽師地論》其中一個章節，共43卷，無著菩薩著。漢譯本有唐玄奘大師譯《瑜伽師地論·攝決擇分》30卷。此分主要是更深入地抉擇《本地分》中的問題，及詳述《本地分》中未詳述的義理。相應段落參見唐玄奘大師譯《瑜伽師地論》：「問：世尊依何根處說如是言：『令心住等住，安住與近住，調寂靜寂止，一趣等持性。』答：依定根說此差別義，如《聲聞地》應知。問：世尊依何根處說如是言：『簡擇法、極簡擇、遍尋求、遍伺察。』答：依慧根說此差別義，亦如《聲聞地》應知。」見《大正藏》冊30，頁617；《丹珠爾》對勘本冊74，頁235。

❸**獅子賢論師**　廣行派傳承祖師（約公元8世紀），梵語Haribhadra及藏語 སེང་
གེ་བཟང་པོ་ （僧格桑波）義譯。論師出生於王族，其母因遭獅子攻擊而喪命，然肚
子裡的孩兒仍存活，所以將此兒取名為獅子賢。論師長大之後，出家研習一切
宗派教義，通達無礙，特別對於《般若》的教義勤苦尋求，猶如常啼菩薩一
般。當時靜命阿闍黎住持佛教，論師因此前往依止阿闍黎，在其座下深入研
究至尊慈氏所傳《般若》教授，及無著兄弟、聖解脫軍（Āryavimuktisenā）所
著的論典，並閱讀龍樹怙主所解釋的中觀諸論。論師同時研究深見、廣行二
派的傳承教授，又於菩提道次第教授數數觀擇、精勤修行，終於獲得佛法心
要──三乘道次圓滿道體，生起殊妙的悟解。其後論師為廣弘聖教，於靜命
阿闍黎前，求受至尊慈氏修法，日夜精勤修持，於夢中得見至尊慈氏聖顏，
啟問說：「您的論著有許多註疏，要以哪本為依據？」至尊慈氏答道：「應當
先通曉一切註疏，再將其中合理之處攝集成論，這就由你來著作！」於是論
師為了尋找造論的施主，從喀薩巴尼（Khasarpāṇi）西行。當時達摩波羅王
（Dharmapāla）得知論師精通《般若》，於是派遣使者迎請至三莊嚴寺，為數
千僧眾廣傳《般若》教授，並由國王擔任造論施主。論師即依至尊慈氏所授
記，造《現觀莊嚴論顯明義釋》；結合《現觀》、《般若》而著《八千頌大疏》；
依照聖解脫軍所著《般若二萬五千頌光明論》，將《般若二萬五千頌》的經
文，配合《現觀》要義，而造《八品論》；並造《攝功德寶易解論》、《般若修
法》、《真札巴文法變格頌》等論典。論師悲智無比，又得至尊慈氏加持攝受，
其所著作的《顯明義釋》，成為修習菩提道次第的人共同遵循的「般若法
眼」。在論師所著述的《八千頌大疏》中，提及修定中的六過失及其對治的八
斷行修法。《八千頌大疏》，般若部論典，全名《聖般若八千頌疏現觀莊嚴光
明論》，又名《莊嚴光明論》，共32品，獅子賢論師著，尚無漢譯。本論主要依
照《般若經》所說，闡述從六加行法至止觀雙運之間，一切三士道次第的扼
要，無誤地開示所有道次第的道體、數量、次第，明晰地開闡至尊慈氏的教
授，因此也成為後世修學《現觀》行者的準繩。傳記參見《師師相承傳》中文
冊上，頁121；藏文冊上，頁165；相應段落參見《丹珠爾》對勘本冊51，頁
1686。

❹**本尊身空點咒字** 此三者為修密法時常作觀修的所緣。空點，又名明點，即密法中所說的氣、脈、明點三者當中的明點。咒字，即代表本尊天眾、咒語、情器世間的文字。

❺**經** 藏文直譯為「契經方面」，即今俗稱之顯教。

此又分二：⼀**引生無過三摩地法；**⼆**依彼引生住心次第。**

初又分三：⼀**心注所緣先如何修；**⼆**注所緣時應如何修；**⼀**注所緣後應如何修。**🈂️趣入修時，先令氣息舒緩，數出入息廿一返等，即是遮分別心外散勝妙方便。**今初：**

若不能滅不樂修定，樂定障品所有❶懈怠，初即於定不令趣入；縱一獲得，亦不能相續，速當退失。故滅懈怠為初切要。若能獲得喜樂增廣身心輕安，晝夜行善能無疲厭，懈怠盡除。為生輕安，須於能生輕安之因妙三摩地，恆發精進。為生精進，須於正定具足恆常猛利希欲。欲樂之因，須由觀見正定功德引動心意堅固信心，故應先思正定功德，數修信心。此等次第，修而觀之極顯決定，故應認為最勝宗要。《辨中邊論》云❷：「即🈂️勤作之所依🈂️希求三摩地欲，能依🈂️精進，及🈂️欲之所因🈂️見功德之信，勤作之能果❸🈂️輕安。」所依謂欲，勤所依故；能依謂勤，或名精進。🈂️心注所緣之前應如何而行者，此須先遮懈怠。此復若欲根本遮退懈怠、圓滿精進，則須獲得輕安；為此則須勤作、精進而為其因；為此則須希求三摩地欲；欲又須見三摩地功

德之信。故初應修欲求之因，即思惟三摩地功德之信；次則淨修勤之所依希求三摩地欲；而後發起依於彼欲精進；依彼精進，生起勤作之果輕安。**欲因謂信，深忍❹功德；勤果謂輕安。**

這之中分為二科：一、生起無過失的等持的方法；二、依此而生起住心的次第。第一科分為三科：一、內心投注於所緣之前應當如何做；二、投注於所緣時應當如何做；三、投注於所緣之後應當如何做。投入修持時，最初氣息平緩地呼吸，而數息二十一次等，這即是阻止分別心散逸於外境的殊勝方法。**第一科：**

不樂於修定而喜好其不順品，這樣的懈怠如果不能遮止，那麼從一開始便無從趣入等持，縱然獲得了一次也無法延續，所以將會迅速地退失。因此首先遮止懈怠，便相當地重要。對此，如果獲得了喜樂充盈身心的輕安，日夜行持善法都不會感到倦怠，所以能去除懈怠。而要發起輕安，必須對於等持能夠持續地策發精進，這是發起輕安之因。要發起精進，需要強烈而持續地希求等持的欲求，其因則需要見到等持的功德而引動心意的堅固信心，所以最初應當反覆修持思惟等持功德的信心。這些的順序，如果經過行持而觀之，便能極其清晰地定解，所以要認定為殊勝的關鍵，因為《辨中邊論》中說：「勤作的依處——希求等持的欲求，與於此安住——精進，對於欲求之因——見到功德的信心，與勤作之果——輕安。」其中依處指欲求，亦即勤作之依處。安住是指勤作或精進。「內心投注於所緣之前應當如何做」這一科當中，首先必須遮止懈怠；而要根除懈怠並圓滿精進，則必須獲得輕安；而這需要其因的勤作或精進，這需要希求等持的欲求，這又需要見到其功德的信心。因此首先要修持欲求之因——思惟等持功德的信心，其後修習勤作之所依處——希求等持的欲求，其後策發安住於此欲求的精進，依此而生起勤作之果——輕安。欲求的因為信解功德的信心；勤作的果為輕安。

❶ 所有　即漢文中「的」的意思，並非指「一切」。

❷ 《辨中邊論》云　引文陳真諦三藏譯《中邊分別論》作：「依處及能依，此因緣及果。」唐玄奘大師譯《辯中邊論頌》作：「即所依能依，及所因能果。」見《大正藏》冊31，頁458、479；《丹珠爾》對勘本冊70，頁909。

❸ 所因能果　所因即因，能果即果。

❹ 深忍　藏文直譯為信解。依哈爾瓦·嘉木樣洛周仁波切的解釋，對於成辦所希求事的方法生起確信，即是信解信。另有一說，對於業果及三寶的信解，即是信解信。此處應理解為對修定功德的確信。

此中所修正定功德，謂由獲得奢摩他已，現法樂住，由增心喜、身安樂故。及由獲得身心輕安，於善所緣心如欲轉。又由息滅於顛倒境散亂無主，則諸惡行皆不得生，隨所修善皆有強力。又止為依，能引神通、變化等德。尤由依止，能生通達如所有性毘缽舍那證德，速疾能斷生死根本。凡思惟已，能於修定增勇悍❶ 者，是諸功德皆應了知而修。若生勇悍，恆常策勵向內修定，極易獲得勝三摩地，得已亦能數數趣修，故難退失。

此處要修持的等持功德為：如果修成了寂止，內心會增廣喜悅，而身體會增廣安樂，因此今生便能安住於安樂。由於獲得身心輕安，因此可以隨欲驅使內心趣入善所緣。由於止息了不由自主地散逸於顛倒境界，因此眾多惡行不會生起，無論作任何善行都強而有力。能夠依靠寂止而修成神通、變化等眾多功德。尤其是依靠寂止，能生起證達如所有性的勝觀證德，因此能夠迅速截斷輪迴的根本等。凡是思惟之後即能增強修定的踴躍心力，對這樣的功德都要了知而修持，因為如果生起踴躍心力，便會持續地策發向內修習等持，因而易於獲得等持；並且獲得之後也會反覆投入修持，因而難以退失。

❶勇悍　原意為「歡喜雀躍的力量」，下文亦同。

上士道 別學奢摩他法

修止所緣

第二、注所緣時應如何修，分二❶：¯`明心住之事——所緣[1]；¯`如何心注所緣之理。初又分二：¯`總建立所緣；¯`明此處之所緣。初又分三：¯`明正所緣；¯`顯示何等補特伽羅應緣何境；¯`顯示所緣異門。今初：

㊟第二、心注所緣時應如何修，其中止觀所緣有四，初周遍所緣復有四種。其中有、無分別者，乃就奢摩他時，不以妙觀察慧觀擇，故其所緣謂無分別；及毗缽舍那時，有以妙觀察慧觀擇，故謂之有分別。然總為成實❷，遍是止觀所緣，故亦遍是彼等二者❸。**如世尊言，修瑜伽師有四所緣❹，謂周遍所緣、淨行所緣[2]、善巧所緣、淨惑所緣。周遍所緣復有四種，謂有分別影像、無分別影像、事邊際性、所作成辦。就能緣心立二影像，初是毗缽舍那所緣，二是奢摩他所緣。言影像者，謂非實所緣自相，唯是內心所現彼相。由緣彼相正思擇時，有思擇分別故，名有分別影像。若心緣彼不思擇而住心時，無思擇分別故，名無分別影像。又此影像為何所緣之影像耶？謂是五種淨行所緣、五種善巧所緣、二種淨惑所緣[3]之影像或行相。就所緣境立事邊際，**

㊟事邊際者，如思五蘊盡攝一切有為、四諦盡攝希求解脫應取捨事所屬一切所知之理，其後決斷彼數決定，令心止住於此。又如所有或盡所有，隨於成辦止觀一者之時，須知有思惟內攝其中之理而住於彼，及廣開演觀擇而止住之差別。**此有二種，如云「唯爾更無餘事」，是盡所有事邊際性；如云「實爾非住餘性」，是如所有**

事邊際性。其盡所有性者，謂如於五蘊攝諸有為，於十八界❺及十二處❻攝一切法，四諦盡攝所應知事，過此無餘。如所有性者，謂彼所緣實性、真如理所成義。就果安立所作成辦，謂於如是所緣影像，由奢摩他、毘缽舍那緣彼作意，若修若習若多修習，由是之力遠離各自粗重而得轉依❼。㊥所作成辦者，謂由習彼所緣生輕安等，就成辦所為之果而安立之。此四亦未出於後諸所緣，且遍一切。

第二科分為二科：一、辨識內心安住之事——所緣；二、內心如何投注於此的方法。第一科分為二科：一、所緣的總體論述；二、辨識當前的所緣。第一科分為三科：一、顯示正所緣；二、顯示何種補特伽羅應當緣何者；三、顯示所緣的異門。第一科：

第二科、內心投注於所緣時應當如何做之中，有四種止觀的所緣，第一種周遍所緣之中又有四種，其中的有、無分別，是指在寂止之時不以分別觀察的智慧觀擇，因此其所緣名為無分別；在勝觀之時則會以分別觀察的智慧觀擇，因此名為有分別。但是總體而言，凡是成實皆遍是止觀的所緣，所以也遍是這二者。世尊宣說了瑜伽士的四種所緣，即周遍所緣、淨行所緣、善巧所緣與淨惑所緣。其中周遍所緣有四種：有分別影像、無分別影像、事物的分際與成辦目的。其中從能緣的角度安立的，為二種影像，因為第一者是勝觀的所緣，第二者則是寂止的所緣。所謂的影像，並非指真正所緣取的實際所緣，而是在心中現起其行相。緣著此行相而進行觀擇時，由於會有觀擇的分別，所以是有分別影像。緣著此行相而不作觀擇，內心止住時，由於沒有觀擇的分別，所以名為無分別影像。若想，此影像是什麼所緣的影像？答道：是五種淨行所緣、五種善巧所緣與二種淨惑所緣的影像或者行相。從所緣境的角度安立

的，是事物的分際，因為所謂事物的分際，就如思惟五蘊含攝一切有為法、四聖諦含攝了希求解脫者取捨之處所屬的一切所知的道理，其後斷定其數量決定而內心止住於此。另外必須了知，無論是如所有性或者盡所有性，在修持寂止或勝觀時，都有思惟向內含攝於其中的道理而止住於此，以及廣泛延伸觀擇而安住的差別。其中有二種：「僅止於此，別無其他」，這是盡所有性的事物分際；「只會如此存在，不以其他方式存在」，這是如所有性的事物分際。其中盡所有性，是指五蘊中含攝一切有為法，十八界與十二處中含攝一切法，四諦中含攝一切所應了知的事物，除此之外則無其他。如所有性，是指這些所緣的真實性與真如，由正理所成立的意涵。從果的角度安立的，是成辦目的，亦即以止觀緣著這些所緣影像的作意，透過修習、串習、多次熟習的力量，得以脫離各自的粗重而轉變。成辦目的，是指透過串習其所緣而生起輕安等，從成辦目的的方法之果的角度而安立。這四種也都不出於下文提及的所緣之外，並且涵蓋一切所緣。

[1]「明心住之事——所緣」 果芒本原作「明心趣入之事——所緣」，雪本《廣論》、青海本《廣論》作「明心住之事——所緣」。　[2]「淨行所緣」 果芒本原作「淨擇所緣」，單註冊裝本、法尊法師原譯作「淨行所緣」。按，「擇」（ᠪᠳᠠᠪ）為「行」（ᠪᠳᠠᠪ）之訛字。　[3]「二種淨惑所緣」 果芒本原作「二種執惑所緣」，拉寺本、雪本、單註冊裝本、法尊法師原譯作「二種淨惑所緣」。按，「執」（ᠪᠳᠠᠪ）為「淨」（ᠪᠳᠠᠪ）之訛字。

❶第二注所緣時應如何修分二　藏文原文為「第二分二」，法尊法師蓋取義譯入正文。

❷成實　義為量所成立。可理解為正確的心所成立、所證達的事物等，與「有」、「所知」等法同義。

❸彼等二者　此指有分別及無分別的這種所緣。凡是存在的事物，一定是寂止——無分別的所緣，以及勝觀——有分別的所緣。

❹**如世尊言修瑜伽師有四所緣**　經查詢，未見世尊說周遍所緣等四相應段落，然見無分別等四所緣，相應段落參見元魏菩提流支譯《深密解脫經》：「彌勒！如我所說四種觀法，菩薩依彼四種觀法修行大乘奢摩他、毘婆舍那。何等為四？一者、分別觀，二者、無分別觀，三者、事別，四者、所作成就。」唐玄奘大師譯《解深密經》：「慈氏菩薩復白佛言：『如世尊說四種所緣境事：一者、有分別影像所緣境事；二者、無分別影像所緣境事；三者、事邊際所緣境事；四者、所作成辦所緣境事。』」見《大正藏》冊16，頁674、697；《甘珠爾》對勘本冊49，頁60。

❺**十八界**　諸法的一種分類，包含了所取境六界、所依根六界、能依識六界。十八界為：色界、聲界、香界、味界、觸界、法界，此是所取境六界；眼界、耳界、鼻界、舌界、身界、意界，此是所依根六界；眼識界、耳識界、鼻識界、舌識界、身識界、意識界，此是能依識六界。

❻**十二處**　諸法的一種分類，包含所取六處及能取六根。十二處為：色處、聲處、香處、味處、觸處、法處、眼處、耳處、鼻處、舌處、身處、意處。

❼**轉依**　一般而言，轉依是指轉化自身的狀態或改變自身的狀態。如月格西認為，將不好的轉變為好的就是轉依，例如從第一住心到第二住心，即是從第一住心轉依到第二住心。此處的轉依，是指從粗重的狀態轉成遠離粗重。按《瑜伽師地論》：「云何所作成辦？謂修觀行者，於奢摩他、毘鉢舍那，若修、若習、若多修習為因緣故，諸緣影像所有作意皆得圓滿。此圓滿故便得轉依，一切麁重悉皆息滅，得轉依故超過影像，即於所知事有無分別現量智見生」，此處轉依可指超越分別心成為現量無分別智。參見《大正藏》冊30，頁427；《丹珠爾》對勘本冊73，頁186。

五蘊、十二處、十八界、四諦含攝諸法

五蘊、十二處、十八界、四諦各別都是諸法的一種分類方式。

佛陀為了破除有情執取只有一種心所的無明而開示了五蘊。在五蘊中，將心所

分為受、想、行三蘊。由於五蘊都是許多因緣聚合而生,所以稱之為蘊。因此,是五蘊其中一者必定是有為法,凡是有為法也必定是五蘊其中一者。五蘊只含攝了有為法,沒有含攝常法。

佛陀為了破除有情執取只有一種色法的無明而開示了十二處。在十二處中,將色法分為內外十處,除了意處與法處之外,其他十處都屬於色法。由於十二處是令心王與心所生長之門,所以稱之為處。十二處含攝了一切法,所有常法都攝入法處當中。

佛陀為了破除有情執取只有一種色、心的無明而開示了十八界。在十八界中,將色法分為十界,將心分為七界。由於十八界是諸法出生的因、種類或種子,所以稱之為界。十八界也含攝了一切法,所有常法都攝入法界當中。

佛陀為了令有情了解應取應捨而開示了四諦。四諦分為染汙品的因果與清淨品的因果,苦諦為染汙品的果,集諦為染汙品的因,滅諦為清淨品的果,道諦為清淨品的因。佛陀並非為了開示諸法的分類而開示四諦,因此,四諦沒有含攝一切法,也沒有含攝一切無常法。例如常法、所知、所知障、資糧道、加行道等,都不是四諦任何一者。

淨行所緣者,由此所緣能淨貪等增上現行,略有五種,謂不淨、慈心、緣起、界別、阿那波那❶。 語 淨行所緣總有五種,初謂意現不淨相已,於彼持心等,此有心境別別二種❷。若如慈者,謂自心生為慈心體性,於彼持心,故無別相。緣緣起者,若就緣起三世圓滿❸ 而言[1],由其有三世支分,故此所緣遮破此外別有自主補特伽羅之我。五種善巧所緣亦攝此內。**緣不淨者,謂緣毛、髮等三十六物❹,名內不淨,及青瘀等❺,名外不淨;是於內心所現不淨非可愛相,任持其心。慈謂普緣親怨中三,等引地攝❻ 欲與利益**

安樂意樂。即由慈心行相，於彼所緣任持其心，名曰緣慈，是於心境俱說為慈。緣緣起者，謂唯依三世緣起之法，生唯法果，除彼等❼外更無實作業者、實受果者，即緣是義任持其心。緣界差別者，謂各別分析地、水、火、風、空、識六界❸，即緣此界任持其心。緣阿那波那者，謂於出入息，由數、觀門令心不散餘處而緣[2]。

淨行所緣，是指淨化較為強烈現行的貪欲等的所緣，有不淨、慈心、緣起、界的差別與出入息五種。總體而言，淨行所緣有五種，第一種是在心中現起不淨的行相，對此執持內心等。這之中分別有「境」與「有境」二種。諸如慈心，則是將自己的心生為慈心的體性，對此執持內心，因此沒有區別。至於緣著緣起，此處若是基於三世圓滿的緣起而言，由於其中包含三時的部分，因此排除了有不在三時之內，可自主的補特伽羅我，以此為所緣。五種善巧所緣也包含在此範圍之內。其中緣著不淨，是指毛髮等三十六物為內在的不淨，青瘀等為外在的不淨，在心中現起這些不淨、不可愛的行相，對此執持內心。緣著親友、仇敵與關係中等者，屬於等引地所攝的成辦利益安樂的心念，即是慈心。透過這種慈心的執取相，內心執持這些所緣，將此名為緣著慈心，是將境與有境都宣說為慈心。所謂緣著緣起，是指僅僅只是依靠著唯三時所生的緣起之法而出生唯法之果，並沒有不屬於此的造業者與領受果報者，如此緣取這樣的意涵而執持內心。緣著界的差別，是指剖析地、水、火、風、空、識這六界的各個部分，緣著這些而執持內心。緣著出入息，是指透過計數與關注氣息進出流動而緣取，使內心不散逸於餘處。

[1]「若就緣起三世圓滿而言」 雪本作「若就三大緣起圓滿而言」。按,「大」($\overline{5}$)為「世」($\overline{5}$)之訛字。 [2]「由數、觀門令心不散餘處而緣」 哲霍本作「由數、如同門令心不散餘處而緣」。按,「如同」($\overline{5}\overline{5}$)為「觀」($\overline{5}\overline{5}$)之訛字。

❶ **阿那波那** 梵文ānāpāna音譯,又名「阿那阿波那」,義譯為入出息,阿那為入息,波那為出息。

❷ **此有心境別別二種** 此指「不淨」這個所緣的命名方式,表示所緣境——不淨,與能緣不淨的心是分開的,非指將心生為不淨本身。相對於「慈心」這個所緣的命名方式,看不出所緣與能緣是分開的,二者有別,故語王大師特別說明。

❸ **緣起三世圓滿** 一重十二緣起經三世而圓滿。第一世圓滿無明、行、因位識;第二世圓滿愛、取、有;第三世圓滿果位識、名色、六入、觸、受、生、老死。

❹ **毛髮等三十六物** 參見玄奘大師譯《瑜伽師地論》:「髮毛爪齒、塵垢皮肉、骸骨筋脈、心膽肝肺、大腸小腸、生藏熟藏、肚胃脾腎、膿血熱痰、肪膏肌髓、腦膜洟唾、淚汗屎尿。」其中大腸、小腸、生藏、熟藏、肚胃,藏文為大腸、小腸、直腸、胃。肥,藏文為黃水。塵,如月格西解為皮屑。參見《大正藏》冊30,頁428;《丹珠爾》對勘本冊73,頁193。

❺ **青瘀等** 十八種外在不淨:青瘀、膿爛、變壞、膖脹、食噉、變赤、散壞、骨、鎖、骨鎖、屎所作、尿所作、唾所作、洟所作、血所塗、膿所塗、便、穢處。

❻ **等引地攝** 色界靜慮或無色界等至所攝。常人進入色界靜慮或無色界等至,才能進入等引,故稱色界靜慮或無色界等至所攝為等引地攝。如《廣論》後面所說:「言定地者,是上二界地之異名。」定地即等引地的異名。參見《廣論》中文頁384;藏文頁543。

❼ **彼等** 據如月格西解釋,此指「唯緣起之法」,又作「唯法」。「唯」字排除「能獨立的實有補特伽羅之我」,如《廣論·十二緣起》云:「如是已生諸果支時,

然而全無實作業者及受果者補特伽羅之我。如前所說從唯法因支，起唯法果支。」參見《廣論》中文頁185；藏文頁255。

❽ 分析地水火風空識六界　夏日東活佛提到，自己身體中的肉、骨頭等是地界；膿血等是水界；體溫等是火界；氣息等是風界。參見《夏日東文集》冊3，頁47。

善巧所緣亦有五種，㊟彼五相中，謂破五蘊之上別有不屬五蘊之我；或雖無彼，然思十八界眾因中，或有自主之我，令知眼等諸界咸由各自種子出生，更無餘義之我；雖無如是，然思眾緣中容或有我，此由眼等十二諸處了知三緣❶建立，令知更無餘義之我。如是於十二緣起知為無常、苦等，無有補特伽羅之我，及令了知由善惡因感苦樂果，更無餘義補特伽羅之我，於彼等任持其心。**謂善巧蘊、界、處、緣起及處非處。其中蘊謂色等五蘊，蘊善巧者，謂能了知除蘊更無我及我所❷。界謂眼等十八界，界善巧者，謂知諸界從自種生，即知因緣。處謂眼等十二處，處善巧者，謂知內六處為六識增上緣，知外六處為所緣緣，知無間滅意為無間緣。緣起謂十二有支❸，緣起善巧者，謂知緣起是無常性、苦性、無我性。處非處者，謂從善生可愛異熟是名為處，從不善生可愛異熟是非處等；處非處善巧者，即如是知。此即善巧緣起別相，其中差別，由此能知各別之因。**㊟於緣起時，總示由業感果，次於此中，明由此業差別感生此果差別，是以善巧處非處者，斯即善巧緣起別相或其一分。何等補特伽羅應緣何者，謂若有一增上串習貪等五

種，若不定緣淨行所緣諸別相法，則不生奢摩他；若貪等力微，或勢同等，則隨勝解彼等所緣，或能特緣本師身形，所為尤大。彼等所緣，於修奢摩他時，是略攝而住心之境；當毗缽舍那時，則為廣開而觀擇之境，除此而外，止觀二者所緣相同。諸淨行所緣及善巧所緣，多屬新修奢摩他之所緣；淨惑所緣則多為成已修勝進者。**又以此等作奢摩他所緣之時，謂於蘊等所決定執取相❹，任持其心一門而轉。**

善巧所緣也有五種，這五種當中，排除在五蘊之上另有不屬於這五蘊的我；以及當心想雖然在五蘊中沒有，但是在十八界的因當中是否有自主的我時，了知眼等諸界僅是從各自的種子出生，此外並沒有其餘意涵的我；以及當心想雖然沒有這樣的我，但是在眾緣當中是否有我時，透過眼等十二處而了知三緣的論述，進而知曉此外並沒有其餘意涵的我。同樣地了知在十二緣起中唯是無常與苦，而沒有補特伽羅我；了知唯有從善惡業出生苦樂果，此外並沒有其餘意涵的補特伽羅我，而對於這些執持內心。亦即善巧蘊、界、處、緣起，以及處與非處。其中的蘊，是指色等五蘊；善巧這五蘊，是指了知沒有不屬於五蘊的我與我所。所謂界，是指眼等十八界；善巧這些，是指了知諸界都是從各自的種子出生的因緣。所謂處，是指眼等十二處；善巧這些，是指了知內六處是六種識的增上緣，外六處是所緣緣，而當下壞滅的意則是無間緣。緣起，是指十二支分；善巧這些，是指了知這些皆是無常、苦與無我。所謂處與非處，從善業出生悅意的異熟，即是處，從不善出生悅意的異熟，則是非處等；善巧這些，是指如此地了知。這是善巧緣起的別相，差別在於藉此能了知眾多不同的因。在緣起的章節中總體地指出從業生果，接著此處指出從這樣業的差別會出生這樣果的差別，因此善巧處與非處其實是善巧緣起的別相，或者其中一部分。何種補特伽羅應當緣何者，是說若是對貪欲等五者較為強烈串習者，如果不固定緣著各別的淨行所緣，則不能生起寂止；對於貪欲等較為輕微或均等者，對於這些所緣則可依勝解何者而定，尤其如果緣著本師世尊的身像，意義極為重

大。這些所緣，在修持寂止時，是收攝而止住內心的對境；修持勝觀時，則是詳盡開展而觀擇的對境。除此之外，止觀二者的所緣其實相同。淨行所緣與善巧所緣，側重於新修持寂止的所緣；淨惑所緣則側重於修成之後的提升。**以這些作為寂止的所緣時，是對於蘊等，透過其所定解的一個執取相而執持內心。**

❶ **三緣**　所緣緣、增上緣、等無間緣。心識都必須觀待三緣才能出生。令心識具有自境行相的緣，即是該心識的所緣緣；由於是能令心識具有所緣行相的緣，所以稱之為所緣緣。自主地出生心識的緣，即是該心識的增上緣；此處的增上義為自主，由於是自主地出生心識的緣，所以稱之為增上緣。令心識生為清晰且明了的緣，即是該心識的等無間緣；由於與自果心識同等都是心識，而且又是自果心識的直接因，沒有其他剎那間隔，所以稱之為等無間緣。

❷ **除蘊更無我及我所**　藏文直譯為「沒有不屬於蘊的我及我所」，並非指「只有蘊，但沒有我及我所」。

❸ **十二有支**　藏文直譯為「十二支」，法尊法師蓋取「流轉三有的十二支」之義，結合玄奘大師譯法而譯為「十二有支」。

❹ **執取相**　此指執取的方式。此句意指以蘊等作為寂止的所緣時，寂止是以一種執取、緣取方式而持心。

又淨惑者[1]，謂唯壓伏❶煩惱種子及永斷種。初所緣者，謂觀欲地乃至無所有處❷下地粗相、上地靜相。第二所緣，謂四諦中無常等十六行相❸。又以此等作奢摩他所緣之時，謂於所現諸境行相，隨心決定任持其心不多觀察。

《修次中篇》說三種所緣❹，謂「十二分教一切皆是隨順、趣向、臨入真如❺」，總攝一切安住其心；或緣總攝諸法蘊等；或於見、聞諸佛聖像安住其心。其於蘊等住心之法，謂先了知一切有為五蘊所攝之理，次於五蘊漸攝有為，即緣五蘊任持其心。譬如別別簡擇而串習之，能生妙觀察慧；如是攝略而修，亦引生勝三摩地，攝心所緣而不流散。此即對法論之教授❻。如是亦應了知界、處攝一切法之理，漸攝於彼任持其心。

淨惑所緣，是指僅壓制煩惱種子與徹底斷除種子。前者的所緣，是從欲界地直到無所有處天之間，下地的粗劣相與上地的寂靜相。後者的所緣，是四諦的無常等十六行相。以這些作為寂止的所緣時，不作觀擇，對於所現起這些對境的行相，從任何一個內心定解的角度而執持內心。

《修次中篇》提到三種所緣，即「一切十二分教都匯歸、臨近與歸入於真如」，統攝這一切而使內心安住於此；以及緣著能統攝諸法的蘊等，與內心安住於所見所聞的佛陀身像。安住於蘊等的方法，是指了知一切有為法含攝於五蘊的道理，接著漸次納入於五蘊之中，緣著五蘊而執持內心。如同串習別別分辨，便能生起分別觀察的智慧一般；如果串習收攝，也能生起不流散於其餘境界，內心收攝於所緣的等持。這即是對法論的口訣。同樣地，要了知一切法含攝於界與處的道理，納入其中並執持內心。

❶ **壓伏** 此指透過修習上下地的粗靜相，在定力沒有退失時，令下地粗分煩惱無法現行，即是壓伏下地的粗分煩惱。因為單純透過修定的力量，只能令下地粗分貪欲等煩惱無法現行，而細分的我執等煩惱還是會現行，所以所謂壓伏，只能壓伏下地的粗分煩惱，無法壓伏下地的細分煩惱。例如透過修習第一靜慮，能令欲界粗分貪瞋等煩惱不現行，但是無法令欲界的我執不現行，因此只能壓伏欲界的粗分煩惱，無法壓伏欲界所有的煩惱。

❷ **無所有處** 無色界四重天之第三重天。透過修習無所有定，便能投生無所有處。修習無所有定的加行時，修行者會作意「無所有」，所以此定名為無所有定，透過修習無所有定而投生的無色界第三重天，即是無所有處。參見《俱舍辨析》，頁290、868。

❸ **無常等十六行相** 即四諦的行相。苦諦的四種行相為：無常、苦、空、無我；集諦的四種行相為：因、集、生、緣；滅諦的四種行相為：滅、靜、妙、離；道諦的四種行相為：道、如、行、出。

❹ **《修次中篇》說三種所緣** 相應段落參見《丹珠爾》對勘本冊64，頁133。

❺ **隨順趣向臨入真如** 夏日東活佛提到，隨順、趣向、臨入三者，依次是指趣向、進入、已入。開示無常、苦等，是最終引導進入真如的方便，所以是趣向真如；開示粗分的無我，是進入真如；開示細分的無我，是已入真如。另外，隨順、趣向、臨入三者，也可以理解為加行、正行、結行三者，或者以下中上三品的行相趣向那個內涵。參見《夏日東文集》冊3，頁48。

❻ **此即對法論之教授** 夏日東活佛將此句解為此即對法——《俱舍論》的口訣。參見《夏日東文集》冊3，頁48。

此中，淨行所緣如所宣說，易除貪等上品行者之貪等，依此易得勝三摩地，故是殊勝所緣。^⑫說此等名「善巧所緣」，然是因念由修此等所緣能成善巧，故作是說，今修此等之修行者，乃是愚癡增上^[1]，實非善巧者也。善巧所緣，能破離彼諸法之補特伽羅我，隨順引生通達無我毘缽舍那，故是極善奢摩他所緣。淨惑所緣，能總對治一切煩惱，故義極大。遍滿所緣^❶，離前所緣非更別有。故當依具足殊勝所為^❷之奢摩他所緣修三摩地，或以〔塊石草木，^語此諸所緣，謂緣草木塊石等，及唯緣心明了相等，僅就成辦奢摩他雖無差別，然由附加能為強猛煩惱對治，及隨念佛等有勝所為，故更超勝。譬如一人決斷一事，兼能裁決餘諸急事^❸。故前所說彼等補特伽羅，須抑不須決定緣各所緣，如無風疾之人，僅施熱性之藥即可，然施有風疾者，則須抑制其性。〕等為所緣依處^❹而修定者，自顯未達妙三摩地所緣建立^❺。

又有說於注所緣處持心，皆是著相，遂以不繫所緣境，無依而住，謂修空性。是全未解修空道理之現相，當知爾時若全無知^❻，則亦無修空之定；若有知者，則須承許所知，由知該事乃立為知。有所知故，即彼心之所緣^[2]，以境與所緣、所知是一義故。是則應許彼三摩地亦是著相，是故彼說不應正理。又是否修空，須觀是否安住通達實性之見而修，非關於境有無分別，下當廣說。又說安住無所緣境者，彼必先念：「我當持

心，必令於境全不流散。」次持其心。是則定須緣於唯心所緣，持心全不流散為相，言無所緣便與自心體驗相違。故明修定諸大教典，說多種所緣，義❼如前說，故於住心所緣依處，應當善巧。又《修次論》說奢摩他所緣無定❽，《道炬論》說❾「於隨一所緣」者，義謂不須定拘一種所緣差別，非說凡事皆作所緣。

上述當中，淨行所緣如同下文所述，容易去除貪欲等猛烈現行者的貪欲等，並且依此便容易獲得等持，因此是殊勝的所緣。雖然提到這些是「善巧所緣」，實際上是指透過修持這些所緣會成為善巧，基於這個用意而這麼說。現在修持這些的補特伽羅其實是愚癡較為強烈者，並非善巧者。善巧所緣，由於破除不屬於這些法的補特伽羅我，所以與生起證達無我的勝觀相順，因此是極為善妙的寂止所緣。淨惑所緣能成為總體煩惱的對治品，所以意義重大。除了上述這些所緣之外，並沒有另外的周遍所緣。所以必須依靠具足殊勝目的的寂止所緣而修習等持，因此以〔石塊與樹枝這些所緣，緣著樹枝與石塊等，以及單純緣著內心清晰明了等，僅就修成寂止而言並沒有差別，但是由於順帶能成為較強烈的煩惱的對治品，以及隨念佛陀等，具有殊勝的目的，因而更為超勝。就像一個人裁定了一件事，順帶決斷了許多其他急事一般。因此，前文提到那些補特伽羅是否必須限定緣取各自的所緣，就如對於沒有風疾的人，僅須開立熱性的藥即可；但如果是開立給患有風疾的人，則必須加以抑制一般。〕等作為所緣依處而修定，顯然是不了解等持所緣的論述。

有人心想，若是作為所緣投注處而對此執持內心，就會成為相執，因此主張不投注於這樣的所緣境，毫無所依地安住，即是修持空性。這是完

全不了解修持空性方法的現象，因為在那時如果沒有心識，也就沒有修持空性的等持；而如果有心識，則必須認同有「由於了知某事而安立為心識」的所知。如果有所知，這即是該心識的所緣，因為境、所緣與所知是同義的。既然如此，則必須主張此等持也是相執，所以這種說法並不合理。另外，能否成為空性的修持，是從有無安住於證達本相的正見而修持來安立，並非從對於境界毫不分別或分別的角度安立，下文會詳盡說明。即使是主張沒有所緣境而止住者，也必然是事先心想：「要執持自己的心，無論如何都不流散於任何對境」，接著才執持內心。所以必定需要緣著單一的內心為所緣，以執取不流散於任何事為行相，因此主張沒有所緣，其實是與自己的經驗相違。因此，說明修習等持的諸大教典中宣說了多種所緣，這些的目的也是如前所述，所以應當善巧內心安住的所緣依處。《修次》中提到寂止的所緣沒有固定，《道炬論》中說：「對於任何一種所緣」，其意涵是指不須固定一種所緣的別相，並非表示任何存在的事物皆可作為所緣。

[1]「乃是愚癡增上」 拉寺本作「乃是愚癡增上故」。 [2]「即彼心之所緣」 果芒本原作「即心之彼之所緣」，拉寺本、哲霍本、單註本、法尊法師原譯作「即彼心之所緣」。

❶遍滿所緣 即周遍所緣。「遍滿所緣」係玄奘大師另一譯法。

❷殊勝所為 此處指殊勝的目的、殊勝的意義。如能累積廣大福德、分別淨化不同煩惱的目的與意義。

❸兼能裁決餘諸急事 如月格西認為，此句或有訛誤，原意應是「兼能裁決餘相關事」，但目前未見其他版本依據。

❹所緣依處　即所緣之義。下文「注所緣處」亦同。

❺自顯未達妙三摩地所緣建立　夏日東活佛提到，此句意指：如果僅僅為了成就寂止而尋求所緣的話，是不了解所緣的建立；緣著佛像的話，不僅能成就寂止，也有其他義利。參見《夏日東文集》冊3，頁50。

❻知　即心識。

❼義　藏文原意為「它們的目的」。

❽又《修次論》說奢摩他所緣無定　見前頁90註2。

❾《道炬論》說　引文今人超一法師譯《菩提道炬論》作：「隨一合所緣。」法尊法師譯《菩提道炬論》作：「於隨一所緣。」如石法師譯《菩提道燈論》作：「隨於一所緣。」見《大藏經補編》冊10，頁77；《菩提道燈抉微》，頁70；《廣論》，頁589；《丹珠爾》對勘本冊64，頁1645。

二 顯示何等補特伽羅應緣何境者：若貪增上，乃至尋思增上❶補特伽羅，如《聲聞地》引《頡隸伐多問經》云❷：「頡隸伐多❸，若有比丘勤修觀行❹，是瑜伽師若唯有貪行，應於不淨緣安住其心；若唯有瞋行，應於慈愍；若唯癡行，應於緣性緣起❺；若唯有慢行，應於界差別安住其心。」又云❻：「若唯有尋思行，應於阿那阿波那念❼安住其心，如是名為於相稱緣❽安住其心。」《聲聞地》亦云❾：「此中若是貪、瞋、癡、慢及尋思行補特伽羅，彼於最初唯應先修淨行所緣而淨諸行[1]，其後乃能證得住心。又彼所緣唯是各別決定，是故彼等定應以彼所緣勤修。」故定勤修彼等所緣。若是等分或是薄塵補特伽

羅**❿**，於前所緣隨樂持心即可，無須決定。《聲聞地》云**⓫**：「等分行者，隨其所樂精勤修習，唯為少分住心**⓬**，非為淨行。如等分行者，薄塵行者當知亦爾。」貪等五增上者，謂先餘生中於貪等五，已修、已習、已多修習**⓭**，故於下品貪等五境，亦生猛利長時貪等。等分行者，謂先餘生中於貪等五，不修、不習、不多修習，然於彼法未見過患、未能厭壞，故於彼境無有猛利長時貪等，然貪等五非全不生。薄塵行者，謂先餘生中於貪等五，不修習等、見過患等，故於眾多、美妙、上品貪欲境等貪等徐起，於中下境全不生起。又增上貪等經極長時，等分行者非極長時，薄塵行者速證心住。

顯示何種補特伽羅應當緣何者：若是從貪欲較強烈至思慮較強烈的補特伽羅，在《聲聞地》所引述的《頡隸伐多請問經》中說：「頡隸伐多，如果行持瑜伽的比丘瑜伽士是唯獨貪欲現行者，內心要投注於不淨所緣；若是瞋恨現行者，要投注於慈心；若是愚癡現行者，要投注於此緣的緣起；若是我慢現行者，內心要投注於界的差別。」以及「若是唯獨思慮現行者，內心要投注於憶念出入息。如此即是內心投注於相順的所緣。」在《聲聞地》中也提到：「其中，貪欲、瞋恚、愚癡、我慢與思慮現行的補特伽羅，他們最初只應在淨行所緣當中淨化現行，其後才會證達住心。而他們的所緣也只能分別限定，所以他們無疑地應當透過其所緣而精進。」因此必定應當精勤於這些所緣。若是均等現行者與煩惱輕微的補特伽羅，在前述那些所緣當中，對於所喜好的一個所

緣執持內心即可，不須有所限定。因為《聲聞地》中說：「均等現行者，由於只是為了少分住心，所以應當精勤於所喜好的所緣，而不是為了淨化現行。如同均等現行者一般，應當了解煩惱輕微者也是如此。」其中貪欲等五者較為強烈者，由於前世對於貪欲等五者慣習、串習、多次熟習，導致即使面對微小的貪欲等五者的對境，也會生起強烈及持久的貪欲等五者。均等現行者，前世對於貪欲等不慣習、不串習、不多次熟習，但是並未將這些視為過患、進行破壞，所以面對這些對境，雖然不會生起強烈與持久的貪欲等，但是貪欲等五者並非不會生起。煩惱輕微者，在前世未慣習貪欲等，並且視為過患等，所以當面對強大、眾多與猛烈的貪欲等的對境，貪欲等才會緩慢地生起，面對中下等的對境則根本不會生起。另外，貪欲等五者較為強烈者要經過漫長的時間才能證達住心，均等現行者不用太長時間，煩惱輕微者則能非常迅速地證達。

[1]「唯應先修淨行所緣而淨諸行」 雪本作「唯應先修淨行所緣而聰明諸行」，單註長函本作「唯應先修行行所緣而淨諸行」。按，雪本「聰明諸行」之「聰明」(ཤེས་) 為「淨」(ཤེས་) 之訛字。單註長函本「行行所緣」之第一「行」(ཤེས་) 為「淨」(ཤེས་) 之訛字。

❶尋思增上　思慮過度之義，此處「尋思」並非指「尋心所」。

❷《聲聞地》引《頡隷伐多問經》云　引文唐玄奘大師譯《瑜伽師地論》作：「云何比丘勤修觀行是瑜伽師於相稱緣安住其心？謂彼比丘若唯有貪行，應於不淨緣安住於心，如是名為於相稱緣安住其心。若唯有瞋行，應於慈愍安住其心。若唯有癡行，應於緣性緣起安住其心。若唯有慢行，應於界差別安住其心。」見《大正藏》冊30，頁428；《丹珠爾》對勘本冊73，頁188。

❸ **頡隸伐多** 佛弟子、聲聞中坐禪第一（生卒年不詳），梵語Revata音譯，又名離越多、隸婆哆、隸跋多、梨波多、哩帝、離婆、離曰、離越、麗越、離婆多、頡離伐多、頡戾筏多、褐麗筏多。義譯室星。依據漢傳說法，此師為摩竭陀國（Magadha）王舍城外那羅陀（Nālada）村大婆羅門之子，為舍利弗之弟。由於其父母祈禱離婆多星而得生，故名室星。關於此師出家的因緣為，此師為避雨而休息於神祠，深夜見有二鬼搶食人屍，體悟到人身虛幻，遂前往佛的住處，聽聞佛陀開示，因而出家入道。參見《佛光大辭典》，頁6717。

❹ **勤修觀行** 亦可譯作「修行瑜伽」。

❺ **緣性緣起** 藏文直譯為「此緣的緣起」。

❻ **又云** 引文唐玄奘大師譯《瑜伽師地論》作：「若唯有尋思行，應於阿那波那念安住其心，如是名為於相稱緣安住其心。」見《大正藏》冊30，頁428；《丹珠爾》對勘本冊73，頁188。

❼ **阿那阿波那念** 即前述「阿那波那」，見前頁132註1。

❽ **相稱緣** 意為「相隨順、相符順的所緣」。

❾ **《聲聞地》亦云** 引文唐玄奘大師譯《瑜伽師地論》作：「又於此中貪、瞋、癡、慢、尋思行者，彼先應於淨行所緣淨修其行，然後方證心正安住。彼於各別所緣境界，定由所緣差別勢力，勤修加行。」見《大正藏》冊30，頁445；《丹珠爾》對勘本冊73，頁299。

❿ **薄塵補特伽羅** 指煩惱較輕的修行者。薄，藏文原意為輕微。塵，即煩惱。

⓫ **《聲聞地》云** 引文唐玄奘大師譯《瑜伽師地論》作：「若等分行補特伽羅，隨所愛樂攀緣彼境勤修加行，如是勤修唯令心住，非淨其行。如等分行補特伽羅，薄塵行者當知亦爾。」見《大正藏》冊30，頁446；《丹珠爾》對勘本冊73，頁299。

⓬ **少分住心** 如月格西解釋，此處少分住心並非指一點點的住心，而是相較於貪等煩惱較強烈的補特伽羅修寂止而言。貪等煩惱較強烈的補特伽羅透過淨行所緣而修寂止時，不僅僅是為了住心，還要藉由淨行所緣降伏其粗猛的煩惱；等分行者或者薄塵行者，則不須藉由修習淨行所緣降伏粗猛煩惱，只是取此所緣而修住心，故稱少分住心。

❸**已修已習已多修習**　夏日東活佛提到，「修」是指常時靠近引生貪等五者的境，「習」是指數次作意，「多修習」是指數次地做。參見《夏日東文集》冊3，頁53。

善巧所緣為何補特伽羅之所勤修，亦如《頡隸伐多問經》云❶：「頡隸伐多，若有比丘勤修觀行，是瑜伽師若愚一切諸行自相❷，或愚我、有情、命者、生者、能養育者、補特伽羅事❸，應於蘊善巧安住其心。若愚其因，應於界善巧。若愚其緣，應於處善巧。若愚無常、苦、空❹、無我，應於緣起、處非處善巧安住其心❺。」此五所緣正❻滅愚癡。

淨惑所緣[1]為何補特伽羅安住❼其心，亦如前經云❽：「若樂離欲界欲，應於諸欲粗性、諸色靜性；若樂離色界欲，應於諸色粗性、無色靜性[2]安住其心。若樂厭患及樂解脫遍一切處薩迦耶事❾，應於苦諦、集諦、滅諦、道諦安住其心。」此諸所緣，通於毘缽舍那思擇修習，及奢摩他安住修習二種所緣，非唯奢摩他之所緣，然因有者可為新修奢摩他之所緣，有是奢摩他生已勝進所緣，故於修止所緣中說。

三、**顯示所緣異門**：定所緣處、持心之事，即前所說心中所現所緣之影像或行相。其名異門，如《聲聞地》云❿：「即此影像

亦名『影像』，亦名『三摩地相』，亦名『三摩地所行境〔之，[語]此
為攝共同事之詞，非明行境為有境也⑪。〕境界』，亦名『三摩地方便』，亦名
『三摩地門』，亦名『作意處⑫』，亦名『內分別體』，亦名『光
影』。如是等類，當知名為所知事同分影像諸名差別⑬。」

哪一種補特伽羅要精勤於善巧所緣，也如同《頡隸伐多請問經》所說：
「頡隸伐多，行持瑜伽的比丘瑜伽士，若是對於一切諸行的自相完全
蒙昧，或者對於我、有情、命者、生者、養者與補特伽羅之事完全蒙昧
者，內心要投注於蘊善巧；若是對於因完全蒙昧者，要對於界善巧；若
是對於緣完全蒙昧者，要對於處善巧；若是對於無常、苦與無我完全蒙
昧者，內心要投注於緣起善巧以及處與非處。」這五種所緣主要都是遮
止愚昧。

哪一種補特伽羅內心要投注於淨惑所緣，在這部經中也說道：「若是想
要脫離欲界的貪欲，內心要投注於欲界的粗劣相與色界的寂靜相；若
是想要脫離色界的貪欲，內心要投注於色界的粗劣相與無色界的寂靜
相；若是想要內心厭惡並解脫一切的壞聚，內心要投注於苦諦、集諦、
滅諦與道諦。」這些所緣會成為以勝觀進行觀察修與以寂止進行止住
修這二者的所緣，所以並不僅僅是寂止的所緣，但是由於其中部分可以
作為新修持寂止的所緣，部分是修成寂止後提升的所緣，所以是在寂
止所緣的章節中解說。

顯示所緣的別名：執持內心之事——等持的所緣依處，亦即在內心
現起前文所述眾多所緣的影像或者行相。其別名就如《聲聞地》所說：
「此影像既名為『影像』，也名為『等持相』、『等持所行境的境界』，
「的」字僅是包含共同事之詞，並非表示所行境是有境。以及『等持方便』、『等持之

門』、『作意的所依』、『內分別體』與『光影』，應當了知這些即是相順
於所知之事的影像的別名。」

[1]「淨惑所緣」　拉寺本作「執惑所緣」，單註長函本作「行惑所緣」。按，「執」(ཤྲེ ད
བ)、「行」(ཤྲོ ད པ) 為「淨」(ཤྲོ ང པ) 之訛字。　　[2]「無色靜性」　哲霍本作「正色靜
性」。按，「正」(ལ ད པ) 為「無」(མ ད པ) 之訛字。

❶ 《頡隸伐多問經》云　引文出自《瑜伽師地論》。唐玄奘大師譯《瑜伽師地
論》作：「頡隸伐多，又彼比丘若愚諸行自相，愚我、有情、命者、生者、能養育
者、補特伽羅事，應於蘊善巧安住其心。若愚其因，應於界善巧安住其心。若
愚其緣，應於處善巧安住其心。若愚無常、苦、空、無我，應於緣起、處非處善
巧安住其心。」見《大正藏》冊30，頁428；《丹珠爾》對勘本冊73，頁188。

❷ 諸行自相　行指有為法、無常法。諸行自相指有為法之上的特徵，例如有為
法之上因緣所生的體性、壞滅的體性等。

❸ 事　如月格西解釋為「體性」之義。

❹ 空　藏文原文無，法尊法師係取玄奘大師譯文譯出。

❺ 應於緣起處非處善巧安住其心　藏文原意為「應於緣起善巧、處非處安住
其心」，法尊法師係取玄奘大師譯文譯出。

❻ 正　藏文原意為「主要」。

❼ 安住　義為「投注」，前後引《頡隸伐多問經》文中「安住」一詞，皆為投注之
義。

❽ 亦如前經云　引文出自《瑜伽師地論》。唐玄奘大師譯《瑜伽師地論》作：
「若樂離欲界欲，應於諸欲麁性、諸色靜性安住其心；若樂離色界欲，應於諸
色麁性、無色靜性安住其心；若樂通達，及樂解脫遍一切處薩迦耶事，應於苦

諦、集諦、滅諦、道諦安住其心。」見《大正藏》冊30，頁428；《丹珠爾》對勘本冊73，頁189。

❾ **遍一切處薩迦耶事**　藏文原文為「一切薩迦耶」，即指一切有漏近取蘊。

❿ **如《聲聞地》云**　引文唐玄奘大師譯《瑜伽師地論》作：「即此影像亦名『影像』，亦名『三摩地相』，亦名『三摩地所行境界』，亦名『三摩地口』，亦名『三摩地門』，亦名『作意處』，亦名『內分別體』，亦名『光影』。如是等類，當知名為所知事同分影像諸名差別。」見《大正藏》冊30，頁427；《丹珠爾》對勘本冊73，頁185。

⓫ **此為攝共同事之詞非明行境為有境也**　一般而言，提到心識的境、六根的境時，都會表示心識、六根是有境，按照這種理解方式，有可能會將「三摩地所行境之境界」，誤解為三摩地所行境是有境，因此語王大師特別提到，此句中的「之」字，是表示既是「三摩地所行境」，又是「境界」的共同事——「三摩地所行境」與「境界」是不一樣的法，而有是這兩者的事例——才稱為「三摩地所行境之境界」，並非表示三摩地所行境是有境，而另外安立一個它的對境。

⓬ **處**　藏文原意為「所依」。

⓭ **所知事同分影像諸名差別**　夏日東活佛提到，三摩地影像、三摩地相、三摩地所行境之境界、三摩地方便、三摩地門、作意處、內分別體、光影，這八者是三摩地所緣的影像，或者心中顯現的三摩地所緣的行相的異名，並非三摩地所緣的異名。參見《夏日東文集》冊3，頁54。

二　**明此處所緣者❶**：如作是念：若爾，已說如是多種所緣，今於此中當依何等所緣而修止耶？答：如前經說，無有限定，須各別緣，以補特伽羅有差別故。尤其定當修成最下奢摩他者，若是上品貪行者等，須依決定所緣。若不爾者，縱或能得奢摩他隨順三摩地，然不能得實奢摩他。以雖修淨行所緣，然未經

久^[1]，尚說不得正奢摩他，況全棄捨淨行所緣弗能成故。尤其多尋思者定應修息。若是等分補特伽羅，或是薄塵補特伽羅，於如前說諸所緣中^[2]，隨意所樂作所緣處。

又《修次第》中下二篇❷，依於《現在諸佛現住三摩地經》❸及《三摩地王經》❹，說緣佛像修三摩地。覺賢論師❺亦說多種，如云：「止略有二，謂向內緣得及向外緣得。其中內緣亦有二種，謂緣全身及依身法。緣身又三，謂即緣身為天形像、緣骨鑦❻等不淨行相、緣骨杖等殊勝標幟❼。緣依身法又有五種，謂緣息、緣細相❽、緣空點、緣光支、緣喜樂。向外緣者亦有二種，謂殊勝、平庸。殊勝又二，謂緣身、語。」《道炬論釋》亦引此文❾。

其緣佛身攝持心者，是隨念佛，故能引生無邊福德；若佛身相明顯、堅固，則可緣作禮拜、供養、發願等積集資糧之田，及悔除、防護等淨障之田，極為殊勝；又如前引《三摩地王經》說❿，臨命終時隨念諸佛不退失等功德；若修咒道，於本尊瑜伽尤為殊勝，現見有如是等眾多所為。又此勝利及思佛之法，廣於《現在諸佛現住三摩地經》詳明⓫，故如《修次下篇》^[3]所說⓬，定應從彼⓭了知。因恐文繁，茲不俱錄。故求所緣依處既能成就勝三摩地，餘勝所為兼能獲得，如是乃為方便善巧。

辨識當前的所緣：如果心想，已宣說了多種所緣，在這些當中，此處要依靠哪一種所緣而修持寂止？答道：就如前文引述的經典所說，對此不可一概而論，因為各別的補特伽羅需要各自的所緣。尤其如果至少一定要修成寂止，那麼若是貪欲較為強烈者等，則所緣必須有所限定，因為若不這麼做，縱使可能獲得接近於寂止的等持，也不會獲得真正的寂止；因為有提到即使已經修持了淨行所緣，若不經過極其漫長的時光，尚且不能修成寂止，則不必說由於捨棄了淨行所緣，就更是不能修成了。尤其思慮較為強烈者，必定需要修持風息。若是均等現行的補特伽羅，或是煩惱輕微的補特伽羅，則如同前述，在眾多所緣當中，以內心所歡喜者作為所緣依處。

另外，《修次中篇》與《修次下篇》依循《現在諸佛現住三摩地經》與《三摩地王經》，提到緣著如來身像修持等持。覺賢論師也曾說：「此處寂止有二種：透過向內觀視而獲得，以及向外觀視而緣取。其中向內觀視又有二種：緣著身體與緣著依於身體者。其中緣著身體又有三種：將身體緣取為本尊的行相、緣取骷髏等不淨，以及緣取天杖等殊勝象徵。緣著依於身體者也有五種：緣著氣息、緣著微細象徵、緣著明點、緣著光芒的支分，以及緣著喜樂。向外觀視而緣取有二種，即殊勝與平凡。其中殊勝有二種，即緣著身像與緣著話語。」提到許多內容，《道炬論釋》中也引述此文。

其中對於佛身執持內心，即是隨念佛陀，所以會出生無邊的福德。如果佛身的行相清晰且堅固，便可緣取為禮拜、供養與發願等累積資糧之田，以及懺悔防護等淨化罪障之田，這極為殊勝；如同前文引述《三摩地王經》所說，有臨終時不會退失憶念佛陀等的功德；以及如果修持密咒道，在本尊瑜伽方面將會極其殊勝等等，見到有眾多目的。其中的利益，以及作意佛陀的方法，在《現在諸佛現住三摩地經》當中非常清晰詳盡地記載著，所以如同《修次下篇》所說，必定要從中了知，此處顧

慮文字過於繁多，不再表述。因此，尋覓既能修成等持，順帶也能獲得其餘殊勝目的的所緣依處，這才是方便善巧。

[1]「然未經久」 果芒本原作「然未經長境」，拉寺本、雪本、法尊法師原譯作「然未經久」。　[2]「於如前說諸所緣中」 拉寺本、單註長函本作「於如前說前述諸所緣中」。　[3]「《修次下篇》」 果芒本原作「《修次後山》」，拉寺本、雪本、哲霍本、單註本、法尊法師原譯作「《修次下篇》」。

❶ 明此處所緣者　即前頁126「明此處之所緣」一科。

❷ 《修次第》中下二篇　相應段落參見《丹珠爾》對勘本冊64，頁133、161。

❸ 《現在諸佛現住三摩地經》　經集部經典，全名《聖現在諸佛現住三摩地大乘經》，又名《十方現在佛悉在前定立經》，共7卷。漢譯本有後漢支婁迦讖譯《般舟三昧經》1卷、《般舟三昧經》3卷；隋闍那崛多譯《大方等大集經賢護分》5卷；失譯《拔陂菩薩經》1卷，共4種。此經因緣為，佛住王舍城時，以神通力放大光明，令諸國比丘、比丘尼等大眾皆來集會。當中有賢護菩薩請問世尊，具足成就何等三昧，能得大功德等諸疑問，佛為此宣說此經。相應段落參見後漢支婁迦讖譯《般舟三昧經》三卷本：「從念佛因緣，向佛念，意不亂，從得點，不捨精進。」隋闍那崛多譯《大方等大集經賢護分》：「所謂心念諸佛皆現在前，其心不亂、不捨作業。」文繁不錄。經查證另外兩種漢譯本無相應段落。參見《大正藏》冊13，頁904、875；《甘珠爾》對勘本冊56，頁20。

❹ 《三摩地王經》　相應段落參見高齊那連提耶舍譯《月燈三昧經》：「得如來身紫金色，一切端妙為世親，緣於如是心安住，乃名得定之菩薩。」經查證《佛說月燈三昧經》、《文殊師利菩薩十事行經》無相應段落。參見《大正藏》冊15，頁553；《甘珠爾》對勘本冊55，頁32。

❺ 覺賢論師　引文出自《等持資糧品》。《等持資糧品》，中觀部論典，又名《定資糧品》、《三摩地資糧品》，覺賢論師著，共9品，尚無漢譯。覺賢論師，阿底峽尊者的上師之一（生卒事蹟不詳），又名菩提賢論師。此論從前行、應斷、應遮、斷貪等九種角度闡述修定的資糧。引文見《丹珠爾》對勘本冊64，頁259。

❻ 骨鑠　指骨節相連，形狀如鎖鍊。鑠，音「所」，又作鎖。

❼ 骨杖等殊勝標幟　骨杖，又名天杖，密法的一種法器。殊勝標幟，密法本尊的法器。

❽ 緣細相　細相、空點、光支、喜樂皆為密法修持當中的特殊所緣。

❾ 《道炬論釋》亦引此文　《道炬論釋》，中觀部論典，阿底峽尊者著。漢譯本有今人如石法師譯註《菩提道燈抉微》。據《廣論》記載：傳說尊者在補讓（ꌼ རངས）時曾經撰寫一本《道炬論略釋》，之後在桑耶（བསམ་ཡས）時，那措譯師請阿底峽尊者為此論增添解釋，尊者要他自己增廣內容即可，所以今本恐非尊者所著原貌。相應段落參見今人如石法師譯註《菩提道燈抉微》：「上師在《定資糧品》中說：『止有二種：有相及無相。有相有二種：向內觀及向外觀。向內觀有二種：緣身及緣依身法。緣身有三種：緣想自身為本尊的形像，緣想骷髏等不淨形像、緣骷髏杖等殊勝相。緣依身法有五種：緣息、緣細相、緣明點、緣光支、緣喜樂。向外觀有兩種：殊勝所緣與一般所緣。殊勝所緣有二種：緣佛身及緣佛語。這些都是趣入止的支分。』」見《菩提道燈抉微》，頁180；《丹珠爾》對勘本冊64，頁1733。

❿ 又如前引《三摩地王經》說　即《廣論‧皈依》所引《三摩地王經》：「教汝應悟解，如人多觀察，由住彼觀察，心能如是趣。如是念能仁，佛身無量智，常能修隨念，心趣注於此，此行住坐時，欣樂善士智，欲我成無上，勝世願菩提。」「清淨身語意，常讚佛勝德，如是修心續，晝夜見世依。若時病不安，受其至死苦，不退失念佛，苦受莫能奪。」相應段落參見高齊那連提耶舍譯《月燈三昧經》：「我今為汝善說之，彼彼趣於如是處，所謂覺知諸緣事，無量思量常不斷。若有能生如是心：『念佛相好及智慧。』彼人能修如是念，一心趣向無退轉，若行、若坐、若經行，於諸佛智無疑惑。得無疑已作是願：『令我得佛三界尊。』」「若遇垂死最重疾，痛惱逼迫極無聊，念佛三昧常不捨，不令苦切奪此心。」見《大正藏》冊15，頁553；《廣論》中文頁103；藏文頁139；《甘珠爾》對

勘本冊55，頁32、33。

⓫《現在諸佛現住三摩地經》詳明　思佛之法見前頁151註3。念佛勝利參見後漢支婁迦讖譯《般舟三昧經》：「與善知識共行空——除睡眠不聚會——避惡知識，近善知識，不亂精進。飯知足、不貪衣、不惜壽命，子身避親屬、離鄉里，習等意、得悲意，心護行，棄蓋習禪。不隨色、不受陰、不入衰、不念四大、不失意、不貪性，解不淨。不捨十方人、活十方人，十方人計為是我所、十方人計為非我所。一切欲受，不貿戒，習空行，欲諷經。不中犯戒、不失定意、不疑法、不諍佛、不却法、不亂比丘僧。離妄語，助道德家，避癡人世間語，不喜不欲。聞道語，具欲聞亦喜。從因緣畜生生，不欲聞六味。習為五習，為離十惡；為習十善，為曉九惱；行八精進、捨八懈怠，為習八便；為習九思，八道家念。又不著禪聞，不貢高、棄自大，聽說法、欲聞經、欲行法，不隨歲計、不受身想。離十方人，不欲受、不貪壽，為了陰不隨惑，為不隨所有求無為。不欲生死、大畏生死，計陰如賊、計四大如蛇，十二衰計空。久在三界不安隱，莫忘得無為。不欲貪欲，願棄生死；不隨人諍，不欲墮生死。常立佛前，受身計如夢。以受信不復疑，意無有異，一切滅思想——過去事、未來事、今現在事等意。常念諸佛功德，自歸為依佛，定意得自在，不隨佛身相法。一切一計不與天下諍，所作不諍，從因緣生受了。從佛地度，得可法中，法中得下，以了空意計人，亦不有、亦不滅。自證無為，點眼以淨，一切不二覺，意不在中邊。一切佛為一念入，無有疑點、無有能呵。自得曉覺意故，佛點不從他人待。得善知識計如佛，無有異意。一切在菩薩，無有離時，縱一切魔不能動；一切人如鏡中像，見一切佛如書；一切從法行，為入清淨菩薩行如是。」隋闍那崛多譯《大方等大集經賢護分》：「若有菩薩具足成就此三昧者，即獲如前諸功德事，亦得其餘殊異功德，所謂心念諸佛皆現在前，其心不亂、不捨作業。求勝上智勇猛精勤，荷負重擔度脫眾生。承事、供給諸善知識，常修空寂廣大思惟。親善知識、滅除諸蓋，遠離惡友、息世語言、塞諸根門。初、中、後夜減損睡眠，不貪衣服、食飲、湯藥、堂房、屋宇、床座、眾具，恒樂空閑，住阿蘭若。不愛己身、不重我命，不著形色、不縱其心，修以慈心、薰以悲行、一切時喜、常行捨心。破壞煩惱，成就諸禪，於中思惟不著滋味。觀察色想唯得空心，不亂正念、不取諸陰、不著諸入、不思諸界、不貪生處。調伏慢高，不妬他財，為諸世間多作

饒益。於諸眾生起平等心、又於眾生生父母想、亦於眾生所作一子心。一切法中無有諍想，雖念持戒而不執著，常在禪定亦無躭染。好樂多聞，不起分別，戒聚不缺、定聚不動、智聚不妄。諸法無疑，不背諸佛、不謗正法、不壞眾僧、不好乖離。親近眾聖、遠離愚癡，不志求出世。雖聞語言，意不樂聽，亦不耽著世間六味。習近熏修五解脫法，除滅十惡、念修十善，斷滅眾生九種惱處、心常不離九想觀門，常思棄捐八種懈怠、一心修習八大人覺，不著禪味、不恃多聞，摧伏我慢，一心聽受。求法慇重修道證知，憐愍眾生離我分別，求壽命想畢竟難得、觀察諸陰無有物想，不住涅槃、不著生死。諸行煩惱輪，發大恐怖想；諸陰，怨家想；諸入，空宅想；諸界，毒蛇想；三界，衰惱想；涅槃，利安想。觀諸欲惡猶如唾涕，深樂出家，不違佛教。於眾生所勸行功德、於諸世界無復染心。見一切佛皆悉現前、受一切身皆若幻夢，一切諸相觀察滅除，思惟往來不見三世。於信清淨深信真妙，念一切佛三世平等，無有動轉而能持諸善根。一切諸佛三昧自在，終不染著諸佛相身。於一切法皆悉平等，不與一切世間共諍。所可應作不相違背，通達甚深十二因緣，窮盡一切如來道地，得勝上忍入真法界。見眾生界性無生滅、見涅槃界本來現前，慧眼清淨，觀法無二。彼菩提心無中、無邊，一切諸佛體無差異。入於無礙清淨智門，明見菩提自然覺智。於善知識起諸佛想、於菩薩所不念乖離。已於生死破壞魔軍，一切眾事皆悉如化。見諸如來如鏡中像，應當求彼菩提之心。諸波羅蜜莫不平等，實際無盡集佛功德。」見《大正藏》冊13，頁904、875；《甘珠爾》對勘本冊56，頁20。

❶ 故如《修次下篇》所說　相應段落參見《丹珠爾》對勘本冊64，頁162。

❸ 彼　指《現在諸佛現住三摩地經》。

當以何等如來之像為所緣依處耶？答：如《修次下篇》云❶：「諸瑜伽師，先當如自所見、所聞如來形像安住其心，修奢摩他。由常作意如來身像黃如純金色，相好莊嚴，處眾會中，種

種方便利益有情。故於佛德發生希欲，息滅沈沒、掉舉等失，乃至明見如住面前，應於爾時勤修靜慮[1]。」《三摩地王經》亦云❷：「由如金色身，妙嚴世間怙，心趣此所緣，名菩薩等引。」如此所說而為所緣依處。此復有二，謂由覺❸新起及於原有令重光顯❹，後於生信尤勝，又順共乘❺，故於原有令相明顯。

先求持心所緣處時，先當求一畫像或鑄像等極其善妙大師之像，數數觀視執取其相，現為心境而令熟習；或由尊長善為曉喻，思所聞義，令現意中，求為所緣依處。又所緣處非是現為畫鑄等相，要學現為真佛形相。有說置像於前瞠視而修，智軍論師破之甚善❻，以三摩地非於根識而修，要於意識而修。故三摩地親所緣境，即是意識直接境，須於意境攝持心故；及如前說，謂須緣於所現實所緣境義共相或影像故。

若問：要以什麼樣的如來身像作為所緣依處？答道：如同《修次下篇》中所說：「對此，瑜伽士首先應當內心安住於所見、所聞的如來身像而修持寂止。持續地作意如來身像有如純金的色澤一般亮黃，為相好所莊嚴，處在眷屬眾中，以各種方便利益眾生，由此而對於佛陀的功德發起欲求，並且止息沉沒與掉舉等。只要還能夠如同安坐在眼前一般清晰見到時，都要持續地修持靜慮。」《三摩地王經》中也提到：「以如純金色澤的身軀，極盡嚴飾的世間怙主，誰的心能趣入此所緣，便名為此

菩薩進入等引。」要以這樣的身像作為所緣依處。另外，這也有內心新發起的所緣與明現固有的所緣二種，後者對於生起信心較為殊勝，並且也與共通乘的階段相符，所以應當採用明現已經固有的行相。

事先尋覓執持內心之處的所緣依處時，要尋找極為善妙的導師世尊畫像或鑄像等，反覆觀看而記住其形貌，在心境中現起而串習。或者聆聽師長善為介紹，思惟其意涵，使之在心境中現起，要尋覓這樣的所緣依處。所緣依處不應呈現畫像與鑄像等的行相，要學習現起成為真正佛陀的樣貌。有人將身像置於面前，睜眼注視而修定，而為智軍論師所破斥，這是極為善妙的；因為等持並非在根識中修持，而是在意識中修持，因此等持的真正所緣，是意識的直接境，所以必須於此執持內心。並且如同前述，提到必須緣著所現起的真正對境的義共相或影像的緣故。

[1]「勤修靜慮」 拉寺本作「失念靜慮」。按，「失念」(ㄙ)為「勤修」(ㄑ)之訛字。

❶ 如《修次下篇》云 見前頁151註2。

❷ 《三摩地王經》亦云 引文高齊那連提耶舍譯《月燈三昧經》:「得如來身紫金色，一切端妙為世親，緣於如是心安住，乃名得定之菩薩。」經查證《廣論》引文與藏文本《三摩地王經》略有不同，引文見於《修次中篇》。見《大正藏》冊15，頁553；《丹珠爾》對勘本冊64，頁133；《甘珠爾》對勘本冊55，頁32。

❸ 覺 即覺知，與心識同義。

❹ 原有令重光顯 據如月格西解釋，此指已曾觀修過的行相使之重新明現在心。

❺共乘　指顯乘。

❻智軍論師破之甚善　智軍論師，為赤松德贊時期，嘎、究、祥（ཀ་ཅོག་ཞང་）三大譯師之一（生卒事蹟不詳），藏語ཡེ་ཤེས་སྡེ義譯，又名祥‧遍照智軍。主要翻譯般若部方面的經典及華嚴經等。經查證《丹珠爾》對勘本中無智軍論師所造與此相關論著，然依據《菩提道次第廣論筆記‧仙人古道》，提到《丹珠爾》中有佚名作者所著《總略住心論》，其中有破斥「置像於前瞠視而修」的說法。相應段落參見《丹珠爾》對勘本冊116，頁1575；《菩提道次第廣論筆記‧仙人古道》，頁276（貢卻嘉措著，蘭州：甘肅民族出版社，2015。以下簡稱《仙人古道》）。

身分亦有粗細二分，於餘處❶說，須先緣取粗分，待彼堅固次緣細分，且體驗中，亦極易現粗分，故應先從粗像為所緣處。尤為要者，謂如下說乃至未得如欲定時，一切種中不可多遷異類所緣修三摩地。以若更換眾多異類所緣修三摩地，反成修止重大障礙。故於修定堪資定量之《瑜伽師地論》及三篇《修次》等，皆就初修定時唯依一所緣而說修習，未說遷變眾多所緣。聖勇論師於修靜慮時亦明顯云❷：「專固一所緣[1]，堅穩其意志，若轉多所緣，意為煩惱擾。」《道炬論》亦云❸：「隨於一所緣，令意住善境。」是以「於一」之指定詞❹而說。故先應緣一所緣境，待得止已後乃緣多。《修次初篇》云❺：「若時已能攝其作意，爾時乃能廣緣蘊、界等差別。如《解深密》等，亦由瑜伽師緣十八空❻等差別，說多所緣之相。」

如是初得持心所緣依處之量，謂先數返次第明了攀緣一頭、二臂，身體餘分及二足相。於末作意身總體時，心中若能現起半分粗大支分，縱無明晰具光明等❼亦當即以爾許為足，於彼持心。此中因相，若不以此為足而持其心，更求顯了數令明現，所緣雖可略為顯了，然非僅不得心安住分之三摩地，且障得定；又若所緣雖不明顯，然於半分所緣持心，亦能速得妙三摩地，其後明顯既轉增進❽，則易成就明了分故。此出智軍論師教授❾，現見極為重要。所緣依處現顯之理，雖見二種四句之說，然因補特伽羅種性，而現行相有難有易，即已現中有明不明，此二復有堅不堅固，見有種種故無決定❿。

身像各部位有粗細二部分，其他方面有提到，最初必須緣著粗顯部分，等到堅固，其後再緣取細分。經驗中也是粗顯部分極易現起，所以必須從身像的概貌開始作為所緣依處。尤其重要的是，如同下文所述，在尚未修成所想要的等持之前，任何情況下都不可更換眾多不同類的所緣而修定，因為如果更換眾多不同所緣而修定，將會成為修成寂止的重大障礙。因此，《瑜伽師地論》與《修次》三篇等足以為標準的修定教典，都是基於最初修定時僅限一個所緣的前提來闡述修持，而未說更換眾多所緣。聖勇論師在修持靜慮的章節中也曾明確地說：「以穩固於一個所緣的方式，令心意堅固；如果輾轉歷經眾多所緣，將會導致內心為煩惱所擾亂。」《道炬論》中也提到：「對於任何一種所緣，都要使內心安住於善法。」其中是以指定之詞「一種」而宣說。因此，最初要緣著

一個所緣而獲得寂止，其後也可以緣著眾多所緣，因為《修次初篇》中說：「何時能夠攝持作意，唯有那時才能廣泛緣取蘊、界等等別相。這在《解深密經》等當中，也從瑜伽士緣著十八空等別相，而開示了眾多所緣的行相。」

如此在最初獲得的攝持內心所緣依處的標準，是依序對於頭部、雙手、其餘身體輪廓與雙足，少數幾次能夠明現。最終作意身體的總相時，如果在心境中能夠現起半分粗略的身體部位，即使包含光明在內的身形並不清晰，僅此也必須知足，對此攝持內心。其原因是若不滿足於此而攝持內心，想要較此更加清晰，為此而反覆地明現，雖然所緣能夠稍微趨於清晰，但是不僅不會獲得內心住分的等持，反而會成為獲得等持的障礙。即使所緣並未非常清晰，但是針對半分所緣而執持內心，則能迅速獲得等持，接著便會越來越清晰，所以能容易地修成明分。這是出自於智軍論師的教授，發現相當地重要。現起所緣依處的方式，雖然見到有提出兩種四句型的論述，但是由於補特伽羅的種姓所致，有現起行相的難易之別；即使現起，也有清晰與不清晰；這二者當中又有堅固與否，見到有種種現象，所以並沒有定準。

[1]「專固一所緣」 哲霍本作「應依一所緣」。按，《丹珠爾》對勘本亦作「專固一所緣」。

❶餘處　如月格西解釋，由於此處是依照顯教論典來解釋，故此「餘處」係指密法。

❷聖勇論師於修靜慮時亦明顯云　引文出自《攝波羅蜜多論》。《攝波羅蜜多論》，中觀部論典，共9品，聖勇論師（Āryaśūra）著，尚無漢譯。聖勇論師，中

觀宗祖師（生卒年不詳）。出生於喀什米爾境內夏給達嘎的婆羅門族。出生時有種種瑞相，故名聖勇；幼時聰慧明利，一切明處僅一過目，便能無礙通曉，故稱摩咥哩制吒（Mātṛceta），義為慧光；因其讀誦吠陀的聲音極為悅耳，故名馬鳴（Aśvaghoṣa）；且因恭敬承事父母，又名敬父、敬母。此師起初由於種姓的關係，皈信大自在天，承許常見學說。曾往大自在天神湖，精勤誦咒修法七天，獲得大自在天親自祝願，並囑咐大梵天、遍入天、鄔摩天女，分別化現鸚鵡、滑石、羅剎女，在他辯論時相助。大自在天最後又說：「如果這樣還無法降伏他宗，我會親自到你心中加持，令你制伏一切。」因此，聖勇掃蕩其境內所有內外道學說，唯留常見學派。後轉至其他地方，擊敗內外諸大論師之宗，所以獲得制伏一切方隅的讚譽，號稱「黑莫敵」。此時，其母早已對佛法深生淨信，見此景象不免憂愁，於是祈求度母，盼望其子早日皈入佛門，所以勸說其往那爛陀寺論辯。寺裡的僧眾皆知其摧敗許多內外教徒，自忖不能與之論戰，於是向龍樹菩薩請求協助，龍樹菩薩遂派遣聖天菩薩前往論辯。大眾耳聞聖天菩薩將與外道聖勇論辯，一時在寺院內外聚集了十萬人，國王也親自到現場作證。論戰時聖天菩薩以種種方便使鸚鵡等盡失效用，再以無垢正理破斥所有常見邪說，外道聖勇無法反駁，因此國王判聖勇論敗，將其監禁於那爛陀寺的藏經閣。聖勇由於閱讀佛經，巧見往昔佛陀授記自己的種種事蹟，才打從內心深信釋尊，於是在龍樹菩薩座下剃度，成為近侍三子之一。在佛授記中，聖勇菩薩為不退轉位的菩薩，也有說是地上菩薩。聖勇菩薩一生著述甚多，有《事師五十頌》、《本生論》、《除憂論》、《佛所行讚》等等。《攝波羅蜜多論》前三品闡述皈依佛、法、僧三寶，後六品則分別闡述布施、持戒、忍辱、精進、靜慮、智慧六波羅蜜多。參見《永津班智達智幢文集》冊1，頁6（永津智幢著，尼泊爾：Mahayana Buddhist Society Dhanchl Thall G.P.O.。以下簡稱《永津班智達文集》）。引文見《丹珠爾》對勘本冊64，頁1610。

❸《道炬論》亦云　引文今人超一法師譯《菩提道炬論》作：「隨一合所緣，意善別應作。」法尊法師譯《菩提道炬論》作：「於隨一所緣，意安住於善。」如石法師譯《菩提道燈》作：「隨於一所緣，心意善安住。」見《大藏經補編》冊10，頁77；《菩提道燈抉微》，頁70；《廣論》，頁589；《丹珠爾》對勘本冊64，頁1645。

❹ **指定詞**　專有所指的名詞，並非泛指任何事物。此處專指「單一所緣」之意。

❺ **《修次初篇》云**　引文宋施護譯《廣釋菩提心論》作：「總彼相應所緣起勝作意，乃至蘊、處、界一切事等，悉不分別即得清淨，所有廣說諸所緣行相，如《和合解脫經》第十八相應分。」見《大正藏》冊32，頁567；《丹珠爾》對勘本冊64，頁88。

❻ **十八空**　空性的一種分類。十八空分別為：內空、外空、內外空、空空、大空、勝義空、有為空、無為空、畢竟空、無際空、散無散空、本性空、自共相空、一切法空、不可得空、無性空、自性空、無性自性空。

❼ **縱無明晰具光明等**　「光明」，如月格西解釋此指「佛菩薩背後的光環」。此句意為「縱使包含背光在內的佛像不明晰」。如佛陀身相中的指甲、毫毛等細節，都包含在這裡所說的等字當中。

❽ **其後明顯既轉增進**　藏文直譯為「其後明顯既起功能」。據如月格西解釋，「起功能」指「增廣」，整句意為「越來越清晰」。

❾ **此出智軍論師教授**　經查證《丹珠爾》對勘本中無智軍論師所造與此相關論著，然《丹珠爾》中有失佚作者所著《總略住心論》，其中有引導「緣身總像」的說法。參見《丹珠爾》對勘本冊116，頁1595。

❿ **見有種種故無決定**　在妙音笑大師所著《廣略道次第論問答·摩尼鬘》中提到，關於《廣論》所說「所緣依處現顯之理，雖見二種四句之說，然因補特伽羅種性，而現行相有難有易，即已現中有明不明，此二復有堅不堅固，見有種種故無決定」的意涵，有些先輩大德說，補特伽羅對於所緣依處，有容易顯現並容易明晰、難以顯現並難以明晰、難以顯現但容易明晰、容易顯現但難以明晰的四句；行相上，也有諸如將坐顯現為站立，將站立顯現為坐的兩種形狀不定、兩種顏色不定等。但是這是不決定的，因為即使行相上，也有顯現的難易，其中又有明不明晰二種，而其中還有堅不堅固二種等。現見有各種情況，所以沒有固定只有上述的四句。妙音笑大師並提到，在零散著作中也有這樣的說法。參見《一世妙音笑大師文集》冊3，頁134（遍智妙音笑大師著，印度：果芒圖書館，2015）。

若修密咒天瑜伽時，天尊行相定須明顯，乃至未能明顯之時，須修多種明顯方便；此中天尊行相若極難現，可於前說隨一所緣而持其心，主要所為唯在成就寂止定故。此若仍緣天身而修，相既不現然又持心，不能成辦所樂之義，故須行相現而持心。又隨所現持身總相，若身一分極其明現即持彼分，若彼轉晦仍持總相。若時欲修為黃而現為紅，顯色❶不定；或欲修坐而現為立，形色❷不定；或欲修一而現為二，數量不定；或欲修大而現極小，大小不定❸，則全不可隨逐彼等，唯應於前根本所緣為所緣依處。

若是在修持密咒天尊瑜伽的階段，則必定須要修成清晰的天尊行相，因此在還未現起之前，必須以多種方法致力於發起清晰的方便。此時天尊行相如果極難現起，可以對於前述任何所緣執持內心，因為單純修成寂止等持才是主要的目的。此時若還緣著天尊身而修持，如果未現起其行相，卻仍攝持內心，則不能達成想要的目的，所以必須現起行相，藉此攝持內心。另外，要按現起的程度而執持總體的身形，如果某些身體部位非常清晰地顯現，便可執持該部分；如果該部分趨於不清晰，便再度執持總體。這時，諸如想要修持黃色卻現起紅色，顏色不固定；想要修持坐姿卻現起站姿，形態不固定；想要修持一尊卻現起二尊，數量不固定；以及想要修持巨大卻現起極其微小，大小不固定，若是出現這些現象，絕對不可放任隨逐，必須僅以原本的那個所緣為所緣依處。

❶ 顯色　即顏色。

❷ 形色　即形狀。

❸ 大小不定　《廣論》此處提到顏色、形狀、數量、大小四種不定，而在《總略住心論》中則提到顏色不定、形狀不定、只顯現顏色、數量不定、大小不定五種。參見《丹珠爾》對勘本冊116，頁1597。

上士道 別學奢摩他法

注心之理

第二、於彼所緣如何注心之理❶，分三：﹁﹂立無過規；﹁﹂破有過規；﹁﹂示座時❷量。今初：

❸此注心於所緣之法中，自宗於此所修無過三摩地者[1]，具二殊勝，謂令有境具明分力，及於所緣專一而住。不於此上加安樂者，以其不與第一靜慮近分定相應而生，別則道之最勝心依❸第四靜慮三摩地中亦無樂故。為此，或曰：「若爾，亦不應計有力明分，因於少數無色三摩地中亦無彼故。」答云：不同，以此是說菩薩修道之心所依三摩地，無色多不堪為修道之心所依[2]；特如論云❹：「靜慮除無色。」謂菩薩多捨除無色作為道之心依[3]，而以靜慮為之故。**此中所修妙三摩地具二殊勝，﹁﹂令心極明具明分力，﹁﹂專住所緣無有分別具安住分**[4]。有於此上加樂為三，餘有加澄❺共為四者。然澄淨者初殊勝攝，不須別說；具適悅相喜樂之受，是此所修定果，然非初靜慮近分攝定相應中所能生起；說為成辦三乘功德最勝依處第四靜慮三摩地中，皆無身樂心樂相應而起，故此不說[5]。有力明分，無色地攝少數定中雖無，然如《莊嚴經論》云❻：「靜慮除無色。」此謂除少獲得自在菩薩❼，餘諸菩薩皆依靜慮地攝正定[6]引發功德，故說明顯殊勝無有過失。沈沒能障如是明分力生，掉舉能障一境無所分別，沈掉二法為修淨定障中上首，亦即此理。故若不善識別粗細沈掉，及雖識已，不知淨修勝三摩地破彼二軌，況云勝觀，即奢摩他亦不容生，故智者求三摩地，於此道理應當善巧。此中沈

掉乃是修止違緣，辨識違緣及正破之法皆於下說，故此當說
修止順緣引生三摩地之理。

**第二科、內心如何投注於此的方法，分為三科：⼀安立沒有過失的
作法；⼆去除有過失的作法；⼁說明座時的標準。第一科：**

內心投注於所緣的方法中，自宗認為此處所要修持的沒有過失的等持，是有境具足明分的力
量，以及專一安住於所緣，要具足這二種殊勝。在此之上不加安樂，是因為不會與第一靜慮
近分定相應而生起，尤其在最殊勝的道之心所依——第四靜慮定中沒有安樂的緣故。對此有
人說：「那麼也不應該將強大的明分力量列入，因為這在某些無色定當中不存在的緣故。」答
道：這並不相同，因為此處是要宣說菩薩修持道的心所依定，而無色定多數都不能作為修持
道的心所依。尤其論中說：「捨棄無色的靜慮」，提到多數菩薩會捨棄、排除以無色定作為道
的心所依，而以靜慮定為心所依的緣故。**此處所要修持的等持，具足二種殊勝，
即⼀具足內心極為清晰的明分力量，以及⼆具足專一安住於所緣的無
分別住分。對此有人加上安樂成為三種，也有人再添加澄淨而成為四
種，然而澄淨已包含在第一種殊勝當中，因此不須另外提出。具有舒適
感受之行相的喜樂，雖然會出現於此處所修的等持的果當中，但是不
會與第一靜慮近分定所含攝的等持相應而生起；並且在修持三乘功德
的所依當中，被稱為最殊勝的第四靜慮定，也不會與任何身安樂以及心
安樂相應而生起，所以在此並不列入。在某些無色地所攝的等持當中，
雖然沒有強大的明分力量，但是就如《經莊嚴論》中所說：「捨棄無色
的靜慮」，這是說除了少數獲得自在的菩薩以外，菩薩們都是依靠靜慮
所攝的定修持功德。因此說到清晰的殊勝，並沒有過失。沉沒會阻礙如
此的明分力量的生起；掉舉會阻礙專一的無分別，所以沉掉二者會成為
修成清淨等持的主要阻礙，原因即是如此。所以如果不懂得善加辨識
粗細沉掉，以及辨識後遮止這二者的清淨的修定方法，就連寂止都不**

可能生起，更何況是勝觀。因此希求等持的智者，應當精諳這種方法。其中沉掉是修成寂止的違緣，辨識違緣與遮止的方法本身會在下文說明，所以在此將宣說修成寂止的順緣、生起等持的方法。

[1]「自宗於此所修無過三摩地者」 哲霍本作「自宗於此所修無過三摩地中」。
[2]「無色多不堪為修道之心所依」 哲霍本作「無色中多不堪為修道之心所依」。
[3]「多捨除無色作為道之心依」 哲霍本作「多捨除以無色道作為心依」。按，哲霍本此句文義不通。　　[4]「一、令心極明具明分力，二、專住所緣無有分別具安住分」 哲霍本作「令心極明具明分力，緣，專住無有分別具安住分」。按，哲霍本此句文義不通。
[5]「故此不說」 果芒本原作「故此不算」，拉寺本、法尊法師原譯作「故此不說」。
[6]「靜慮地攝正定」 果芒本原作「靜慮所攝正定」，拉寺本、雪本、青海本《廣論》、法尊法師原譯作「靜慮地攝正定」，哲霍本、單註本作「以靜慮以地攝正定」。按，哲霍本、單註本此句文義不通。

❶ 於彼所緣如何注心之理　即前頁126「如何心注所緣之理」一科。
❷ 座時　據如月格西解釋，此專指修持時一座的時間，並非所有時間都名為座時。
❸ 心依　又名心所依。與能依的心識同時存在、同一體性的所依的心識。與能依的心識不同時，則無法作為該能依心識的心所依。例如依著第四靜慮根本定的見道無間道，即是以第四靜慮根本定作為心所依，見道無間道是能依。第四靜慮根本定是所依，依著第四靜慮根本定的見道無間道會成為第四靜慮的體性。
❹ 特如論云　此論即指《經莊嚴論》。引文唐波羅頗蜜多羅譯《大乘莊嚴經論》作：「修禪捨無色。」見《大正藏》冊31，頁651；《丹珠爾》對勘本冊70，頁878。
❺ 澄　清也。如水靜而清，即後文所指「澄淨」。

❻《莊嚴經論》云　見前註4。

❼ 獲得自在菩薩　一般指八地以上的菩薩。菩薩積聚二無數大劫的資糧，才能
　　獲得八地。進登八地時，獲得隨順的無勞任運的功德，因此對於無量等持獲
　　得自在。

此中三摩地者，謂心專住所緣之分，復須於所緣相續而住。此
須二種，一於根本所緣令心不散方便，及於已散未散、將散不
散如實了知。初即正念，次是正知。如《莊嚴經論釋》云❶：
「念與正知是為能注，一於所緣令心不散，二心散已能正了
知。」若失正念忘緣而散，於此無間棄失所緣，故不忘所緣之
念為本。由此正念心注所緣之理，謂如前說明觀所緣依處，若
時現一最下行相，當發內心堅持❷於彼之有力執取相，令心策
舉❸，即此而住莫新思擇。

這裡的等持，是指內心專一安住於所緣的部分，又必須能持續地安住
於所緣。而這需要能使內心不從其根本所緣散逸的方法，以及如實了
知是否已經散逸、是否將要散逸二者。前者是正念，後者則是正知，因
為《經莊嚴論釋》中說：「正念與正知，是指能夠投注，一者使內心不
從所緣流散，第二者能善為了知內心流散。」如果正念退失而遺忘了所
緣，就會散漫而在當下失卻所緣，因此不遺忘所緣的正念是根本。透過
正念使內心投注於所緣的方法，是指如同前述明現所緣依處，當能現

起最基本的行相時，心識便要生起牢固執取於此的有力執取相，振奮內心而安住，不作任何新的觀擇。

❶《莊嚴經論釋》云　《莊嚴經論釋》，唯識部論典，全名《大乘經莊嚴論釋》，又名《經莊嚴論釋》，共21品，世親菩薩著。漢譯本有唐波羅頗蜜多羅譯《大乘莊嚴經論》13卷。世親菩薩，無著菩薩的主要弟子與胞弟（約公元5世紀），梵語Vasubandhu義譯，又名婆藪槃豆、伐蘇畔度。菩薩生於婆羅門家族，年少依母命出家，不久即博通三藏。為窮究一切學說，往喀什米爾（Kaśmīra）依止眾賢阿闍黎（Saṃghabhadra），成為著名的小乘學者。起初不承認大乘為佛說，見兄長無著菩薩所造大乘論，不信是從慈氏所學，遂作毀謗。無著菩薩為破除其邪執，刻意派遣比丘在其住處旁早晚誦唸《無盡慧經》、《十地經》。世親論師聽後，了知其中的涵義，因此對大乘法生起不共信心，即前往依止無著菩薩。為懺除謗法重罪，註釋五十種大乘經疏，令許多小乘行者迴小向大。此師因修持秘密主獲得成就，能憶持當時世上所有的佛經。後住持那爛陀寺，每日講說二十座不同的大乘教法。曾經以明咒迅速止息火災、瘟疫，以及五百次破斥外道，引導他們進入佛教。說法造論時恆常有天人散花、非人貢獻寶藏，成為二勝六莊嚴之一。世壽近百歲。著名的著作有《俱舍論》、《唯識二十頌》、《唯識三十頌》等。著名弟子有聖解脫軍論師、安慧論師（Sthiramati）、陳那菩薩（Dignāga）、功德光論師（Guṇaprabha）等人。此論以簡明、攝要的方式，闡述《經莊嚴論》中的唯識見，及大乘基道果的內涵。引文唐波羅頗蜜多羅譯《大乘莊嚴經論》作：「以念智二行成立繫縛方便，由正念故心於定中不離所緣，由正智故心離所緣覺已隨攝。」參見《大正藏》冊50，頁188；冊51，頁896；《印度佛教史》，頁128；《師師相承傳》中文冊上，頁91；藏文冊上，頁130；《新譯大唐西域記》，頁239。引文見《大正藏》冊31，頁643；《丹珠爾》對勘本冊70，頁1371。

❷堅持　據如月格西解釋，為「緊緊執持」之意。

❸策舉　藏文直譯為「振奮」。

念如《集論》云❶：「云何為念？於串習事令心不忘，不散為業。」此說具足三種差別。其中所緣境之差別，先未習境[1]，念則不生，故說「於串習事」，此中即令現起先所決定所緣依處之相。行相或執取相之差別者，謂「心不忘」，即心不忘其境之分，此中謂不忘所緣依處。不忘之理者，非因他問或自思察，僅能記憶師所教示「所緣依處如此」，是須令心繫於所緣，相續明記❷無少散動，散亂方生其念便失。故心如前既住所緣依處，復起是念「如是已繫所緣」，次不更起重新觀察，相續將護此心勢力令不斷絕，是依念理殊勝宗要。作業差別者，謂從所緣心不餘散。如是心繫所緣而調伏者，以調象喻諭之：譬如於一堅牢樹柱，以多堅索繫其狂象。次調象師令如教行，若行者善；若不行者，即以利鉤數數治罰❸而令調伏。如是心如未調之象，亦以念索縛於前說所緣堅柱；若不住者，以正知鉤治罰❹調伏漸自在轉。如《中觀心論》云❺：「ᵉ未息未調之欲心❻意象，ᵉ最初不能隨意往趣善行，其不正行ᵉ於道。為令馴服，當以ᵉ相續能繫之正念索，縛所緣ᵉ依處堅穩ᵉ如柱，ᵉ次以正知偵察者善觀沉掉起或不起，以速明了慧鉤ᵉ而漸調伏。」《修次中篇》亦云❼：「用念知索，於所緣樹，繫意狂象。」前論說正知如鉤，後論說如索亦不相違，正能相續繫心所緣者，是為正念，正知間接亦能令心注於所緣。謂由

正知了知或正沈掉或將沈掉，依此能不隨沈掉轉，令住根本所緣事故；又如前引，世親菩薩亦說❽念知俱能注所緣故。

關於正念，在《集論》中說：「何為正念？是指對於熟習的事物，內心沒有遺忘，具有不散亂的作業。」這是說具有三種特徵。其中所緣境的特徵，由於對過去未熟習的對境無法生起正念，所以提到「對於熟習的事物」，此處亦即現起過去已經定解的所緣依處的行相。行相或執取相的特徵，提到「內心沒有遺忘」，是指內心不遺忘該對境的部分，此處亦即不遺忘所緣依處。不遺忘的道理，並非指透過他人詢問以及自己進行思考時，僅僅能夠回憶起師長所開示「此所緣依處是如此」即可，而是能夠持續地記得內心安置於所緣，絲毫也不散漫，因為一旦發生散漫，便會失去正念。因此，內心已如同前述而安住於所緣依處時，心想「已如此安置於所緣」，接著不作新的思考，維繫此心的力量，使之持續不斷，這即是依止正念的方法的殊勝關鍵。作業的特徵，是使內心不從所緣散逸至餘處。將內心如此安置於所緣而調伏，是以調伏大象的比喻宣說：就如用許多極其堅韌的繩索，將狂野不馴的大象繫在極其堅固的樹幹或者柱子上，直到按照馴獸師所調教而行動才行；不按調教而行動，則用鋒利的鐵鉤一再擊打懲治而使之馴伏。同樣地，內心有如狂野不馴的大象，也要用正念之繩繫在前述所緣的堅固柱子上；如果無法安住於此，則要用正知的鐵鉤穿刺而逐漸地控制。因為《中觀心論》中說：「不寂靜、不調伏的心意大象——欲界之心，起初無法隨欲趣入善行，胡亂馳走於道。為了調伏，必定要以能繫住的持續正念之繩，繫在堅固有如柱子的所緣依處上，透過正知的偵察員，善加觀察是否生起沈掉，以迅速察覺的智慧鐵鉤逐漸控制。」而且《修次中篇》中也提到：「要以正念正知的繩索，將心意大象繫在所緣的樹幹上。」前一段教典提到正知如同鐵鉤，後一段教

典則提到有如繩索，並不相違，因為直接將內心持續繫在所緣者是正念，而正知也能間接將內心投注於所緣。因為透過正知了知是否正在沉掉，或者即將沉掉，藉此不被沉掉所控制，而能安住於根本的所緣。並且如同前文所引述，世親論師也提到念知二者皆能投注於所緣。

[1]「先未習境」 雪本作「先未摻雜境」。按，「摻雜」(འཛིས) 為「習」(འདྲིས) 之訛字。

❶《集論》云　引文唐玄奘大師譯《大乘阿毘達磨集論》作：「何等為念？謂於串習事，令心明記不忘為體，不散亂為業。」見《大正藏》冊31，頁664；《丹珠爾》對勘本冊76，頁126。

❷相續明記　夏日東活佛解為心力沒有退失而持續憶念。參見《夏日東文集》冊3，頁60。

❸治罰　治，理也；罰，以杖擊之也。《周禮・地官・司救》：「凡民之有邪惡者，三讓而罰。」此處指懲誡大象之意。

❹治罰　藏文原意為「穿刺」。

❺《中觀心論》云　引文見《丹珠爾》對勘本冊58，頁9。

❻欲心　此指「欲界心」，非指貪欲之心。

❼《修次中篇》亦云　引文見《丹珠爾》對勘本冊64，頁134。

❽又如前引世親菩薩亦說　即《廣論》所引《莊嚴經論釋》云：「念與正知是為能注。」相應段落參見唐波羅頗蜜多羅譯《大乘莊嚴經論》：「以念智二行成立繫縛方便。」見《大正藏》冊31，頁643；《廣論》中文頁360；藏文頁505；《丹珠爾》對勘本冊70，頁1371。

又說依念生定❶及說記念如索❷，直令其心相續繫於所緣。故能引定主要修法，即是修念之法。^善修之主要厥為正念，復具定解為相之執取相，故修定時，若無堅牢決定之執取相，心雖容起澄淨明分，然發決定力有力覺知則未能成，故不能生有力之念，亦未能破微細之沈。是以縱於心住無所分別成辦寂止規[1]中，若知滅除沉掉亦僅成止，然於此中依念知理定極切要。正念亦具定解為相之執取相，故修定時若無堅牢決定之執取相，唯憨然而住❸，心縱得澄淨明分[2]，然其明分不發決定之力，有力之念定不得生，由是亦未能破微細之沈，故三摩地唯有過失。又不住餘像等所緣依處，唯修無分別心者，亦須憶念教授，謂「令心任於何境全不分別而住」，次則於心不流散者，不令散逸。不散逸者，義同正念不忘所緣，故仍未出修念之規。如彼修者，亦須依止發決定力之念。

由於提到依靠正念修成等持，以及提到正念如同繩索，能直接將內心持續繫在所緣上，因此修定的主要維繫方法，亦即維繫正念的方法。主要的修行是正念，而正念是具有定解行相的執取相，因此修習等持時，若沒有牢固篤定的執取相，雖然會有內心澄淨的明分，但不會有發出篤定之力的有力覺知，所以不會生起有力的正念，也不能去除微細的沉沒。因此，即使在透過內心毫不分別地安住而修持寂止的宗規裡，如果懂得消除沉掉，也能單獨修成寂止，但是在此宗規裡，依止正念知的方法也必定非常重要。而正念也是具有定解行相的執取相，因此修習等持時，若沒有牢固篤定的執取相，而是呆愣地安住，雖然會有內心澄淨的明分，但是明

分不會發出篤定之力，所以不會生起有力的正念，因此也不能去除微細的沉沒，而只會成為有過失的等持。即使是不安住於本尊身像等其他所緣依處，僅僅維繫內心不作分別，也必須記得「無論對於任何境界，內心都要不作任何分別而安住」的教授，接著對於內心不流散不可散漫。而不散漫，與不遺忘所緣的正念同義，所以並未超出維繫正念的方法。因此，如此修持者也必須依止能發出篤定之力的正念。

[1]「成辦寂止規」 哲霍本作「成辦寂後規」。按，「寂後」（ཞི་རྗེས）為「寂止」（ཞི་གནས）之訛字。　　[2]「心縱得澄淨明分」 單註長函本作「縱得引心明分」。

❶ 又說依念生定　相應段落參見唐波羅頗蜜多羅譯《大乘莊嚴經論》：「念進者，是定因，有念故於緣不忘，依進故禪定得起。」見《大正藏》冊31，頁630；《丹珠爾》對勘本冊70，頁1310。

❷ 說記念如索　即《廣論》所引《中觀心論》云：「意象不正行，當以正念索，縛所緣堅柱，慧鉤漸調伏。」《修次中篇》云：「用念知索，於所緣樹，繫意狂象。」見前頁173註5、頁173註7；《廣論》中文頁361；藏文頁507。

❸ 憨然而住　阿嘉永津解為，丟失了所緣依處，心不流散而住，亦即沉沒的一種別相。憨，音「鼾」。參見《阿嘉雍曾文集》冊上，頁97。

第二 **破有過規**：有此邪執是所應破，謂如前說善舉策心無分別住，是時雖無少許沈沒之過，然由掉舉增上，現見不能相續住分；低其舉心復緩善策，則見住分速能生起。遂謂此方便是

大教授，得定解已，見其高聲唱言：「善緩即是善修❶。」此是未辨生沈及修二者之論，以無過定，須具前說二種差別，唯有心無分別堅固住分未為完足。若謂此有矇昧令心渾濁，可名為沈，然今無彼，心有澄淨明分，故三摩地全無過失。現見此乃未辨昏、沈二法之言，是等下當廣說。故若太策舉心令有力時雖有明分，由掉增上住分難生；若太緩慢而修，雖有住分，由沈增上故明無力。其不墮入太急太緩，緩急適中界限極其難得，故難生起俱離沈掉妙三摩地。大德月❷於《懺悔讚》中依此密意說云❷：「若精勤修，❸謂心太過策勵則生掉舉，若捨精勤復退沒，❹緩急適中界限難得，故未因沈掉致不等分，如此合理、❹適中平等❹而轉[1]❹之三摩地，極難❹可得，我心擾亂云何修？」義指「精勤修者，謂太策勵，策則生掉；若捨策勵太緩慢者，心住其內復起退沒。由見此故，俱離沈掉等分安住之心，如理平等而轉實屬難得」。如是佛靜《釋》亦云❸：「言精勤者，此中謂於善品發起勇悍，策勵而轉。」又云❹：「由見掉過捨其精勤，棄其功用❺心於內沈。」《悔讚》又云❻：「若勵力轉起掉舉，若勵緩息生退沒，修此中道亦難得，我心擾亂云何修[2]？」其《釋》亦明顯云❼：「由極勵力，勤策運轉起功用時，便生掉散摧壞其心，從功用中心不得住。若如是行即是過失，為遮此故，緩息勵力運

轉之心，棄捨功用，則由忘所緣境等過，令心內縮，生起沈沒。」故說❽「遠離沈掉二邊修此中道，合理平等運轉妙三摩地極屬難得」，若善緩即可則無難故；又說❾從緩發生沈沒，故以此理修三摩地，顯然非理。

去除有過失的作法：有應當去除的顛倒分別如下：如前所述，善為振奮、警策內心，接著不作分別而安住時，固然沒有絲毫沉沒的過失，但是掉舉則較為強烈，因此住分無法延續。見到這點，於是既壓下對心識的振奮，也放鬆警策，由此便能迅速生起住分。見到這點，心想此方法是重大的教授，而獲得定解。於是見其高聲地宣稱：「極致地放緩即是極致地修行！」這是沒有區分生起沉沒與生起修行二者的言論，因為沒有過失的等持就如前文所述，必須具足二種特徵，並非單有內心不作分別的堅固住分即可。若是心想，在此種狀況下，如果會使內心趨於昏憒迷蒙，固然是沉沒，但是並未如此，仍有內心澄淨的明分，所以是沒有過失的等持。看得出這是沒有區分昏憒與沉沒二者的言論，這些將在下文詳盡說明。因此，太過警策而使內心具有強大力量時，雖然有明分，但是由於掉舉較為強烈，所以難以生起住分；如果修持時太過鬆緩，雖然有住分，但是由於沉沒較為強烈，因此沒有有力的明分。而不偏於太緊與太鬆，鬆緊適中的界限又極難掌握，所以難以生起遠離沉掉的等持。基於這個用意，月官論師在《懺悔讚》中說道：「如果依止精進，亦即內心過度警策，便會產生掉舉，若是捨棄精進則會產生退沒，既然由於鬆緊適中的界限難以掌握，所以沒有沉掉所致的不平等，而合理、合宜地平等運轉的等持難以獲得，我攪擾的內心應該如何是好？」其意涵為：「依止精進，是指過度警策，如此便會產生掉舉；若是捨棄警策，過度鬆緩，會

產生內心向內安住的退沒，因為見到這點，所以難以獲得遠離沉掉而均等安住，內心合理地平等運轉。」關於這一點，在佛靜論師所著的釋論中也提到：「精進，在此是指對於善品踴躍歡喜，因而警策趣入。」以及「若是見到會成為掉舉的過失而捨棄精進，停止努力，內心則會向內退沒。」另外，《懺悔讚》中說：「如果勤奮地趣入，便會產生掉舉；若是放緩則會產生退沒，要修成其中的中道又難以獲得，我攪擾的內心應該如何是好？」其釋論也明確地提到：「由於極其勤奮而警策地趣入並努力時，便會產生掉舉散逸而破壞內心，所以即使努力也無法獲得內心安住。由於這是過失，如果為了避免此過失，便放緩勤奮趣入之心而停止努力，則會由於遺忘所緣境等過失，導致心向內退沒，並且會產生沉沒。」因此，由於說到「難以獲得修持遠離沉掉二邊的中道，或者合理地平等運轉的等持」，如果極致地放緩即可，則毫無困難之處。並說由此會產生沉沒，所以要以這種方法修成等持，很顯然並不合理。

[1]「平等 [2] 而轉」 拉寺本作「等轉」。　　[2]「我心攪亂云何修」 果芒本原作「我攪亂心云何修」，拉寺本、雪本、《丹珠爾》對勘本、法尊法師原譯作「我心攪亂云何修」。

❶善緩即是善修　夏日東活佛提到，塔波拉傑（དགས་པོ་ལྷ་རྗེ）大師也曾說過「善緩即是善修」這樣的言教，是指在第九住心時應當如此，可以安住其中而進行行、住、坐、臥。塔波拉傑大師這句話固然沒有錯誤，但是有許多人將過度放緩的細分沉沒誤以為是修行。參見《夏日東文集》冊3，頁62。

❷大德月於《懺悔讚》中依此密意說云　《懺悔讚》，禮讚部論典，又名《讚悔》、《悔讚》，共51偈，月官論師著，尚無漢譯。月官論師，中觀自續派祖

師（約公元7世紀），梵語Candragomin及藏語བཙུན་པ་ཟླ་བ（尊巴達瓦）、ཙནྡྲ་གོ་མི（旃陀羅閣彌）義譯，又名大德月。生於剎帝利種，班智達衛世沙迦（Viśeṣaka）之子。7歲時，善巧駁斥了當時文法權威的外道，後依阿殊迦阿闍黎（Aśoka）學法。傳說曾在那爛陀寺與月稱菩薩辯論長達七年之久。此師精通五明，並親得觀音及度母的攝受指導。相傳有著述讚頌、內明、工巧各一百零八部，其他零散論著四百三十三部等傳世，現多未漢譯。此論乃作者欲以禮讚世尊功德而懺悔罪障，故作此讚。參見《如意寶樹史》，頁162（益西班覺著，蒲文成、才讓譯，甘肅：甘肅民族出版社，1991）；《菩提道燈抉微》，頁214。引文見《丹珠爾》對勘本冊1，頁607。

❸ 佛靜《釋》亦云　引文出自《懺悔讚釋》。《懺悔讚釋》，禮讚部論典，佛靜論師（Buddhaśānti，生卒事蹟不詳）著，尚無漢譯。此論逐字解釋《懺悔讚》，讚歎佛陀悲心、六度等功德。引文見《丹珠爾》對勘本冊1，頁642。

❹ 又云　引文見《丹珠爾》對勘本冊1，頁643。

❺ 功用　指刻意精勤修行。

❻ 《悔讚》又云　引文見《丹珠爾》對勘本冊1，頁608。

❼ 其《釋》亦明顯云　引文見《丹珠爾》對勘本冊1，頁644。

❽ 故說　引文出自《懺悔讚釋》，見《丹珠爾》對勘本冊1，頁644，然與正文略有不同。

❾ 又說　即前文「緩息勵力運轉之心，棄捨功用，則由忘所緣境等過，令心內縮，生起沈沒」。

又極緩心僅澄明分猶非滿足，猶須執取相策勵分，如無著菩薩云❶：「於內住、等住中，有力勵運轉作意。」此於九種住心方便初二心❷時，作如是說。᠌又彼定中，唯有心澄明分及境明顯，非與有境、覺知之執取相明顯同義，縱有前者未能除沈，而於後者，《修次初篇》亦云❸：「除沈

179

沒者，當堅持所緣。」《修次中篇》復云^❹：「次息沈沒，必須令心極其明見所緣，當如是行。」此言「當堅持所緣」，又云「令心明見^[1]」，文勢^❺義謂若心執相有極堅固明分勢力，或有力心，即是清淨依念之軌，亦能破除沉沒。如是令心相續憶念所緣，住此念中，乃至心力未轉弱前^[2]，中間沉掉生起與否、將生與否，須以能識彼之正知偵察；又於中間，亦略憶念根本所緣，二者亦是修念之法。因有沉掉便生忘念；其有忘所緣已而生沉掉，及於不忘所緣正念之中而起沉掉二種。前者是捨念已，長時沉掉亦不覺察，心太緩故，當以前說後者修法作彼對治。前者修法是從不忘所緣方面破生沉掉，為強力正知之因所需^[3]。言「心明見」故，非說唯是境界明顯，是說心執取相極顯極堅。修念之規此極切要，未能知此盲修^❻之相，謂修愈久忘念愈重，擇法之慧日返愚鈍，諸凡此等有過甚多，反見自矜有堅固定。

語譯

僅有極致放緩的澄淨內心的明分並不足夠，還需要執取相的警策部分。聖無著論師曾說：「在內住以及等住當中，具有警策而趣入的作意。」這是在九種住心方法的前二心的階段中如此宣說。另外，在等持當中，內心僅具有澄淨的明分以及對境清晰，這與有境或者內心的執取相清晰並非同義，因為即使具有前者，仍無法遮除沉沒；至於後者，《修次初篇》中也說：「要去除沉沒，堅固地執持所緣。」《修次中篇》也提到：「接著止息沉沒，要盡可能使內心能極清晰地見到其所緣。」提到「堅固地執持所緣」與「內心能清晰地見到」，透過其語勢，意指如果具有內心執取相極其堅固的明分力量，或者有力的內心，便是依止正念的清淨方法，也能遮除沉沒。內心如此安住於持續憶念所緣的正念，在此狀態中，直到此心

的力量未衰退之前，時時以能夠了知沉掉是否生起、是否將要生起的正知偵察，以及時時稍微憶念根本所緣，這二者均是維繫正念的方法。因為產生沉掉時便會出現遺忘，而其中有遺忘所緣而產生沉掉，以及未遺忘所緣正念的狀態下產生沉掉二種。前者是連失卻正念而長時間生起沉掉都未察覺，所以是太過鬆緩，因此要以前述第二種修習方法作為其對治品。前一種修習方法，是在不遺忘所緣的狀態下遮止沉掉的出生，為強力的正知之因所需。**由於提到「內心清晰地見到」，因此並非僅是指對境清晰，而是指內心的執取相極其清晰而堅固。這種依止正念的方法極其重要，因為不了解此方法而修習，見到其相狀有：修持得越多，遺忘越趨於嚴重，以及分別簡擇的智慧越發遲鈍等，具有極多的過失，並發現反而還將此自詡為擁有堅固的等持。**

[1]「令心明見」拉寺本作「令心現見明力」。按，「現見明力」(གསལ་བར་མཐོང་བ) 為「明見」(གསལ་བར་མཐོང་བ) 之訛字。　[2]「乃至心力未轉弱前」果芒本原作「乃至心力未成弱前」，拉寺本、雪本、哲霍本作「乃至心力未轉弱前」。按，依如月格西解釋，此處應依拉寺等本作「漸次轉弱」之義，故依拉寺等本改之。　[3]「●此言『當堅持所緣』……為強力正知之因所需」哲霍本未標作者。

❶ **無著菩薩云**　引文出自《瑜伽師地論》。唐玄奘大師譯《瑜伽師地論》作：「於內住、等住中，有力勵運轉作意。」見《大正藏》冊30，頁451；《丹珠爾》對勘本冊73，頁328。

❷ **初二心**　即內住、等住。

❸ **《修次初篇》亦云**　引文宋施護譯《廣釋菩提心論》作：「復次如是於所緣中，如應堅固攝持不散，即得相應。」見《大正藏》冊32，頁567；《丹珠爾》對勘本冊64，頁89。

❹ **《修次中篇》復云**　引文見《丹珠爾》對勘本冊64，頁134。

❺文勢　文字脈絡中的表達力。
❻盲修　藏文原文無「盲」字，法尊法師蓋取意而譯之。

若謂如前以念令心繫所緣已，爾時可否發起分別，偵察所緣善不善持？答：定須觀察。如《修次中篇》云❶：「如是於隨樂所緣安住心已，於此應當如前相續住心[1]。善安住已，即應於心如是觀察：為於所緣心善持耶？為沈沒耶？為現外境而散亂耶？應作是念而觀察之。」此非棄捨三摩地已如是觀察，是住定中觀其是否如前而住根本所緣，若未住者，當觀隨逐沈掉何轉。非纔住定時太短促亦非太久，是於中間時時觀照❷。若於前心勢力未盡修此觀察，生心力已[2]力能久住，亦能速疾了知沈掉，有此所為。

如是時時略憶前緣而修者，亦為有力、相續運轉正念之因所須，故為修念之法。如《聲聞地》云❸：「云何心一境性？謂^語由_{前聞思}數數隨念、同分所緣、流注、無罪、適悅相應，令心相續，名『三摩地』❹，亦名為『善心一境性』。其中是於何等數數隨念？謂於正法聽聞、受持，從師獲得教授、教誡，以此增上，令其定地諸相現前[3]，於此所緣以流注念隨轉投注。」《辨中邊論疏》亦云❺：「言『念不忘所緣』者，謂『以意言住心教授』之

斷語❻。」故依念者，為於所緣滅除散亂忘念，由是滅彼不忘所緣者，謂以意言所緣，即是數數作意所緣。譬如恐忘一所知義，數數憶念即難失忘。故若時時憶念所緣，是生有力正念所須；心於所緣緊持不散而作偵察，是生有力能覺沈掉正知方便。是故應知，若謂此等皆是分別而遮止者，極難生起有力正念正知。

　　若是心想，如前文所述以正念將內心安置於所緣，此時可否發起偵察是否善為執持所緣的分別心？答道：必須發起，因為在《修次中篇》中說：「內心如此安住於所希欲的所緣後，內心應當如前持續安住於此。安住於此之後，應當如此觀擇內心，亦即應當觀察內心是否善為執持所緣？是否沉沒？是否現起外在境界而導致散亂？」這並非指捨棄等持而如此審視，而是在安住於等持的狀態中，單純審視是否如前安住於根本所緣，以及若未安住所緣，是趨於沉掉哪一者。並在安住於等持後，既非太過短促，也不是過了太久，在這之間時時地偵察。在先前內心的威勢與力量尚未消盡時這麼做，則此心的力量生起後，能長久地維持有力，以及迅速了知沉沒與掉舉，具有這樣的目的。

　　同樣地，時時地稍微憶念先前的所緣而修習，也是為正念強而有力與持續運轉之因所必需，所以是修習正念的方法，因為在《聲聞地》中說：「其中，什麼是一心專注？答道：是指透過先前的聞思而反覆地回憶，緣著同等的所緣，持續、無罪而具足歡喜的內心續流，這也稱為『等持』，也稱為『專一的善心』。其中，是對什麼反覆地回憶？答道：是指對於聽聞、受持的正法，以及從師長所獲得的教授、教誡，由此而現起等引地

的相狀，以持續的正念趣入、投注於該所緣。」《辨中邊論疏》中也說：
「所謂『正念是指不遺忘所緣』，是描述『內心詮說令心安住的教授』
的斷定之語。」因此依止正念，是為了遮止從所緣散逸的遺忘，所以能
遮止遺忘的不遺忘所緣，便是內心詮說所緣，亦即反覆作意所緣。例如
擔心遺忘某些已知的義理時，如果在心中反覆回憶，便會難以忘記一
般。因此時時憶念所緣，為生起有力正念所必需；而內心不從所緣散逸
至餘處，牢牢攝持而進行偵察，即為使了知沉掉的正知變得有力的方
法。所以應當了知，如果認為這也是分別心而遮除，則極難生起有力的
正念正知。

[1]「於此應當如前相續住心」 果芒本原作「於此時時相續住心」，單註本作「於此應
當如前相續住心」，《丹珠爾》對勘本作「於此應更相續住心」。按，依如月格西解
釋，依單註本較能連結上下文，故改之。 [2]「生心力已」 哲霍本作「於心生起」。
[3]「令其定地諸相現前」 果芒本原作「先修定地諸相」，《丹珠爾》對勘本、青海本
《廣論》、法尊法師原譯作「令其定地諸相現前」。

❶ 如《修次中篇》云 引文見《丹珠爾》對勘本冊64，頁133。

❷ 觀照 即「偵察」之義。

❸ 如《聲聞地》云 引文唐玄奘大師譯《瑜伽師地論》作：「云何心一境性？謂
數數隨念、同分所緣、流注、無罪、適悅相應，令心相續，名『三摩地』，亦名為
『善心一境性』。何等名為數數隨念？謂於正法聽聞、受持，從師獲得教誡、
教授增上力故，令其定地諸相現前，緣此為境，流注、無罪、適悅相應所有正
念隨轉安住。」見《大正藏》冊30，頁450；《丹珠爾》對勘本冊73，頁324。

❹ 同分所緣流注無罪適悅相應令心相續名三摩地 藏文直譯為「緣取同分、
具足相續、無罪、具足歡喜，此心續流名『三摩地』」，法尊法師係取玄奘大師

譯文譯出。「同分」，指所緣境的影像，由於僅是與真實的所緣相似，故名同分。如玄奘大師譯《瑜伽師地論》云：「問：此所緣境是誰同分說為同分？答：是所知事相似品類故名同分。」參見《大正藏》冊30，頁450。

❺《辨中邊論疏》亦云　《辨中邊論疏》，唯識部論典，共5品，安慧論師著，尚無漢譯。安慧論師，唯識宗祖師、世親菩薩的四大弟子之一（約公元5、6世紀），梵語Sthiramati義譯，又名堅慧。相傳論師的上一生為鴿子，由於曾恭敬聆聽世親菩薩背誦許多經典，死後投生為南方彈咤迦羅尼耶（Daṇḍakāraṇya）一位商主之子。出生當下即問：「世親菩薩在哪裡？」由此因緣，7歲到世親菩薩座前學習。師通達五明，特別精通大小乘所有對法，一切的行持都請示度母。世親菩薩入滅後，透過辯論多次戰勝外道，並對諸多經論，特別對世親菩薩的論典多加以註解。漢傳安慧論師則師承自德慧論師，後傳於真諦三藏。此師著有《阿毗達磨俱舍論疏》、《阿毗達磨集論釋》、《辨中邊論疏》等諸多釋論，成為世親菩薩弟子中善巧阿毗達磨的論師。此論逐字解釋彌勒菩薩《辨中邊論》及世親菩薩《辨中邊論釋》，闡述唯識宗的觀點，並且安立大小乘的基道果。參見《印度佛教史》，頁137；《佛光大辭典》冊4，頁3021。引文見《丹珠爾》對勘本冊71，頁701。

❻斷語　如月格西解釋作立宗、確定的詞句，即最終斷定的解釋、結論。《藏漢大辭典》解作「最簡要的說明」或「言詞的主旨與要義」。參見《藏漢大辭典》，頁1135。

第三、示座時量：若爾，由念令心繫於所緣，應住幾久座量有無決定？答：此中西藏各派先輩諸師皆說「座短數多」。此中因相，有說「若短座修及善支配，則後每次亦樂修習，若座久長則覺厭煩」；有說「座久易隨沈掉增上而轉，則難生起無過正定」。《聲聞地》等諸大論中，未見明說[1]座時之量，然《修

次下篇》云❶：「由是^㊃遠離沉掉之修法**次第**，或^㊃於將一晝夜分為六十分之一**正時**^[2]❷，或^㊄師云：『言「夜巡」者，即偵察或佈哨之義，能為與否，謂「由正知佈哨偵察沉掉先生未生、仍生未生，已有成算，謂我此間定仍未起沉掉，即能夜巡之義。故於此前須立座時^[3]，若恐沉掉先生或仍生起，則須酌情安立座時。」如在房上，佈哨遠眺有無盜賊等人，若判定無，可緩嚴察；設未能判定有無，或恐有盜，則不可緩其嚴察。』^㊃乃至能**夜巡**，^㊃爾時**半修或一座時**❸，抑或乃至堪能爾時應趣^㊃等引。」此雖見此是成寂止已，勝觀修時座量時說，初修止時現見亦同，應如是行。

第三科、說明座時的標準：若問，以正念將心安置於所緣，是否有安住多久的固定座時標準？答道：對此，藏地各個傳承的所有前輩上師都說必須座時短暫而多次。其原因是有人主張座時短暫地修持，並且善加分配時間，則之後每次都會樂於修持；如果座時長久，便會導致厭倦。有人則主張如果座時長久，便容易為沉掉所控制，因此難以生起沒有過失的等持。雖然《聲聞地》等諸大教典當中，未見到明確指出座時的標準，但在《修次下篇》中說：「以如此遠離沉掉的修習方法的次第，應當在一天的六十分之一的一**漏刻**，上師說：『所謂的「夜警」，是指偵察或者佈哨之意。而是否能做到，是指「以正知佈哨而監視先前是否產生沉掉，以及是否還會產生時，當有把握在這一段時間內沉掉確定不會生起，即是能夠夜警的意涵。所以在此之前需要安立座時；以及先前產生了沉掉，或者擔心仍會產生沉掉時，必須視情況安立座時。」就如在房頂佈哨，遠遠地監視有無強盜等時，如果確定沒有，才能放鬆戒備；如果不確定有無，或者擔心還有強盜等，則不可放鬆戒備一般。』或者能夠**夜警**到何時，便修持半座或一座，抑或能夠到何時，便趣入_{等引}直到那時。」這段雖然是見於修成寂止之後修持勝觀時的座

時標準的章節，但是在最初修持寂止的階段顯然也是如此，所以應當
這麼做。

[1]「未見明說」 果芒本原作「未見明辨」，哲霍本、法尊法師原譯作「未見明說」。
[2]「^巴於將一晝夜分為六十分之一正時」 哲霍本作「^巴於將一天六十分之一晝正
時」。按，哲霍本誤將「晝」字植入正文。　[3]「故於此前須立座時」 拉寺本、雪
本、哲霍本作「故於此前不須終止座時」。按，「終止」與「立」於藏文中皆同為ᅙᅩᅥ
字，因不同版本之上下文義作不同解。

❶《修次下篇》云　引文見《丹珠爾》對勘本冊64，頁169。
❷一正時　又名一刻、一漏刻。古印度時間單位名。古印度將一晝夜分為六十分
　之一的時間長度，即是一刻。因為以滴漏計時，故名一漏刻或一刻。相當於現
　今的二十四分鐘。
❸半修或一座時　據如月格西解釋，若按宗喀巴大師於《菩薩戒品釋》引《道
　炬論釋》「六時共為十八分」的說法，將一天分為六座，每一座各分三分，共成
　十八分。若將十八分的一分作為一座時，則一座時是八十分鐘，半修為四十分
　鐘。但是此處應該沒有限定座時的長度。參見《菩薩戒品釋》，頁130（宗喀巴
　大師著，法尊法師譯，臺北市：福智之聲，2009）；《宗喀巴大師文集》對勘本
　冊1，頁458。

此復，若如前說修念知法，時時憶念所緣、偵察監視，時雖略
久亦無過失。然見初業行者，若時長久，多生忘念散亂，爾時

其心或沈或掉，非經久時不能速知[1]；或雖未失念，然亦易隨沈掉而轉，沈掉生已不能速知。彼二前者能障生有力記念，後能障生有力正知，是故沈掉極難斷除。尤以忘散所緣不覺沈掉，較於未忘所緣不能速疾了知沈掉，其惡更甚。故為對治散逸失念，如前所說修念之法極為重要。設若散逸忘念厚重，正知羸劣❶，不能速疾了知沈掉，則須座短；若見忘念難生[2]，能速了知沈掉，是時座稍延長亦無過失。故密意云一正時等，時長不定。總須隨心所能，故云：「乃至堪能。」又若身心未猝發疾，即應安住，有病不應勉強而修，無間放捨，除治諸界❷病難乃修，是諸智者密意。應知如是修者，亦是座修幾時之支分。

另外，若是按照前述修習正念與正知的方法，時時地憶念所緣與偵察審視，固然稍微延長座時也沒有過失。然而見到對於大多數的初業行者而言，如果座時長久，便會產生遺忘而散逸，那時無論生起沉沒或是掉舉，都要經過長時間才能察覺，無法迅速察覺；或者即使未遺忘正念，也容易為沉掉所控制，無法迅速察覺沉掉產生。這二者當中，前者會阻礙有力正念的生起，後者則會阻礙有力正知的生起，所以將會極難遮除沉掉。尤其是相較於在未遺忘所緣的狀態中無法迅速察覺沉掉，遺忘所緣而散逸、無法察覺沉掉產生，更是極其惡劣的情形，因此遮止散逸而退失正念的對治法——如前所述的維繫正念的方法是非

常重要的。如果散逸的遺忘較嚴重、正知的力量微弱，無法迅速察覺沉掉，則座時必須短暫；若是發現遺忘已經不易生起，並且能夠迅速了知沉掉，那麼即使稍微延長座時也沒有過失。基於這個用意而宣說一時辰等，並未斷定時間長度。總之必須符合自己的心力，所以宣說：「能夠到何時，便趣入到那時。」另外，如果身心未產生突發的疾病，便應當安住；如果產生疾病，則不應勉強修持，應當即刻中止，消除身心的障礙再修持，這是智者們的原意，因此應當了知，這麼做也是「要在多長時間內修持」的支分。

[1]「不能速知」 果芒本原作「不能速證」，拉寺本、雪本、單註長函本、青海本《廣論》、法尊法師原譯作「不能速知」。　[2]「若見忘念難生」 果芒本原作「交換我難生」，拉寺本、雪本作「若見忘念難生」。按，果芒本文義不通，故依拉寺等本改之。

❶羸劣　羸，瘦也，音「雷」；劣，弱也。原意指身體瘦弱，此處指力量微弱。

❷諸界　此處「界」包含身界與心界，即身心二者，在一般藏語中也是常見用詞。

上士道 別學奢摩他法

有無沉掉
應如何修

第三、注所緣後應如何修，分二：一`有沈掉時應如何修；二`離沈掉時應如何修。初又分二：一`修習對治不知沈掉；二`修習對治知已不為斷彼勤加功用。初又分二：一`決擇沈掉之相；二`於正修時生覺沈掉正知之方便。今初：

掉舉，如《集論》云❶：「云何掉舉？淨相❷隨轉貪分所攝，心不寂靜，障止為業。」此中有三：一`所緣，可愛淨境；二`行相，心不寂靜，向外流散，是貪分故，愛相趣境；三`作業，能障其心安住所緣。於內令心繫所緣時，由貪色聲等之掉舉，令無自在於彼等境牽心散亂。如㊀月官論師之[1]《悔讚》云❸：「如緣奢摩他，於彼意數注，㊀總體而言，㊀令心離㊀注於彼㊀所緣惑索者㊀眾多，而於其中貪㊀掉繩令不自主牽趣境。」問：若爾，由餘煩惱從所緣令心散逸，即此流散及於所餘善緣流散，是否掉舉？答：掉是貪分，㊀彼遍為貪，故由餘煩惱散逸非掉，是二十隨煩惱中散亂心所。於善緣流散[2]，隨其所應是善心、心所，一切流散非皆掉舉❹。

第三科、投注於所緣之後應當如何做，分為二科：一`產生沉掉時應當如何做；二`遠離沉掉時應當如何做。第一科分為二科：一`依止不辨識沉掉的對治品；二`依止雖然辨識卻不勤於斷除沉掉的對治品。

第一科分為二科：　抉擇沉掉的定義；　在修持時生起了知沉掉的正知的方法。第一科：

所謂掉舉，如《集論》中所說：「何謂掉舉？是指趣向於美好的行相，為貪欲分所含攝的內心不寂靜，具有障礙寂止的作業。」此中有三部分：　所緣，為悅意而美好的對境；　行相，為內心不寂靜，且向外流散；由於是貪欲的一部分，因此是以貪愛的行相趣入對境；　作業，會障礙內心安住於所緣。亦即內心向內安置於所緣時，會被貪著色聲等的掉舉不由自主地牽引至這些境界，而造成散逸。就如月官論師的《懺悔讚》中所說：「越是緣著寂止，反覆地將內心投注於那些時，內心越是會從投注於那些所緣當中，不由自主地被總體而言有多種煩惱繩索，其中貪著對境、掉舉的繩索所牽引。」問道：那麼透過其餘煩惱，而使內心從所緣散逸至餘處的流散，以及同樣流散至其餘善所緣，這些是不是掉舉？答道：掉舉是貪欲的一部分，所以一定是貪欲。因此，透過其餘煩惱而散逸並非掉舉，而是二十種隨煩惱當中的散亂心所。至於流散至善所緣，視情況都歸入善心或善心所，所以並非一切流散都是掉舉。

[1]「月官論師之」哲霍本未標作者。　　[2]「於善緣流散」單註長函本作「於善緣趣入」。

❶《集論》云　引文唐玄奘大師譯《大乘阿毘達磨集論》作：「何等掉舉？謂貪欲分，隨念淨相心不寂靜為體，障奢摩他為業。」見《大正藏》冊31，頁665；《丹珠爾》對勘本冊76，頁132。

❷淨相　藏文直譯為「可愛之相」。

❸《悔讚》云　引文見《丹珠爾》對勘本冊1，頁607。

❹一切流散非皆掉舉　　夏日東活佛提到，掉舉遍是流散，然而流散不遍是掉舉。掉舉遍是不善與無記其中一者，流散則包含善、不善、無記三者。參見《夏日東文集》冊3，頁68。

沈者，眾譯亦作「退弱」，與喪心志之退弱不同。^語沈與此處「退弱」同義，說由昏沉、睡眠等覆蔽而生。此復心弛緩❶所緣執取相，非極明晰執持所緣，或非堅牢執持，未有明分之力，或無有力覺知，故雖略有澄淨分及明現之境[1]，若心已未明見所緣，或其所緣執取相已未明顯，便成沉沒。如《修次》中云❷：「若時」，乃至「其心不能明見所緣，應知爾時已成沉沒。」其中說「如盲」等文，非指沉是令心昏憒❸之厚重，此是昏沉，非是沉沒，以說「其心不能明見所緣」故。

沉沒，在各種翻譯當中也譯作「退弱」，這與灰心喪志的退弱並不相同。沉沒與此處的「退弱」同義，並說是由於昏沉、睡眠等所覆蔽而產生。而這是指內心鬆懈了所緣的執取相，不再極其清晰地執取所緣，或不再牢固地執取所緣，沒有明分的力量或有力的心識。因此即使具有少許澄淨分與清晰的對境，如果內心已不再清晰見到所緣，或者所緣的執取相不再清晰，便成為沉沒。因為《修次》中提到：「何時」，直至「當內心未能清晰見到所緣，應當了知那時便已成為沉沒。」而其中提到「有如天生盲者」等內容，並不是指沉沒為內心趣向於昏憒的厚重，因為這是昏沉，而不是沉沒，這是因為提到了「內心未能清晰見到所緣」的緣故。

❶ **弛緩** 放鬆。弛，音「始」，近代漢語亦讀作「持」。本義為「鬆開弓弦」，引申為鬆懈之泛稱。

❷ **《修次》中云** 即下文《廣論》所引《修次中篇》：「若時如盲，或如有人趣入闇室，或如閉目，其心不能明見所緣，應知爾時已成沈沒。」見《廣論》中文頁366；藏文頁516；《丹珠爾》對勘本冊64，頁134。

❸ **昏憒** 昏昏沉沉不清醒。憒，音「愧」。

於此沈相，現見雪山聚中修靜慮者，將於餘境不流散住，相不明澄昏沈之心，許之為沈。此不應理，論說昏沈為沈沒因，二各別故，《修次中篇》云❶：「此中若由昏沈、睡眠所蔽，見心沈沒，或恐沈沒。」《解深密經》亦云❷：「若由昏沈及以睡眠而致沈沒，或由隨一三摩鉢底諸隨煩惱❸之所染污，當知是名內心散動。」此說由昏沈及睡眠力，令心沈沒，名內散亂故。

❹故由貪欲以外其餘煩惱，令心散動他處，此等多是沈沒。非唯如是，修不淨相時失其執取相而生慈心等，亦許為沈，故於沈中亦復有善。《集論》亦於說隨煩惱散亂之時，說其沈沒❹，然彼說散亂亦有善性，非定染污。

195

是故昏沈，如《集論》云❺：「云何昏沈？謂癡分攝，心無堪能，與一切煩惱及隨煩惱助伴為業。」是癡分中身心沈重無堪能性，《俱舍釋》云❻：「云何昏沈？謂身重性及心重性，即身無堪能性及心無堪能性。」沈沒，謂心力緩執所緣之執取相，不極明現所緣，或不堅持。故雖有澄淨分，若所緣執取相不極明顯，即成沈沒，《修次中篇》云❼：「若時如盲，或如有人趣入闇室，或如閉目，其心不能明見所緣，應知爾時已成沈沒。」

師云：「故沈沒因，有心執取相弛緩而致心力低弱；有由昏、睡等因，令心如暗覆蔽，境不顯明；有由心於所緣內攝過甚。初因對治，謂由信佛身像、思惟暇滿功德等，高舉其心；修光明想[1]，是沈沒因昏、睡等二對治[2]；廣發所緣，而以妙觀察慧作觀擇等，是為第三對治。數數修習光明相者，於一類人，修所緣時便如黑暗降覆不明顯者，修習光明、光相至為切要。縱非此類，若能數數修彼，亦於一切所緣明顯之分大有所益。」未見餘論明說沈相。沈沒有二，謂善與無記。昏是不善，或有覆無記，唯是癡分。諸大經論皆說除遣沈沒，須思佛像等諸可欣境及修光明相高舉其心。故心闇境晦及心執取相低劣皆應滅除，雙具所緣明顯與執持緊度，唯境明顯及唯有境澄分非為完足。掉舉易了，然於沈沒，現見堪為依據諸大教典多未明辨，故難了知。然見極為重要，以見於此誤為無過等持為大謬處。應如《修次》所說❽，從修驗上，細心善觀而求認識。

對於沉沒的定義，見到雪域群山中大多數的禪修者，都主張安住而不流散於其餘境界，沒有清晰澄明的內心昏沉為沉沒。這並不合理，因為有說昏沉為沉沒的因，所以這二者是各別不同的，這是因為《修次中篇》中說：「對此，如果見到被昏沉與睡眠覆蔽，以致內心沉沒，或者有沉沒之虞。」以及因為《解深密經》中也說：「如果由於昏沉與睡眠導致沉沒，或者由於任何等至的隨煩惱造成染汙，這即是內在的心散亂。」文中提到，如果由於昏沉與睡眠的力量導致內心沉沒，便是內在的散亂。因此，由於貪欲以外的其餘煩惱導致內心散逸於餘處，多數都是沉沒。不僅如此，在修持不淨相時，失去其執取相而生起慈心等等，也認為是沉沒，所以在沉沒當中也有善法。

《集論》雖然也在隨煩惱的散亂的段落中宣說沉沒，但是其處所說的散亂中也有善法，所以未必都是染汙。

因此，所謂昏沉，在《集論》中提到：「何為昏沉？是指愚癡分所攝的內心不堪能，具有作為一切煩惱與隨煩惱助伴的作業。」所以是愚癡的部分，一種身心沉重的不堪能，因為《俱舍論釋》中說：「何為昏沉？是指身的粗重與心的粗重，亦即身的不堪能與心的不堪能。」所謂沉沒，是指內心鬆懈了執取所緣的執取相，因而不再極其清晰或牢固地執取所緣。所以即使具有澄淨分，但是如果已經沒有極其清晰的所緣執取相，便成為沉沒。因為《修次中篇》中說：「何時有如天生的盲者，或者如同有人處在黑暗當中，或者有如閉上雙眼一般，當內心未能清晰見到所緣，應當了知那時便已成為沉沒。」上師說：「因此，沉沒的因，有由於鬆懈了內心的執取相，以致內心的勢力趨於低弱；有由於睡眠、昏沉等因，而使內心有如黑暗籠罩一般，對境界不清晰；有內心過度向內收攝於所緣。其中，對佛陀身像生信，以及思惟暇滿的功德等而振奮內心，這是第一者的對治；修持光明想，這是沉沒之因——睡眠、昏沉等二種的對治；廣大地發起所緣，然後以分別觀察的智慧進行觀擇等，這是第三者的對治。反覆修持光明的相狀，對於某一類人而言，在修持所緣時，會面臨有如黑暗籠罩一般不清晰，對他們而言，修持光明或光的相狀，極其重要；即使不是如此，如果能反覆修持光明，對一切所緣的明分

都會大有裨益。」在其餘諸大教典當中，並未見到明確指出沉沒的定義。沉沒當中有善與無記二種，昏沉則是不善與有覆無記其中一者，並且只會是愚癡分。諸大教典中也提到，要消除沉沒，必須心想佛陀身像等歡喜的對境，以及修持光明而振奮內心。因此遮止內心有如黑暗籠罩一般對境界不清晰，以及心識的執取相趨於低弱以後，必須一併具足所緣清晰與執取狀態的牢固程度；僅有對境清晰與有境的澄淨分並不足夠。掉舉較容易了知，然而發現在堪為依據的諸大教典當中，並未明確辨識沉沒，因此難以了知；但是發現這極其重要，因為見到將此誤認為無過失的等持，是極大的錯謬。因此，內心應該細膩地從體驗上，按照《修次第論》中所說善加觀察而辨識。

❶ 《修次中篇》云 引文見《丹珠爾》對勘本冊64，頁134。

❷ 《解深密經》亦云 引文元魏菩提流支譯《深密解脫經》作：「彌勒！若菩薩為睡不利、心著三昧及餘三昧三摩婆提染於所染。彌勒！是名內心散亂。」唐玄奘大師譯《解深密經》作：「若由惛沈及以睡眠，或由沈沒，或由愛味三摩鉢底，或由隨一三摩鉢底諸隨煩惱之所染污，當知是名內心散動。」見《大正藏》冊16，頁678、701；《甘珠爾》對勘本冊49，頁82。

❸ 三摩鉢底諸隨煩惱 三摩鉢底，梵語Samāpatti音譯，意譯作等至。由於令心與心所等分趣入所緣，或令身中的四大種等分而轉，故稱為等至。隨煩惱，《大乘阿毗達磨集論》提到，凡是貪、瞋、慢、無明、疑、見六根本煩惱，同樣

也是隨煩惱。另外一種安立方式，是將六根本煩惱以外的染汙行蘊所攝的心所，如忿、恨、覆、惱等，作為隨煩惱。平常在五十一心所中的二十隨煩惱，是依第二種方式而安立，此時隨煩惱與根本煩惱便沒有共同事。由於透過這些心所隨惱於心，令不離欲、令不解脫、令不斷障，所以稱為隨煩惱。三摩鉢底諸隨煩惱，即是指等引地所攝的隨煩惱，也就是色界地或無色界地所攝的隨煩惱。參見《大正藏》冊31，頁677；《丹珠爾》對勘本冊76，頁205。

❹ 《集論》亦於說隨煩惱散亂之時說其沈沒　相應段落參見唐玄奘大師譯《大乘阿毘達磨集論》：「何等散亂？謂貪、瞋、癡分心流散為體。此復六種，謂自性散亂、外散亂、內散亂、相散亂、麁重散亂、作意散亂。云何自性散亂？謂五識身。云何外散亂？謂正修善時，於五妙欲其心馳散。云何內散亂？謂正修善時沈、掉、味著。」見《大正藏》冊31，頁665；《丹珠爾》對勘本冊76，頁133。

❺ 《集論》云　引文唐玄奘大師譯《大乘阿毘達磨集論》作：「何等惛沈？謂愚癡分，心無堪任為體，障毘鉢舍那為業。」見《大正藏》冊31，頁665；《丹珠爾》對勘本冊76，頁132。

❻ 《俱舍釋》云　《俱舍釋》，阿毗達磨部論典，全名《阿毗達磨俱舍釋論》，又名《俱舍論自釋》，共9品，世親菩薩著。漢譯本有陳真諦三藏譯《阿毘達磨俱舍釋論》22卷；唐玄奘大師譯《阿毗達磨俱舍論》30卷，共二種。此論因緣漢藏說法不同，漢地傳稱世親菩薩曾為眾人講述《大毘婆沙》，每日總攝當日所說內涵而造一偈，經過六百多日而造六百多偈，即《俱舍論頌》。之後將此論寄回罽賓國，國中毘婆沙師不了解其中意涵，又請菩薩造論解說，於是菩薩遂造此釋論。藏傳則認為世親菩薩為了懺悔往昔毀謗大乘的惡業，依循至尊慈氏的引導，廣造大小乘釋論，其中包含了《俱舍論》及其自釋。引文陳真諦三藏《阿毘達磨俱舍釋論》作：「無安謂身重、心重，身心於事無能。」唐玄奘大師譯《阿毗達磨俱舍論》作：「云何惛沈？謂身重性、心重性，身無堪任性、心無堪任性。」見《大正藏》冊29，頁178、19；《丹珠爾》對勘本冊79，頁164。

❼ 《修次中篇》云　見前頁198註1。

❽ 《修次》所說　見前頁198註1。

生覺沈掉正知之方便者❶：非唯了知沈掉便足，須於修時能生正知，如實了知沈沒、掉舉生與未生。又由漸生有力正知，故於沈掉生已無間，即能生起識彼正知，固不待言，縱實未生而將生時，亦須生起覺了正知，《修次》中、下篇云❷：「見心沈沒，或恐沈沒。」又云❸：「見心掉舉，或恐掉舉。」乃至未生如斯正知，縱自斷言「從彼至此中無沈掉，所修無過」，然非實爾，以生沈掉亦不知故，有力正知未生起故。如是亦如《中邊論》云❹「覺沈掉。」謂覺沈掉須正知故。如是若未生起正知，凡生沈掉即必覺察，則雖久修，沈掉正生而不自覺，必以微細沈掉耗時。

　　生起證知沉掉的正知的方法：僅有對沉掉的理解並不足夠，在修持的時候，必須能夠生起如實了知是否產生沉掉的正知。由於有力的正知是逐漸發起的，所以，要能夠生起在沉掉產生的當下就能發覺的正知，固然不用說，而且還必須生起在即將產生而尚未直接產生時便能發覺的正知，因為《修次》後二篇中說：「如果見到內心沉沒或者有沉沒之虞」，以及「見到內心掉舉或者有掉舉之虞。」在尚未生起這樣的正知以前，即使斷言：「從那時到此時之間生起了毫無沉掉的無過失修行」，也並非事實，因為即使產生了沉掉也無法得知的緣故。這是因為並未生起有力的正知。上述在《辨中邊論》中也說：「證知沉沒與掉舉。」提到要了知沉掉需要正知。既然如此，如果不生起只要產生沉掉就不可能

不了知的正知，縱使經過長時間的修持，將會連沉掉正在產生都未能察覺，而在細分的沉掉中消耗時光。

❶ 生覺沈掉正知之方便者　即前頁192「於正修時生覺沈掉正知之方便」一科。

❷ 《修次》中下篇云　《修次中篇》見前頁198註1；《修次下篇》見《丹珠爾》對勘本冊64，頁166。

❸ 又云　引文出自《修次》中下篇。見《丹珠爾》對勘本冊64，頁140、167。

❹ 《中邊論》云　引文陳真諦三藏譯《中邊分別論》作：「高下能覺知。」唐玄奘大師譯《辯中邊論頌》作：「覺沈掉。」見《大正藏》冊31，頁458、471；《丹珠爾》對勘本冊70，頁909。

若爾，正知云何生耶？答：前所開示修念之法，即一最要之因。以若能生相續憶念，即能破除忘境❶散逸，故能遮止沈掉生已久而不覺，遂易覺了沈掉。以覺失念時之沈掉，與覺未失時之沈掉，二時延促❷，環繞體驗觀之甚明。故《入行論》亦密意說❸：「住念護意門，爾時生正知。」《辨中邊論疏》亦云❹：「言『正知者，由念記言❺，覺沈掉』者，謂安住念，始有正知。是故說云：『由念記言。』」餘一因者，是正知不共修法，即令心緣天身等所取之相❻，或緣覺受唯知唯明等能取相❼，次如前說於修念中，相續偵察流未流散餘處，任持其心，應執此

即將護正知扼要。 護正念法亦是正知之因，相續偵察心流散否，是為正知不共之因[1]。

若是心想，那麼要如何發起這樣的正知？對此，前述維繫正念的方法即是一個最重要的因。因為如果能夠生起持續的正念，就能阻止遺忘所緣而散逸，所以沉掉產生已久卻未察覺的情況便能遮除，因此易於證知沉掉。因為要在正念退失時了知沉掉，與在未退失時了知沉掉，二者的時間長短，只要圍繞著經驗進行觀察，便非常清楚。基於這個用意，《入行論》中也提到：「何時正念能為了守護心意之門而安住，那時正知便會出現。」《辨中邊論疏》中也說：「所謂『如果不遺忘正念，正知便能證知沉沒與掉舉』，是指如果安住正念，便會具足正知，所以提到『如果不遺忘正念』。」另一個因是維繫正知的不共方法，亦即內心緣著天尊身等所取行相，或者緣著唯知唯明的覺受等能取行相，在如前所述依止正念的狀態中，持續偵察是否流散至餘處而執持內心，這是維繫正知的關鍵。維繫正念的方法，本身也是正知的因；而持續偵察內心是否流散，則是正知的不共因。

[1]「護正念法亦是正知之因，相續偵察心流散否，是為正知不共之因」哲霍本作巴註。

❶境　藏文直譯為「所緣」。

❷延促　指時間長短。延，長也；促，短也。

❸《入行論》亦密意說　引文宋天息災譯《菩提行經》作：「若能守意門，護之住不散。」今人隆蓮比丘尼譯《入菩薩行論廣解》作：「若為守護意根門，其時正念能安住，爾時正知即現前。」如石法師譯《入菩薩行》作：「為護心意門，安住正念已，正知即隨臨。」如性法師譯《入菩薩行論釋·佛子正道》作：「若時為防護，正念住意門，爾時正知來。」此處藏文原為三句，法尊法師取義節譯為兩句。引文見《入菩薩行論廣解》，頁118；《入菩薩行》，頁34；《入菩薩行論釋·佛子正道》冊上，頁126；《大正藏》冊32，頁545；《丹珠爾》對勘本冊61，頁973。

❹《辨中邊論疏》亦云　引文見《丹珠爾》對勘本冊71，頁701。

❺由念記言　藏文直譯為「若念不忘」。記言，為「不忘」的古譯。《辯中邊論》云：「記言謂，念能不忘境，記聖言故。覺沈掉者，謂即正知，由念記言便能隨覺惛沈、掉舉二過失故。」參見《大正藏》冊31，頁471。

❻所取之相　與能取之相相對而言，此處的所取指境。天尊身是區分為心識與境二者當中的境，所以緣著天尊身，即是緣著所取之相。

❼能取相　與所取之相相對而言，此處的能取指心識等有境。唯知唯明的覺受是區分為心識與境二者當中的心識，所以緣著唯知唯明的覺受，即是緣著能取之相。

如是亦如《入行論》云❶：「數數審觀察，身心諸分位，總之唯彼彼，是護正知相。」故此能生了知沈掉將生之正知，由修念法是遮散後所起忘念，是故應善辨別。若不爾者，將一切心混雜為一，不知分辨，如近世人修習而修，由混亂因，所修三摩地果恐亦如是。故應順一堪為依據大論，細慧觀察，修驗決擇，極為重要，不應唯恃耐勞。如❷聖勇[1]《攝波羅蜜多論》

云❷：「❷若無智慧，獨修精進❷無大進程，徒自苦邊❸，❷若此精進以慧伴〔將護，❷謂助益或利益。〕，則成大利。」

而這也如《入行論》中所說：「應當反覆地觀察身心的狀態；總而言之，唯有這才是守護正知的相狀。」所以由此能引發在沉掉即將產生時便能察覺的正知，而透過依止正念的方法，能夠遮止散逸的遺忘，所以必須善加辨別。如果不這麼做，將這些心識悉數混為一談而不懂得辨別，如同近代的修法一般而修習，透過混亂的因修持，則其等持之果恐怕也會如此出現。所以要符順堪為依據的一部大論，以極其縝密的智慧觀擇，透過行持進行抉擇，這極為重要，不應僅僅仰仗堅毅刻苦。因為聖勇論師在《攝波羅蜜多論》中說：「如果沒有智慧，唯獨修持精進，不會有長足的進展，所以只會是偏頗地自取勞苦；如果此精進以智慧輔助修習、幫助或裨益，便能成就巨大的利益。」

[1]「❷聖勇」 果芒本原作「❷聖自在」，拉寺本、雪本作「❷聖勇」。按，《攝波羅蜜多論》為聖勇阿闍黎所造，故依拉寺等本改之。

❶《入行論》云 引文宋天息災譯《菩提行經》作：「若身若心位，當微細觀察。」今人隆蓮比丘尼譯《入菩薩行論廣解》作：「於自身心應隨時，數數審觀毋放任，總攝而言唯此法，是護正知之行相。」如石法師譯《入菩薩行》作：「再三宜深觀，身心諸情狀；僅此簡言之，即護正知義。」如性法師譯《入菩薩

行論釋・佛子正道》作：「應數數觀察，身心諸情狀；僅此簡言之，即護正知義。」見《入菩薩行論廣解》，頁150；《入菩薩行》，頁44；《入菩薩行論釋・佛子正道》冊上，頁161；《大正藏》冊32，頁547；《丹珠爾》對勘本冊61，頁979。

❷《攝波羅蜜多論》云　引文見《丹珠爾》對勘本冊64，頁1618。

❸ 自苦邊　指自取勞苦的偏頗行為，《瑜伽師地論本地分中菩薩地初持瑜伽處戒品纂釋》中說：「若臥荊棘灰坌等中，或三事火，或三昇水，自取煎迫受極苦楚，隨逐加行令自疲苦，名自苦邊。」參見《大正藏》冊8，頁607。

第二、修習對治知已不為斷彼勤加功用：修習正念、正知之法，由如前說善修習已，生起有力正念、正知。由正知故，極細沈掉皆能覺了，無有沈掉生已不識之過。然彼二者生已無間，不修破除功用，忍而不起功用、不作行❶ 者，是三摩地極大過失。以若如是，令心成習，極難發起離沈掉定。故於沈掉生已不行斷除，應修對治名曰「作行、功用」之思。

第二、依止雖已辨識卻不勤於斷除沉掉的對治品：如前所述，透過善加行持維繫正念與正知的方法，便會生起極其有力的正念、正知，即使極其微細的沉掉也都能夠以正知察覺，所以不會有產生沉掉卻未能辨識的過失。但是不依止勤奮，在這二者產生的當下就遮除，反而接受，這樣的不勤奮或不作行，則是極大的等持過失。因為如果這麼做，成為了內心的習慣後，要發起遠離沉掉的等持將極其困難。因此，產生沉掉而不作斷除，其對治法即被命名為「作行」或「功用」的思，對此應當修持。

此中分二：˘ 正明其思，滅沈掉法；ˇ 明依何因而生沈掉。
今初：

如《集論》云❶：「ⓔ此處思與行同義。云何為思？令心造作之意業，
於善、不善、無記役心為業。」應如是知。此復如由磁石力故，
令鐵轉動不得自在，如是於善、不善、無記隨一，令心策動之
心所者，是名為思。此中是明沈掉隨一生時，令心造作斷彼之
思。

若爾，如是為斷沈掉，發動心已，當如何修滅沈掉理？心沈沒
者，由太向內攝，失所緣之執取相，故應於彼作意諸可欣事，
能令心意向外之因。此復如極端嚴佛像，非生煩惱可欣樂法。
又可作意日光等諸光明相狀。沈沒除已，即應無間堅持所緣執
取相而修。如《修次初篇》云❷：「若由昏沈、睡眠所覆，執持
所緣不顯，心沈沒時，應修光明想，或由作意極可欣事佛功德
等，沈沒除已，仍持所緣。」此不應修厭患所緣，厭患是心內攝

因故。又以觀慧思擇開衍樂思之境，亦能除沈，《攝波羅蜜多論》云❸：「^(二)由勤修觀❷智慧抉擇[1]力，^(一)〔退弱，❷謂沉沒也。〕則^(三)策舉❷心。」沈沒或退弱者，謂所緣執取相力漸低劣，故名「沈沒」；太向內攝，故名「退弱」，故由策舉持力❹及廣開所緣即能除遣。《中觀心論》云❺：「退弱應寬廣，修廣大所緣[2]。」又云❻：「退弱應策舉，觀精進勝利。」《集學論》亦云❼：「若意退弱，應修可欣而令策舉。」諸大賢哲同所宣說，故除沈沒最要之對治，謂思惟三寶及菩提心之勝利，並得暇身大利等功德，須如睡面❽澆以冷水頓能清醒。此須先於諸勝利品，以妙觀察觀察修之，令發覺受。

這之中分為二科：一辨識思並遮除沉掉的方法；二辨識是依著什麼因而產生沉掉。第一科：

如同《集論》中所說：「此處的思與行同義。何為思？是指令內心有所作為的意業，具有使內心趣入於善、不善與無記的作業。」應當如此了知。就如同在磁石的作用下，導致鐵不由自主地移動一般，策動內心轉向善、不善或無記三者其中之一，這樣的心所即是思。所以此處是指產生沉掉任何一者時，使心有所作為而斷除它的思。

若問：那麼如此地策動內心以斷除沉掉後，要以何種方式遮除沉掉？
答道：此處所指的內心沉沒，是由於過度向內收攝，而喪失了所緣的執取相，所以對此應當作意使內心向外流散的因所屬的歡喜之事。而這是

指諸如極其端嚴的佛像等，並非指能產生煩惱的歡喜。或者作意日光等光明的相狀。當沉沒清除時，當下就要穩固維繫所緣的執取相。因為就如《修次初篇》中所說：「何時被昏沉與睡眠覆蔽，不再清晰執取所緣，內心沉沒時，要修持光明之想，或者作意最為歡喜之事——佛陀等的功德，藉此消除沉沒，牢固地執取該所緣。」對此不應修持可厭的所緣，因為厭惡是心向內收攝的因。以分別觀察的智慧觀擇所想要觀擇的對境而開衍，也能排除沉沒，因為《攝波羅蜜多論》中說：「如果形成退弱，亦即沉沒，便以勤修勝觀，亦即智慧觀擇的力量振奮內心。」綜上所述，所謂沉沒或退弱，是指所緣的執取相趨於低下，所以名為「沉沒」；由於過度向內收攝，所以名為「退弱」。因此透過振奮執取相，以及廣大地興起所緣而開衍，即能排除。因為《中觀心論》中說：「退弱，要透過修持廣大的所緣而使之寬廣。」以及「退弱，也要見到精進的利益而振奮。」《集學論》中也提到：「對此如果心意退弱，應當修持歡喜而振奮。」眾多大善巧成就者都共同地宣說，所以遮除沉沒最重要的對治，即是思惟三寶與菩提心的利益，以及獲得閒暇意義重大等的功德，必須能夠達到有如在瞌睡者的臉上淋灑冷水，而使精神頓時清醒一般，而這取決於透過分別觀察的觀察修，對於利益方面產生覺受。

[1]「 智慧抉擇」拉寺本、雪本作「 智慧抉擇」。 [2]「修廣大所緣」哲霍本作「修渙散所緣」。按，「渙散」（ཡེངས་པ）為「廣大」（ཡངས་པ）之訛字。

❶如《集論》云 引文唐玄奘大師譯《大乘阿毘達磨集論》作：「何等為思？謂於心造作，意業為體，於善、不善、無記品中役心為業。」見《大正藏》冊31，頁664；《丹珠爾》對勘本冊76，頁125。

❷ **如《修次初篇》云**　引文宋施護譯《廣釋菩提心論》作：「若時昏沈、睡眠生起，應觀佛等功德勝喜悅事，彼能止息。復次如是於所緣中，如應堅固攝持不散，即得相應。」見《大正藏》冊32，頁567；《丹珠爾》對勘本冊64，頁89。

❸ **《攝波羅蜜多論》云**　引文見《丹珠爾》對勘本冊64，頁1610。

❹ **策舉持力**　據如月格西解釋，「策舉」為「振奮」之義。此指「振奮心執取所緣的狀態」。

❺ **《中觀心論》云**　引文見《丹珠爾》對勘本冊58，頁9。

❻ **又云**　引文出自《中觀心論》。見《丹珠爾》對勘本冊58，頁9。

❼ **《集學論》亦云**　《集學論》，中觀部論典，共14卷，18品，寂天菩薩著。漢譯有宋法護共日稱等譯《大乘集菩薩學論》25卷，然署名為法稱菩薩（dharmakīrtiḥ）著。本論將菩薩所應恆常修學、行持的內容，歸納為對身、受用、善根三者各修施捨、守護、清淨、增長四事等十二門，並引述大量經典而廣為開示。引文宋法護共日稱等譯《大乘集菩薩學論》作：「喜樂修習者遠諸懈退。」見《大正藏》冊32，頁116；《丹珠爾》對勘本冊64，頁1280。

❽ **睡面**　夏日東活佛提到，此處的「睡」並非指熟睡，而是指瞌睡。參見《夏日東文集》冊3，頁73。

又生沈沒所依之因，謂昏沈、睡眠及能生昏、睡之心黑闇相[1]，若修光明習近對治，依彼所生沈沒亦能不生，生已滅除。《聲聞地》說❶，威儀應經行，善取明相，數修彼相，以及隨念佛、法、僧、戒、捨、天六中隨一，或以所餘清淨所緣真實策舉其心，或當讀誦顯示昏沈、睡眠過患之法，或瞻方所及月、星辰，或以冷水洗面等。

此復沈沒若極微薄，或唯少起，勵心正修心執取相。見沈濃厚，或數現起，則應暫捨修三摩地，如其所應修諸對治，待沈除已後乃修習。若見心取內觀外觀所緣相不明顯，心如暗覆之相，隨其厚薄，若不斷除而修習者，沈沒難斷，故應數數修能對治諸光明相。《聲聞地》云❷：「應以光明俱心、照了俱心、明淨俱心、無闇俱心❸正修止觀。如是汝於止觀之道修習光明想時，設有最初勝解所緣相不分明、光明微小，由數修習為因緣故，於其所緣勝解分明、光明轉大。若有最初行相分明、光明廣大，其後轉復極其分明、光明極大。」此說最初所緣分明者尚須修習，況不分明？應取何等光明之相，亦如前論說云❹：「應從燈明，或大火明，或從日輪取光明相。」如此之修光明相，非獨修習三摩地時，餘亦應修❺。

依之而產生沉沒的因，是指昏沉、睡眠，以及引起這二者之法——內心黑暗的行相，如果串習光明，依止這樣的對治，依靠這些的沉沒便不會生起，已經生起的則會遮除。其中，《聲聞地》提到行為是要經行，並且在心中善加記取光明的相狀而反覆串習；以及透過佛隨念、法隨念、僧隨念、戒隨念、捨隨念與天隨念六者其中之一，或者以其餘清淨所緣正確地振奮內心；以及將開示昏沉、睡眠過失的眾多法要，作為課誦而誦唸；以及觀視諸方與明月星辰、用水清洗臉孔等等。

另外，如果沉沒極其微薄，僅僅出現少數幾次，則應穩固內心的執取相而修持；若是發現沉沒厚重，一再地出現，則應暫停修定，隨宜地依靠這些對治法清除沉沒，清除後再繼續修持。若是發現內心所執取向內或向外的所緣不清晰，內心有如被黑暗籠罩，無論其厚薄，如果不消除而仍舊修持，便難以截斷沉沒，所以應當反覆修持其對治法的光明相狀。因為《聲聞地》中說：「要以具足光明、具足光芒、明亮與無暗之心，正確地修持寂止與勝觀。當你對於寂止與勝觀道如此修持光明之想時，即使起初對於所緣的勝解不清晰，並且光明微小，但是透過串習修持的因緣，將會轉為對於其所緣勝解清晰，並且光明盛大。若是起初便已非常清晰，並且光明盛大，其後則會更加轉為極其清晰，光明極其盛大。」文中提到縱使從最初所緣便已清晰，尚且應當修持，更何況是不清晰者？要執取何種光明的相狀，也如前述那部論中所說：「要從燈燭之光、火焰之光，或者從日輪執取光明的相狀。」如此地修持光明的相狀，並非僅限於等持的時刻，其他時候也應當修持。

[1]「謂昏沈、睡眠及能生昏、睡之心黑闇相」 拉寺本、雪本、單註長函本作「謂昏沈、睡眠及能生為昏、睡之心黑闇相」。

❶《聲聞地》說　相應段落參見唐玄奘大師譯《瑜伽師地論》：「問：於經行時從幾障法淨修其心？云何從彼淨修其心？答：從惛沈、睡眠蓋及能引惛沈、睡眠障法淨修其心。為除彼故，於光明想善巧精懇，善取、善思、善了、善達，以有明俱心，及有光俱心，或於屏處，或於露處往返經行。於經行時，隨緣一種淨妙境界，極善示現、勸導、讚勵、慶慰其心，謂或念佛、或法、或僧、或戒、或捨，或復念天。或於宣說惛沈、睡眠過患相應所有正法，於此法中為除彼故，

以無量門訶責、毀呰惛沈、睡眠所有過失，以無量門稱揚、讚歎惛沈、睡眠永斷功德，所謂契經、應頌、記別、諷誦、自說、因緣、譬喻、本事、本生、方廣、希法及以論議，為除彼故，於此正法聽聞、受持，以大音聲若讀、若誦，為他開示、思惟其義、稱量觀察。或觀方隅，或瞻星月諸宿道度，或以冷水洗灑面目。由是惛沈、睡眠纏蓋，未生不生，已生除遣。」見《大正藏》冊30，頁412；《丹珠爾》對勘本冊73，頁94。

❷《聲聞地》云　引文唐玄奘大師譯《瑜伽師地論》作：「若汝能以光明俱心、照了俱心、明淨俱心、無闇俱心，修奢摩他、毘鉢舍那，如是乃為於奢摩他、毘鉢舍那道修光明想。若有最初於所緣境多不分明，數習勝解，其相闇昧。由是因緣，後所修習所有勝解，亦不分明，雖多串習而相闇昧。若有最初於所緣境多分分明，數習勝解，其相明了。由是因緣，後所修習轉復分明，雖少串習而相明了。」見《大正藏》冊30，頁461；《丹珠爾》對勘本冊73，頁386。

❸光明俱心照了俱心明淨俱心無闇俱心　唐法成法師《瑜伽論手記》解為：「言光明俱心者，謂燈光明也。言照了俱心者，謂火光明也。言明淨俱心者，謂日光明也。言無闇光明者，謂月光明也。」此段《聲聞地》文中也提到：「賢首，汝先所取諸光明相，於奢摩他品加行中，及於毘鉢舍那品加行中，皆應作意如理思惟。」其中所說「諸光明相」，即是《聲聞地》前面所說：「復應數數取光明相，謂或燈明、或大火明、或日輪明、或月輪明。」《廣論》此處引用《聲聞地》文之後，亦隨即同樣引用「謂或燈明」一段而開示所取光明之相。故將「光明俱心」等結合「燈明」等，供讀者參考。然藏文《聲聞地》並無「或月輪明」，與玄奘大師譯文略有不同。參見《大正藏》冊85，頁941。

❹亦如前論說云　前論即指《聲聞地》。引文唐玄奘大師譯《瑜伽師地論》作：「復應數數取光明相，謂或燈明、或大火明、或日輪明、或月輪明。」見《大正藏》冊30，頁460；《丹珠爾》對勘本冊73，頁379。

❺餘亦應修　夏日東活佛提到，透過文殊法而修智慧，以及修生起次第時，也都必須修光明相。參見《夏日東文集》冊3，頁74。

掉舉者，由貪為門，令心追趣色聲等境，此應作意諸可厭事，能令心意向內攝錄❶之因。以此息滅掉舉無間，於先所緣等引其心。《修次初篇》云❷：「若憶先時散亂、嬉戲等事，見心時時掉舉，爾時應當作意諸可厭事，謂無常等，由此能令掉舉息滅。次應勵力令心仍於前所緣境無作用❸轉。」《中觀心論》亦云❹：「作意無常等，息滅掉舉心。」又云❺：「觀散相過患，攝錄散亂心。」《集學論》亦云❻：「若掉舉時，應作意無常而善息滅。」故掉舉太猛或太延長，應暫捨正修而修厭離，方至扼要❼；非是心一流散，即由攝錄而安住之。掉舉若未強力如許，則由攝錄流散，令繫所緣，如《攝波羅蜜多論》云❽：「若意掉舉時，以止理遮止。」經中說云❾：「心善安住。」《瑜伽》釋為掉舉對治❿。

總之說二：若心掉動，應於所緣善住其心；若沈沒時，於可欣境應善執持⓫。如《聲聞地》云⓬：「由是其心於內攝略⓭，若已下劣，或恐下劣，觀見是已，爾時隨取一種善持淨相⓮，令善執持，慶悅其心，是名善持其心。云何善住[1]？即善持時，其心掉動，或恐掉動，觀見是已，爾時還復於內攝略其心，於奢摩他令善安住。」心掉動時，不應作意淨可欣境，以是向外散動因故。

掉舉，是內心由於貪欲而奔馳於色聲等境界，所以對此要在心中思惟能使心意向內收攝之因——內心厭離之事。由此止息掉舉的當下，內心便等引於先前的所緣，因為《修次初篇》中說：「何時回憶起先前散亂、嬉戲等事，並且見到內心時時會掉舉，那時便應當作意無常等能令內心厭離之事，藉此止息掉舉。接著再度致力於使內心無作行地趣入該所緣。」《中觀心論》也提到：「應當透過作意無常等止息掉舉。」以及「應當將散逸的相狀視為過患，以收攝散逸。」《集學論》中也說：「如果形成掉舉，應當作意無常而使之完全止息。」因此如果出現猛烈或長久的掉舉，要暫緩正修而修持厭離，這才是達到關鍵；並非每次內心流散都收回而安住即可。如果並未如此強烈，則應收回流散而安置於所緣，因為《攝波羅蜜多論》中說：「何時心中形成掉舉，便應以寂止的方式去除。」經中說道：「內心善加安住」，《瑜伽師地論》中提到這是掉舉的對治。

總體而言提到二事，如果內心掉舉，就要善加安住於所緣；如果內心沉沒，就要善加執取歡喜的對境。《聲聞地》中說：「既然如此，內心如果向內收攝，當發現已形成退弱，或有退弱之虞，這時要以任何一種純淨的執持相狀執持並產生歡喜，這即是善加執持內心。問道：如何才是善加安住？答道：是指在善加執持時，當發現內心掉舉，或有掉舉之虞，這時也要向內收攝內心，並善加安住於寂止。」內心掉舉的狀態下，不應作意純淨歡喜的對境，因為這是向外散逸之因。

[1]「云何善住」 果芒本原作「所謂善住」，拉寺本、雪本、哲霍本、單註本作「云何善住」。按，各本咸作「云何」，故依而改之。

❶ **攝錄**　收攝。

❷ **《修次初篇》云**　引文宋施護譯《廣釋菩提心論》作：「又復若時前心愛樂喜悅，隨生後心高舉，爾時應作無常等觀。如是總說，於所緣中應使心無動作。」見《大正藏》冊32，頁567；《丹珠爾》對勘本冊64，頁89。

❸ **無作用**　即「不作行」。見前註頁206註1。

❹ **《中觀心論》亦云**　引文見《丹珠爾》對勘本冊58，頁9。

❺ **又云**　引文出自《中觀心論》。見《丹珠爾》對勘本冊58，頁9。

❻ **《集學論》亦云**　引文宋法護共日稱等譯《大乘集菩薩學論》作：「而常作意者，息除高舉。」見《大正藏》冊32，頁116；《丹珠爾》對勘本冊64，頁1281。

❼ **方至扼要**　據哈爾瓦·嘉木樣洛周仁波切解釋，即「產生效果」之義。

❽ **《攝波羅蜜多論》云**　引文見《丹珠爾》對勘本冊64，頁1611。

❾ **經中說云**　引文出自《大般若波羅蜜多經》。唐玄奘大師譯《大般若波羅蜜多經》作：「持心。」見《大正藏》冊7，頁487；《甘珠爾》對勘本冊31，頁725。

❿ **《瑜伽》釋為掉舉對治**　相應段落參見唐玄奘大師譯《瑜伽師地論》：「云何持心？謂修舉時，其心掉動、或恐掉動，觀見是已，爾時還復於內略攝其心，修奢摩他，是名持心。」見《大正藏》冊30，頁443；《丹珠爾》對勘本冊73，頁281。

⓫ **善執持**　藏文此字與玄奘大師譯《聲聞地》所云「慇懃策勵」、「策心」的「策」、「修舉」的「舉」皆為同一字。前文「善住其心」即《聲聞地》所云「持心」。

⓬ **《聲聞地》云**　引文唐玄奘大師譯《瑜伽師地論》作：「由是因緣其心於內極略，下劣、或恐下劣，觀見是已，爾時隨取一種淨妙舉相，慇懃策勵，慶悅其心，是名策心。云何持心？謂修舉時，其心掉動、或恐掉動，觀見是已，爾時還復於內略攝其心，修奢摩他，是名持心。」見《大正藏》冊30，頁443；《丹珠爾》對勘本冊73，頁281。

⓭ **攝略**　義如「攝錄」，見前註1。略與錄二字，聲紐相同，故義可相通。

⓮ **善持淨相**　依據如月格西解釋，此指純淨的執取相狀。

第二、**明能生沈掉之因者❶**：《本地分》云❷：「何等沈🈴掉相🈴或因？謂不守根門、食不知量、初夜後夜不勤修行覺寤加行、不正知住，🈴至此四者，是二者共因。此後沉因：是癡行性、耽著睡眠❸、無巧便慧🈴三者，🈴此後亦是沉因：懈怠俱行欲、🈴此俱行勤、🈴此俱行心、🈴此俱行觀，🈴又沉因有不曾修習正奢摩他，於奢摩他未為純善❹，一向思惟奢摩他相❺；其心昏闇❻，於所緣境不樂攀緣❼。」沈沒相者，於此應知是沈沒因。〔「懈怠俱行」者，🈑懈怠俱行欲等之義，非是真實懈怠，是將心於所緣弛緩執取相，稱為「懈怠」[1]。〕，通勤、心、觀。

又前論云❽：「何等掉相🈴或因？謂不守根等四，如前廣說。是貪行性、不寂靜性、無厭離心、無巧便慧，太舉俱行欲等如前，🈴謂策舉❾俱行精進，及彼俱行心、彼俱行觀。不習精勤，未嫻善持，唯一向修；由其隨一隨順掉法親里尋❿等動亂其心。」掉舉相者，謂掉舉因。🈑言策舉者，所緣執取相太過緊也。太舉者，謂於可欣境太執其心；與此俱行欲等四法，即如前說。

辨識產生沉掉的因：《本地分》中說：「何為沉沒與掉舉的相狀或者起因？是指不守護根門、飲食不知量、不勤於初夜與後夜不入睡的加行，以及處於不正知。到此處為止這四者為沉掉二者共通的因；其後沉沒的因，為現行愚癡、嗜睡、不了知方法這三者，而此後也是沉沒的因：具足懈怠的欲求、具足懈怠的

精進、具足懈怠的心、具足懈怠的觀擇；接著也是沉沒的因：未串習寂止、未熟練寂止而作意片面的寂止、內心處於黑暗、不喜投注於所緣。」沉沒的相狀，在此應當了知是指沉沒的因。其中所謂〔「具足懈怠」，具足懈怠的欲求等的意涵，並非是指真正的懈怠，所以是將鬆懈了所緣的執取相，命名為「懈怠」。〕，也要結合至精進、心與觀擇。

前論又提到：「何為掉舉的相狀或者起因？如前所述，是指不守護根門等四者；現行貪欲、具有不寂靜的本性、內心沒有厭離、不了知方法，以及如同前述，具足太過堅持的欲求等，具足堅持的精進、具足堅持的心、具足堅持的觀擇；未串習精進、未熟練善加執持而只修持其局部，以及思慮親友等等，由於任何與掉舉相順之法而導致內心散亂。」掉舉的相狀，是指掉舉的因。堅持，是指所緣的執取相過度緊繃。太過堅持，是指對於歡喜的對境過度執持內心；而具足此的欲求等，即是前述的四者。

[1]「⬚懈怠俱行欲等之義……稱為『懈怠』」　拉寺本作巴註。

❶**明能生沈掉之因者**　即前頁206「明依何因而生沈掉」一科。

❷**《本地分》云**　引文唐玄奘大師譯《瑜伽師地論》作：「何等沈相？謂不守根門、食不知量、初夜後夜不常覺寤勤修觀行、不正知住；是癡行性、耽著睡眠、無巧便慧；惡作俱行欲、勤、心、觀；不曾修習正奢摩他，於奢摩他未為純善，一向思惟奢摩他相；其心惛闇，於勝境界不樂攀緣。」見《大正藏》冊30，頁334；《丹珠爾》對勘本冊72，頁990。

❸**耽著睡眠**　藏文直譯為「睡眠厚重」。

❹**純善**　藏文直譯解為「純熟」。

❺**一向思惟奢摩他相**　依據如月格西解釋，此處的一向係指偏於一邊而有失

偏頗，並非真正的寂止，僅具有寂止的部分特徵。如明分、住分、明分勢力等皆是寂止所需具備特徵，然僅專務於其中的住分而忽略明分，則會導致沉沒產生。下文「唯一向修」則是指「唯一向修太舉」，亦即過度緊繃、過度內攝，由此導致掉舉產生，有失平和適中之意。

❻ 昏闇　黑暗，同「昏暗」。

❼ 攀緣　藏文直譯為「投注」。

❽ 又前論云　前論即指《本地分》。引文唐玄奘大師譯《瑜伽師地論》作：「何等掉相？謂不守根門等四，如前廣說。是貪行性、樂不寂靜、無厭離心、無巧便慧，太舉俱行如前欲等。不曾修舉，於舉未善，唯一向修；由於種種隨順掉法親里尋等動亂其心。」見《大正藏》冊30，頁334；《丹珠爾》對勘本冊72，頁990。

❾ 策舉　藏文直譯為「善為執持」，此字原有褒義，然在此結合《本地分》，應為「太舉」，即「執持太過」。故下文所說「俱行精進，彼俱行心、彼俱行觀」皆應作「太舉俱行精進，太舉俱行心、太舉俱行觀」理解。後文巴註「言策舉者」，亦是「太舉」之義。

❿ 親里尋　藏文直譯為「思慮親友」。尋，尋思、思慮。親里，親友。

由是前說未修中間行持章中所示防護根門等四，於滅沈掉為要；復次，顯然由知彼諸因已，若勤遮滅彼等，於滅沈掉極為利益。故沈掉雖微❶，皆以正知覺了，沈掉若何悉不忍受，須畢竟滅。若不爾者，《辨中邊論》說❷是名「不作行」三摩地過。故或念云：微細掉舉及散亂等，於初時中斷亦不絕，故不應斷。於是捨棄。又謂：彼等若無猛利、連鎖❸過長，則力微劣、短促，不能造業，故不須斷。不為斷彼而起作行。此皆不知修

習清淨三摩地法，詐現為知，欺求定者，以其背離慈尊等師，
於修三摩地法決擇軌理。

如是滅沈掉時，亦多先為掉舉、散亂所障，故須勵力斷彼。由
此勵力便能止息粗顯掉、散，獲少住分，爾時應當勵防沈沒。
心中勵力防慎沈沒之時，又有較前微細掉舉障礙安住，為斷彼
故，又應策勵。掉舉退時，住分轉增；爾時又有沈沒現起，故於
斷沈又應勵力。總之當從散、掉錄心❹，內繫所緣而求住分。
隨生住分，即當勵防沈沒，令發明晰勢力。此二輾轉修習無過
勝三摩地，不應唯於澄淨住分全無持力俱行明分而起希求。

既然如此，在前述座間行持的章節中所指出的守護根門等四者，對於
遮除沉掉二者而言都相當重要。另外，很顯然如果知曉這些因，接著
勤於遮除這些，則對截斷沉掉會有極大的幫助。因此，即使是微細的沉
掉，也都應當以正知察覺，無論是何種沉掉都不容忍，在任何情況下都
必須遮除。若不這麼做，《辨中邊論》提到這即是名為「不作行」的等持
過失。因此若是心想，微細的掉舉與散亂等，即使最初便截斷也無法去
除，所以不必截斷，於是棄置不理；以及心想這些只要不至於猛烈與太
過長久而連綿不絕，則其力量便微弱且為時短暫，不會造業，因此不須
截斷，於是不為了斷除這些而有所作為。以上這些皆是實際上不了知修
持清淨等持的方法，卻佯裝了知而欺騙希求等持者，因為這已經背離至
尊慈氏等所抉擇修定方法的學說的緣故。

而要如此地遮除沉掉，大多數人最初會被掉舉與散亂所阻礙，所以必須致力於斷除這些。透過如此努力而去除粗顯的掉舉與散逸時，便能稍微獲得住分，此時則要致力於防範沉沒。而內心發力防範沉沒時，又會有一種較先前更微細的掉舉阻礙安住，所以還要致力於截斷這種掉舉。當遮退這種掉舉時，住分便會越發增強，此時又會產生沉沒，所以要致力於截斷沉沒。總而言之，要將內心從流散與掉舉中收回，向內安置於所緣而尋求住分；而一旦住分生起，就要嚴防沉沒，顯發清晰的力量。這二者應當交替進行以修持無過失的等持，不應希冀僅僅澄明的住分，而毫無具足執取相力量的明分。

❶ **沈掉雖微**　夏日東活佛提到，沉有粗中細三種。沒有力量與澄淨分二者，是粗分的沉；沒有力量，只有澄淨分，是中等的沉；雖然有澄淨分，但緣取的力量略微降低，是細分的沉。掉舉有粗細二種。譬如在觀修佛像時一時忘失，從心的境界中失去所緣；失去所緣，即是粗分掉舉。譬如河水在冰層下面流動一般，內心沒有失去所緣，但是從心的一分中，分別心以一種地下活動的方式而臨近現起悅意境相，這樣的掉舉即是細分掉舉。參見《夏日東文集》冊3，頁69、82。

❷ **《辨中邊論》說**　相應段落參見陳真諦三藏譯《中邊分別論》：「懈怠忘尊教，及下劣掉起，不作意作意，此五失應知。」唐玄奘大師譯《辯中邊論頌》：「懈怠忘聖言，及惛沈掉舉，不作行作行，是五失應知。」見《大正藏》冊31，頁458、479；《丹珠爾》對勘本冊70，頁908。

❸ **連鎖**　阿嘉永津解釋，譬如用長繩將羊群拴成一長列，稱之為「連鎖」；此處將內心的分別接連不斷地產生，取名為「連鎖」。參見《阿嘉雍曾文集》冊上，頁98。

❹ **錄心**　收攝內心。錄，有檢束、收攝等義。

第二、離沈掉時應如何修：如前所說，修習斷除微細沈沒、掉舉，則無或沈或掉令不平等，心能平等運轉之時，若功用行是修定過，於此對治應修等捨。^語此等捨者，謂是行捨，此復非徒遠離沈掉，是挫其銳方能有此。如是亦如《修次中篇》云❶：「若時見心俱無沈掉，於所緣境心正直住，爾時應當放緩功用，修習等捨，是時欲坐幾時，即安坐之。」若爾，何為作行或有功用而致過失之理？此由於心掉則攝錄、沈則策舉而作修習，於一合適座中，自有成算沈掉不起之時，若仍如初勵防沈掉而修。如是行者，則如《修次》後二篇云❷：「心平等轉，若仍功用，爾時其心便當散動。」反成散亂，故於爾時應知放捨。此復是為放緩功用，非捨執取相力。故修等捨，非是一切無沈掉時，乃是摧伏沈掉力時；若未摧伏沈掉勢力，無等捨故。

　　第二科、遠離沉掉時應當如何做：如前所述，透過連微細沉掉都截斷而修持，不再有或沉沒或掉舉的不平等，達到內心平等地運轉，此時如果仍有作行或者勤奮，則是等持的過失，所以應當修持其對治法的等捨。此處的等捨是指行捨，這不僅是要遠離沉掉，而是要摧折其鋒頭才會具有。這在《修次中篇》中也提到：「何時見到不再有沉沒與掉舉，內心平穩安住於所緣時，便應放緩勤奮而等捨，此時想安住多久皆可安住。」那麼，作行或者勤奮會成為過失的道理，究竟為何？答道：是指內心掉舉便向內

收回，如果沉沒則振奮而修持，由此每次在適中的座時內，具有不會產生沉掉的把握，這時仍然如同最初一般嚴加防範沉沒與防範掉舉而修習。因為如果這麼做，反而會形成散逸，就如《修次》後二篇中所說：「內心平等安住的狀態下，如果仍然勤奮，那時內心將會形成散亂。」所以此時必須懂得放緩。而這是指將勤奮放緩，並非捨棄執取相的力量。因此，這樣的修持等捨，並非在一切不產生沉掉時都要進行，而是要在摧折沉掉的鋒頭之後；在尚未摧折沉掉的鋒頭時，不會有等捨。

註 釋

❶《修次中篇》云　引文見《丹珠爾》對勘本冊64，頁140。

❷《修次》後二篇云　引文見《丹珠爾》對勘本冊64，頁141、168。

設念：其捨為何？答：捨總有三：一、受捨，二、四無量之捨❶，三、行捨❷；此是行捨。此捨自性，如《聲聞地》云❸：「此中云何為捨？謂於止觀品所緣心無染污之〔心平等性，＠離沉掉故。〕、正直、自任運轉、適悅心、心堪能性❹，無隨功用行而捨。＠謂即安住此所緣已，不起精進，謂以正知新作觀擇、新依正念。」應如是知。獲得此捨之時，修三摩地不起沈掉之際，令捨現前，安住不發太過功用。＠然此唯是鬆緩功用，非捨執取相力[1]。此所緣相，如前論云❺：「云何捨相？謂由所緣令心上捨，及於所緣不發所有太過精進。」修捨之時，亦如彼云❻：「云何捨時？謂心於止觀品無沈掉時。」

如果心想：那麼什麼是捨？答道：總體而言，捨有三種：受捨、四無量之一的捨，以及行捨，而在此處指的是行捨。其體性就如《聲聞地》中所說：「對此，何為捨？是指對於寂止方面與勝觀方面的所緣，內心不懷染汙，由於遠離沉掉而內心平等，平穩貫注，自然而然地趣入，內心感到舒適，以及內心堪能，不加勤奮而放緩。亦即安住於其所緣，停止以正知作新的觀擇，以及新依止正念的精進。」應當如此了知。一旦獲得這樣的等捨，當修定達到不會產生沉掉時，就要現行這種等捨，安住而不過度勤奮。但僅僅是放緩勤奮，並非捨棄執取相的力量。此處的所緣相狀，就如前述那部論中說：「對此，等捨的相狀為何？是指透過所緣使內心等捨，以及對於此所緣不施加太過猛烈的勤奮。」修持等捨的時機，也如前論中所說：「對此，等捨的時機為何？是指對於寂止與勝觀方面，內心不再有沉沒與掉舉的時候。」

[1]「⑭然此唯是鬆緩功用，非捨執取相力」哲霍本作語註。

❶ 四無量之捨　即捨無量，四無量之一。緣著無量有情，遠離愛惡親疏，住平等捨，是捨無量的行相。捨無量對治強猛的貪瞋。由於緣著無量有情，並且能引生無量福德，故名無量。

❷ 行捨　即是「作行之捨」。

❸《聲聞地》云　引文唐玄奘大師譯《瑜伽師地論》作：「云何為捨？謂於所緣心無染污，心平等性，於止觀品調柔、正直、任運轉性，及調柔心有堪能性，令心隨與任運作用。」見《大正藏》冊30，頁456；《丹珠爾》對勘本冊73，頁356。

❹**心平等性正直自任運轉適悅心心堪能性** 夏日東活佛提到，由於遠離沉
掉，所以稱之為心平等性；安住於所緣，所以稱之為正直；由於無須強猛功
用，所以稱之為自任運轉；由於被樂受所攝持，所以稱之為適悅心；由於能驅
使內心，所以稱之為心堪能性。參見《夏日東文集》冊3，頁77。

❺**如前論云** 前論即指《聲聞地》。引文唐玄奘大師譯《瑜伽師地論》作：「云
何捨相？謂由所緣令心上捨，及於所緣不發所有太過精進。」見《大正藏》冊
30，頁456；《丹珠爾》對勘本冊73，頁356。

❻**亦如彼云** 彼即指《聲聞地》。引文唐玄奘大師譯《瑜伽師地論》作：「云何
捨時？謂於奢摩他、毘鉢舍那品所有掉舉心已解脫。」見《大正藏》冊30，頁
456；《丹珠爾》對勘本冊73，頁356。

如是引發無過三摩地法，此等是依慈尊所說《辨中邊論》，如
云❶：「依住^㉒發起正斷精進❷，由此而起心堪能^㉒止觀雙運三摩地所屬神足❸，
此性能成一切^㉒眼❹及神通等功德之義，^㉒神足由何方便而生耶？由滅五過
失，勤修八斷行❺。^㉒五過失者，謂修三摩地前懈怠，^㉒修習之時忘^㉒失聖
言❻^㉒之義，及^㉒修習之時沈沒掉舉，^㉒此二合計為一；發生沉掉之時不作行
^㉒對治，無沉掉之無過三摩地時^[1]作行，是為五過失。即^㉒勤作所依^㉒希求三
摩地欲、能依^㉒精進，及^㉒欲之所因^㉒信心、能果^㉒輕安。^㉒忘失教授對治為不
忘其所緣，覺了沈與掉^㉒之念知，^㉒發生沉掉之時，起作行^㉒之思，為斷
彼^㉒之對治，^㉒沉掉^[2]滅時正直轉，^㉒謂即行捨^[3]。」其依住者，謂為除
障品發勤精進，依此而住，於此能生心堪能性勝三摩地。此能
成辦勝神通等一切義利，是神變之足或是所依，故能成滿一

切義利。云何能生此三摩地？謂為斷除五過失故，勤修八行，從此因生。五過失者，謂加行時，懈怠為過，於三摩地不加行故。勤修定時，忘失教授是其過失，若忘所緣，心於所緣不能定故。已等引時，沈掉為過，彼二令心無堪能故。沈掉生時，不作功用是其過失，以此不能滅二過故。離沈掉時，行思是過。沈掉二過合一為五，《修次》諸篇亦各分別說為六過❼。此等對治為八斷行，其中對治懈怠有四，謂信、欲、勤、安。對治忘念、沈掉、不作行、作行，如其次第，謂念、覺了沈掉之正知、作行之思、正住之捨❽，此等前已廣說。

　　上述發起無過失等持的方法，這些皆是按照《辨中邊論》中至尊慈氏所宣說的內容而闡述，因為其中提到：「安住於其發起正斷的精進之中，從而生起內心堪能、止觀雙運等持所屬的神足，這能圓滿一切眼及神通等功德的利益。這種神足是從何種方法生起？斷除五種過失，依止八種斷行，從這樣的因所生起。五種過失，是指在修定之前懈怠，與修持的時候遺忘教授的意涵，以及修持的時候沉沒與掉舉，這二者是合併計算。還有產生沉掉時不作行對治，與具有離沉掉的無過失等持時仍然作行，主張這些即是五種過失。勤作的依處——希求等持的欲求，與於此安住的精進，對於欲求之因——信心，與果——輕安。遺忘教授的對治，為不遺忘所緣，以及察覺沉沒與掉舉的正念正知；產生沉掉時，作行的思為斷除沉掉的對治，與沉掉止息時平穩趣入，亦即行捨。」此處的「安住於其中」，是指為了清除不順品而安住於發起精進之中，亦即對此生起心堪能的等持。而這即是能成就神通等一切利益的神變之足或者依處，所以能

圓滿一切利益。如何做才能發起這樣的等持？要依止為了斷除五種過
失而作行的八種斷行，透過這樣的因而生起等持。所謂五種過失，是指
在加行的時候，懈怠是過失，因為會造成對於等持不作加行。勤修等持
時，遺忘教授是過失，因為如果遺忘所緣，內心便無從等引於所緣。在
等引的狀態下，沉掉是過失，因為這二者會使內心沒有堪能。產生沉掉
時，不勤奮是過失，因為這會導致不能止息這二者。當遠離沉掉時，作
行的思是過失。《修次》諸篇中提到，如果將沉掉二者併為一項，即是
五種；如果分別列舉，便成為六種過失。這些過失的對治品為八種斷
行，其中懈怠的對治品有四種，為信心、欲求、勤奮與輕安。其後遺忘、
沉掉、不作行與作行的對治品，依序為正念、察覺沉掉的正知、作行的
思，以及平穩安住的等捨，這些在前文均已詳細闡述。

[1]「無沉掉之無過三摩地時」拉寺本未標作者。　[2]「⑭沉掉」拉寺本未標作
者。　[3]「⑭謂即行捨」哲霍本作語註。

❶ 《辨中邊論》如云　引文陳真諦三藏譯《中邊分別論》作：「隨事住於彼，為
成就所須，捨離五失故，修習八資糧。懈怠忘尊教，及下劣掉起，不作意作意，
此五失應知。依處及能依，此因緣及果。緣境界不迷，高下能覺知，滅彼心功
用，寂靜時放捨。」唐玄奘大師譯《辯中邊論頌》作：「依住堪能性，為一切事
成，滅除五過失，勤修八斷行。懈怠忘聖言，及惛沈掉舉，不作行作行，是五失
應知。為斷除懈怠，修欲勤信安，即所依能依，及所因能果。為除餘四失，修念
智思捨，記言覺沈掉，伏行滅等流。」見《大正藏》冊31，頁458、479；《丹珠
爾》對勘本冊70，頁908。

❷ 正斷精進　為三十七菩提分法其中一組。對於對治與所斷的取捨踴躍歡喜的

精進，依這一分所安立的智，即是正斷；正斷以精進為主。其中分為四種：不善已生者令斷、不善未生者令不生、善法已生者增長、善法未生者令生。由於所斷已生者令斷、未生者令不生，所以名為正斷。

❸ **神足**　為三十七菩提分法其中一組。緣著成辦等持所作的境的等持，彼能作為自他二利等圓滿的所依，依這一分所安立的智，即是神足；神足以等持為主。此處的神是指圓滿，足是指所依，如同士夫依靠雙足而得以行走，由於這樣的等持是種種圓滿功德的所依，所以名為神足。

❹ **眼**　此指五眼，即肉眼、天眼、慧眼、法眼、佛眼。

❺ **由滅五過失勤修八斷行**　藏文直譯為「由斷五過失，修八行因生」。法尊法師係依玄奘大師譯文譯出。

❻ **聖言**　藏文直譯為「教授」。

❼ **《修次》諸篇亦各分別說為六過**　《修次初篇》相應段落參見宋施護譯《廣釋菩提心論》：「又復當知諸修一切三摩地時，有六種過失：一、懈怠；二、所緣忘失；三、沈下；四、高舉；五、無發悟；六、發悟。」見《大正藏》冊32，頁567；《丹珠爾》對勘本冊64，頁90；《修次下篇》相應段落參見《丹珠爾》對勘本冊64，頁168。

❽ **正住之捨**　夏日東活佛提到，遠離沉掉的過失時，應當放緩正知的功用，修習行捨。許多先輩大德說到必須放緩，都是指在第八住心之後，心不隨沉掉而轉時，放緩正知的功用；並不是說尚未達到這樣的階段以前就可以放緩正知的功用，也不是說應放緩正念或所緣執取相的力量。所以如過去一些藏人說：「善緩即是善修。」沒有認識放緩的界限，而在此之前就放緩正念，這是錯誤的。因為即使能迅速獲得安住分，反而會成為細分沉沒，離等持就更加遙遠。參見《夏日東文集》冊3，頁86。

此即修定第一教授，故蓮花戒大論師於三篇《修次》❶，及餘印度諸大智者，皆於修定眾多章中宣說❷，《道炬論釋》❸亦

於修止章中宣說，故見道次先覺亦皆說其粗概。然見樂修定者，猶未了知應如何修，故廣決擇。此乃一切以念、正知遠離沈掉，修三摩地心一境性教授所共，不應執此是相乘❹別法，非咒所須，以無上瑜伽續中亦說，是所共故。亦如《吉祥三補止ᄈ遍合·初觀察第二品》云❺：「〔欲三摩地斷行成就神足，ᄈ總之，即四神足之第一欲神足。〕依離、依無染、依滅、正斷而轉❻，由彼欲故而正修習，非太退弱，❶謂太弛緩，以及高舉，❶謂太策勵[1]。」於勤、觀、心三三摩地亦如是說。前說正定妙堪能性，是神變等功德所依，猶如足故名為神足。成就此定略有四門，謂由猛利欲樂所得，及由恆常精進所得，觀擇所緣得三摩地，名欲三摩地、進三摩地、觀三摩地；若心宿有三摩地種，依彼而得心一境性，名心三摩地，此乃《辨中邊論疏》等所說❼。太退弱者，謂太緩慢；結合為「太高舉」者❽，謂太策勵，義為須離彼二而修。ᄈ若作是念：云何神足？云何彼四差別？前文所說獲心堪能三摩地，能為神變等德所依，即猶士夫行走之足，故稱神足。此四差別，是由先前修習之時，於四因中，由多分猛利欲求而得，故名「欲神足」，如是乃至由於多分善擇法觀而得，名「觀神足」。因由心中所具宿世修習三摩地種之力，此生未做修習加行，然亦獲得之三摩地，稱為「心三摩地」。譬如善來❾羅漢但見於僧座中所奉青蓮，即生遍處三摩地[2]。

上述這些即是最殊勝的修定教授，因此蓮花戒大論師在《修次》三篇當中，此外還有印度諸大智者，都在眾多修定的章節中加以宣說，《道炬論釋》也在修持寂止的章節中宣說。因此，見到道次第的先輩祖師也有略微宣說其概貌。但是由於發現諸多想要修持靜慮者並不知曉要如何進行，因此詳加抉擇。由於這是以正念與正知遠離沉掉，而修習一心專注的等持的一切教授所共通的，所以不應認為這僅僅是顯乘專有的法要，並非密咒所必需。因為這在無上瑜伽的密續當中也有宣說，所以是共通的。上述在《吉祥三補止遍結合續·第一觀察第二品》中也提到：「具足斷行的欲求定神足，總之即是指四神足當中的第一種——欲神足。要處於遠離，處於遠離貪欲，處於寂滅，透過正確斷除而轉化，不極度退弱，亦即過度鬆緩，以及高昂，亦即過度緊繃，而以欲求修持。」對於精進、觀擇、心三種定也如此宣說。前述的堪能等持，本身即為神變等功德的依處，宛如雙足，所以是神足。要修成此等持，有四個門徑：透過強猛的欲求而獲得、透過長久的精進而獲得，以及透過分辨所緣而獲得等持，名為欲求定、精進定與觀擇定；依靠內心原有的等持種子而獲得一心專注，則名為心定，這是《辨中邊論疏》等所宣說的。極度退弱，是指過度鬆緩；結合而成的「極度高昂」，是指過度緊繃，意指必須遠離這二者而修習。如果心想，那麼什麼是神足？這四者的差別為何？前述獲得心堪能的等持，本身能作為神變等功德的依處，有如士夫行走的雙足，所以名為神足。而這四者的差別，在於先前修持的階段時，四種因當中，側重於以強猛的欲求而獲得者，名為「欲求神足」，乃至是側重於分辨諸法的觀擇而獲得的等持，名為「觀擇神足」。而透過存在於心中的前世串習的等持種子的力量，即使今生並未進行修持的加行也能獲得的等持，則名為「心定」。就如善來阿羅漢，僅僅見到在僧眾行列中發放的青優波羅花，便生起遍處定一般。

[1]「ᢀ謂太策勵」果芒本未標作者，今依拉寺本、雪本補之。　　[2]「ᢀ若作是念……即生遍處三摩地」拉寺本作巴註。

❶ 三篇《修次》　　見前頁116註12。

❷ 餘印度諸大智者皆於修定眾多章中宣說　　無著菩薩於《瑜伽師地論》、獅子賢論師於《八千頌大疏》皆曾宣說修定教授。《瑜伽師地論》相應段落參見唐玄奘大師譯《瑜伽師地論》：「彼於如是正修習時有八斷行，為欲永害諸隨眠故，為三摩地得圓滿故差別而轉。何等名為八種斷行？一者欲，謂起如是希望樂欲：我於何時修三摩地當得圓滿，我於何時當能斷滅惡不善法所有隨眠。二者策勵，謂乃至修所有對治不捨加行。三者信，謂不捨加行正安住故，於上所證深生信解。四者安，謂清淨信而為上首心生歡喜，心歡喜故漸次息除諸惡不善法品麤重。五者念，謂九種相，於九種相安住其心奢摩他品能攝持故。六者正知，謂毘鉢舍那品慧。七者思，謂心造作，於斷未斷正觀察時造作其心，發起能順止觀二品身業、語業。八者捨，謂行過去、未來、現在隨順諸惡不善法中，心無染污心平等性；由二因緣於隨眠斷分別了知，謂由境界不現見思，及由境界現見捨故。如是名為八種斷行，亦名勝行。」見《大正藏》冊30，頁444；《丹珠爾》對勘本冊73，頁286；冊51，頁1686。

❸ 《道炬論釋》　　相應段落參見今人如石法師譯註《菩提道燈抉微》：「（一）止之要件：止支若失壞，縱然奮力修，歷經數千載，三昧終不成。（故當善安住，禪定資糧品，所說諸支分。）所謂『止支』，就是上師所作《定資糧品》中『應斷』等九支〔要件〕。其餘的頌義是很容易了解的。如果失壞了支分，止便修不成了。因此師尊菩提賢在《定資糧品》中宣說了九支。這九支就是：1、斷捨魔業；2、聞為前導；3、避免說法並遣除戲論；4、斷絕貪欲；5、厭離輪迴；6、念定功德以提昇興致；7、精進對治；8、調和止觀以及方便和智

慧；9、諳知住心等方法。了知各種支分之後，就應當好好地安住在那些支分上。上師所說這九支的意義，應當閱讀《定資糧品》，這裡只大略說明最後一支。（二）住心方法上師在《定資糧品》中說：具足前八支的行人，有了合適的處所、食物、衣服、戒行和法侶之後，就應當平等安置其心了。……不修等至的時候，就該讀誦《般若經》、塑造小佛像和繞佛等，努力積集福德資糧。想要獲得等至的人，應當修八斷行。八斷行所對治的煩惱，就是五種過失：懈怠、忘教授、昏沉與掉舉、不作加行、作加行。這些過失的對治，就是八斷行，即：所依、能依、因、果、不忘所緣、察覺沉掉、斷除沉掉、止息沉掉而住於本然。《莊嚴經論》也說〔修止有四種方便〕：『第一是努力，第二饒益性，第三是專注，第四是對治。』也有人作這樣的解釋：〔修止的五種過失是：〕1、希求五欲；2、瞋害心；3、昏與睡；4、掉與悔；5、疑。其中，與昏睡相伴隨的身心狀態是病弱、不歡喜、疲倦欠伸、食不適量、心退縮無力等；其作用是使心退縮無力，對治的方法是光明想。掉與悔的原因是思念親屬、昔日嬉笑、歡樂和遊戲等事；其作用是使心不寂靜，對治的方法是修止。」見《菩提道燈抉微》，頁178；《丹珠爾》對勘本冊64，頁1730。

❹相乘　此指顯乘。

❺《吉祥三補止・初觀察第二品》云　《三補止》，續部經典、勝樂與喜金剛共通的釋續，全名《正相合大怛特羅》，又名《相合明點》，加其《後續》共11品，尚無漢譯。引文見《甘珠爾》對勘本冊79，頁223，然與正文略有不同。

❻依離依無染依滅正斷而轉　關於依離、依無染、依滅、正斷而轉這四者的內涵，祖師有不同的解釋。聖解脫軍所著《二萬頌光明論》中提到，依離是指具足遠離貪欲的第一靜慮；依無染是指具足遠離分別等貪染的第二靜慮；依滅是指具足對於喜離欲的第三靜慮；正斷而轉是指具足第四靜慮與無色定，因為是先懷著不刻意斷除三有的心而斷捨三有。又提到另外一種解釋方式：正壞隨眠是離；遠離現行是無染；正斷纏結是滅；遍捨一切取是正斷。其中「遠離現行」的「現行」，據如月格西解釋，此指煩惱。又提到對法論師的解釋方式：離是遠離界；無染是遠離煩惱的貪染；滅是滅業；斷是捨物。又提到這四者可以結合能取所取四種分別的對治：第一所取分別的對治，由於除了清淨品以外，斷除了染汙品，所以是離；第二所取分別的對治，由於從希欲善法中

離欲，所以是無染；第一能取分別的對治，由於無餘地滅盡執取我有自主等，所以是滅；第二能取分別的對治，由於如實遍知蘊等施設為我的種種因相，所以是正斷。慧吉祥所著《十萬頌廣釋》提到，依離，即勝解三摩地，能處於遠離內外憒鬧；依無染，即處於遠離三界諸惑；依滅，即滅諸苦；正斷，即遍斷近取五蘊。相傳為智稱論師所著《十萬頌、二萬頌、一萬八千頌廣釋》提到，離是遠離諸惑；無染是從三有離欲；滅是滅苦；斷是斷一切蘊。又提到了知苦諦，所以依離；斷除集諦，所以依無染；現證滅諦，所以依滅；修持道諦，所以正斷而轉。又提到由戒蘊故依離；由定蘊故依無染；由慧蘊故依滅；由解脫蘊故正斷而轉。宗喀巴大師所著《般若波羅蜜多口訣現觀莊嚴論釋廣解‧善說金鬘論》中提到此四者的意思依次為：緣著苦諦而尋求、安住於遠離苦；緣著集諦而尋求、安住於遠離貪染；緣著苦滅而尋求、安住於現證苦滅；緣著修成趣向苦滅而斷苦，尋求修持。賈曹傑大師所著《心要莊嚴疏》與克主傑大師所著《難解光明》中對於前三者的解釋與《般若波羅蜜多口訣現觀莊嚴論釋廣解‧善說金鬘論》相同，關於正斷而轉，解釋為緣著道諦而尋求、安住於正斷煩惱。參見《丹珠爾》對勘本冊49，頁172；冊54，頁1083；冊55，頁945；《宗喀巴大師文集》對勘本冊18，頁351；《賈曹傑大師文集》對勘本冊2，頁311；《〈明義釋〉疏：難解光明》，頁191（克主一切智者造，台北市：佛陀教育基金會，2006。以下簡稱《難解光明疏》）。

❼《辨中邊論疏》等所說　「等」字包含《聖無盡意所說經廣釋》、《阿毗達磨集論解》。《聖無盡意所說經廣釋》，經疏部論典，世親菩薩著，尚無漢譯。此論主要闡述《聖無盡意所說經》八十無盡的內涵。《阿毗達磨集論解》，唯識部論典，共5品，最勝子阿闍黎著。依據《德格版‧西藏大藏經總目錄》，漢譯本有唐玄奘大師譯《大乘阿毗達磨雜集論》16卷，漢傳認為此論是師子覺論師著，安慧論師編。最勝子阿闍黎，唯識派祖師（生卒事蹟不詳），梵語Jinaputra及藏語རྒྱལ་བའི་སྲས義譯，又名勝者子。據唐窺基大師《成唯識論述記》說，此師為唯識十大論師之一，為法護論師（Dharmapāla）的弟子。曾於北印度鉢伐多國作《瑜伽師地論釋》，另外又著有《菩薩戒品廣釋》與《阿毗達磨集論釋》。此《阿毗達磨集論解》與《阿毗達磨集論釋》，皆為《阿毗達磨集論》的詳細解釋。相應段落參見唐玄奘大師譯《大乘阿毗達磨雜集論》：

「神足修習者，謂數修習八種斷行，何等為八？謂欲、精進、信、安、正念、正知、思、捨。如是八種略攝為四，謂加行、攝受、繼屬、對治。加行者，謂欲、精進、信，欲為精進依，信為欲因，所以者何？由欲求故，為得此義發勤精進，如是欲求不離信受，有體等故。攝受者，謂安，由此輕安攝益身心故。繼屬者，謂正念、正知，由不忘所緣安心一境故，若有放逸生如實了知故，隨其次第。對治者，謂思、捨，策心、持心二加行力，已生沈掉能遠離故，又能引發離隨煩惱止等相故。」見《大正藏》冊31，頁740；《丹珠爾》對勘本冊76，頁1529；《辨中邊論疏》相應段落參見《丹珠爾》對勘本冊71，頁698；《聖無盡意所說經廣釋》相應段落參見《丹珠爾》對勘本冊66，頁483。

❽**結合為太高舉者**　前文引《吉祥三補止・初觀察第二品》提到「非太退弱以及高舉」，僅提到「高舉」，然此為表達「過度緊繃」，應結合前句「太」字作「太高舉」，故宗喀巴大師作如是說。

❾**善來**　佛世的阿羅漢比丘，梵語Svāgata及藏語ལེགས་འོང་（勒翁）義譯。善來出生時，父親歡喜而為他取名善來。後因薄福，感得家破人亡，眾人於是改稱他叫惡來。最終值遇佛陀，得度證果。佛陀為顯善來比丘的功德，教敕他去降伏毒龍。善來入慈心三昧，將毒龍的兵器化為花雨，入火界定，勝過毒龍的大火。毒龍因而懾伏，從受三皈五戒。佛說：「在我聲聞弟子之中，降伏毒龍、入火界定善來第一。」大眾感恩善來，七天供佛及僧，佛陀藉此為大眾說法，令無量有情入佛教法，獲證果位。關於善來得度始末，並由見到青蓮即生遍處三摩地的因緣，詳細參見唐義淨大師譯《根本說一切有部毗奈耶》：「佛在室羅伐城逝多林給孤獨園。時憍閃毘失收摩羅山，於此山下多諸聚落。有一長者，名曰浮圖，大富多財衣食豐足，娶妻未久誕生一女，顏貌端正人所樂觀。至年長大，娉與給孤獨長者男為妻。浮圖長者未久之間，復誕一息，容儀可愛，初生之日父見歡喜，唱言：『善來！善來！』時諸親族因與立名，號曰善來。由此孩兒薄福力故，所有家產日就銷亡，父母俱喪投竄無所。時諸人眾見其如此，遂號惡來。與乞匃人共為伴侶，以乞活命。時有一人是惡來父故舊知識，見其貧苦遂與金錢一文令充衣食。從此離別漸至室羅伐城。其姊從婢見而記識，歸報大家曰：『我適出外逢見惡來，非常貧窶。』其姊聞已深生惻隱，便令使者送白㲲、金錢權充虛乏。彼薄福故便被賊偷，姊聞此事而嗟歎曰：『我今何用如此

惡業薄福人耶？』即棄而不問。時給孤獨長者請佛及僧就舍而食，備辦種種上妙香饌，瞻望佛僧渴仰而住。是時惡來并諸乞侶，聞長者設供冀拾遺喰，遂共相携詣設食處。長者遙見貧人，命使者曰：『佛僧將至，驅出貧人。』時諸乞伴各生此念：『斯大長者先有悲心，我等孤獨常為依怙，何故今時苦見驅逐？豈非惡來惡業之力殃及我等？』即便共舉擲之糞聚。惡來既被同伴所輕，遂於糞聚啼泣而臥。長者令使往白時至，爾時世尊於日初分執持衣鉢，大眾圍繞往長者家欲詣食所。爾時世尊由大悲力引向惡來處立，告諸芯芻曰：『汝等當厭流轉諸有無邊苦海，復厭生死資生之具。汝等觀此最後生人，更不流轉受斯苦惱，不自支濟。』即告阿難陀曰：『汝於今日為善來故應留半食。』爾時世尊入長者家就座而坐。長者既見大眾坐定，即以種種淨妙飲食，供佛及僧皆令飽足。時阿難陀由彼善來惡業力故，所許半食忘不為留。世尊大師得無忘念，知阿難陀忘不留食，即於己鉢留其半分。時阿難陀食已生念：『我於今日情有擾亂，違世尊教。』佛告阿難陀：『假使瞻部洲四至大海滿中諸佛，然此諸佛各說深法，汝悉受持無有遺忘。今由善來薄福力故，令汝不憶。汝今可去喚彼善來。』時阿難陀奉教而去，至彼告曰：『善來！善來！』彼不自憶善來之名，默爾無對。阿難陀復更唱言：『是浮圖之子先號善來，非餘人也。』善來聞已作如是念，說伽他曰：『我失善來名，今從何所至？豈非惡報盡，善業此時生！佛具一切智，一切眾所歸，由彼愛善言，名善來應理。我是無福人，諸親皆棄捨，禍哉眾苦逼，豈名為善來。』時阿難陀即引善來往詣佛所，禮佛足已在一面坐，佛告阿難陀：『與其半食。』阿難陀取鉢授與。是時善來見半食已遂便流淚，作如是語：『雖佛世尊為我留分，但唯片許寧足我飢？』世尊了知善來所念，以慰喻言告善來曰：『假令汝腹寬如大海，噉一一口搏若妙高，隨汝幾時食終不盡。汝今應食，勿起憂懷。』善來便食，食已歡喜。世尊告曰：『汝之衣角是何物耶？』即便開解見一金錢，白佛言：『此一金錢是父知識見我貧苦持以相贈，由薄福故忘而不憶。』世尊告曰：『汝可持此金錢買青蓮花來。』善來去後，佛及僧眾俱還本處。是時善來奉佛教已，遂詣賣花人藍婆住處入彼園中。園主見已報曰：『惡來可去，莫入我園，勿由汝故樹池枯燥。』善來報曰：『世尊使我買青蓮花。』說伽他曰：『我於青蓮花，其實無所用，大師一切智，遣我買將來。』爾時藍婆聞是佛使，心生敬仰即說伽他曰：『牟尼大寂靜，天人咸供

養，汝為佛使者，須花任意將。』是時善來與金錢已，多取青蓮花還詣佛所。世尊見已告言：『善來！汝可持此蓮花行與僧眾。』善來持花從佛及僧次第行與。時諸苾芻皆不敢受，佛言：『於此施主生憐愍心當為受用，然諸香物皆益眼根，嗅之無過。』時諸苾芻悉皆為受，花乃開敷。善來既見青蓮花已，憶昔前身曾諸佛所修青處觀影像現前，世尊復為演說法要，示教利喜便證見諦。是時善來獲初果已，即說伽他自申慶讚：『佛以方便勝羂索，牽我令住於見諦，於惡趣中興愍念，如拔老象出深泥。我於昔時名善來，後時人號惡來者，今是善來名不謬，由住牟尼聖教中。』說是頌已即從座起，禮佛雙足白言：『世尊！我今欲於如來善說法律之中出家離俗修持梵行。』世尊以梵音聲告言：『善來苾芻！汝修梵行。』說是語已即便出家，鬚髮自落法服著身，具足近圓成苾芻性。是時善來從此已後，發大勇猛守堅固心，於初後夜思惟忘倦，斷除結惑證阿羅漢果，說伽他曰：『昔於諸佛所，但持瓦鐵身，今聞世尊教，轉作真金體。我於生死中，更不受後有，奉持無漏法，安趣涅槃城。若人樂珍寶，及生天解脫；當近善知識，所願皆隨意。』」見《大正藏》冊23，頁857；《甘珠爾》對勘本冊8，頁45。

上士道 別學奢摩他法

依彼引生住心次第

第二、依彼引生住心次第，分三：￢`**正明引生住心次第；**
￢`**由六力成彼之法；**￢`**彼具四作意之理。**

初中九心：￢`**於彼彼內住者，**謂從一切外所緣境正攝其心，
令其內注所緣。《莊嚴經論》云❶：「心注所緣已。」

￢`**續住者，**謂初所注心令不餘散，即於所緣相續而住。如云❷：
「其流令不散。」

￢`**安住者，**謂若忘念散於外境，知已還復安置前所緣境。如
云❸：「散亂速覺了，還安住所緣。」

￢`**近住者，**《修次初篇》說❹，前安住心是知散斷除，此近住
心是散亂斷已，勵力令心住前所緣。《般若波羅蜜多教授論》
說❺，ᴾ此第四住心自然從廣大境數攝其心，令性漸細ᴾ漸小上上
而住，此同如云❻：「具慧上上轉，於內攝其心。」《聲聞地》
說❼，先應念住，不令其心於外散動。謂起念力，令不忘念於外
散動。

￢`**調順者，**ᴾ於此第五正說見三摩地功德，由此間接成立當遮其違品尋思，及隨煩惱
令心流散[1]。謂由思惟正定功德，令於正定心生欣悅。如云❽：「次
見功德故，於定心調伏[2]。」《聲聞地》說❾，由色等五境，及三

毒、男、女隨一之相令心散動，先應於彼取其過患，莫由十相令
心流散。

六、**寂靜者**，謂於散亂觀其過失，於三摩地止息不喜。如云❿：
「觀散亂過故，止息不樂彼。」《聲聞地》說⓫，由欲尋思等諸
尋思，及貪欲蓋等諸隨煩惱擾亂心時，先應於彼取其過患，於
諸尋思及隨煩惱不令流散。

第二科、依此而生起住心的次第，分為三科：一正說生起住心的次
第；二以六力修成住心的方式；三其中有四種作意的道理。

第一科：其中有九種心，一內住於各自所緣，是指從一切外在的所緣
正確地收攝內心，而向內投注於所緣。因為《經莊嚴論》中說：「內心投
注於所緣」。

二**續住**，是指最初投注的內心不散逸至餘處，持續地安住於該所緣。
論中提到：「要使其續流不散亂。」

三**安住**，是指如果由於遺忘而散逸，亦即向外散逸，要了知而再度安置
於所緣。論中提到：「迅速察覺散亂，接著再度安住於此。」

四、**近住**，《修次初篇》提到，前者安住心為了知散逸而斷除，此近住心
則是斷除散亂後，致力於安住該所緣。《般若波羅蜜多口訣論》則說，
此第四住心當中，內心自然地從廣大境中反覆收攝，使之微細、纖小而逐步
提昇安住。這與論中提到「具智慧者應當逐步提昇，心向內收攝」所說

相符。《聲聞地》中說，首先要安住正念，使內心不向外動搖。亦即發起正念的力量，以免由於遺忘而向外散逸。

五、**調順**，在此第五心當中直接提及見到等持的功德，所以間接成立要遮除其反面的思慮，與隨煩惱所導致的內心流散。是指思惟等持的功德，使之喜愛等持。論中提到：「接著由於見到功德，而對於等持調伏內心。」《聲聞地》提到，如果由於色等五種對境、三毒，以及男女的相狀任何一者，而使內心散逸，首先便要將這些執取為過患，不使內心由於這十種相狀而流散。

六、**寂靜**，是指將散亂視為過失，而止息對於等持的不欣喜。論中提到：「由於見到散亂的過失，應當止息對此不欣喜。」《聲聞地》中說，如果由於對諸欲的思慮等思慮，以及貪欲蓋等隨煩惱而使內心擾亂，首先便要將此執為過患，不使內心流散於這些思慮與隨煩惱。

[1]「⓸於此第五正說……令心流散」 拉寺本作語註。　[2]「於定心調伏」 拉寺本、單註長函本作「於定心收攝」。

❶《莊嚴經論》云　引文唐波羅頗蜜多羅譯《大乘莊嚴經論》作：「繫緣。」見《大正藏》冊31，頁624；《丹珠爾》對勘本冊70，頁845。

❷如云　引文出自《經莊嚴論》。唐波羅頗蜜多羅譯《大乘莊嚴經論》作：「將速攝。」見《大正藏》冊31，頁624；《丹珠爾》對勘本冊70，頁845。

❸如云　引文出自《經莊嚴論》。唐波羅頗蜜多羅譯《大乘莊嚴經論》作：「內略。」見《大正藏》冊31，頁624；《丹珠爾》對勘本冊70，頁845。

❹《修次初篇》說　相應段落參見宋施護譯《廣釋菩提心論》：「於所緣中相續而轉是分位除，散亂現前而悉摧伏是為近除。」見《大正藏》冊32，頁567；《丹珠爾》對勘本冊64，頁89。

❺《般若波羅蜜多教授論》說　相應段落參見《丹珠爾》對勘本冊78，頁411。

❻此同如云　引文出自《經莊嚴論》。唐波羅頗蜜多羅譯《大乘莊嚴經論》作：「及樂住。」見《大正藏》冊31，頁624；《丹珠爾》對勘本冊70，頁845。

❼《聲聞地》說　相應段落參見唐玄奘大師譯《瑜伽師地論》：「云何近住？謂彼先應如是如是親近念住，由此念故數數作意內住其心，不令此心遠住於外，故名近住。」見《大正藏》冊30，頁450；《丹珠爾》對勘本冊73，頁326。

❽如云　引文出自《經莊嚴論》。唐波羅頗蜜多羅譯《大乘莊嚴經論》作：「調厭。」見《大正藏》冊31，頁624；《丹珠爾》對勘本冊70，頁845。

❾《聲聞地》說　相應段落參見唐玄奘大師譯《瑜伽師地論》：「云何調順？謂種種相令心散亂，所謂色、聲、香、味、觸相，及貪、瞋、癡、男、女等相，故彼先應取彼諸相為過患想，由如是想增上力故，於彼諸相折挫其心不令流散，故名調順。」見《大正藏》冊30，頁451；《丹珠爾》對勘本冊73，頁326。

❿如云　引文出自《經莊嚴論》。唐波羅頗蜜多羅譯《大乘莊嚴經論》作：「與息亂。」見《大正藏》冊31，頁624；《丹珠爾》對勘本冊70，頁845。

⓫《聲聞地》說　相應段落參見唐玄奘大師譯《瑜伽師地論》：「云何寂靜？有種種欲、恚、害等諸惡尋思，貪欲蓋等諸隨煩惱令心擾動，故彼先應取彼諸法為過患想，由如是想增上力故，於諸尋思及隨煩惱，止息其心不令流散，故名寂靜。」見《大正藏》冊30，頁451；《丹珠爾》對勘本冊73，頁327。

七、**最極寂靜者**，謂若貪心、憂心、昏沈、睡眠等生，能極寂靜。如云❶：「㉟如貪心憂等起，㉠彼無間即**應如是寂靜。**」《聲聞地》說❷，若生忘念，而起如前所說尋思及隨煩惱，隨生尋❸斷，悉不忍受。

八、**專注一境者，**㉡於此第八，為令無勞而轉故，而正策勵。如

云❹：「次勤律儀者，^巴今[1]雖由心有作行^巴功用，然自時第二剎那**能得**^巴**第九住心任運轉**。」又^巴此如《聲聞地》云❺：「^語言『專注一趣』者，謂『即不為沉掉之所間斷，三摩地專注一趣』。較專注一境，此立名易解。由有作行令無缺間，相續安住三摩地流，如是名為專注一趣。」應如是知。又見第八住心取名「專注一趣」，即由此名易了其義。

九、**平等住者**，《修次》中說❻，心平等時當修等捨。《般若波羅蜜多教授論》說❼，由修專注一趣，能得自在，任運自然而轉。如是又云❽：「從修習，不行。」《聲聞地》說名「等持」❾，其義彼論亦明顯云❿：「數修、數習、數多修習為因緣故，得任運轉、自然轉道。即此無作行、任運，能令其心於無散定續流而轉，故名等持。」此中九心立名，是如所引《修次初篇》等文，如云⓫：「此奢摩他道，是從《般若波羅蜜多》等所說⓬。」

七、**最極寂靜**，是指能極度地止息貪心、憂心、昏沉與睡眠等的產生。論中提到：「如何地產生貪心、不安等，應當同樣地當下就止息。」《聲聞地》提到，如果發生遺忘而產生前述的思慮與隨煩惱，這一切都要斷除而不可接納。

八、**專注一境**，是指在此第八心當中，要為了能不費力地趣入而努力。論中提到：「接著致力於律儀者，雖然現在內心有作行的勤奮，但是在自己的時段過

後第二剎那，將會獲得自然而然地生起的第九住心。」而這也在《聲聞地》中提到：「所謂『專注一趣』，是指不被沉掉中斷而一貫專注於等持。相較於『專注一境』，此種命名較容易理解。由於具有作行，因此持續不斷地安住於等持的續流，如此即是『專注一趣』。」應當如此了知。見到第八心也被命名為「專注一趣」，透過名稱便容易理解其意涵。

九、**平等住**，《修次》中提到，當內心轉為平等時，要修持等捨。《般若波羅蜜多口訣論》則說，透過串習一貫專注，便能自然而然地任運趣入並獲得自在。這也如論中所言：「透過串習而不再作行。」《聲聞地》中提到「等持」，其意涵在論中明確地提到：「透過完全地依止、串習、多次地修習的因，獲得任運趣入與自然而然趣入之道。由於沒有作行以及能夠任運，因此其心會趣入於毫無散亂的等持續流之中，如此便是等持。」上述九種心的命名，是按照《修次初篇》等所引述而定，其中提到：「此寂止之道，為《般若波羅蜜多》等所宣說。」

[1]「⑫今」拉寺本作「⑫如是」。

❶ **如云** 引文出自《經莊嚴論》。唐波羅頗蜜多羅譯《大乘莊嚴經論》作：「惑起滅亦爾。」見《大正藏》冊31，頁624；《丹珠爾》對勘本冊70，頁845。

❷ **《聲聞地》說** 相應段落參見唐玄奘大師譯《瑜伽師地論》：「謂失念故，即彼二種暫現行時，隨所生起諸惡尋思及隨煩惱，能不忍受。」見《大正藏》冊30，頁451；《丹珠爾》對勘本冊73，頁327。

❸ **尋** 俄爾、頃刻、隨即之意。

❹ **如云** 引文出自《經莊嚴論》。唐波羅頗蜜多羅譯《大乘莊嚴經論》作：「所作心自流。」見《大正藏》冊31，頁624；《丹珠爾》對勘本冊70，頁845。

❺《聲聞地》云　引文唐玄奘大師譯《瑜伽師地論》作：「謂有加行有功用，無缺無間三摩地相續而住，是故名為專注一趣。」見《大正藏》冊30，頁451；《丹珠爾》對勘本冊73，頁327。

❻《修次》中說　相應段落出自《修次初篇》。參見宋施護譯《廣釋菩提心論》：「得彼止已心住於捨。」見《大正藏》冊32，頁567；《丹珠爾》對勘本冊64，頁90。

❼《般若波羅蜜多教授論》說　相應段落參見《丹珠爾》對勘本冊78，頁340。

❽又云　引文出自《經莊嚴論》。唐波羅頗蜜多羅譯《大乘莊嚴經論》作：「爾時得無作。」見《大正藏》冊31，頁624；《丹珠爾》對勘本冊70，頁845。

❾《聲聞地》說名等持　引文唐玄奘大師譯《瑜伽師地論》作：「等持。」其前後文詳見下條註解。見《大正藏》冊30，頁451；《丹珠爾》對勘本冊73，頁327。

❿其義彼論亦明顯云　引文唐玄奘大師譯《瑜伽師地論》作：「謂數修、數習、數多修習為因緣故，得無加行無功用任運轉道，由是因緣，不由加行，不由功用，心三摩地任運相續，無散亂轉，故名等持。」見《大正藏》冊30，頁451；《丹珠爾》對勘本冊73，頁327。

⓫所引《修次初篇》等文如云　引文宋施護譯《廣釋菩提心論》作：「此等奢摩他法，佛於《般若波羅蜜多》等經。」見《大正藏》冊32，頁567；《丹珠爾》對勘本冊64，頁89。

⓬《般若波羅蜜多》等所說　經查證，現行的《般若波羅蜜多經》藏漢譯本中無九心立名，然見於《修次初篇》所引經文。宋施護譯《廣釋菩提心論》作：「復次當知，修奢摩他有九種法：一、除；二、正除；三、分位除；四、近除；五、調伏；六、止；七、近止；八、一向所作；九、知止。」見《大正藏》冊32，頁567；《丹珠爾》對勘本冊64，頁89。

九住心的譯法

關於九住心，古來大德有許多不同的譯法。

唐玄奘大師譯《瑜伽師地論》中就有兩種不同的譯法，其一為：內住、等住、安住、近住、調伏、寂靜、最極寂靜、一趣、等持。其二為：內住、等住、安住、近住、調順、寂靜、最極寂靜、專注一趣、等持。在這兩種譯法中，第五住心與第八住心略有不同，其餘完全相同。唐玄奘大師譯《大乘阿毘達磨集論》作：令住、等住、安住、近住、調順、寂靜、最極寂靜、專注一趣、平等攝持。唐波羅頗蜜多羅譯《大乘莊嚴經論》作：安住心、攝住心、解住心、轉住心、伏住心、息住心、滅住心、性住心、持住心。法尊法師在《廣論》中譯作：內住、續住、安住、近住、調伏、寂靜、最極寂靜、專注一趣、平等住。

考據了藏文相對應的段落，在藏文中，不同論典會用不同的詞表述同一個住心，梵文當中可能也是如此。有時同一個詞會有不同的譯法，有時不同的詞會用同一個譯法，為了避免譯名的混亂，譯經院對照了漢藏的譯法，將部分譯名統一。其中第二、第三、第八及第九住心，藏文有其他用詞與漢文其他古譯可對照者，亦配對譯出以茲備考。列表如下：

	廣論	瑜伽師地論	阿毗達磨集論	經莊嚴論
1	內住 སེམས་འཇོག་པ	內住 སེམས་ནང་ཁོ་ནར་འཇོག་པར་བྱེད་པ	令住 སེམས་འཇོག་པ	安住心 སེམས་འཇོག་པར་བྱེད་པ
2	續住 རྒྱུན་དུ་འཇོག་པ	等住 ཡང་དག་པར་འཇོག་པར་བྱེད་པ	等住 རྒྱུན་དུ་འཇོག་པ	攝住心 ཀུན་ཏུ་འཇོག་པར་བྱེད་པ
3	安住 སླན་ཏེ་འཇོག་པ	安住 བསླས་ཏེ་འཇོག་པར་བྱེད་པ	安住 སླན་ཏེ་འཇོག་པ	解住心 རེས་པར་འཇོག་པར་བྱེད་པ
4	近住 ཉེ་བར་འཇོག་པ	近住 ཉེ་བར་འཇོག་པར་བྱེད་པ	近住 ཉེ་བར་འཇོག་པ	轉住心 ཉེ་བར་འཇོག་པར་བྱེད་པ
5	調伏 དུལ་བར་བྱེད་པ	調順／調伏 དུལ་བར་བྱེད་པ	調順 འདུལ་བར་བྱེད་པ	伏住心 འདུལ་བར་བྱེད་པ
6	寂靜 ཞི་བར་བྱེད་པ	寂靜 ཞི་བར་བྱེད་པ	寂靜 ཞི་བར་བྱེད་པ	息住心 ཞི་བར་བྱེད་པ
7	最極寂靜 རྣམ་པར་ཞི་བར་བྱེད་པ	最極寂靜 ཉེ་བར་ཞི་བར་བྱེད་པ	最極寂靜 རྣམ་པར་ཞི་བར་བྱེད་པ	滅住心 ཉེ་བར་ཞི་བར་བྱེད་པ
8	專注一境 རྩེ་གཅིག་ཏུ་བྱེད་པ	專注一趣／一趣 རྒྱུན་གཅིག་ཏུ་བྱེད་པ	專注一趣 རྩེ་གཅིག་ཏུ་བྱེད་པ	性住心 རྒྱུན་གཅིག་ཏུ་བྱེད་པ
9	平等住 མཉམ་པར་འཇོག་པ	等持 ཏིང་ངེ་འཛིན་དུ་བྱེད་པ	平等攝持 མཉམ་པར་འཇོག་པ	持住心 མཉམ་པར་འཇོག་པར་བྱེད་པ

	譯經院	
1	內住 སེམས་འཇོག་པ་、སེམས་ནང་ཁོ་ནར་འཇོག་པར་བྱེད་པ་、སེམས་འཇོག་པར་བྱེད་པ་	
2	續住 རྒྱུན་དུ་འཇོག་པ་	等住 ཡང་དག་པར་འཇོག་པར་བྱེད་པ་ 攝住心 ཀུན་ཏུ་འཇོག་པར་བྱེད་པ་
3	安住 སླན་ཏེ་འཇོག་པ་、བསླུས་ཏེ་འཇོག་པར་བྱེད་པ་、སླན་ཏེ་འཇོག་	解住心 ཉེས་པར་འཇོག་པར་བྱེད་
4	近住 ཉེ་བར་འཇོག་པ་、ཉེ་བར་འཇོག་པར་བྱེད་པ་	
5	調順 དུལ་བར་བྱེད་པ་、འདུལ་བར་བྱེད་པ་	
6	寂靜 ཞི་བར་བྱེད་པ་	
7	最極寂靜 རྣམ་པར་ཞི་བར་བྱེད་པ་、ཉེ་བར་ཞི་བར་བྱེད་པ་	
8	專注一境 རྩེ་གཅིག་ཏུ་བྱེད་པ་	專注一趣 རྒྱུད་གཅིག་ཏུ་བྱེད་པ་
9	平等住 མཉམ་པར་འཇོག་པ་、མཉམ་པར་འཇོག་པར་བྱེད་པ་	等持 ཏིང་ངེ་འཛིན་ཏུ་བྱེད་པ་

參見《大正藏》冊 30，頁 427、450；冊 31，頁 685、642；《廣論》中文頁 376；藏文頁 529；《丹珠爾》冊 70，頁 1284；冊 73，頁 325；冊 76，頁 249。

第二、由六力成彼之法：力有六種：一、聽聞力，二、思惟力，三、憶念力，四、正知力，五、精進力，六、串習力。此等能成何心之理者，由聽聞力成內住心，以唯隨順從他所聞於所緣境住心教授，僅是最初繫於所緣，非自數思數修習故。由思惟力成續住心，以於最初繫於所緣，由數思惟將護其流，初得略能續其流故。由憶念力成辦安住、近住二心，以從所緣向外散時，憶先所緣於內攝錄；及從最初生憶念力，從所緣境不令散故。由正知力成辦調順、寂靜二心，以由正知了知尋思、隨煩惱相流散過患，見為過患，令於彼二不流散故。由精進力成辦最極寂靜、專注一境二心，以雖略生尋思及隨煩惱，亦起功用斷滅而不忍受；由此因緣，其沈掉等不能障礙妙三摩地，能成相續所生三摩地故。由串習力成等住心，以於前心極串習力，能生無勞自然而轉三摩地故。此等是如《聲聞地》意❶，雖見餘說然不可信。

以六種力修成九種心的道理：力有六種，即聽聞力、思惟力、憶念力、正知力、精進力與串習力。透過這些能修成何種心的道理為，透過聽聞力會修成內住心，因為是僅依循著從他人所聽聞的使內心安住於所緣的教授，而僅僅最初安置於所緣，並非自行反覆思惟而串習。透過思惟力會修成續住心，因為在最初安置於所緣，透過反覆思惟而維繫其續流，由此初步獲得能夠略微延續其續流。透過憶念力會修成安住心與

近住心二者，因為從所緣散逸而導致散漫時，回憶起先前的所緣而向內收攝；以及從最初便發起正念的力量而避免從所緣散逸。透過正知力會修成調順心與寂靜心二者，因為以正知了解流散於思慮與隨煩惱的相狀的過患，從而將之視為過患，由此便不致流散於這二者。透過精進力會修成最極寂靜與專注一境二種心，因為即使稍微出現思慮與隨煩惱，也能以勤奮斷除而不接納。由於這麼做，因此沉掉等便無法中斷等持，所以能修成持續生起的等持。透過串習力會修成平等住心，因為藉由極力串習前述那些心的力量，會生起不費力地自然趣入的等持。上述是如實按照《聲聞地》的原意，所以雖然見到其餘的說法，但不可憑信。

❶ 此等是如《聲聞地》意　相應段落參見唐玄奘大師譯《瑜伽師地論》：「當知此中由六種力，方能成辦九種心住：一、聽聞力；二、思惟力；三、憶念力；四、正知力；五、精進力；六、串習力。初由聽聞、思惟二力，數聞數思增上力故，最初令心於內境住，及即於此相續方便、澄淨方便等遍安住。如是於內繫縛心已，由憶念力數數作意，攝錄其心令不散亂安住、近住。從此已後由正知力調息其心，於其諸相諸惡尋思、諸隨煩惱不令流散，調順、寂靜。由精進力設彼二種暫現行時能不忍受，尋即斷滅除遣變吐，最極寂靜、專注一趣。由串習力，等持成滿。」見《大正藏》冊30，頁451；《丹珠爾》對勘本冊73，頁327。

此中若得第九住心，如誦❶經等至極串熟，先發誦唸等起而誦，雖於中間心往餘散，然所誦唸任運不斷。如是初念注於所緣，令起一次等引，次雖未能恆依相續念知，然三摩地能無間

缺相續長轉。由其不須功用相續恆依念知，故名「無加行」或名
「無功用」。能生此者，先須相續功用依念、正知，令沈掉等諸
障品法不能障礙，生一久續三摩地，此即第八住心。此與第九，
雖沈掉等三摩地障不能為障，二心相同，然於此心必須無間依
念正知，故名「有行」或「有功用」。能生此者，須於微細沈掉
等法，隨生隨除而不忍受，故須第七心[1]。生第七心，須先於
諸尋思及隨煩惱散亂知為過患，由有力正知，於彼等上偵察令
不流散，故須第五及第六心，此二即是有力正知所成辦故。能
生此者，復須散失所緣亦即速憶所緣，及須最初不從所緣散
亂正念，故須第三及第四心，以此二心即彼二念所成辦故。又
生此者，須先令心繫於所緣，及令所繫續流不散，故應先生初
二種心。

對此，如果獲得了第九住心，就如唸誦教典等達到非常嫻熟，只要最初
生起要唸誦的動機而唸誦，即使中途內心散逸至餘處，其唸誦也不會
間斷，且毫不費力。同樣地，最初透過將內心投注於所緣的正念，只要
等引一次，其後即使並未持續地依止連綿不絕的正念知，也會生起一種
不會中斷的等持，能夠持續地長久趣入。由於不須勤奮依止連綿持續
的正念知，所以名為「無作行」或者「無功用」。要生起第九心，必須先
生起一種透過勤奮而連續不斷地依止正念與正知，便能使沉掉等不順
品無法阻礙而長時間維持的等持，而這即是第八心。因為這與第九心，

雖然同樣是沉掉等的等持不順品所無法阻礙，但是第八心必須不間斷地依止正念與正知，所以名為「具有作行」或「具有功用」。要生起第八心，必須連微細的沉掉等都在剛生起便遮除而不接納，所以需要第七心。要生起第七心，需要有力的正知，了知由於思慮與隨煩惱而散逸為過患後，偵察而不流散於此等，所以需要第五與第六心，因為這二者即是由有力的正知所修成的緣故。要生起這樣的心，又需要即使從所緣散逸也能快速憶起所緣，以及從最初就避免從所緣散逸的正念，所以需要第三與第四心，因為這二者是由這二種正念所修成的緣故。要生起這二種心，便需要首先將內心安置於所緣，以及使如此安置的續流不散逸，所以需要首先生起前二種心。

[1]「故須第七心」 拉寺本、雪本作「故須欲求心」。按，「欲求」（འདུན་པ）為「第七」（བདུན་པ）之訛字。

❶誦　依據措那瓦大師《律經釋》，「誦」（ཁ་ཏོན）與「讀」（ཀློག་པ）二者有別，「誦」為串習已背誦的內容，「讀」則是背誦尚未記持的狀態。參見《毗奈耶經本頌疏釋——日光善說經教海論》冊上，頁126（遍智措那瓦慧賢著，台北市：佛陀教育基金會，2015）。

如是總謂先應隨逐聽聞教授，善修令心等住之理。次於如是安住，由數思惟令略相續而護其流。次若失念而散亂時速應攝錄，忘所緣境速應憶念。次更生起有力正念，從初便發不散

所緣念力。若已成辦有力憶念，當觀所緣散亂沈掉等過，以發猛利偵察正知。次當起功用力，雖由微細忘念而散，亦能無間了知而截其流。既斷除已，令諸障品不能為障，漸延續流。生此力時，策勵修習，得修自在[1]，即能成辦第九住心，無諸功用成三摩地。

是故未得第九心前，修瑜伽師須施功用，於三摩地安住其心。得九心已，雖不特修等住功用，心亦自然成三摩地。雖得如是第九住心，若未得輕安，如下所說尚不立為得奢摩他❶，何況能得毗缽舍那？然得此定，有無分別、安樂、明顯而嚴飾者，誤為已生等引、後得共相合糅❷無分別智。尤見極多於《聲聞地》所說第九住心，誤為已圓滿生無上瑜伽❸之圓滿次第❹者，下文當說。

既然如此，綜上所述，最初要依循聽聞教授，善加實踐使內心平等安住的方法。接著對於這樣的安住反覆思惟，使得續流能夠稍微延續，藉此維繫其續流。其後如果退失正念而散逸，要快速收攝，快速憶起遺忘的所緣。接著發起更加強力的正念，以發起一開始即不於所緣散逸的正念之力。修成有力的正念後，透過見到從所緣散逸至餘處的沉掉等的過失而進行偵察，要發起如此的強猛正知。其後要發起勤奮之力，即使由於微細的遺忘而散逸，當下便能了知而截斷其續流；以及截斷後不受

不順品阻礙，使這樣的續流逐漸延長。生起這樣的力量時，透過勤奮地修持，串習達到自在，便能修成不經辛勤努力即成為等持的第九心。

因此，在尚未獲得第九心以前，瑜伽士必須施加勤奮令內心安住於等持；獲得第九心以後，即使並未刻意策發平等住的勤奮，內心也會自然地成為等持。即使獲得了這樣的第九心，如果尚未獲得輕安，則如下文所述，尚且不安立為獲得寂止，何況是獲得勝觀？然而如果獲得了安樂、清晰、無分別所莊嚴的這樣的等持，即錯認為是生起了等引與後得相融的無分別智。尤其是發現有極多將《聲聞地》所宣說的第九心，錯認為已經圓滿地生起無上瑜伽的圓滿次第，這將於下文闡述。

[1]「得修自在」 拉寺本、單註長函本作「得修放緩」。按，「放緩」（ཤྲད）為「自在」（ཤྲ）之訛字。

❶ **如下所說尚不立為得奢摩他**　即《廣論》下文所述：「若善了知如前所說修定之軌而正修習，則九住心如次得生。第九心時，能盡遠離微細沈掉，長時修習。此又不待策勵功用，相續依止正念、正知，而三摩地能任運轉，是否已得奢摩他耶？茲當解釋。得此定者，有得、未得輕安二類。若未得輕安，是奢摩他隨順，非真奢摩他，名奢摩他隨順作意。」見《廣論》中文頁381；藏文頁537。

❷ **糅**　摻雜、混合，音「柔」。

❸ **無上瑜伽**　密法四種續部之一。由於是一切密乘中最超勝者，沒有比此更加超勝的密法，所以稱為無上瑜伽或無上密。

❹ **圓滿次第**　無上瑜伽密法的第二次第。以修力令風息進入、安住並融入中脈，由此產生的瑜伽即是圓滿次第。

第三、**彼具四作意之理**：如《聲聞地》云❶：「即於如是九種心住，當知復有四種作意：一、力勵運轉；二、有間缺運轉；三、無間缺運轉；四、無功用運轉。於內住、等住中，有力勵運轉作意。於安住、近住、調順、寂靜、最極寂靜中，有有間缺運轉作意。於專注一趣中，有無間缺運轉作意。於等持中，有無功用運轉作意。⓵此中有四種作意之理[1]，謂『初二心中有力勵運轉作意，其次五心有有間缺運轉，第八心有無間缺運轉，第九心有無功用運轉作意。』由是別別安立。設若說云：『此不應理，以於初二心中，等持中間亦為沉掉間斷中缺而運轉；其次五心亦須精勤功用力勵運轉，皆相同故。』答云：雖固如是，然於初二心時，沉掉與三摩地二者之中，多分沉掉，少分三摩地，故是三摩地稍令沉掉間缺，尚無沉掉令三摩地間缺之名。初二及次五之心，固雖同須力勵，然次五心有須力勵及間缺運轉兩者，初二心則唯有力勵，是故立為其份。如有三人，唯與其一小菜肴品；其二兼與肴品、酪糕；於第三人，更與酥油合為三物。如是三人皆有肴品，然於初者立『與肴』之名，其後二者皆有二物，然第二人唯有二物，故於彼立『與二』之名。」

其中有四種作意的道理：《聲聞地》中說：「對此，應當了知在九種心當中具有四種作意，即：力勵運轉、有間缺運轉、無間缺運轉、無功用運轉。其中，在內住與等住當中，有力勵運轉作意；在安住、近住、調順、寂靜與最極寂靜當中，有有間缺運轉作意；在專注一趣當中，有無間缺運轉作意；在等持當中，有無功用運轉作意。其中具有四種作意的道理，在這當中，提到『前二心之中有力勵運轉作意，其後五心當中有有間缺運轉，第八心當中有無間缺運

轉，第九心當中有無功用運轉作意。』是分別安立的。有人說：『這並不合理，因為在前二種心當中，也有在等持的中途為沉掉所中斷的運轉，其後五心也需要努力勤奮地力勵運轉，情況相同的緣故。』答道：雖然是如此，但是在前二心的階段，在沉掉與等持二者之中，大部分是沉掉，而等持為少部分，所以等持僅能略微中斷沉掉，尚未出現沉掉中斷等持之名。前二種心與其後五心，雖然同樣都需要力勵，但是其後五心具有需要力勵與間缺運轉二者，而前二種心則唯有力勵這一者，所以安立為其所屬。就如三個人當中，一人唯獨給予一份下酒菜的肉，一人一併給予肉與乳酪糕二種，一人則加上酥油而給予三種時，雖然三人同樣都有了肉，但是第一人被稱作給了肉；後二人雖然同樣都給予了兩種，但是由於第二人只有兩種，所以被稱作給了兩種。」

[1]「四種作意之理」　雪本作「基作意之理」。按，「基」（གཞི）為「四種」（བཞི）之訛字。

❶《聲聞地》云　引文唐玄奘大師譯《瑜伽師地論》作：「即於如是九種心住，當知復有四種作意：一、力勵運轉作意；二、有間缺運轉作意；三、無間缺運轉作意；四、無功用運轉作意。於內住、等住中，有力勵運轉作意；於安住、近住、調順、寂靜、最極寂靜中，有有間缺運轉作意；於專注一趣中，有無間缺運轉作意；於等持中，有無功用運轉作意。」見《大正藏》冊30，頁451；《丹珠爾》對勘本冊73，頁328。

此說初二心時，須勤策勵，故立力勵運轉作意。次五心時，由沈沒、掉舉故，中有間缺不能經久座修，故立有間缺運轉作

意[1]。隨後第八心時，沈沒、掉舉不能為障，而能經久座修，故立無間缺運轉作意。隨後第九心時既無間缺，又復不須恆依功用，故立無功用運轉作意。

若爾，初二心時，亦有有間缺運轉，中五心時，亦須力勵，云何初二不說有間缺運轉作意，於中五心不說力勵運轉作意？答：初二心中，心成不成定，後者極長；中間五心住定極長，故於後者立三摩地間缺之名，前者不爾。故雖俱有力勵運轉，然間缺運轉有無不同，故於力勵運轉作意，未立五心。

如是謂住前說資糧，恆依精進修三摩地，乃能成辦正奢摩他，若略修習一次二次，還復棄捨所修加行，必不能成。如《攝波羅蜜多論》云❶：「由無間瑜伽，精勤修靜慮。如數數休息，鑽木不出火，瑜伽理亦然，未得勝勿捨。」

提到在前二心時，必須努力地警策，所以安立為力勵運轉作意。其後五心的階段中，會被沉掉中斷，因而無法在長久的座時中維繫，所以安立為有間缺運轉作意。其後第八心當中，由於沉掉無法中斷，能夠在長久的座時中維繫，所以安立為無間缺運轉作意。其後在第九心當中，既不會中斷，也不須持續依止勤奮，所以安立為無功用運轉作意。

若問：那麼在前二心的階段中有有間缺運轉，而在中間五心的階段中

也需要警策，為何不說前二種當中有有間缺運轉作意，以及不說中間五心當中有力勵運轉作意？答道：前二心當中，在內心成為等持與不成為等持二者之間，後者非常地漫長；而在中間五心當中，則非常長久地安住於等持，所以後者被命名為等持間缺，前者則不如此命名。因此，這二者固然同樣都具有力勵運轉，但是有無間缺運轉則不相同，所以五心不安立為具有力勵運轉的作意。

如此一來，有提到安住於前文所述的資糧，持續地依止修定的精進，才會修成寂止；如果僅僅修持少數一二次，便再度放棄加行，則不能修成，因為《攝波羅蜜多論》中說：「應當透過持續不斷的瑜伽，精進地修持靜慮。如果反覆休息，鑽木終究無法生火，瑜伽的道理也是如此，未獲得殊勝前不應當捨棄。」

[1]「故立有間缺運轉作意」　果芒本原作「立有間缺運轉作意」，拉寺本、雪本、哲霍本、單註本作「故立有間缺運轉作意」。

❶《攝波羅蜜多論》云　引文見《丹珠爾》對勘本冊64，頁1610。

九住心、六種力、四種作意生起的過程

夏日東活佛提到，最初由於聽聞力，從上師處聽聞所緣的教授，此時只能稍微安住於所緣，多數無法安住、無法持續；由於觀察內心的力量，便能明了內心隨著掉舉、流散而轉，雖然會感覺似乎比過去生起更多思慮，然而並非思慮增多，

而是認識思慮。數息時，最初只能計算三四次，再度從頭開始計算，能做到心不散亂而數二十一次，即是第一住心成就的界限。第一住心由聽聞力所成辦。

第二住心時，透過如此修持，心稍微能持續安住於所緣，譬如唸一串六字大明咒的時間長度，在這段期間心不散亂。在這個階段中，有時思慮止息，有時思慮生起，會有思慮休憩之感。第二住心由思惟力所成辦。在第一住心與第二住心的階段，會生起許多沉掉，很少安住，因此屬於四種作意中的力勵運轉作意的階段，散亂的時間比安住的時間長。

第三住心時，就像在衣服上打補丁一樣，在相續安住的基礎之上，當心散到所緣以外的其他地方時，能立刻了知，再度令心安住在所緣上。所以第三住心與前二住心的階段，散亂的時間有長短的差別。第三住心為生起有力正念的階段。第一住心時會生起認識思慮的感覺，第二住心時會出現思慮休憩的感覺，第三住心時會出現思慮中止的感覺。

第四住心時，生起有力正念之後，安住在所緣上，此時不可能失去所緣，因此比前三住心更超勝。雖然不會失去所緣，但在不失所緣的情況下，會生起強猛的沉掉，所以必須依止沉掉的對治。第三住心與第四住心由憶念力所成辦。從這個階段開始，正念的力量圓滿、成熟，就像成年人一樣。

第五住心時，第四住心由於令心太向內攝，導致第五住心時極有可能生起細分沉沒。所以引生有力的正知之後，透過正知偵察，思惟等持的功德而令心振奮。第五住心與第三、第四住心的階段，有粗分沉掉生起與否的差別。

第六住心時，第五住心有可能令心太過策舉，導致第六住心時極有可能生起細分掉舉。生起細分的掉舉時，必須發起明了細分掉舉的有力正知，視細分的掉舉為過失而遮止。比起第五住心，在第六住心的階段時，沒有生起細分沉沒的危險。第五住心與第六住心由正知力所成辦。從這個階段開始圓滿正知的力量。

第七住心時，雖然由於正念知的力量圓滿，所以沉掉難以生起，然而此後必須發起精進力，視細分的沉掉為過失，而盡力遮止細分沉掉。第七住心與第六、第五住心的階段，有是否需要擔憂失於細分沉掉的差別。第七住心時，雖然基本沒有生起細分沉掉的危險，但仍然必須勤修斷除沉掉的方便。第五、第六住

心的階段，還有被沉掉傷損的顧慮，到了第七住心的階段，雖然會生起沉掉，但能以精進遮止，因此沉掉基本無法障礙。從第三住心到第七住心之間，雖然多數為等持，然而會被沉掉等中斷，因此是有間缺運轉作意的階段。

第八住心時，最初略微依止憶念執持對治的功用，便在座上期間連細分沉掉也沒有，能得維繫一座。從第八住心開始，無需依止正知的功用。由於第八住心的階段，如果稍微依止功用，在座上期間便不會被沉掉等障礙，所以是無間缺運轉作意的階段。第七住心與第八住心由精進力所成辦。

第九住心時，能遠離功用而轉，由於第八住心時數數串習，因此到了第九住心的階段，就能無功用任運而轉。所以絲毫不須功用，就像熟於唸誦的人在課誦一樣，自然成為等持。此即欲界心一境性的隨順奢摩他。第九住心由串習力所成辦。

總攝而言，第一住心與第二住心，有安住長短的差別；第二住心與第三住心，有散亂長短的差別；第三住心與第四住心，存在著是否有可能失去所緣依處的差別；第四住心與第五住心，有粗分沉沒是否生起的差別；第五住心與第六住心，有是否需要提防細分沉沒的差別，不僅如此，雖然第六住心時會生起細分掉舉，但是比前面少；第六住心與第七住心，有是否需要極為提防失於細分沉掉的差別；第七住心與第八住心，有有無沉掉的差別；第八住心與第九住心，有是否觀待功用的差別。

以上為夏日東活佛所說，僅錄出以供參考。

參見《夏日東文集》冊3，頁85、90。

上士道 別學奢摩他法

寂止成與未成
之界限

由修成辦奢摩他量❶，分三：一˙顯示奢摩他成與未成之界限；二˙總示依奢摩他趣道軌理；三˙別顯往趣世間道軌。初又分二：一˙顯示正義；二˙有作意相及斷疑。今初：

若善了知如前所說修定之軌而正修習，則九住心如次得生。此第九心能盡遠離微細沈掉，經久座修。此復若得任運而轉妙三摩地，不待策勵功用相續依止正念正知[1]，是否已得奢摩他耶？茲當解釋。得此定者，有得未得輕安二類，若未得輕安，是奢摩他隨順，非真奢摩他，名「奢摩他隨順作意」。《解深密經》明顯說云❷：「世尊，若諸菩薩緣心為境，內思惟心，乃至未得身心輕安，於此中間所有作意，當名何等？慈氏，非奢摩他，是名隨順奢摩他勝解相應作意。」《莊嚴經論》亦云❸：「由習而無作，次於彼身心，獲得妙輕安，名為有作意。」此處作意，即奢摩他，如下所說《聲聞地》文❹。《修次中篇》亦云❺：「如是修習奢摩他者，若時生起身心輕安，如其所欲心於所緣獲得自在，應知爾時生奢摩他。」此說須具二事，謂於所緣得自在住及發輕安。故《修次初篇》說❻：「若時於所緣境不用加行，乃至如欲心得運轉，爾時應知是奢摩他圓滿。」意亦已得輕安，《修次中篇》顯了說故❼。又《辨中邊論》說八斷行中之捨❽，與此第九心同一宗要，但此非足，彼論亦說須輕

安故❾。《般若波羅蜜多教授論》亦云❿：「如是菩薩獨處空閒，如所思義而起作意，捨離意言，於心所現多返作意，乃至未生身心輕安，是奢摩他隨順作意。若時生起，爾時即是正奢摩他。㊣於此等處所說『作意』，皆是奢摩他名。言『意言[2]』者，謂於所緣心數數思。言『餘心所法❶』者，義謂心輕安為心所，且其別於一切凡庸補特伽羅共有諸心所，是由修力新證之義。」此說極顯。此等一切皆是決擇《深密經》義。

透過修持而修成寂止的標準，分為三科：一、說明修成寂止與未修成的界限；二、總體說明依靠寂止行進於道的道理；三、特別說明行進於世間道的道理。第一科分為二科：一、說明本身的意涵；二、具足作意的徵兆及其釋疑。第一科：

若想，善加了解如前所述修習等持的方法而修習，便能依序生起九心。而第九心遠離了微細的沉掉，能夠維繫長久的座時，並且獲得不觀待於辛勤努力地持續依止正念與正知，便能任運趣入的等持。如果已獲得這樣的等持，是否便是獲得了寂止？答道：需要說明。獲得這樣的等持，其中有獲得輕安與未獲得二種，如果尚未獲得輕安，則是與寂止相符順，並非真正的寂止，名為「與寂止相符順的作意」。《解深密經》中明確地說道：「世尊，當菩薩以內心為所緣，心向內作意時，直到尚未獲得身輕安與心輕安之前，要如何稱呼這樣的作意？慈氏，這並非寂止，應當名為是與符順於寂止的勝解相應。」《經莊嚴論》中也說：「透過串習而不作行，接著獲得強大的身心輕安，便名為具有作意。」所謂作意，在此處即是指寂止，與下文所闡述《聲聞地》中的說法相同。《修次中篇》中也說：「如此地串習寂止，當身心達到輕安，對於所緣能夠隨欲

地控制內心時，應當了知即是修成寂止。」提到需要對於安住所緣獲得自主與輕安這二者。因此《修次初篇》中說：「何時對於其所緣不再有作行，內心能趣入直到所想要的時長，應當了知此時即是寂止圓滿。」也是意指具有輕安，因為在《修次中篇》中有明確提及。另外，《辨中邊論》所提及八種斷行中的等捨，與此處的第九心，其關鍵是相同的，但是不可僅以此為足，其中也提到了輕安。《般若波羅蜜多口訣論》中也極其明確地說道：「菩薩獨自處在僻靜處，作意其所思惟的意涵，捨棄意言，對於內心如此的顯現多次地作意。在尚未生起身心輕安以前，還是與寂止相符順的作意；何時生起，那時便是寂止。在這些段落中所提到的『作意』，皆是寂止的名稱；『意言』是指內心反覆思惟所緣。『其他的心所法』意指心輕安是心所，並且有別於一切平凡有情所共有的心所，是透過修持的力量而新獲得。」這一切皆是在抉擇《解深密經》的含義。

[1]「相續依止正念正知」哲霍本作「相續開示正念正知」。按，「開示」(བསྟན)為「依止」(བསྟེན)之訛字。　[2]「意言」果芒本原作「意忘」，拉寺本作「意言」。按，「意忘」(ཡིད་ཀྱིས་བརྗེད་པ)乃「意言」(ཡིད་ཀྱིས་བརྗོད་པ)之訛字。

❶ **由修成辦奢摩他量**　即前頁100「修已成就奢摩他量」一科。

❷ **《解深密經》明顯說云**　引文元魏菩提流支譯《深密解脫經》作：「世尊！世尊！菩薩未得內心觀像，未得身樂、未得心樂，佛說彼觀名何等觀？佛言：『彌勒！非奢摩他，是隨順奢摩他。是故，我說名為隨順信奢摩他。』」唐玄奘大師譯《解深密經》作：「世尊！若諸菩薩緣心為境，內思惟心，乃至未得身心輕安所有作意，當名何等？佛告慈氏菩薩曰：『善男子！非奢摩他作意，是隨順奢摩他勝解相應作意。』」見《大正藏》冊16，頁674、698；《甘珠爾》對勘本冊49，頁62。

❸《莊嚴經論》亦云　引文唐波羅頗蜜多羅譯《大乘莊嚴經論》作：「爾時得無作」、「下倚。」見《大正藏》冊31，頁624；《丹珠爾》對勘本冊70，頁845。

❹如下所說《聲聞地》文　即《廣論》後文所引《聲聞地》：「從是已後，其初發業修瑜伽師名有作意，始得墮在有作意數。何以故？由此最初獲得色界定地所攝少作意故。由此因緣，名有作意。」見《廣論》中文頁384；藏文頁543。

❺《修次中篇》亦云　引文見《丹珠爾》對勘本冊64，頁134。

❻《修次初篇》說　引文宋施護譯《廣釋菩提心論》作：「於所緣中若無動作，如是乃得所欲所行勝定相應，爾時當知奢摩他成。」見《大正藏》冊32，頁567；《丹珠爾》對勘本冊64，頁89。

❼《修次中篇》顯了說故　即《廣論》所引《修次中篇》：「如是修習奢摩他者，若時生起身心輕安，如其所欲心於所緣獲得自在，應知爾時生奢摩他。」見前註5；《廣論》中文頁381；藏文頁537。

❽《辨中邊論》說八斷行中之捨　相應段落參見陳真諦三藏譯《中邊分別論》：「寂靜時放捨。」唐玄奘大師譯《辯中邊論頌》：「滅等流。」見《大正藏》冊31，頁458、471；《丹珠爾》對勘本冊70，頁909。

❾彼論亦說須輕安故　相應段落參見陳真諦三藏譯《中邊分別論》：「此因緣及果。」唐玄奘大師譯《辯中邊論頌》：「及所因能果。」見《大正藏》冊31，頁458、471；《丹珠爾》對勘本冊70，頁909。

❿《般若波羅蜜多教授論》亦云　引文見《丹珠爾》對勘本冊78，頁339。

⓫言餘心所法　即下文引安慧論師所說「能得適悅、輕利之因餘心所法」。見頁268。

若爾，未生輕安以前，此三摩地何地攝耶？答：此三摩地欲界地攝；三界九地❶隨一所攝，而非第一靜慮近分以上定故；以得近分決定須得奢摩他故。於欲地中雖有如此勝三摩地，然仍

說是「非等引地」[1]，而不立為「等引地」，其因相者，以非無悔❷、最勝喜樂、輕安所引故。如是亦如《本地分》云❸：「何故唯於此等名『等引地』，非於欲界心一境性？謂此等定，是由無悔、勝喜、輕安、妙樂所引。欲界不爾，非欲界中於法全無審正觀察。」如是若未獲得輕安，雖三摩地不須相續依止正念，自然能成心無分別❹，復現似能合糅趨、行、坐、臥❺一切威儀[2]，應知是名「欲界心一境性」，不可立為真奢摩他。

那麼輕安未生起以前的等持，是由何地所統攝？答道：此等持是由欲界地所統攝，因為是三界九地其中之一所統攝，而不是第一靜慮近分定以上的緣故；而這是因為如果獲得近分定，則必定需要獲得寂止的緣故。雖然在欲界地當中有這樣的等持，然而僅是「非等引地」，而不安立為「等引地」的原因，是因為並非以無悔、最殊勝的喜樂與輕安所修成的緣故。而這也如《本地分》中所說：「為何唯獨對此命名為『等引地』，對於欲界的一心專注則不如此命名？答道：這種等持是由無悔、最殊勝的歡喜、輕安與安樂所修成。欲界則非如此，並非在欲界中沒有思惟正法。」既然如此，如果尚未獲得輕安，即使不持續依止正念，也會自然趨於心無分別，並且彷彿能夠融合於行走、漫步、安坐與眠臥等一切行為當中，應當了知這樣的等持只能稱作「欲界一心專注」，不可安立為真正的寂止。

❶ **三界九地**　三界的一種分類方式。三界即欲界、色界、無色界。九地為：欲地、第一靜慮地、第二靜慮地、第三靜慮地、第四靜慮地、空無邊處地、識無邊處地、無所有處地、非想非非想處地或有頂地。欲地為欲界所攝；第一靜慮地、第二靜慮地、第三靜慮地、第四靜慮地為色界所攝；空無邊處地、識無邊處地、無所有處地、非想非非想處地或有頂地為無色界所攝。

❷ **無悔**　夏日東活佛提到，此處的無悔，是指身不疲勞、心無疲厭。在第九住心時，尚未獲得身心堪能的殊勝輕安，如果修定時間太長，會導致身體疲勞、內心疲厭。參見《夏日東文集》冊3，頁98。

❸ **《本地分》云**　引文唐玄奘大師譯《瑜伽師地論》作：「謂唯此等名等引地，非於欲界心一境性。由此定等，無悔、歡喜、安樂所引。欲界不爾，非欲界中於法全無審正觀察。」見《大正藏》冊30，頁329；《丹珠爾》對勘本冊72，頁960。

❹ **心無分別**　據如月格西解釋，此指「不散亂的心」，專心致志的內心狀態。

❺ **趨行坐臥**　即四威儀。四威儀有不同的算法，漢傳佛法以行、住、坐、臥為四威儀；藏傳則作趨、行、坐、臥。其中「趨」與「行」的差別，三世貢唐大師在《顯明義釋筆記》中解釋，不去遠方，但在自己的住處等附近來回步行，即是「行」。遠行，即為「趨」；如月格西則解釋，有目的的行走為「趨」，無目地的漫步是「行」。「行」，又名「經行」。參見《顯明義釋筆記‧顯明隱義炬》，頁184（貢唐寶教法炬著，印度：果芒圖書館，2000）。

若爾，云何能得輕安之理？得輕安已，又云何為能成奢摩他理？答：應知輕安如《集論》云❶：「云何輕安？謂止息身心粗重續流故，身心堪能性，除遣一切障礙為業。」身心粗重者，謂其身心於修善行，無有堪能隨欲遣使。能對治此身心輕安者，由離身心二種粗重，則遣身心令行善事極有堪能。又能障礙樂斷煩惱，煩惱品❷攝內身粗重，若勤功用斷煩惱時，其身重等不堪能性得遣除已，身獲輕利，名身堪能。如是為斷煩惱，所謂能障樂斷煩惱，煩惱品攝內心粗重，由是勤功用時，不堪愛樂運轉注善所緣得遣除已，心於所緣運轉無滯，名心堪能。如是亦如安慧論師云❸：「此中身堪能者，謂於身所作事輕利生起。心堪能者，謂令趣正作意之心，能得適悅、輕利之因餘心所法；以若具此，能於所緣無滯運轉，是故名為『心堪能性』。」總之雖欲功用斷除煩惱，然如拙於事者趣自事業畏怯難轉；若得輕安，如是身心不堪能性皆除遣已，遣使身心極具便利。如是身心圓滿堪能，是從初得三摩地時，便有微細少分現起，次漸增長，至於最後而成輕安、心一境性妙奢摩他。又初微故難可覺了，後乃易知。如《聲聞地》云❹：「唯於其初發起如是正加行時，起心輕安，若身輕安、身心堪能，微細難覺。」又云❺：「即前所有心一境性、身心輕安漸更增長，由此因果轉承道理[1]，而能引發粗顯易了心一境性、身心輕安。」

如果心想，那麼獲得輕安的方法是什麼？獲得輕安後，成為寂止的過程
又是什麼？答道：對此，應當了知所謂輕安，就如《集論》中所說：「何
為輕安？是指截斷了身心粗重的續流，因此身心堪能，具有消除一切障
礙的作業。」身心粗重，是指要修持善行卻不能隨心所欲地駕馭身心；
作為其對治品的身心輕安，由於遠離了身心二種粗重，所以要駕馭身心
趣向善行便極其堪能。其中會阻礙樂於斷除煩惱，並且屬於染汙方面
的身粗重，在勤奮斷除煩惱時會使身軀沉重等，遠離了這樣的身不堪
能，能使身體靈動輕盈，此為身堪能。同樣地，會阻礙樂於斷除煩惱，
屬於染汙方面的心粗重，為了斷除煩惱而勤奮時會無法欣喜地趣入投
注於善所緣，遠離了這樣的不堪能，內心能夠毫無滯礙地趣入所緣，此
為心堪能。這也如安慧論師所說：「其中身堪能，是指能夠產生身軀行
動靈活輕盈；心堪能，是使處於正確作意的內心能舒適而輕盈的因，
另外的心所法。如果具足心堪能，便能毫無滯礙地趣入所緣，所以名為
『心堪能』。」總而言之，雖然想要勤奮地斷除煩惱，卻如能力不足者要
執行自己的任務一般，由於懼怕而難以趣入；如果獲得了輕安，這樣的
身心不堪能都會排除，身心將極易駕馭。如此的身心圓滿堪能，從最初
獲得等持起便會生起微細的少部分，其後逐漸增強，直到最終轉為輕
安與一心專注的寂止。而在最初由於微細，因此難以發覺，其後便會容
易發覺。因為《聲聞地》中說：「唯有在其最初發起正確加行之時，所產
生的心輕安、身輕安與身心堪能都很微細，難以察覺。」以及「其一心
專注以及身心輕安更增強時，透過一個接一個因相繼接續的方式，引
發粗顯而易於察覺的一心專注、身心輕安。」

❶ **應知輕安如《集論》云** 引文唐玄奘大師譯《大乘阿毘達磨集論》作：「何等為安？謂止息身心麁重，身心調暢為體，除遣一切障礙為業。」見《大正藏》冊31，頁664；《丹珠爾》對勘本冊76，頁127。

❷ **煩惱品** 煩惱或與煩惱相順者，煩惱品不一定與煩惱相應，如煩惱所生之果。

❸ **如是亦如安慧論師云** 引文出自《三十頌釋》、《五蘊論分別釋》。《三十頌釋》，唯識部論典，又名《唯識三十頌釋》共2卷，安慧論師著，尚無漢譯。此論主要逐句解釋世親菩薩所造的《唯識三十頌》，闡述唯識宗的依他起、圓成實、遍計執等內涵。《五蘊論分別釋》，唯識部論典，共4卷，安慧論師著。依據《德格版・西藏大藏經總目錄》記載，漢譯本有唐地婆訶羅譯《大乘廣五蘊論》1卷，然漢藏譯文無法相互對應。此論逐字解釋世親菩薩《五蘊論》的內容，詳細闡述五蘊的體性、支分等。參見《德格版・西藏大藏經總目錄》冊下，頁616（宇井伯壽等編，臺北：華宇出版社，1975）。引文見《丹珠爾》對勘本冊77，頁414、572。

❹ **如《聲聞地》云** 引文唐玄奘大師譯《瑜伽師地論》作：「先發如是正加行時，心一境性、身心輕安微劣而轉，難可覺了。」見《大正藏》冊30，頁464；《丹珠爾》對勘本冊73，頁403。

❺ **又云** 引文出自《聲聞地》。唐玄奘大師譯《瑜伽師地論》作：「即前微劣心一境性、身心輕安漸更增長，能引強盛易可覺了心一境性、身心輕安；謂由因力展轉引發方便道理，彼於爾時不久當起強盛易了身心輕安、心一境性。」見《大正藏》冊30，頁464；《丹珠爾》對勘本冊73，頁403。

將發如是眾相圓滿易了輕安所有❶前相，謂勤修定補特伽羅，於其頂上似有重物❷，然其重相非不安樂。此生無間，即能遠離障礙樂斷煩惱心粗重性，即先生起能對治彼心輕安性。如《聲聞地》云❸：「若於爾時，不久當起粗顯易了心一境性、身心輕安所有前相，於其頂上現似負重，又非損惱之相。此起無間，能障樂斷、諸煩惱品心粗重性皆得除滅，能對治彼心調柔性、心輕安性皆得生起。」

次依內心堪能輕安生起力故，有能引發身輕安因——風息❹流身，此風通遍身分之時，身粗重性皆得遠離；諸能對治身粗重性，身輕安性即能生起。此復舉身充實，而由堪能風力，狀似滿溢。如《聲聞地》云❺：「由此生故，有能隨順起身輕安，諸風大種來入身中。由此大種於身轉時，能障樂斷、諸煩惱品身粗重性皆得遣除；能對治彼身輕安性，遍滿身中，狀如滿溢。」此身輕安，謂極悅意內身觸塵❻，非心所法。如安慧論師云❼：「歡喜攝持身內妙觸，應當了知是身輕安。契經中說：『意歡喜時身輕安❽』故。」

條件圓滿且易於察覺的輕安將生起的前兆，是勤於修定的補特伽羅，頭頂會產生沉重之感，然而這並非不舒適的沉重。在沉重感生起的當下，便會遠離阻礙樂於斷除煩惱的心粗重，而先生起其對治品的心輕安。因為《聲聞地》中說：「不久將要生起其粗顯而易於察覺的一心專注，以及身心輕安的前兆，是其頭頂將會產生沉重感，而又不是損惱的相狀。此生起的當下，阻礙樂於斷除、屬於染汙方面的心粗重便會被斷除，將會生起其對治品的心堪能與心輕安。」

其後，依靠心堪能的輕安生起的力量，屬於生起身輕安之因的風息便會在體內運行，當這樣的風息貫通身體各處時，便會遠離身粗重，並且生起身粗重的對治品——身輕安。這會充實全身，感到彷彿被堪能風息的力量所充盈。因為《聲聞地》中說：「由於其生起，因此與生起身輕安相符順的大種風息便會在體內運行。當這些風息運行時，便會遠離阻礙樂於斷除、屬於染汙方面的身粗重，並且其對治品的身輕安會充實全身，感到彷彿充盈全身。」其中身輕安是身體內在一種非常悅意的觸，而不是心所，因為安慧論師曾說：「應當了知如果是被歡喜攝持的殊妙身觸，便是身輕安，因為經典中提到：『如果內心歡喜，身體便會輕安。』」

❶ 所有　即漢文中「的」的意思，並非指「一切」。

❷ 於其頂上似有重物　夏日東活佛提到，此處的「頂上似有重物」，就像剛剃完頭，頭部覺得寒冷時，用溫暖的手掌放在頭頂上的安樂的感覺，那是在皮肉之間引生身粗重的風將依次收攝，而在頭頂消失的徵兆。參見《夏日東文集》冊3，頁99。

❸ 如《聲聞地》云　引文唐玄奘大師譯《瑜伽師地論》作：「如是乃至有彼前

272

相，於其頂上似重而起，非損惱相。即由此相於內起故，能障樂斷、諸煩惱品心麁重性皆得除滅，能對治彼心調柔性、心輕安性皆得生起。」見《大正藏》冊30，頁464；《丹珠爾》對勘本冊73，頁403。

❹ **風息**　指呼吸與在體內循環不會外散的風。

❺ **如《聲聞地》云**　引文唐玄奘大師譯《瑜伽師地論》作：「由此生故，有能隨順起身輕安，風大偏增眾多大種來入身中。因此大種入身中故，能障樂斷、諸煩惱品身麁重性皆得除遣；能對治彼身調柔性、身輕安性，遍滿身中，狀如充溢。」見《大正藏》冊30，頁464；《丹珠爾》對勘本冊73，頁403。

❻ **觸塵**　即外色五處當中的「觸」。

❼ **如安慧論師云**　引文出自《三十頌釋》、《五蘊論分別釋》。見《丹珠爾》對勘本冊77，頁414、572。

❽ **意歡喜時身輕安**　《丹珠爾》對勘本、妙音笑大師所著《色無色廣論》引述此文時，皆與《廣論》相同，然福稱大師所著《現觀總義》、《現觀辨析》皆作「意歡喜時心輕安」。

如是此身輕安最初生時，由風力故，身中現起強烈樂受。由此因緣，心中喜樂覺受轉更勝妙。其後輕安初勢漸趣微細，然非輕安一切永盡，是初粗顯太動其心❶，彼漸退已，當有輕安輕薄如影，無諸散動與三摩地隨順而起。心踊躍性亦漸退已，心於所緣堅固而住，遠離大喜擾動不寂靜性[1]，是即獲得正奢摩他。《聲聞地》云❷：「彼初起時，令心踊躍、令心悅豫❸、歡喜俱行；令心喜樂、所緣境界於心中現❹。從此已後，彼初所起輕安勢力漸漸舒緩，身具輕安猶如光影❺。心踊躍性亦當捨

卻，由奢摩他令心堅固，以極靜相轉趣所緣。」

如是生已，得奢摩他，或如論云❻：「名有作意」，始得墮在「有作意」數。以得第一靜慮近分所攝正奢摩他，乃得等引地最下作意故。^語獲得奢摩他之量，總體而言，從初得三摩地，便已生起微分輕安，然由微弱，故難明察。後更轉增成明晰時，即成奢摩他。此復最初生心輕安，以此為緣生身輕安。生身輕安無間，是時身生強大樂受，彼即身輕安樂；依此意中發生樂受，則是心輕安樂。是故二輕安中，先生心輕安；二種樂中，先生身輕安樂。如是生起身輕安無間，喜樂令心散動，欣喜洋洋，爾時尚未得奢摩他。逮至狂喜略微轉弱，獲得心舒坦住所緣三摩地相順不動輕安，俱時即是成奢摩他。歡喜轉弱，亦非輕安消盡，此猶得聞可意之語，即彼無間歡喜動心，是語雖非虛假不實，然過片晌❼，先時內心散動便轉微弱。

最初如此生起身輕安時，透過風息的力量在體內產生強大的安樂感覺，藉此使內心也生起極其超勝的喜樂感覺。其後輕安最初生起的力量會逐漸減弱，這並非輕安消耗殆盡，而是此種粗顯輕安會太過動搖內心，因此在消退後，會生起輕薄如影，與等持相符順的不動搖輕安。內心的雀躍歡喜也消退後，便會獲得內心穩固安住於所緣，並且遠離強大歡喜所擾動的不寂靜的寂止。因為《聲聞地》中說：「其最初生起時，內心具足歡喜，內心具足極度舒適，內心具足最為歡喜，所緣與歡喜也會一併顯現。其後最初生起的輕安力量逐漸轉為極其微細，身體會具足有如輕影的輕安。內心的歡喜也將捨卻，會由於寂止而使內心極為堅固，並且以極為寂靜的行相趣入所緣。」

出現如此相狀時，便獲得寂止，或者如同有言：「名為具有作意」，能列入名為「獲得作意」的行列。因為獲得第一靜慮近分定所含攝的寂止，所以獲得了最低的等引地作意。獲得寂止的標準，總體而言，最初獲得等持也會生起些微的輕安，但是由於細微而難以發覺；最終大幅增強至相當顯著時，便修成了寂止。而這首先是生起心輕安，以此作為因緣而生起身輕安。在身輕安生起當下，體內便會產生強大的安樂感覺，此為身輕安的安樂；藉此而在心中生起安樂感覺，此則是心輕安的安樂。所以在二種輕安當中是首先生起心輕安，而在二種安樂當中則是首先生起身輕安的安樂。如此生起身輕安的當下，這樣的喜樂會導致內心散動而產生強大的雀躍歡喜，此時尚未獲得寂止；其後當欣喜若狂的狀態稍微減弱，獲得了與內心舒坦地安住所緣的等持相符順的不動搖輕安，與此同時即修成了寂止。而歡喜轉弱，並非輕安消盡，就如乍聽優美的言語，當下會歡喜得讓內心散動，而這樣的言語即使並非虛假不實，但是稍微過了片刻，先前的內心散動仍會減弱一般。

[1]「遠離大喜擾動不寂靜性」　果芒本原作「大喜擾動之。遠離不寂靜性」，拉寺本、法尊法師原譯作「遠離大喜擾動不寂靜性」。

❶ 粗顯太動其心　據如月格西解釋，「粗顯」指首次得到身輕安時，會感到氣脈行走太過強烈的狀態。由於初修業者過去未曾獲得輕安，此狀態會影響到修止，雖不算不順品，但仍需要調整。

❷《聲聞地》云　引文唐玄奘大師譯《瑜伽師地論》作：「彼初起時，令心踊躍、令心悅豫、歡喜俱行；令心喜樂、所緣境性於心中現。從此已後，彼初所起輕安勢力漸漸舒緩，有妙輕安隨身而行在身中轉。由是因緣，心踊躍性漸次退減；由奢摩他所攝持故，心於所緣寂靜行轉。」見《大正藏》冊30，頁464；《丹珠爾》對勘本冊73，頁404。

❸悅豫　藏文直譯為「心極舒暢」。豫，樂也，音「預」。

❹彼初起時令心踊躍令心悅豫歡喜俱行令心喜樂所緣境界於心中現　據如月格西解釋，此句可作「彼初起時，具踊躍心、具悅豫心、具歡喜心可得，亦見具足喜樂」。意指最初生起身輕安的時候，身輕安就會存在於具足歡喜的內心、具足極度舒適的內心、具足最為歡喜的內心當中，而且也會顯現歡喜。

❺身具輕安猶如光影　此處以影子比喻輕安，據如月格西解釋，此處的比喻並非指得到輕安之後，輕安便如影隨形，而是如上文所說的「輕安輕薄如影」，比喻獲得輕安之後，身心輕鬆安適之狀。

❻如論云　引文出自《瑜伽師地論·聲聞地》。唐玄奘大師譯《瑜伽師地論》作：「名有作意。」見《大正藏》冊30，頁465；《丹珠爾》對勘本冊73，頁404。

❼片晌　片刻、一會兒。晌，音「賞」。

如是亦如《聲聞地》云❶：「從是已後，其初發業修瑜伽師名有作意，始得墮在『有作意』數。何以故？由此最初獲得色界等引地少作意故。由此因緣，名『有作意』。」言等引地者，是上二界地之異名❷。㊟此復師云：「說『未得輕安之間，奢摩他不生[1]，從獲輕安而安立之』；及說毗缽舍那之量，謂『是於奢摩他性中，能以觀擇力引發輕安之界限而為安立』，此語之意，是說得輕安後，因由遠離身心粗重——不堪隨意遣使之分，故致迥異先前住所緣相之住分，由此而為安立。較由等引之力所生輕安❸，更為超勝身心堪能；住時心住所緣之分，及於捨時心之勢力，皆由觀擇力引發輕安所生，是由此而為安立。」

這也如《聲聞地》中所說：「其後初業行者的瑜伽士便是具有作意，進入名為『具有作意』的行列。為何如此？因為由此初步獲得色界等引地的下等作意，所以名為『具有作意』。」所謂等引地，是上二界地的別名。

而上師開示道：「所謂『未獲得輕安前不會生起寂止，從獲得後才安立』；以及關於勝觀的標準，也是指『在寂止的狀態下，能夠引發以觀擇的力量所引發的輕安，是從此界限而安立』。這也是意味著獲得輕安之後，便會遠離身心粗重——無法隨心所欲地駕馭的部分，而迎來與先前安住所緣的方式徹底不同的住分，由這部分而安立。比起透過等引的力量所引發的輕安更加超勝的身心堪能，以及安住時內心對於所緣的住分，與放開時的心力，都是從獲得了以觀擇的力量所引發的輕安所生起，是由這部分而安立。」

[1]「未得輕安之間，奢摩他不生」　拉寺本作「未得輕安之間不堪為奢摩他」。

❶ 如是亦如《聲聞地》云　引文唐玄奘大師譯《瑜伽師地論》作：「從是已後，於瑜伽行初修業者名有作意，始得墮在『有作意』數。何以故？由此最初獲得色界定地所攝少分微妙正作意故。由是因緣，名『有作意』。」見《大正藏》冊30，頁465；《丹珠爾》對勘本冊73，頁404。

❷ 異名　別名。

❸ 較由等引之力所生輕安　此句以前，是解釋奢摩他生起的標準；此句以後，是解釋毗缽舍那生起的標準。

第二中，有作意相者：言「已得作意」所具自他所能明了相、狀❶ 者，謂由獲得如是作意，則得少分色地攝心、身心輕安、心一境性四者；有力能修粗靜相道或諦相道，淨治煩惱；內等引時，身心輕安疾疾生起；貪欲等五蓋❷ 多不現行；出等引時，亦有少分身心輕安。如是亦如《聲聞地》云❸：「得此作意初修業者有是相狀，謂已得色界少分定心，已得少分身心輕安、心一境性，有力❹ 有能善修淨惑所緣加行，其心相續滋潤❺ 而轉，為奢摩他之所攝護。」又云❻：「於內正住而坐，投注心時，身心輕安疾疾生起，不極為諸身粗重性之所逼惱，不極數起諸蓋現行。」又云❼：「雖從定起，出外經行，亦有些許身心輕安。如是等類，當知是名有作意者清淨相、狀。」

第二科當中，具足作意的象徵：提到「獲得作意」所具有的令自他能了知的象徵、相狀，是指透過獲得如此的作意，便會獲得下品的色界地所含攝的心，以及身輕安與心輕安、一心專注四者；將會具足以具有粗靜行相或具有諦實行相的道淨化煩惱的能力；向內等引時，會迅疾生起身心輕安；貪欲等五種蓋障在多數情況下不會再出現；出等引時，仍會具有少許的身心輕安。這也如《聲聞地》中所說：「具有初修業作意的象徵如下：由此獲得下品的色界之心，獲得了下品的身輕安、心輕安與一心專注；具有條件並且有能力修行淨惑所緣；其內心相續轉為柔軟，受寂止所庇護。」以及「當向內正確地安住而端坐，內心投注時，將會

迅疾地形成身心輕安；不會被種種身粗重極度損害，蓋障在大多數情況下都不會現行。」以及「當出定行走時，也會具有部分的身心輕安。與上述這些相符，應當了知即是具有作意的清淨象徵與相狀。」

❶ **相狀**　象徵、相狀。相，有指事物本身以及本身以外之相二者，不特指該事物的特徵而描述事物本身，為前者；事物本身以外之相，如原因、表徵，或外加的特色等。狀，是事物本身所具有，本身之上的不共特徵、標記、記號等。前者範圍較大。

❷ **貪欲等五蓋**　指貪欲蓋、瞋恚蓋、昏眠蓋、掉悔蓋、疑蓋。五蓋只存在於欲界，不存在於色界或無色界。蓋障是指障蔽靜慮等至。昏沉與睡眠二者之所以合算為一種蓋，是因為此二者的食物、對治、作用三者相同。心性不定、不樂、呵欠、飲食過量、心退弱，這五個都是昏沉與睡眠二者的食物，能資養昏沉與睡眠。其中的「心性不定」，據如月格西解釋，此或指內心平時就處在不穩定的狀態。光明想，是昏沉與睡眠二者的對治。令心退弱，是昏沉與睡眠二者的作用。掉舉與後悔二者之所以合算為一種蓋，也是因為食物、對治、作用三者相同。思慮親友、思慮國土、思慮不死、回憶過去種種戲笑歡娛承奉等事，這四個都是掉舉與後悔二者的食物，能資養掉舉與後悔。奢摩他，是掉舉與後悔二者的對治。令心不寂靜，是掉舉與後悔二者的作用。參見《大正藏》冊29，頁110；《丹珠爾》對勘本冊79，頁619。

❸ **如是亦如《聲聞地》云**　引文唐玄奘大師譯《瑜伽師地論》作：「得此作意初修業者有是相狀，謂已獲得色界所攝少分定心，獲得少分身心輕安、心一境性，有力有能善修淨惑所緣加行，令心相續滋潤而轉，為奢摩他之所攝護。」見《大正藏》冊30，頁465；《丹珠爾》對勘本冊73，頁404。

❹ **有力**　藏文直譯為「有份額」。「有力善修淨惑所緣加行」，指「有修行淨惑所緣的福份」。

❺ **滋潤**　藏文直譯為「調柔」。

❻ **又云**　引文出自《聲聞地》。唐玄奘大師譯《瑜伽師地論》作：「宴坐靜室暫

持其心，身心輕安疾疾生起，不極為諸身麁重性之所逼惱，不極數起諸蓋現行。」見《大正藏》冊30，頁465；《丹珠爾》對勘本冊73，頁405。

❼又云 引文出自《聲聞地》。唐玄奘大師譯《瑜伽師地論》作：「雖從定起，出外經行，而有少分輕安餘勢隨身心轉。如是等類，當知是名有作意者清淨相、狀。」見《大正藏》冊30，頁465；《丹珠爾》對勘本冊73，頁405。

由得具足如是相狀作意，奢摩他道極易清淨，謂由等引心一境性奢摩他之後，速能引起身心輕安，故令輕安轉增；如彼輕安增長之量，便增爾許心一境性妙奢摩他，互相輾轉能增長故。如是亦如《聲聞地》云❶：「如如增長身心輕安，如是如是於所緣境心一境性轉得增長；如如增長心一境性，如是如是轉復增長身心輕安。心一境性及以輕安，如是二法輾轉相依，輾轉相屬❷。」總之，若心得堪能時，風、心同轉，故風亦堪能，爾時其身便起微妙殊勝輕安。此若生起，心上便生勝三摩地；復由此故，其風成辦殊勝堪能，故能引發身心輕安，仍如前說。

如此一來，獲得了具足這些象徵的作意後，寂止之道便極易達到清淨，因為等引於一心專注的寂止之後，便能快速地引發身心輕安，因此輕安便會增長；而隨著輕安增長的程度，也會同等地增長一心專注的寂止，所以是互相輾轉增長。這也如《聲聞地》中所說：「隨著其身心輕安

的增長，便會同等地增長一心專注於所緣；而隨著一心專注的增長，也會同等地增長身心輕安。一心專注與輕安這二種法，互相依靠對方，互相取決於對方。」總而言之，當內心堪能時，由於風息與內心是一致地運轉，因此風息也會堪能，那時便會產生超勝的身輕安。產生此種身輕安時，會在心中生起殊勝的等持，由此又會形成殊勝的風息堪能，因而引發身心輕安，就如前文所述。

❶《聲聞地》云　引文唐玄奘大師譯《瑜伽師地論》作：「如如身心獲得輕安，如是如是於其所緣心一境性轉得增長；如如於緣心一境性轉復增長，如是如是轉復獲得身心輕安。心一境性身心輕安，如是二法展轉相依，展轉相屬。」見《大正藏》冊30，頁458；《丹珠爾》對勘本冊73，頁365。

❷輾轉相屬　「相屬」，藏文直譯為「倚賴、憑仗」。此句意為「互相取決於對方」。

斷疑者：如是於說無分別第九心時，雖於念知不起恆勤功用，心成等持；又盡滅除微細沈沒，具明顯力；又如前身輕安時說，由其風大堪能力故，能與身心勝妙安樂。此三摩地，如於前述相狀時說，貪欲等蓋諸隨煩惱多不現行；雖出等引，不離輕安。若生具此功德之定[1]，於五道中立為何位？答：若生如是妙三摩地，現見今昔有極多人，總體立為大乘之道，尤由隨順生輕安風，狀似舉身安樂充滿，依此身心起大調適；又見具

足無諸分別、最極明顯二種殊勝，故許為無上瑜伽中備諸德相圓滿次第瑜伽。然依慈尊❶、聖無著等諸大教典，及《中觀修次》等明顯開示修定次第定量諸論而觀察之，此三摩地尚未能入小乘之道，何況大乘？《聲聞地》說❷，此觀粗靜為相諸世間道，能成第一靜慮根本定者，亦依此定而引發故。是以外道諸仙由世間道，於無所有❸以下諸地能離欲者，亦須依此而趣上道，是故此定是內外道二所共同。或由無倒達無我見，及善覺了三有過失，而厭生死、希求解脫，由此出離意樂攝持，成解脫道；若由菩提心寶攝持，亦能轉成大乘之道。如與畜生一摶❹之食所行布施，及護一戒，若由彼二意樂攝持，如其次第，便成解脫及一切智道之資糧。然今非觀察由餘道攝持，能不能成解脫及一切智道，是就此定自性觀察為趣何道。

釋疑：問道：如此一來，無分別第九住心的段落中提到，即使並未持續地辛勤努力於正念與正知，內心也能成為等持，並且具足連細微的沉沒都已遮除的明分力量，以及如同前文於身輕安的段落中所述，透過風息堪能的力量能給予身心殊勝的安樂。這樣的等持，又如同前文於象徵的段落中所言，貪欲等隨煩惱在多數情況下不會現行；從等引中出定時，也不會遠離輕安。當生起具足如此功德的等持時，要安立為五道的哪一階段？答道：如果生起了這樣的等持，發現在過去以及現今有非常多人，總體而言將之安立為大乘道，尤其是透過與生起輕安相符的

風息，使全身感到彷彿充滿安樂，藉此而在身心產生強大的舒適感；並且又見到具足無分別與極其清晰的殊勝，於是主張為無上瑜伽中完全具備條件的圓滿次第瑜伽。但是如果依據至尊彌勒、聖無著等的諸大教典，以及《中觀修次》等清晰開示等持次第的具量教典進行觀擇，這樣的等持甚至無法安立為小乘道，更何況是大乘？因為《聲聞地》中提到，即使是能修持第一靜慮根本定，觀具有粗靜行相的這種世間道，也要依靠此種等持而修持。因此，透過世間道而對無所有天以下的下界地離欲的那些外道仙人，也都必須依靠此種等持而前往上品道，所以是外道與內道二者的共通等持。而此種等持，如果是由無顛倒地證達無我的正見，以及善為證達一切三有的過失，而厭惡輪迴、希求解脫，為此出離意樂所攝持，則會成為解脫道；若是由大寶菩提心所攝持，也會成為大乘道。因為就如施捨畜生一握食物的布施，以及守護一條戒律，如果也是由這些心念所攝持，便會依序成為解脫與一切智智道的資糧一般。然而在此並非觀擇透過其他道所攝持，是否會成為解脫與一切智智之道，而是觀擇透過此種等持自己的體性會趣向何種道。

[1]「若生具此功德之定」　哲霍本作「生具此功德之定」。

❶ 慈尊　此處藏文直譯為「不敗尊、無能勝」。不敗尊，至尊彌勒的別名，梵語Ajita（阿逸多）義譯。唐窺基《阿彌陀經疏》云：「由彼多修慈心，多入慈定，故言慈氏。修慈最勝，名無能勝。」《無等至尊宗喀巴大師所著菩提道次第廣論四家合註善解諸難處大乘道明炬論》則解為戰勝四魔，名無能勝。參見《大正藏》冊37，頁318；《菩提道次第廣論四家合註白話校註集》冊1，頁79（宗喀巴大師造論，巴梭法王、語王堅穩尊者、妙音笑大師、札帝格西合註，法尊法

師譯論，真如總監，釋如法、釋如密等譯註，臺北市：福智文化，2016）；《無等至尊宗喀巴大師所著菩提道次第廣論四家合註善解諸難處大乘道明炬論》冊上，頁10（宗喀巴大師造論，巴梭法王、語王堅穩尊者、妙音笑大師、札帝格西合註，印度：果芒圖書館，2005）；《佛學大辭典》，頁1449（丁福保編，台北市：佛陀教育基金會，2012）。

❷《聲聞地》說　相應段落參見唐玄奘大師譯《瑜伽師地論》：「即由如是定地作意，於欲界中了為麤相，於初靜慮了為靜相。」見《大正藏》冊30，頁466；《丹珠爾》對勘本冊73，頁412。

❸ 無所有　無色界四重天中的第三重天。透過修持無所有定，能投生到無所有天。

❹ 搏　捏之成團，音「團」。

又中觀師與唯識師如何決擇毘缽舍那正見之境雖有不同，然總明止觀，及於相續生彼證德總體軌理全無不合。故聖無著於《菩薩地》❶及《攝決擇分》❷、《集論》❸、《聲聞地》❹中別分止觀二中，若修止者，說由九心次第引發；此復於《聲聞地》決擇最廣，故不許彼定即是修毘缽舍那法。以諸論中離九住心，別說毘缽舍那，《聲聞地》亦別說修觀法故❺。如是《中觀修次》諸篇❻及《般若波羅蜜多教授論》❼，亦說九心為奢摩他道，別說毘缽舍那道。慈氏論典所說諸義，亦除無著菩薩所解之外，更無所餘。故於此事，現見一切大車同一意趣。

語 譯

中觀宗論師與唯識宗論師對於如何抉擇勝觀正見的對境雖然不相同，但是總體而言對於止觀的辨識，以及這些證德在相續中生起方式的總體內容，則毫無不同。因此，聖無著在《菩薩地》、《攝決擇分》、《集論》與《聲聞地》當中區分了止觀二者，而在其中要修持寂止時，宣說要以九心的次第修持，並且是在《聲聞地》中詳盡地加以抉擇，因此並不主張這些等持為勝觀的修持方法。因為在這些教典當中，是在九心之外另行宣說勝觀，並且在《聲聞地》中也另行宣說其修持方式的緣故。同樣地，《中觀修次》諸篇與《般若波羅蜜多口訣論》當中，也宣說九心為寂止之道，以及另行宣說了勝觀之道。至於慈氏論典的說法，除了無著菩薩所解釋的內容以外，也別無其他，所以可見一切大車論師對此的意趣都是一致的。

 註 釋

❶《菩薩地》　相應段落參見唐玄奘大師譯《瑜伽師地論》：「云何奢摩他？謂諸菩薩由八種思善依持故，於離言說唯事唯義所緣境中繫心令住，離諸戲論，離心擾亂想作意故，於諸所緣而作勝解。於諸定相令心內住、安住、等住，廣說乃至一趣、等持，是名奢摩他。」見《大正藏》冊30，頁504；《丹珠爾》對勘本冊73，頁667。

❷《攝決擇分》　相應段落參見唐玄奘大師譯《瑜伽師地論》：「問：世尊依何根處說如是言：『令心住等住，安住與近住，調寂靜寂止，一趣等持性。』答：依定根說此差別義，如《聲聞地》應知。」見《大正藏》冊30，頁617；《丹珠爾》對勘本冊74，頁235。

❸《集論》　相應段落參見唐玄奘大師譯《大乘阿毘達磨集論》：「奢摩他者，謂於內攝心令住、等住、安住、近住、調順、寂靜、最極寂靜、專注一趣、平等攝持。」見《大正藏》冊31，頁685；《丹珠爾》對勘本冊76，頁1545。

❹**《聲聞地》** 相應段落參見唐玄奘大師譯《瑜伽師地論》:「於九種心住中是奢摩他品。又即如是獲得內心奢摩他者。」見《大正藏》冊30,頁451;《丹珠爾》對勘本冊73,頁328。

❺**《聲聞地》亦別說修觀法故** 相應段落參見唐玄奘大師譯《瑜伽師地論》:「云何四種毘鉢舍那?謂有苾芻依止內心奢摩他故,於諸法中能正思擇、最極思擇、周遍尋思、周遍伺察,是名四種毘鉢舍那。云何名為能正思擇?謂於淨行所緣境界,或於善巧所緣境界,或於淨惑所緣境界,能正思擇盡所有性。云何名為最極思擇?謂即於彼所緣境界,最極思擇如所有性。云何名為周遍尋思?即於彼所緣境界,由慧俱行有分別作意,取彼相狀周遍尋思。云何名為周遍伺察?謂即於彼所緣境界,審諦推求周遍伺察。又即如是毘鉢舍那,由三門六事差別所緣,當知復有多種差別。云何三門毘鉢舍那?一、唯隨相行毘鉢舍那;二、隨尋思行毘鉢舍那;三、隨伺察行毘鉢舍那。云何名為唯隨相行毘鉢舍那?謂於所聞所受持法,或於教授教誡諸法,由等引地如理作意暫爾思惟,未思、未量、未推、未察,如是名為唯隨相行毘鉢舍那。若復於彼思量推察,爾時名為隨尋思行毘鉢舍那。若復於彼既推察已,如所安立復審觀察,如是名為隨伺察行毘鉢舍那,是名三門毘鉢舍那。云何六事差別所緣毘鉢舍那?謂尋思時尋思六事,一、義;二、事;三、相;四、品;五、時;六、理,既尋思已復審伺察。云何名為尋思於義?謂正尋思如是如是語有如是如是義,如是名為尋思於義。云何名為尋思於事?謂正尋思內外二事,如是名為尋思於事。云何名為尋思於相?謂正尋思諸法二相,一者自相,二者共相,如是名為尋思於相。云何名為尋思於品?謂正尋思諸法二品,一者黑品,二者白品;尋思黑品過失過患,尋思白品功德勝利,如是名為尋思於品。云何名為尋思於時?謂正尋思過去、未來、現在三時;尋思如是事曾在過去世,尋思如是事當在未來世,尋思如是事今在現在世,如是名為尋思於時。云何名為尋思於理?謂正尋思四種道理:一、觀待道理;二、作用道理;三、證成道理;四、法爾道理。當知此中由觀待道理,尋思世俗以為世俗,尋思勝義以為勝義,尋思因緣以為因緣。由作用道理,尋思諸法所有作用,謂如是如是法有如是如是作用。由證成道理,尋思三量:一、至教量;二、比度量;三、現證量。謂正尋思如是如是義,為有至教不?為現證可得不?為應比度不?由法爾道理,於如實諸法成立法性、難思法

性、安住法性，應生信解，不應思議，不應分別，如是名為尋思於理。如是六事差別所緣毘鉢舍那，及前三門毘鉢舍那，略攝一切毘鉢舍那。」見《大正藏》冊30，頁451；《丹珠爾》對勘本冊73，頁329。

❻ 《中觀修次》諸篇　以九心為寂止道的相應段落參見宋施護譯《廣釋菩提心論》：「此等奢摩他法，佛於《般若波羅蜜多》等經廣說。復次當知，修奢摩他有九種法：一、除；二、正除；三、分位除；四、近除；五、調伏；六、止；七、近止；八、一向所作；九、知止。」勝觀道則於《修次中篇》廣說。見《大正藏》冊32，頁567；《丹珠爾》對勘本冊64，頁89、135。

❼ 《般若波羅蜜多教授論》　相應段落參見《丹珠爾》對勘本冊78，頁410。

若謂《聲聞地》所說者，雖有安樂、明顯，然無甚深無分別相，故唯是止；若有無分別，即空三摩地。所言「甚深無分別」者，深義云何？為由觀慧正見究竟決定，次於其上無分別住耶？抑唯全不思擇、無分別住耶？若如初者，吾等亦許如此即是空三摩地。若汝許此，理應如是分別宣說：「應當分別有無實性見解二類。若有彼見補特伽羅，次住見上修無分別，是修甚深空三摩地。若無見解補特伽羅，全不分別而修，其修則非修深空性。」不應宣說：「諸凡一切無思惟修，皆是無緣，或於無相，或於空性修靜慮師。」若謂無論有無了悟空性正見，但若心無分別、全不思擇而住，此一切修皆是空定，則前所引《聲聞地》說奢摩他品諸三摩地，雖非所欲，亦應許為空三摩地。以由彼

等安住定時，除些許時念正知勢力轉弱起偵察等，餘時全不略起分別[1]而修，謂「此是、此非」。

如果心想，《聲聞地》中所說的等持，縱使會有安樂與清晰，但是並沒有甚深無分別，所以僅僅是寂止；如果具有無分別，便會成為空性定。那麼所謂「甚深無分別」中，甚深的意涵為何？是安立為透過分別觀察的智慧完全地斷定正見後，接著在此之上無分別地安住；抑或僅僅是指不作任何分別、不作任何觀擇而安住？若是第一種，我們也認同如此即是空性定。如果你是如此地主張，那麼理應進行區分而宣稱道：「要區分是否具有本相見的理解。具有正見的補特伽羅，安住於正見之上而修習無分別，便是修持甚深空性定。沒有正見理解的補特伽羅不作任何分別地修持，這樣的修持則非修持甚深空性。」而不應說道：「凡是不作任何思考而修持，一切皆是對於無緣，或者無相，或者空性修持靜慮的行者。」如果主張不論是否有證悟空性的正見，凡是內心不作任何分別，不作任何觀擇而安住的修持，一切皆是空性定，那麼前述《聲聞地》中所說的這些寂止方面的等持，也都必須不得不認同是空性定，因為這些也都是安住於等持時，除了偶爾正念與正知的力量趨於微弱才進行偵察等之外，不作絲毫「此是此、此非此」的分別而修習的緣故。

[1]「餘時全不略起分別」 果芒本原作「餘時亦全不略起分別」，哲霍本、法尊法師原譯作「餘時全不略起分別」。

故《解深密經》說❶，諸能引發正奢摩他妙三摩地，緣無分別影像。《聲聞地》亦云❷：「彼於爾時緣〔無❶以妙觀察慧分別影像，❶即彼所緣。〕，即於如是所緣影像，❶總體而言，成就三摩地，須如前說專一及別別觀擇之止觀隨順二者中，一向、❶專一安住一趣安住正念，❶而修寂止；不復❶以慧觀察、不復簡擇、不極簡擇、不遍尋思、不遍伺察。」止觀二中於奢摩他作是說故。《聲聞地》又云❸：「又若汝心雖得❶成就寂止，由失念❶於所緣以外[1]，及未串習之失，故由諸❶內心流散之相、尋思及隨煩惱，令得顯現、開啟門徑——❶謂生起此等、能為緣取。隨所生起❶諸分別心，由先所見諸過患相增上力故，即更當修不念作意❹❶此諸分別。如是由修不念作意，❶如是除遣、散滅、❶遮破所緣，當住無❶沉掉顯現❶所緣性。」此是僅於修止時說。諸定量論皆說修奢摩他時不觀察修，唯安住修。故許一切不分別修，皆是修空行持，實為智者所應笑處。尤許「凡說『不念作意之修』皆是修空」，《聲聞地》文亦善破除。又《修次初篇》云❺：「奢摩他自性者，唯是心一境性故。此即是一切奢摩他總相。」《慧度教授論》[2]亦云❻：「應當遠離緣慮種種❶境與有境心相意言，修奢摩他。」❶此明唯識見。意言者，謂分別「此是此等」。又於前引《寶雲經》說❼奢摩他是心一境性，此等眾經、大車諸論，曾經多次說奢摩他全無分別[3]。故無分別略有二

種，謂修空無分別，及於空性全未悟解諸無分別。故不應執凡有安樂、明顯、無分別者，皆是修空。

因此，《解深密經》中提到，能修成寂止的等持，緣著無分別的影像。《聲聞地》中也說：「它在那時緣著無分別觀察的智慧所分別的影像，亦即所緣。對於該所緣，總體而言，要修成等持，需要如前所述的專一與分別觀擇這二種止觀隨順，其中的唯獨〔一向，亦即專一安住。〕地專一安住於正念，即為修持寂止，而不以智慧作審視、不作簡擇、不作最極簡擇、不作全面尋思、不作全面伺察。」這是針對止觀二者當中的寂止如此宣說。又在此論中說：「如此地獲得、修成寂止之心時，如果由於遺忘所緣與未熟悉的過失，導致由於這些內心流散的相狀、思慮與隨煩惱，而顯現、開啟門徑──亦即生起這些、能為緣取，則對於所產生的這一切分別心，透過先前見到了過患，而要做到沒有憶念與沒有作意這些分別心。如此一來，由於沒有憶念與沒有作意，而令所緣如此地毀壞而遮除，或者消散，便會安住於這種無有沉掉顯現的所緣當中。」這是僅在修持寂止的階段中所說。眾多具量教典都宣說在修持寂止的階段中，無有觀擇修習而安住的修持。因此，主張不作任何分別的一切修持都是修習空性的修持，實為令智者取笑之處。尤其是主張凡是提到沒有憶念、沒有作意的修持，一切都是修持空性，也被《聲聞地》這段文字善為駁斥。另外，《修次初篇》中說：「因為寂止的體性，僅僅只是一心專注。這是一切寂止的總體相狀。」《般若波羅蜜多口訣論》中也說：「應當捨離緣著顯現出各種境與有境的心而意言，來修持寂止。」開示了唯識的見地。所謂意言，是指分別「此是此」。另外，前面提到《寶雲經》中說寂止為一心專注等，引述了大量經典與大車教典，多次宣說寂止為不作任何分別。因此，有修持空性的無分別，以及絲毫也未證達空性的無分別二種，所以不應認為凡是出現安樂、清晰、無分別，一切都是空性的修持。

[1]「ⓔ於所緣以外」 拉寺本未標作者。　　[2]「《慧度教授論》」 果芒本原作「《慧故教授論》」，拉寺本作「《速度教授論》」，雪本、法尊法師原譯作「《慧度教授論》」。按，「慧故」（ཤེར་བྱེར）、「速度」（ཤེན་བྱེན）皆為「慧度」（ཤེར་བྱིན）之訛字。

[3]「奢摩他全無分別」 雪本作「奢摩他全無常」。按，「無常」（མི་རྟག་པ）為「無分別」（མི་རྟོག་པ）之訛字。

❶《解深密經》說　相應段落參見元魏菩提流支譯《深密解脫經》：「彌勒菩薩問佛言：『世尊！有幾種奢摩他觀？』佛言：『彌勒！惟有一種奢摩他觀，所謂無分別觀。』」唐玄奘大師譯《解深密經》：「佛告慈氏菩薩曰：『善男子！一是奢摩他所緣境事，謂無分別影像。』」見《大正藏》冊16，頁674、697；《甘珠爾》對勘本冊49，頁60。

❷《聲聞地》亦云　引文唐玄奘大師譯《瑜伽師地論》作：「彼於爾時成無分別影像所緣，即於如是所緣影像，一向一趣安住其念，不復觀察、簡擇、極簡擇、遍尋思、遍伺察。」見《大正藏》冊30，頁427；《丹珠爾》對勘本冊73，頁185。

❸《聲聞地》又云　引文唐玄奘大師譯《瑜伽師地論》作：「又若汝心雖得寂止，由失念故，及由串習諸相、尋思、隨煩惱等諸過失故，如鏡中面，所緣影像數現在前。隨所生起，即於其中當更修習不念作意，謂先所見諸過患相增上力故。即於如是所緣境相，由所修習不念作意，除遣、散滅，當令畢竟不現在前。」見《大正藏》冊30，頁460；《丹珠爾》對勘本冊73，頁380。

❹不念作意　藏文直譯為「無念及無作意」。下文「不念作意之修」亦同。

❺《修次初篇》云　引文宋施護譯《廣釋菩提心論》作：「如是等當知一切奢摩他共相，謂心一境性中自性。」見《大正藏》冊32，頁567；《丹珠爾》對勘本冊64，頁89。

❻《慧度教授論》亦云　引文見《丹珠爾》對勘本冊78，頁415。

❼前引《寶雲經》說　即前《廣論》所引《寶雲經》：「奢摩他者，謂心一境
　　性。」見前頁58註3；《廣論》中文頁339；藏文頁472。

若如是者，此等亦僅略示方隅❶，應善策勵，了知慈尊及無著
等所解修止觀法。若不爾者，便於少分尚未得止住無分別定，
誤為能斷三有根本毘缽舍那。於此起慢，謂修無緣，空度時
日，定欺自他。現見定量賢哲所造論中，說於新修奢摩他時，
唯應止修無分別住；初修觀時，以觀察慧分別觀擇而修。若執
一切分別皆是實執，捨此一切，即正違背定量諸論。未得無謬
無我正見，然以全無分別認作修習勝觀深義，見此未雜餘說，
純是支那堪布之宗。細觀三篇《修次第》中自當了知。

　　既然如此，上述這些也僅是指出了部分內容，應當要善加努力，了知慈
氏與無著論師等所闡釋修持寂止與勝觀的方法。因為如果不這麼做，
便會將某些尚未達到寂止的安住無分別的等持，誤認為能截斷三有根
本的勝觀，將此矜誇為無緣而空度光陰，必定會欺誑自他。見到在眾多
具量的善巧成就者的著作中，均提到新修持寂止時，要僅安住於無分
別的止住修；而在最初修持勝觀時，要以分別觀察的智慧分析觀擇而
修持。認為一切分別心都是實執，而捨棄一切分別心，便完全違背眾多
具量教典。尚未獲得正確無誤的無我正見，卻將不作任何分別視為修持
甚深勝觀之義，見到這是未摻雜其他說法，純為支那堪布和尚的修法。
應當仔細閱讀《修次》三篇，便會了知。

❶方隅　此為「少分、一部分」之意。隅，角也，音「娛」。

上士道 別學奢摩他法

依奢摩他
趣道軌理

第二、總示依奢摩他趣道軌理：如是已得如前所說無分別
三摩地作意，彼唯應修具足明顯、無分別等殊勝之無分別耶？
答：於相續中引發如此妙三摩地，是為引生能摧煩惱毘缽舍
那。是故若不依此引發勝觀，任如何修此三摩地，尚不能斷欲
界煩惱，況能盡斷一切煩惱，故當更修毘缽舍那。此復有二：
一能斷❶煩惱現行，世間道所行毘缽舍那；二能從根本斷除煩
惱種子，出世道所行毘缽舍那，除此更無進道方便。如《聲聞
地》云❷：「已得作意諸瑜伽師，已入如是少分樂斷❸，從此已
後❹，唯有二趣，更無所餘。何等為二？一者世間，二出世間。」
如是已得正奢摩他或作意者，或欲修習世間道毘缽舍那，或欲
修出世道所行毘缽舍那，皆於先得奢摩他應多修習。如是修
時，輕安、心一境性皆極增長，其奢摩他亦極堅固。又應善巧
止觀眾相❺，其後欲以二道隨一而行，即於彼道發起精勤。如
《聲聞地》云❻：「彼初修業諸瑜伽師有作意者，或念我當以
世間行而趣，或念我當以出世行而趣，復多修習如是作意。如
如於此極多修習，如是如是所有輕安、心一境性，經歷彼彼日
夜等位轉復增長、廣、大❼。若時彼之作意堅、穩、牢固[1]❽，於
淨所緣勝解而轉，於止觀品善取其相，彼於爾時或世間道或出
世道，樂以何往，即當於彼發起加行。」其中世間毘缽舍那修
習粗靜為相，謂觀下地粗性、上地靜性。其出世間毘缽舍那

《聲聞地》所說者❾，謂於四諦觀無常等十六為相，如是修持，主要通達補特伽羅無我正見。

第二科、總體說明依靠寂止行進於道的道理：問道：如此地獲得了前述的無分別等持作意後，是否應當僅以此維繫具有清晰與無分別等特徵的無分別？答道：在相續中發起這樣的等持，是為了要發起摧毀煩惱的勝觀。所以如果不依此發起勝觀，無論再怎麼修持這種等持，連欲界的煩惱尚且無法斷除，更何況是斷除一切煩惱？因此必須修持勝觀。而其中又有能斷除煩惱現行，以世間道前行的勝觀；以及能從根斷除煩惱種子，以出世間道前行的勝觀。除了這二種之外，別無其他邁向更高階之道的方法。因為《聲聞地》中說：「如此獲得作意的瑜伽士，已經趣入少許斷除的歡喜，要再向上進趣之處，僅僅只有二種，別無其他。是哪二種？即世間與出世間。」如此地獲得了寂止或作意者，無論是修持世間道的勝觀，或者以出世間道前行的勝觀，想要修持者，都要多次地修持先前所獲得的寂止。如此修持時，便會極度增長輕安與一心專注，並且其寂止也會極其堅固。另外也要精諳止觀的眾多相狀，其後想要以二種道任何一者前行，便應精勤於那種道。因為《聲聞地》中說：「對此，具有作意的初發業瑜伽士，心想『我要以世間行前行』，或者心想『我要以出世間行前行』，於是多次地修習那種作意。越是多次地修習，輕安與一心專注便歷經日日夜夜而越是增長、廣、大。何時其作意堅、穩、牢固，能夠趣入對於清淨所緣的勝解，並且也完全執取寂止品與勝觀品的眾多相狀，那時，想要以世間道或者出世間道前行，就要對於那種道發起加行。」其中世間的勝觀，是指將下地視為粗劣，上地視為寂靜，具有粗靜行相的修持。《聲聞地》中所說的出世間勝觀，則是將四諦視為具有無常等十六種行相的修持，主要是證達補特伽羅無我的正見。

[1]「牢固」 拉寺本作「彎」。按,「彎」(སྒྱུར) 為「牢固」(བརྟན) 之訛字。

❶ 能斷 此或隨順與《俱舍論》內涵相順的小乘教典而言。宗喀巴大師在《金
鬘論》中提到,就有部及經部宗而言,會承許透過世間道所行勝觀修粗靜為
相,最高可以斷除無所有處以下的現行煩惱。但就唯識宗而言,這樣的道並不
能斷除所有現行煩惱,因為欲界的凡夫即使修持這樣的道而對欲界離欲,此
行者的心中還是有第七識染汙意現行,要到聖位才能斷除。雖然中觀宗不承
許染汙意,但也會認為這樣的道只是壓伏粗分的煩惱,亦即壓伏對於這些下
地貪愛而視為殊勝的心,而行者心中仍然會現行對於我及我所的貪愛,這樣
的道也無法損害我執及我所執。《廣論》下文諸處提及以世間道斷除現行煩
惱,其義亦同。藏文原意為「斷除」,而法尊法師譯作「暫伏」,應就唯識、中
觀宗的角度而言,然未能涵蓋有部、經部宗的承許。參見《宗喀巴大師文集》
對勘本冊17,頁343、398。

❷ 如《聲聞地》云 引文唐玄奘大師譯《瑜伽師地論》作:「已得作意諸瑜伽
師,已入如是少分樂斷,從此已後,唯有二趣,更無所餘。何等為二?一者世
間,二出世間。」見《大正藏》冊30,頁465;《丹珠爾》對勘本冊73,頁405。

❸ 少分樂斷 指少分斷除煩惱之歡喜。

❹ 從此已後 藏文直譯為「於此上進」。

❺ 又應善巧止觀眾相 夏日東活佛提到,善巧止觀相,此處解為善巧獲得止觀
的相狀及方法。參見《夏日東文集》冊3,頁107。

❻ 如《聲聞地》云 引文唐玄奘大師譯《瑜伽師地論》作:「彼初修業諸瑜伽
師,由此作意,或念我當往世間趣,或念我當往出世趣,復多修習如是作意。
如如於此極多修習,如是如是所有輕安、心一境性,經歷彼彼日夜等位轉復增
廣。若此作意堅固、相續、強盛而轉,發起清淨所緣勝解,於奢摩他品及毘鉢
舍那品善取其相,彼於爾時或樂往世間道發起加行,或樂往出世道發起加

行。」見《大正藏》冊30，頁465；《丹珠爾》對勘本冊73，頁406。

❼ **增長廣大**　夏日東活佛提到，此句可理解為上中下三品的增廣。...日東
文集》冊3，頁108。

❽ **堅穩牢固**　夏日東活佛提到，堅是指專注安住於所緣，穩是指...外眾緣
所動搖，牢固是指續流堅固。參見《夏日東文集》冊3，頁108。

❾ **《聲聞地》所說者**　相應段落參見唐玄奘大師譯《瑜伽師...「若樂往
趣出世間道，應當依止四聖諦境，漸次生起七種作意。所謂...作意，最
後加行究竟果作意，乃至證得阿羅漢果。修瑜伽師於四聖...廣辯增上
教法，聽聞受持，或於作意已善修習，或得根本靜慮、無...種行了苦諦
相，謂無常行、苦行、空行、無我行。由四種行了集諦相...行、集行、起
行、緣行。由四種行了滅諦相，謂滅行、靜行、妙行、離...四種行了道諦
相，謂道行、如行、行行、出行。」見《大正藏》冊30，頁4...珠爾》對勘本
冊73，頁441。

如是得前所說奢摩他作意，有幾種補特伽...現法中不以出
世道行，而以世間道行？如《聲聞地》云❶...此中幾種補
特伽羅，即於現法唯以世間道行，非以出世...答：略有四種：
一、除此以外一切外道；二、於正法中❷...純劣，先慣修止；
三、根性雖利❸，善根未熟；四、一切菩...當來世證大菩提，
非於現法。❹依奢摩他趣道之理，說有四種現世以...進趣之補特伽羅。其中所謂

『外道、內道鈍根兩類，於彼世中不以出世間道進趣』之...是將具粗靜相解作世間，及將

具諦實相者解作出世；善根未熟利根菩薩[1]以及一生...菩薩兩類之世出世者，是將異

生之道❺ 解作世間道，聖者之道❻ 解作出世間道，故...。」

此地獲得了前述的寂止作意，有幾種補特伽羅會在那一世不以出世間道前行，而以世間道前行？如同《聲聞地》中所說：「問道：其中有多少補特伽羅今生唯以世間道前行，而不是以出世間道前行？答道：有四種，即此外的一切外道；以及雖然是內道，然而過去慣行寂止的鈍根者同樣地，雖然是利根，然而善根尚未成熟者；以及追求來世獲得菩提，而非在今生獲得的菩薩。依靠寂止行進於道的方法當中，提到今生以世間道前行的補特伽羅。其中提到『外道與內道鈍根者二種，那一世不以出世間道前行』，此處所說，以具有粗靜行相為世間道，以具有諦實行相為出世間道；至於善根未成熟的利根菩薩，以及所繫菩薩二者的世出世間，則是以異生的道為世間道，以聖者的道為出世間道，所以。」

[1]「善根未熟利根菩薩」 果芒本原作「善根成熟利根菩薩」，拉寺本、雪本作「善根未熟利根菩薩」。按，此箋所解正文中四種補特伽羅，第三者乃「根性雖利，善根未熟」者，故依拉寺等本改之。

註釋

❶ 如《聲聞地》中所說 引文唐玄奘大師譯《瑜伽師地論》作：「問：此中幾種補特伽羅，即於現法唯以世間道發起加行，非出世道？答：略有四種補特伽羅。何等為四？一、一切外道；二、於正法中根性羸劣，先修止行；三、根性雖利，善根未熟；四、一切樂當來世證大菩提，非於現法。」見《大正藏》冊30，頁465；《丹珠爾》對勘本冊73，頁406。

❷ 於正法中 意指內道佛教徒。

❸ 根性雖利 藏文直譯有「如是」一詞，意指「同樣為內道佛教徒」。

❹一生所繫　下一生能獲得佛果的補特伽羅，即是一生所繫，又名一生補處。由於還有一生，故名一生所繫。

❺異生之道　尚未獲得聖道、現證無我的補特伽羅即是異生，其相續中的道即是異生之道，包含資糧道、加行道。

❻聖者之道　已得聖道，現證無我的補特伽羅即是聖者，其相續中的道即是聖者之道，包含見道、修道、無學道。

其中外道瑜伽師一切得如前說奢摩他者，於補特伽羅無我無觀察慧觀擇而修，彼於無我不勝解故。由是或唯修此無分別止，或唯修習粗靜為相毘缽舍那，故唯以世間道而行。又正法中佛諸弟子，若是鈍根，唯先多習寂止止修，於此多所習近，遂不樂以觀察慧於無我義觀擇而修；或雖樂修，然不能了真無我義，故於現法亦唯以世間道而行。以或唯修住分，或唯能修粗靜為相毘缽舍那故。又諸利根佛弟子眾，雖能悟解真無我義，若現證諦善根未熟，則於現法亦不能生諸出世間無漏聖道，故名「唯以世間道而行」，非不能修緣無我之毘缽舍那。又菩薩成佛，雖一生所繫，亦於來世最後有❶時，加行道起共四種道❷生於相續；於一生所繫時，聖道不起，故名「現法唯以世間道行」，非未通達真無我義。此順小乘教成佛道理，如《俱舍論》云❸：「佛ᴮ陀麟喻❹ᴮ獨覺二者乃至各自菩提❺ᴮ之間，ᴮ以心所依──第四禪定ᴮ之邊際❻為依，ᴮ一坐加行道❼以上，於一ᴮ坐

上四道遍^巴趣[1]，其前^巴趣住順解脫分⁸——^巴資糧道。」非無著菩薩自許如是。

其中獲得前述寂止的一切外道瑜伽士，對於補特伽羅無我並沒有以分別觀察的智慧觀擇而修習，因為他們並未勝解無我。所以，或僅維繫無分別寂止，或者僅修持具有粗靜行相的勝觀，因此是唯以世間道前行。即使是內道佛弟子，若是過去側重於依止僅僅串習寂止的止住修的鈍根者，則不樂於以分別觀察的智慧觀擇無我義理而修持；或者即使樂於修持，然而無法理解無我義理，因此那一世唯以世間道前行。這是因為或者只修習住分，或者僅修持具有粗靜行相的勝觀的緣故。利根的內道佛弟子雖然能證悟無我義理，但是如果現證真諦的善根尚未成熟，也無法在那一世生起出世間的無漏聖道，所以才名為「只以世間道前行」，並非無法修持緣著無我的勝觀。而距離成佛還間隔一生的菩薩，也是在下一生最後有時，才會在相續中生起從加行道起的後四種道，在一生所繫時並未生起聖道，所以才名為「在那一世以世間道前行」，並非未證達無我義理。而這是與《俱舍論》所說「導師佛陀與麟喻獨覺二者，直至各自的菩提之間，心所依是以第四靜慮邊際定作為所依，從加行道一坐者以上，都是在一座上完成行進所有四種道，在此之前則是行進順解脫分——資糧道」相符的小乘教典中的成佛方式，並非聖無著論師自己的主張。

[1]「^巴趣」 果芒本未標作者，今依拉寺本、雪本補之。

❶ **最後有**　指必定會獲得各乘涅槃的那一生，包含大小乘的最後有。大乘最後有，即必定成佛的那一生；小乘最後有，即必定獲得小乘阿羅漢果的那一生。由於是最後一次受生三有，故名最後有。

❷ **四種道**　即加行道、見道、修道、無學道。

❸ **如《俱舍論》云**　《俱舍論》，阿毗達磨部論典，又名《阿毗達磨俱舍論本頌》，共8品，世親菩薩著。漢譯本有陳真諦三藏譯《阿毗達磨俱舍釋論》22卷；唐玄奘大師譯《阿毗達磨俱舍論本頌》1卷，共二種。此論是專門解釋小乘部對法的論著，為世親菩薩聽聞《大毗婆沙論》等對法論後，攝其要義所撰寫。其文精鍊，內容包羅萬象，第一、二品廣泛剖析五蘊、十二處、十八界。第三品抉擇苦諦，說明情器世間等形成方式。第四、五品抉擇集諦，廣釋業及煩惱所有體性、支分等。第六品抉擇滅道二諦，闡述道之所緣、入道之法、得道行者果位次第。第七、八品，描述透過修行所獲的功德。為格魯派修學的五部大論之一。引文陳真諦三藏譯《阿毗達磨俱舍釋論》作：「至覺彼一坐，後定佛獨覺。」「前彼解脫分。」唐玄奘大師譯《阿毗達磨俱舍論》作：「麟角佛無轉，一坐成覺故。」「前順解脫分。」見《大正藏》冊29，頁273、120；《丹珠爾》對勘本冊79，頁44。

❹ **佛陀麟喻**　藏文直譯為「導師麒麟」。「佛陀」及「喻」原為箋註，法尊法師取意譯入正文。麟喻，一種獨覺。麟喻獨覺本性煩惱輕微，不喜嘈雜，喜歡獨處，悲心微弱，無法廣行利他，於最後有獨自覺悟。資糧道時經過一百大劫積聚資糧，最後有時，獲得加行道、見道、修道、獨覺無學道而成就菩提。如同麒麟只有一隻角，或者如同麒麟喜歡獨處，這種獨覺也喜歡獨處，不喜與他人共住，故名麟喻。參見《現觀莊嚴論辨析——開顯般若波羅蜜多一切內義大寶明炬論》冊上，頁388（遍智妙音笑金剛著，中國：文化推廣圖書館，2006）。

❺ **各自菩提**　此處指佛陀所成就的無上菩提，及獨覺所成就的獨覺阿羅漢果——獨覺菩提。

❻ **邊際**　第四靜慮之一。《俱舍論》認為，行者順著次第從欲界心進入第一靜慮心乃至有頂心，其後逆著次第從有頂心進入無所有處心乃至欲界心，其後再

次從欲界心進入第一靜慮心乃至第四靜慮心,此名「為一切地遍所隨順」。而如是地修持,從下品進而等至於中品與上品,在三品增長的最後,進入第四靜慮,這樣的第四靜慮,即是「邊際」。「邊」(ཟབ)有極致義,「際」(མཐའ)為增長義,由於這樣的第四靜慮是「增長的極致」,所以稱為「邊際」。

❼**一坐加行道** 指在一座當中所新發起的加行道之意。

❽**順解脫分** 資糧道的異名。斷除煩惱障的滅諦即是解脫,而見道時斷除遍計煩惱障的滅諦是解脫的一分,所以稱為「解脫分」,資糧道隨順獲得見道時的滅諦,所以稱為「順解脫分」。

若如是者,但凡外道修粗靜為相之道斷現行煩惱,內佛弟子修無我義根本斷除煩惱,皆須先得如前所說奢摩他定。故前所說此奢摩他,是內外道諸瑜伽師斷除煩惱依處所需。非唯如是,又大小乘諸瑜伽師,亦皆須修此三摩地;大乘人中,若顯密乘諸瑜伽師,一切皆須修奢摩他。故此奢摩他,是一切修瑜伽師共所行道極要根本。

又咒教所說奢摩他,唯除所緣差別,謂緣天身,或緣標幟、咒字等而修習等,及除少分生定方便差別而外,其須斷除懈怠等五種三摩地過,及彼對治依止念知等理,其次獲得第九住心,從此引發妙輕安等,一切皆共,故此等持極其寬廣。《解深密經》於此密意宣說❶,大乘、小乘一切等持,皆是止觀三摩地攝。故欲善巧諸三摩地,應當善巧止觀二法。

生此三摩地奢摩他作意，義雖極多，然主要所為者，是為引發毘缽舍那之證德。毘缽舍那又有二種：一、內外所共，於內道中亦為大小乘所共，僅斷現行煩惱粗靜為相毘缽舍那；二、唯佛弟子內道別法，畢竟斷除煩惱種子、無我實性為相毘缽舍那。前是圓滿支分❷，非必不可少，後是必不可少之支❸。故求解脫者，應生能證無我實性毘缽舍那。

既然如此，無論是外道修持具有粗靜行相的道而斷除現行煩惱，或者內道佛弟子修持無我義理而從根斷除煩惱，都必須先獲得前述的寂止等持。所以前述的寂止，是內外道二種瑜伽士斷除煩惱的根基所必需。不僅如此，大乘與小乘二種瑜伽士，都必須修持這種等持；而大乘行者當中，一切密乘與波羅蜜多乘的瑜伽士，也都必須修持寂止，所以這種寂止對於一切瑜伽士行進道途的根基而言，極端重要。

眾多密乘教典當中闡述的寂止，除了緣著天尊身，或者法器、咒字等而修習等等所緣的差別，以及少數生起方法的差別以外，必須斷除懈怠等五種等持過失，以及這些的對治——依止正念與正知等的方法，從而獲得第九住心，由此生起輕安等等，這一切都是共通的，所以此種等持極其寬廣。基於這個用意，《解深密經》中提到大小乘的一切等持，都統攝於止觀的等持之中。因此，想要善巧等持，就應當善巧止觀二者。

生起這樣的等持寂止作意的目的雖然極其繁多，但是主要的目的，是為了發起勝觀的證德。而勝觀當中，又有二種：一、僅斷除現行煩惱的具有粗靜行相的勝觀，此是內外道所共通，並且在內道當中也是大小乘共

通的；以及二徹底斷除煩惱種子，具有無我真實性行相的勝觀，是屬於內道佛弟子所獨有的特徵。其中前者僅是圓滿的支分，並非必不可少；至於後者則是必不可少的支分。所以希求解脫者，應當生起證悟無我真實性的勝觀。

❶《解深密經》於此密意宣說　即前《廣論》所引《解深密經》：「如我所說無量聲聞、菩薩、如來有無量種勝三摩地，當知一切皆此所攝。」見前頁46註4；《廣論》中文頁337；藏文頁470。

❷圓滿支分　此指對於獲得解脫而言，並非必不可少，但是具有這樣的功德，則對於獲得解脫有所幫助的條件，即是「圓滿支分」。修行者並非必須修持粗靜為相的勝觀才能獲得解脫，然而修持粗靜為相的勝觀，有助於壓伏現行煩惱，因此稱為「圓滿支分」。

❸必不可少之支　此指對於獲得解脫而言，必不可少的條件。修行者必須修持證達無我為相的勝觀才能獲得解脫，除此之外，別無他法，因此稱為「必不可少之支」。

此復若得如前所說第一靜慮近分地攝正奢摩他，縱未獲得彼止以上靜慮或無色奢摩他，然即依彼止修習勝觀，亦能脫離一切生死繫縛而得解脫。若未通達、未能修習無我實性，僅由前說正奢摩他，及依彼所發世間毘缽舍那，斷無所有下一切現行煩惱，得有頂心❶，亦終不能脫生死故。如是亦如《讚應讚論》中〈讚無以為報〉云❷：「未向㊃薄伽梵〔作『背離尊正法』㊃為善

本^[1]。〕，癡盲諸眾生，乃至上有頂，苦^巴雖暫不現前，然還數數復生，^巴並感^巴成就三有^巴輪迴。若隨^巴薄伽梵尊教^巴趣行，^巴彼雖未得本定，^巴依近分定而修無我義故，諸魔正〔看守，^巴謂瞠目直視。〕，^巴莫可阻礙^[2]而能斷三有❸^巴輪迴。」是故當知一切預流❹、一來❺能得聖道^[3]毘缽舍那所依之奢摩他，即前所說第一靜慮近分所攝正奢摩他；如是一切頓行諸阿羅漢❻，亦皆唯依前說正奢摩他而修毘缽舍那，證阿羅漢。若相續中先未獲得前說奢摩他定，必不得生緣如所有或盡所有毘缽舍那真實證德，後當宣說❼。故修無上瑜伽諸瑜伽師，雖未發起緣盡所有粗靜為相毘缽舍那，及彼所引正奢摩他，然須生一正奢摩他。此復初生界限，亦是生起、圓滿二次第中初次第時生。總之，「先應發起正奢摩他，次即依彼，或由粗靜為相毘缽舍那，漸進諸道乃至有頂；或由無我實性為相毘缽舍那，往趣解脫或一切智之五道者，是總佛教法印所印❽。故任何等修瑜伽師，皆不應違越」，是為總顯依奢摩他趣上道軌。

另外，如果獲得了如前所述第一靜慮近分定地所攝的寂止，即使並未獲得這以上的靜慮或無色寂止，但是依此而修持勝觀，就能獲得脫離一切輪迴束縛的解脫；如果不證達、不修持無我真實性，即使透過前述的

寂止，以及依此而生的世間勝觀，獲得了斷除無所有天以下一切現行煩惱的有頂心，也不會從輪迴中解脫。這也在《讚應讚》中的〈讚無以為報〉提到：「未朝向〔作『背離世尊您的正法』的版本才是正確的。〕，由於愚癡而盲目的眾生，即使達到了有頂，痛苦縱然暫時不現行，但是仍會再度反覆出現，並且形成、造成三有輪迴。而隨行、趣入世尊您的教法者，他縱使未獲得靜慮根本定，由於依靠近分定而修持無我義理，也能在魔羅的注視之下，亦即雙眼睜視卻無力阻攔，而遮除三有輪迴。」因此應當了知，能獲得一切預流、一來聖道的勝觀，成為其所依的寂止，便是前述第一靜慮近分定所含攝的寂止；同樣地，即使是一切頓行阿羅漢，也完全是依靠前述的寂止而修持勝觀，由此獲得阿羅漢果。如果相續中不先生起前述的寂止等持，則不可能生起緣著如所有性或盡所有性的真正勝觀證德，這將在下文說明。因此，縱然是無上瑜伽部的瑜伽士，即使不生起具有粗靜行相的緣著盡所有性的勝觀，以及由此所生成的寂止，也必須生起一種寂止。而最初生起的界限，是在生起次第與圓滿次第二者當中的第一次第的階段生起。總而言之，「要先生起一種寂止，接著必須依此而透過具有粗靜行相的勝觀，漸次行進於道，直到有頂；以及透過具有無我真實性行相的勝觀，行進解脫或一切智智的五種道，這便是總體佛陀聖教的法印所封印，所以任何瑜伽士都不應逾越。」這即是總體闡述依靠寂止而邁向更高階之道的方法。

[1]「作『背離尊正法』 🇧 為善本」 原果芒本未標作者，今依拉寺本、雪本補之。
[2]「🇧 莫可阻礙」 哲霍本作「🇧 莫能可否阻礙」。按，哲霍本此箋不能貫通文義，誤。　[3]「能得聖道」 單註本作「聖道降臨」。

❶ **有頂心**　有頂定所攝的心。當修行者獲得有頂定時，即獲得有頂心。並非一切有頂天所攝的心都是有頂心，例如與有頂煩惱相應的心，雖是有頂天所攝的心，但不是有頂心。

❷ **亦如《讚應讚論》中〈讚無以為報〉云**　《讚應讚》，禮讚部論典，全名《適當讚歎佛薄伽梵嘆德文中難讚之讚》，共13品，馬鳴菩薩著，尚無漢譯。作者原係數論派外道，後被聖天菩薩降伏而皈依佛門，為滌淨往昔信奉外道的罪愆，故造此讚以讚如來。作者精通辭藻，又於佛德深生淨信，故本篇文情並茂，扣人心弦。本讚可分為十三品：〈讚難讚品第一〉、〈讚禮敬品第二〉、〈讚成一切智品第三〉、〈讚力無所畏品第四〉、〈讚語清淨品第五〉、〈讚無諍品第六〉、〈讚順梵說品第七〉、〈讚饒益品第八〉、〈讚無以為報品第九〉、〈讚身一分品第十〉、〈讚舌品第十一〉、〈讚發厭離諸有品第十二〉、〈喻讚品第十三〉。〈讚無以為報〉，為此讚第九品。其中讚歎佛陀功德，如同日月無私普照，一切所作唯行利他。既對眾生饒益無量，應當以何報答佛恩！蓋依此意立品名為〈讚無以為報〉。引文見《丹珠爾》對勘本冊1，頁292。

❸ **諸魔正看守而能斷三有**　夏日東活佛提到，此句意指魔王波旬是統領一切欲界之主，但行者能在欲界之主睜眼看著的情況下，超越欲界或破除貪欲。參見《夏日東文集》冊3，頁110。

❹ **預流**　安住於預流果的聖者。安住於斷除見道所斷三結所安立的沙門性果的聖者，即是預流。

❺ **一來**　安住於一來果的聖者。參見前頁97註4。

❻ **頓行諸阿羅漢**　一種阿羅漢，與漸行阿羅漢相對。將八十一品修道所斷煩惱分為九組，九次斷完八十一品修道所斷煩惱的阿羅漢，即是頓行阿羅漢。由於同時斷除三界九地的初品煩惱，乃至同時斷除三界九地的第九品煩惱，所以稱之為頓行。

❼ **後當宣說**　即指《廣論》後文：「由了相門修粗靜相道，須得前說正奢摩他。如《莊嚴經論》云：『由此令彼增，由增極遠行，而得根本住。』謂得前說第九住心及諸輕安，由此增長彼三摩地，依此引發根本靜慮。又從第九心乃至未得

作意時，說名作意初修業者。從得作意，為淨煩惱修習了相作意時，名淨煩惱初修業者。故修了相，是先已得作意。如《聲聞地》云：『云何作意初修業者？謂專注一緣，勤修作意，乃至未得所作作意，未能觸證心一境性，是名作意初修業者。云何淨煩惱初修業者？謂已證得所修作意，於諸煩惱欲淨其心，發起攝受正勤修習了相作意。』〈第四瑜伽〉卷首亦說已得作意，次修世間及出世間離欲道故」等文。此處「作意」即奢摩他，「世間及出世間離欲道」即指毗鉢舍那。參見《廣論》中文頁393；藏文頁555。

❽ **是總佛教法印所印**　夏日東活佛提到，就像是總體的中線，或者蓋上國王的御印一樣，無法動搖。參見《夏日東文集》冊3，頁112。

第三、別顯往趣世間道軌，分二：⼀顯往粗靜為相之道先須獲得正奢摩他；⼆依奢摩他離欲界欲之理。今初：

由了相❶門修粗靜為相之道，先須得前說正奢摩他。以《莊嚴經論》云❷：「彼令此增已，由長足增長，故得根本住。」謂得前說第九住心及諸輕安，彼令增長此三摩地，依之引發根本靜慮。

第三科、特別說明行進於世間道的道理，分為二科：⼀說明行進於具有粗靜行相之道前，必須獲得寂止；⼆依靠寂止而對於欲界離欲的方法。第一科：

要透過了相而修持具有粗靜行相之道，必須先獲得如前所述的寂止，

因為《經莊嚴論》中說：「彼令此增長以後，由於長足地增長，便能獲得根本定的安住。」提到獲得前述第九住心以及輕安者，依靠增長等持而修成根本定。

❶ 了相　以世間道而言，獲得寂止之後，各別區分觀察上地功德與下地過失的作意。由於各別了知上地與下地的性相，故名了相。

❷ 以《莊嚴經論》云　引文唐波羅頗蜜多羅譯《大乘莊嚴經論》作：「修令進，為進習本定。」無性論師於《經莊嚴論廣釋》中解釋，「彼令此增已」，指彼瑜伽師令此作意增長。「由長足增長，故得根本住」，指從近分定趣入靜慮根本定，這即是根本住。安慧論師於《經莊嚴論疏》中則解釋，瑜伽師獲得作意之後，為了讓此作意及身心堪能向上持續增長而修習作意，因此獲得強大的身心輕安；「長足」即指獲得強大。在獲得強大的身心堪能之後，便獲得色界根本四靜慮，所以叫「得根本住」。妙音笑大師在《色無色廣論》中則提到，透過七種作意令具足輕安的等持增長以後，成辦根本定。參見《丹珠爾》對勘本冊71，頁279、1563；《色無色廣論》，頁158。引文見《大正藏》冊31，頁624；《丹珠爾》對勘本冊70，頁845。

🗣僅以寂止，雖現行煩惱亦莫能伏，故要壓伏無所有處以下現行煩惱而生上界，亦定當修具粗靜相勝觀。設問：若爾，則違前說僅唯寂止之勝利中，能伏現行煩惱。答云：無過！此就具粗靜相勝觀亦攝入於寂止而言故也。非唯如是，為令文辭簡練，故而不分真實假名，如將證達空性者立為勝觀，未證達則立為寂止；又如將修寂止方便說為寂止等，此類繁多，故當了知時宜，以理觀擇！**此復說從第九心起，乃至未得作意❶之間，是為**

作意初修業者；得作意已，欲淨煩惱修習了相作意時，是淨煩惱初修業者。故修了相者，是先已得作意。如《聲聞地》云❷：「云何作意初修業者？謂專注一緣，乃至未得作意，未能觸證心一境性，是名初修業者。云何淨煩惱初修業者[1]？謂已證得所修作意，於諸煩惱欲淨其心，由此了相作意發起，為能受取而勤修習❸。」〈第四瑜伽處〉起首亦說❹已得作意，次修世間及出世間離欲道故。㊐或有異本《聲聞地》中說❺：「以未等引地作意，觀諸欲粗相、初靜慮靜相。」依此，一類藏地先覺及《金鬘論》中亦說❻，具粗靜相第一靜慮近分定了相作意，欲地所攝。然《俱舍論自釋》❼、《集論最勝子釋》❽、一類善本《聲聞地》中說❾：「以等引地作意，觀諸欲粗相、初靜慮靜相。」說如是了相作意超越欲地所攝，是上界地攝，亦是此《菩提道次第論》密意之義[2]。

僅依靠寂止，即使現行煩惱也無法壓制，所以要壓制無所有處以下的現行煩惱而投生於上界，也必定須要修成具有粗靜行相的勝觀。若說：那麼便與前述單純寂止的利益中提到能壓制現行煩惱的說法相違背了。答道：沒有過失，因為那是就具有粗靜行相的勝觀也納入寂止的範疇而言。不僅如此，為了使敘述簡便，於是不區分真實與假立之別，諸如將證達空性安立為勝觀，未證達者安立為寂止；以及如同將修持寂止的方法稱為寂止等等，這樣的情形相當多，所以必須了知語境時宜，以正理觀擇！又提到從第九住心開始，直到未獲得作意之間，是作意的初業行者；從獲得作意起，想要淨化煩惱而修持了相作意，則為淨化煩惱的初業行者。所以修持了相者要先獲得作意，因為《聲聞地》中說：「其中作意的初業行者，在專注一境的狀態中，只

要尚未獲得作意，還未觸及一心專注之前，便是初業行者。其中淨化煩惱的初業行者，則是指獲得了作意，想要淨化內心的煩惱，從了相作意開始，為了能受取而串習。」〈第四瑜伽處〉的開端也提到，獲得了作意後，修持世間與出世間的離欲之道。有些版本的《聲聞地》中說：「透過非等引地的作意，將諸欲視為粗劣，將第一靜慮視為寂靜之相。」依據此文，某些西藏先輩大德，以及在《金鬘論》中也提出，具有粗靜行相的第一靜慮近分定了相作意，為欲界地所含攝。但是在《俱舍論自釋》、《集論最勝子釋》，以及一些《聲聞地》的正確譯本中則說：「透過等引地的作意，將諸欲視為粗劣，將第一靜慮視為寂靜之相。」提到這樣的了相作意是被超出欲界地含攝的上界地所含攝，這也是此《菩提道次第論》之意趣的義理。

[1]「云何淨煩惱初修業者」 果芒本原作「云何淨煩惱初修業」。拉寺本、雪本、哲霍本、法尊法師原譯作「云何淨煩惱初修業者」。　[2]「🔆或有異本《聲聞地》中說……亦是此《菩提道次第論》密意之義」 哲霍本作巴註。其中「《菩提道次第論》」，果芒本原作「《菩提次第論》」，拉寺本、雪本、哲霍本作「《菩提道次第論》」。按，果芒本脫一「道」字，故依拉寺等本補之。

❶作意　此處指寂止。

❷如《聲聞地》云　引文唐玄奘大師譯《瑜伽師地論》作：「云何於作意初修業者？謂初修業補特伽羅，安住一緣，勤修作意，乃至未得所修作意，未能觸證心一境性。云何淨煩惱初修業者？謂已證得所修作意，於諸煩惱欲淨其心，發起、攝受正勤修習了相作意。」見《大正藏》冊30，頁439；《丹珠爾》對勘本冊73，頁258。

❸為能受取而勤修習　據如月格西解釋，此處的能「受取」及「勤修習」者，為想要淨化煩惱的了相作意，而所受取的，為將來要獲得的勝觀。

❹〈第四瑜伽處〉起首亦說　相應段落參見唐玄奘大師譯《瑜伽師地論》：「已

得作意諸瑜伽師，已入如是少分樂斷，從此已後唯有二趣，更無所餘。何等為二？一者世間、二出世間。」見《大正藏》冊30，頁465；《丹珠爾》對勘本冊73，頁405。

❺ **異本《聲聞地》中說** 經查證，《丹珠爾》對勘本《聲聞地》中無此異本，而見於《金鬘論》所引《聲聞地》。見《宗喀巴大師文集》對勘本冊17，頁342。

❻ **《金鬘論》中亦說** 《金鬘論》，《現觀莊嚴論》釋論，全名《般若波羅蜜多口訣現觀莊嚴論釋廣解‧善說金鬘論》，共8品，宗喀巴大師著，尚無漢譯。《金鬘論》是宗喀巴大師31歲時所造，主要依循聖解脫軍、獅子賢論師的論著，參照印度班智達及藏地先賢所造論著，以立破的方式詳細解釋《現觀莊嚴論》及《顯明義釋》的內容。相應段落參見《宗喀巴大師文集》對勘本冊17，頁342。

❼ **《俱舍論自釋》** 經查證，《俱舍論自釋》中無此相應段落。

❽ **《集論最勝子釋》** 唯識部論典，又名《對法集論釋》、《阿毗達磨集論釋》，最勝子阿闍黎著，尚無漢譯。此論解釋無著菩薩所造《阿毗達磨集論》，闡釋大乘的基道果，及如何引導所化機的方便。相應段落參見《丹珠爾》對勘本冊76，頁1097。

❾ **《聲聞地》中說** 相應段落參見唐玄奘大師譯《瑜伽師地論》：「即由如是定地作意，於欲界中了為麁相，於初靜慮了為靜相。」見《大正藏》冊30，頁466；《丹珠爾》對勘本冊73，頁412。

又先修成如前所說正奢摩他，次修世間及出世間毘缽舍那斷煩惱理，於餘對法論中，亦未明顯如此極廣宣說。故見往昔善巧上下《對法》❶諸先覺等，於此先修專住一緣正奢摩他，及依於彼斷煩惱理，皆未能顯。

故若未能善解此《聲聞地》所說❷，便覺靜慮、無色最下之道，是初靜慮之近分。於彼說有六種作意❸，初是了相。故起誤解，謂初生近分攝心，即了相作意。若如是計，極不應理，以若未得正奢摩他，必不能生初靜慮之近分；若未得此近分，定不能得奢摩他故；又復了相是觀察修，故由修此，若先未得正奢摩他，不能新生故。又如先引《本地分》文❹，欲界心一境性無諸輕安；《解深密經》等說❺，未得輕安即不得止。故若未得第一近分，即未能得正奢摩他。

故初近分六作意之最初者，是修近分所攝毘缽舍那之首，非僅是第一近分之初，其前須成近分所攝奢摩他故。未得初近分所攝三摩地前，一切等持唯是欲界心一境性。若依諸大教典所說，現見得奢摩他者亦極稀少，況云能得毘缽舍那。

先修成前文所述的寂止，接著修成世間與出世間的勝觀，藉此斷除煩惱的方法，在其餘的對法教典中，並未清晰地作出如此極其詳盡的闡釋。因此見到過去善巧精通上下《對法》的先輩大德，也未能清晰地提出先修成專注一境的寂止，其後依此斷除煩惱的方法。

因此，如果未善加定解《聲聞地》所述的這些內容，便會產生誤解，認為靜慮、無色最初階段的道即是第一靜慮近分定，其中提到有六種作意的第一種便是了相，因此，最初生起的近分定所含攝的心，即是了相作

意。這麼認為是極不合理的，因為尚未獲得寂止，便無從生起第一靜慮近分定；若是未獲得此種近分定，便不會獲得寂止；以及由於了相是觀察修，因此透過修持了相，先前未獲得寂止則無法新修成的緣故。就如前文引述《本地分》的內容所言，欲界的專注一境中並沒有輕安；而《解深密經》等提到，如果未獲得輕安，便不能修成寂止。所以如果未獲得第一近分定，不會獲得寂止。

因此，第一近分定的六種作意的開端，是修持近分定所包含的勝觀的起始，並非僅是第一近分定的起始，因為在此之前還必須修成近分定所含攝的寂止。在尚未獲得第一近分定所包含的等持以前，一切等持都僅僅是欲界的一心專注，因此若是依照諸大教典而論，會發現遑論勝觀，即使獲得寂止者都極其稀少。

❶ 上下《對法》　上部《對法》指《阿毗達磨集論》，下部《對法》指《阿毗達磨俱舍論》。

❷ 《聲聞地》所說　即前《廣論》所引《聲聞地》：「云何作意初修業者？謂專注一緣，勤修作意，乃至未得所作作意，未能觸證心一境性，是名作意初修業者。云何淨煩惱初修業者？謂已證得所修作意，於諸煩惱欲淨其心，發起、攝受正勤修習了相作意。」以及《廣論》所說：「〈第四瑜伽〉卷首亦說已得作意，次修世間及出世間離欲道故。」見前頁313註2、頁313註4；《廣論》中文頁393；藏文頁556。

❸ 六種作意　近分定所攝的六種作意：了相作意、勝解作意、遠離作意、攝樂作意、觀察作意、加行究竟作意。

❹ 《本地分》文　即前《廣論》所引《本地分》：「何故唯於此等名『等引地』，非於欲界心一境性？謂此等定，是由無悔、歡喜、輕安、妙樂所引。欲界不爾，非欲界中於法全無審正觀察。」見前頁267註3；《廣論》中文頁382；藏文頁538。

❺《解深密經》等說　即前《廣論》所引《解深密經》:「世尊,若諸菩薩緣心為境,內思惟心,乃至未得身心輕安,於此中間所有作意,當名何等?慈氏,非奢摩他,是名隨順奢摩他勝解相應作意。」以及所引《莊嚴經論》、《修次中篇》、《辨中邊論》、《般若波羅蜜多教授論》、《聲聞地》文,皆說未得輕安即不得止。見前頁264註2、頁265註3、頁265註4、頁265註7、頁265註9、頁265註10;《廣論》中文頁381;藏文頁537。

第二 **依奢摩他離欲界欲之理**:唯修前說具足明顯、無分別等眾多殊勝正奢摩他,全不修習二種勝觀,不能暫遮欲界所有❶現行煩惱,況能永斷煩惱種子及所知障。故欲離欲界欲得初靜慮者,應依此止而修勝觀。若爾,前說唯修寂止能伏現行煩惱,豈不相違?答:無有過失。前者是依世間毘缽舍那攝入奢摩他中而說,此依二種毘缽舍那前行第一近分所攝奢摩他說。

能引離欲毘缽舍那略有二種,謂由諦為相及粗靜為相離欲之理,此說由其後道成辦離欲之理。此中所依者,謂未少得無我正見諸外道眾,及正法中[1]具足無我見者,二所共修。彼修何道而斷煩惱,如《聲聞地》云❷:「為離欲界欲,極起精勤諸瑜伽師,由七作意,方能獲得離欲界欲。何等為七?謂了相、勝解❸、遠離、攝樂、觀察作意、加行究竟、加行究竟果作意。」

此中最後，是離欲界欲而入根本定時作意，故是所修；前六是
為能修。

依靠寂止而對於欲界離欲的方法：如果僅僅串習前述具足清晰、無
分別等眾多特徵的寂止，而不修持二種勝觀任何一種，則連欲界現行煩
惱尚且無法暫時壓制，更何況要斷除煩惱種子與所知障？因此，如果想
要獲得能對於欲界離欲的第一靜慮，應當依靠此種寂止而修持勝觀。
若問：那麼這與前述僅僅串習寂止便能壓制現行煩惱的說法，如何不
相違？答道：沒有過失，因為前述的寂止是就世間勝觀納入寂止的範
疇而言，而此處則是就二種勝觀的前行的第一近分定所包含的寂止而
論。

修成離欲的勝觀，又有透過具有諦實行相離欲，以及具有粗靜行相離
欲二種方法，此處闡述的是透過後一種道修成離欲的方法。這之中的
所依，有毫無無我正見的外道，以及具足無我正見的內道，二者均有修
習。至於他們是修持何種道而斷除煩惱，就如《聲聞地》中所說：「其中
為了遠離欲界的貪欲而至極精勤的瑜伽士，會透過七種作意而獲得遠
離欲界貪欲。是哪七種？即了相、勝解所生、遠離、攝樂、觀察作意，以
及加行究竟、加行究竟果作意。」其中最後一者，是對於欲界已經離欲
而進入根本定時的作意，所以是修持的成果；前六種是能修的因。

❶ 所有　即漢文中「的」的意思，並非指「一切」。

❷ 如《聲聞地》云　引文唐玄奘大師譯《瑜伽師地論》作：「為離欲界欲，勤修觀行諸瑜伽師，由七作意，方能獲得離欲界欲。何等名為七種作意？謂了相作意、勝解作意、遠離作意、攝樂作意、觀察作意、加行究竟作意、加行究竟果作意。」見《大正藏》冊30，頁465；《丹珠爾》對勘本冊73，頁407。

❸ 勝解　藏文直譯為「勝解所生」。

若此非由修無我義而斷煩惱，為決擇而修何義以斷煩惱耶？其中雖由此道亦斷欲界餘現行惑，然唯說名「離欲界欲」。故主要者，謂由貪欲對治而斷煩惱。又貪欲者，此為欲、貪五種欲塵[1]，故其對治，是於欲塵多觀過患，倒執貪執取相而串習之，由此能於欲界離欲。

又雖無倒分別解了欲界過失及初靜慮功德，而有堅固了相定解，若先未得正奢摩他，則於觀擇此二德失，任經幾許串習，然終不能斷除煩惱。又雖已得正奢摩他，若無明了觀察，隨修幾久，亦定不能斷除煩惱。故須雙修止觀方能斷除，此乃一切斷除煩惱建立。

語譯

若問：如果在此未修持無我義理而斷除煩惱，那麼是抉擇了什麼內容，接著修持其意涵而斷除煩惱？答道：在此透過這種道，雖然也會斷除欲界其餘現行煩惱，但是仍稱為「對於欲界離欲」，所以主要是透過貪欲的對治品而斷除煩惱。而貪欲，在此處是指追求並貪著五妙欲，因此其對治品，便是透過各種角度將五妙欲視為過患，執取貪欲執取相的反面而串習，由此而對於欲界離欲。

對此，即使無誤地各別了知欲界的過失與第一靜慮的功德，具有堅固的了相定解，但是如果沒有先修成寂止，則無論再怎麼串習對於功德過失二者的觀擇，都無法斷除煩惱。另外，即使修成了寂止，如果不以了相進行觀擇，則無論再怎麼修持寂止都無法斷除煩惱，所以必須透過修持止觀二者而斷除。此為一切關於斷除煩惱的論述。

校勘

[1]「五種欲塵」　拉寺本作「欲界五種欲塵」。

若如是者，分別簡擇上下諸地功德、過失之了相，時為聞成，時為思成，故為聞思間雜。由如是修，超過聞思，以修持相，一向勝解粗靜之義，是名勝解作意。於此《聲聞地》云❶：「由緣彼相修奢摩他、毘缽舍那。」第六作意時亦云❷修奢摩他、毘缽舍那；初作意時說緣義等六事❸，此於餘處多返說為毘缽舍那❹，是故此等雖非修習無我正見，然是毘缽舍那亦不相違。

故此諸作意之時，是由雙修止觀之理而斷煩惱。故彼修習之理，謂於分辨粗靜之義數數觀察，即是修習毘缽舍那；觀察之後於粗靜義一趣安住，即是修習正奢摩他。如是所修初、二作意，是為厭壞對治❺。

既然如此，各各分辨上下地功德過失的了相，有時屬於聞所成，有時則屬於思所成，因此是聞思交雜。透過如此地串習，超越了聞思，以修的行相徹底地勝解粗靜的意涵，便是勝解所生的作意。這在《聲聞地》中提到：「透過緣著此相狀而修持寂止與勝觀。」並且在第六種作意的段落中也提到修持止觀；在第一種作意的段落中提到緣著意涵等六事，在餘處多次宣說這些便是勝觀，因此這些雖然不是修持無我正見，然而不違背是勝觀。所以在這些作意的階段中，是以修持止觀二者的方式斷除煩惱。因此其修持方式，是各各區分粗劣與寂靜的意涵，對此反覆地觀擇，這便是修持勝觀；而在觀擇後，最終專注地安住於此粗靜的意涵，則是修持寂止。如此修持的第一與第二種作意，即是破壞的對治品。

❶《聲聞地》云　引文唐玄奘大師譯《瑜伽師地論》作：「於所緣相發起勝解，修奢摩他、毘缽舍那。」見《大正藏》冊30，頁466；《丹珠爾》對勘本冊73，頁413。

❷第六作意時亦云　相應段落參見唐玄奘大師譯《瑜伽師地論》：「從此倍更樂斷樂修，修奢摩他、毘缽舍那，鄭重觀察修習對治，時時觀察先所已斷。由是因緣，從欲界繫一切煩惱心得離繫。此由暫時伏斷方便，非是畢竟永害種

子。當於爾時,初靜慮地前加行道已得究竟,一切煩惱對治作意已得生起,是名加行究竟作意。」見《大正藏》冊30,頁466;《丹珠爾》對勘本冊73,頁414。

❸ **初作意時說緣義等六事** 相應段落參見唐玄奘大師譯《瑜伽師地論》:「云何覺了欲界麤相?謂正尋思欲界六事。何等為六?一、義;二、事;三、相;四、品;五、時;六、理。」見《大正藏》冊30,頁465;《丹珠爾》對勘本冊73,頁407。

❹ **此於餘處多返說為毘鉢舍那** 相應段落參見唐玄奘大師譯《瑜伽師地論》:「又即如是毘鉢舍那,由三門、六事差別所緣,當知復有多種差別。」「云何六事差別所緣毘鉢舍那?謂尋思時尋思六事:一、義;二、事;三、相;四、品;五、時;六、理。」「云何勤修不淨觀者,尋思六事差別所緣毘鉢舍那?」「云何勤修慈愍觀者,尋思六事差別所緣毘鉢舍那?」「云何勤修緣起觀者,尋思六事差別所緣毘鉢舍那?」「云何勤修界差別觀者,尋思六事差別所緣毘鉢舍那?」「云何勤修阿那波那念者,尋思六事差別所緣毘鉢舍那?」「若依止善巧所緣及淨惑所緣,尋思六事差別所緣毘鉢舍那,於其自處我後當說。」見《大正藏》冊30,頁451、452、453、454、455;《丹珠爾》對勘本冊73,頁329、330、332、339、343、347、348、350。

❺ **厭壞對治** 四種對治之一。又名厭患對治。主要透過看見過患而厭離、破壞所斷的對治品,即是厭壞對治。例如看見輪迴過患的心,即是輪迴的厭壞對治。如《阿毘達磨俱舍論》云:「厭患對治,謂若有道見此界過失深生厭患。」參見《大正藏》冊29,頁111;《丹珠爾》對勘本冊79,頁622。

如是交替修習止觀二者,由依串習,若時生起欲界上品煩惱對治,是名「遠離作意」。又由間雜薰修止觀,若能伏斷中品煩惱,是為攝樂作意。次若觀見能障善行欲界煩惱,住定、出定皆不現行,不應粗尋,謂我今已斷除煩惱。當更審察❶:為我實

於諸欲希求，尚未離欲而不行耶？抑由離欲而不行耶？作是念已，為醒覺彼，攀緣隨一極其可愛貪境之時，若見貪欲仍可生起，為斷彼故喜樂修習，是為觀察作意。由此能捨未斷謂斷我慢。次更如前於粗靜義別別觀察，於觀察後安住一趣，由於薰修此二事故，若時生起欲界下品煩惱對治，是名「加行究竟作意」[1]。第三、第四、第六作意，是能斷除煩惱對治。

如此交替修持止觀二者，依靠這樣的串習，當欲界上品煩惱的對治品生起時，便名為「遠離作意」。接著再透過交疊修持止觀，當能夠斷除中品煩惱時，便是攝樂作意。接著，當見到阻礙行善的欲界煩惱，在安住於等持與出定時都不會現行時，不應粗略地尋思：「我已斷除煩惱。」而要觀擇：「究竟我是在尚未遠離追求諸欲的貪欲狀態下不現行，還是已離欲而不現行？」於是為了使之復甦，而緣著某個極其美好的貪著境界，那時見到貪欲仍會生起，接著為了斷除貪欲而樂於修持，這便是觀察作意。藉此，尚未斷除卻以為已斷除的我慢便能去除。其後同前各各觀擇粗靜的意涵，以及在觀擇後，最終專注地安住，透過修持這二者，當欲界下品煩惱的對治品生起時，便名為「加行究竟作意」。第三、第四與第六種作意，是能斷除煩惱的對治品。

[1]「是名『加行究竟作意』」 果芒本原作「是名『淨化究竟作意』」，拉寺本、法尊法師原譯作「是名『加行究竟作意』」。按，如《聲聞地》中七種作意之第六作意名「加行究竟作意」，故果芒本誤。

註 釋

❶審察　此相對於前文之「粗尋」，指細緻的觀擇。

如是若斷軟品❶煩惱，即是摧壞一切欲界現行煩惱，暫無少分而能現起，然非畢竟永害種子。此理能離無所有處以下諸欲，然尚不能滅除有頂現行煩惱，是故不能度越生死。然依靜慮亦能獲得五種神通❷，此等恐繁不錄，如《聲聞地》❸極廣宣說，故應觀閱。

今無此等修靜慮等根本定理，故因彼等導入歧途❹，亦復無由。然於此等若生領解，非徒空言，則於遮斷餘定歧途❺，見有大益。如是四種靜慮、四無色定及五神通，與外道共，故雖得此殊勝等持，唯此非但不能脫離生死，反於生死而為繫縛。故唯奢摩他不應喜足❻，更當尋求別別觀察毗缽舍那無我正見。

語 譯

如此地斷除下品煩惱時，便是摧毀了欲界的一切現行煩惱，暫時絲毫都不會現行，但是並非徹底摧毀種子。這種方式能對於無所有處以下離欲，然而對於有頂的煩惱，則是連現行都無法遮除，所以無法跨越輪

迴。但是依靠靜慮仍然能夠獲得五種神通，這部分內容，由於顧慮詞句繁多而不敘述。詳細內容記載於《聲聞地》，所以應當閱讀。

由於現今並沒有這些修持靜慮等根本定的方法，所以固然無從由於那些而導入歧途，但是對於這些內容，如果能生起不僅僅停留於字面的理解，發現會對於截斷其餘等持的歧途極為有益。這樣的四種靜慮、四種無色定與五種神通，由於是與外道共通，因此縱然獲得了如此的殊勝等持，僅此非但不能脫離輪迴，反而還會被這些束縛於輪迴之中。所以不應僅僅滿足於寂止，而應當尋求分別觀察的勝觀無我正見。

 註 釋

❶ **軟品** 即前文「下品」。

❷ **五種神通** 此指除漏盡通以外的前五種神通。分別為：神足通、天眼通、天耳通、他心通、宿命通。

❸ **如《聲聞地》** 相應段落參見唐玄奘大師譯《瑜伽師地論》：「復次依止靜慮發五通等。云何能發？謂靜慮者，已得根本清淨靜慮，即以如是清淨靜慮為所依止，於五通增上正法聽聞、受持，令善究竟。謂於神境通、宿住通、天耳通、死生智通、心差別通等作意思惟，復由定地所起作意，了知於義，了知於法。由了知義，了知法故，如是如是修治其心；由此修習、多修習故，有時、有分發生修果五神通等。又即如是了知於義，了知於法，為欲引發諸神通等，修十二想。何等十二？一、輕舉想；二、柔軟想；三、空界想；四、身心符順想；五、勝解想；六、先所受行次第隨念想；七、種種品類集會音聲想；八、光明色相想；九、煩惱所作色變異想；十、解脫想；十一、勝處想；十二、遍處想。輕舉想者，謂由此想，於身發起輕舉勝解，如妒羅綿，或如疊絮，或似風輪。發起如是輕勝解已，由勝解作意，於彼彼處飄轉其身，謂從床上飄置几上，復從几上飄置床上；如是從床飄置草座，復從草座飄置於床。柔軟想者，謂由此想，於身發起柔軟勝解，或如綿囊，或如毛毳，或如熟練。此柔軟想長養攝受前輕舉想，於攝受時，令輕舉想增長廣大。空界想者，謂由此想，先於自身發起輕舉、柔軟

二勝解已,隨所欲往,若於中間有諸色聚能為障礙,爾時便起勝解作意,於彼色中作空勝解,能無礙往。身心符順想者,謂由此想,或以其心符順於身,或以其身符順於心,由此令身轉轉輕舉、轉轉柔軟、轉轉堪任、轉轉光潔,隨順於心、繫屬於心、依心而轉。勝解想者,謂由此想,遠作近解、近作遠解;麁作細解、細作麁解;地作水解、水作地解;如是一一差別大種,展轉相作。廣如變化所作勝解,或色變化,或聲變化。由此五想修習成滿,領受種種妙神境通,或從一身示現多身,謂由現化勝解想故;或從多身示現一身,謂由隱化勝解想故。或以其身於諸牆壁、垣城等類厚障隔事,直過無礙;或於其地,出沒如水;或於其水,斷流往返,履上如地;或如飛鳥,結加趺坐,騰颺虛空;或於廣大威德勢力日月光輪,以手捫摸;或以其身乃至梵世,自在迴轉。當知如是種種神變,皆由輕舉、柔軟、空界、身心符順想所攝受勝解想故,隨其所應一切能作。此中以身於其梵世,略有二種自在迴轉:一者、往來自在迴轉;二、於梵世諸四大種一分造色,如其所樂,隨勝解力,自在迴轉。先所受行次第隨念想者,謂由此想,從童子位迄至于今,隨憶念轉,自在無礙。隨彼彼位,若行、若住、若坐、若臥,廣說一切先所受行,隨其麁略,次第無越,憶念了知。於此修習、多修習故,證得修果,於無量種宿世所住,廣說乃至所有行相、所有宣說皆能隨念。種種品類集會音聲想者,謂由此想,遍於彼彼村邑聚落,或長者眾、或邑義眾、或餘大眾、或廣長處、或家、或室,種種品類諸眾集會所出種種雜類音聲,名誼譟聲。或於大河眾流激湍波浪音聲,善取其相,以修所成定地作意,於諸天人若遠、若近、聖、非聖聲力勵聽採,於此修習、多修習故,證得修果清淨天耳,由是能聞人間天上若遠、若近一切音聲。光明色相想者,謂於如前所說種種諸光明相,極善取已,即於彼相作意思惟。又於種種諸有情類善不善等業用差別,善取其相,即於彼相作意思惟,是名光明色相想。於此修習、多修習故,證得修果死生智通,由是清淨天眼通故,見諸有情,廣說乃至身壞已後往生善趣天世間中。煩惱所作色變異想者,謂由此想,於貪、恚、癡、忿、恨、覆、惱、誑、諂、慳、嫉,及以憍、害、無慚、無愧諸餘煩惱及隨煩惱纏繞其心,諸有情類種種色位色相變異,解了分別。如是色類有貪欲者,有色分位、色相變異,謂諸根躁擾、諸根掉舉、言常含笑。如是色類有瞋恚者,有色分位、色相變異,謂面恒顰蹙、語音謇澀,言常變色。如是色類有愚癡者,有色分位、色相

變異，謂多分瘖瘂、事義闇昧、言不辯了、語多下里。由如是等行相流類，廣說乃至無慚愧等所纏繞者，有色分位、色相變異，善取其相，復於彼相作意思惟。於此修習、多修習故，發生修果心差別智，由此智故，於他有情補特伽羅，隨所尋思、隨所伺察心意識等皆如實知。解脫勝處遍處想者，如前三摩呬多地，應知修相。由於此想親近、修習、多修習故，能引最勝諸聖神通，若變事通、若化事通、若勝解通，及能引發無諍、願智、四無礙解，謂法無礙解、義無礙解、辭無礙解、辯無礙解等種種功德。又聖、非聖二神境通有差別者，謂聖神通隨所變事、隨所化事、隨所勝解，一切皆能如實成辦，無有改異，堪任有用；非聖神通不能如是，猶如幻化，唯可觀見，不堪受用。當知如是十二種想，親近、修習、多修習故，隨其所應，便能引發五種神通，及能引發不共異生如其所應諸聖功德。」見《大正藏》冊30，頁469；《丹珠爾》對勘本冊73，頁432。

❹故因彼等導入歧途　據如月格西解釋，「彼等」指修習四靜慮、四無色等至等修法。「歧途」指因由獲得這些根本定而感到滿足，背離原先修定的目的。

❺餘定歧途　如宗喀巴大師於前文所說，有人將具足明分及輕安的等持安立為大乘道，以及有人承許為無上瑜伽圓滿次第、認為無分別即是空三摩地的見解等。據如月格西解釋，此處歧途，例如認為密法當中的定或空性定是解脫，亦是一例。

❻喜足　即「知足」之意。

前說修奢摩他，或名「作意」法，從《般若波羅蜜多》甚深經等所說九種住心之理，《中觀修次》所述，如前已引❶。彼經意趣，《經莊嚴論》❷為作解說；無著菩薩則於《菩薩地》❸、上部《對法》❹、《攝決擇分》❺中總略宣說；如《攝分》於止觀二法舉《聲聞地》❻，《聲聞地》中廣為解說。又此諸義，《中觀修次論》❼及《慧度教授論》❽亦曾宣說。復有《辨中邊論》說❾

由八斷行、斷五過理修奢摩他法。縱未廣知修初靜慮等根本定法，最下亦定須知經善觀察、遠離杜撰，所說彼等諸心要義。

前述修持寂止，或者名為「作意」的方法，是《般若波羅蜜多經》等甚深經中所宣說的九種安住內心的方法，在前文所引述《中觀修次》當中已陳述其內容。其中意趣，《經莊嚴論》中有解釋，而聖無著在《菩薩地》、上部《對法》與《攝決擇分》當中則簡略地宣說；並且如同在《攝分》當中將止觀二者引向《聲聞地》一般，在《聲聞地》中有詳盡的闡釋。上述這些內容，《中觀修次》與《般若波羅蜜多口訣論》中也曾宣說。另外還有《辨中邊論》所說透過八種斷行及斷除五種過失的方法，而修持寂止的方法。縱使並未詳盡了知修持第一靜慮等根本定的方法，但是至少對於毫無私自杜撰，經過了善加觀察而闡釋的這些心要內容，也必定需要了知。

❶《中觀修次》所述如前已引　即前《廣論》所引《修次初篇》：「此奢摩他道，是從《般若波羅蜜多》等所說。」參見前頁244註11；《廣論》中文頁377；藏文頁532。

❷《經莊嚴論》　見前頁115註9。

❸《菩薩地》　見前頁59註9。

❹上部《對法》　見前頁285註3。

❺《攝決擇分》　見前頁118註2。

❻《攝分》於止觀二法舉《聲聞地》　見前頁118註2。

❼《中觀修次論》　見前頁287註6。

❽《慧度教授論》　見前頁287註7。

❾《辨中邊論》說　見前頁112註2。

一類修靜慮者且無此等之名，又有一類先學論時，徒有空言，然未善解其義，後修行時，見無所須，輕棄而修。見有略得止品所攝正定，便執是為空三摩地；眾多僅得內外二者共通等持第九住心，便謂已得無上瑜伽具足德相圓滿次第；及謂是為等引、後得合雜無間無分別智，皆是未能善辨理解之相。若於上說善得定解，則不因其假說修無所緣、無相、了義美妙名稱所惑，知彼等持含義為何，便能了知歧非歧途，故於此諸定量教說修三摩地次第，應當善巧。於此頌曰：

經及廣釋論，善說修定軌，文深故未解[1]，狹慧將自過，

反推諉經論，無修無別教；不於有處求，無處求謂得。

此輩尚未辨，內外定差別，況能如實分，小乘及大乘，

顯教與密教，三摩地差別。見此故淺說，大論修定法。

積年習論友，莫捨自珍寶，而取他碔砆❶，願識寶自有。

見除汝學典，別無教授義，佛說「多聞者，林中樂」當參。

無分別止道，初修法修量，未得善辨明，劬勞修定師，

尚須依智者，如實知修法，否則暫休息，於教損害小。

慈尊無著論，所說修止法，此亦為聖教，長久住世故❷。

已釋上士道次第中學菩薩行，於靜慮自性奢摩他如何學法。

上述內容，對於某些修靜慮者而言甚至連名稱也不存在；某些人先前在學習諸大教典時，只是徒有空言，卻未善加理解其意涵，導致其後修持時，將此視為毫無意義，於是在修行時漠視、捨棄了教典。因此見到僅僅獲得某個可被寂止品所統攝的等持時，便認定這是空性定的情形；許多人一旦獲得內外道共通的等持第九住心，便認為已生起無上瑜伽條件齊聚的圓滿次第，以及認為是等引後得已然交融不間斷的無分別智，這些均是未能善加辨別理解的表徵。對於上述內容，如果善為獲得定解，便不會僅僅因為冠以修持無緣、無相與了義等美稱而導致誤解，而能了知這些等持的義之所指，於是便會了知歧途與非歧途，所以應當善巧這些具量教典中所宣說的修定次第。在此頌云：

經典及釋論、諸大教典中巧妙宣說的這個修定次第，由於詞句深邃，因此智慧微弱的人未能如實地證達，卻將自己內心的過失推諉於他處，

於是心想：這些善妙的教典當中並沒有修習無分別的教授。不在具有教授的教典中尋覓，卻在沒有之處多番奮力求索，而妄想獲得。

這樣的人尚且未能區分內外道的等持，更何況要如實地區分所有大小乘，以及金剛乘與波羅蜜多乘的等持差別？

見到這樣的現象，於是以淺顯易懂的言辭，闡述諸大教典中的修定方法。

多年研習諸大教典的道友們！切莫捨卻了自己的貴重珍寶，反而拾取他人的碔砆❶。務必要了知，自己其實擁有著珍寶！

見到除了你所研習的教典之外，別無教授的義理，於是能仁宣示道：「多聞者，在森林中會安樂！」對於其中意涵，也理應觀擇才是！

縱使對於不作任何分別而安住的寂止之道，其最初修持的方法，以及修成的標準，都未能獲得善加分辨的理解，只能寄望於毅力的修靜慮者，

即使是他們，都仍要依靠智者，如實地了知修習的方法；若非如此，寧可暫時休息，這樣對佛陀聖教的損害會比較微小！

因為慈氏與無著的教典中如此地闡釋修持寂止的方法，正是為了佛陀的聖教能恆久住世❷！

上士道次第中，要學習菩薩行，如何學習靜慮體性的寂止的方法，已經宣說完畢。

[1]「未解」雪本作「未因」。按，「因」（ཅིགས）為「解」（ཅིགས）之訛字。

❶碔砆　像玉的美石，而次於玉。比喻以假亂真，似是實非。音「武夫」。

❷此亦為聖教長久住世故　據如月格西解釋，最後一偈並非祈願，而是承接前偈，說明慈氏、無著開示修定的方法，正是為了令正法久住，因此應該依照慈氏、無著開示而修，否則寧可暫時休息，不要修定，以免反而損害教法。

哲蚌赤蘇仁波切、哈爾瓦・嘉木樣洛周仁波切、大格西功德海、如月格西授義。真如老師總監。主譯譯師釋如法、主校譯師釋如密、主潤譯師釋如吉、審義譯師釋性華、合校潤譯師釋如行、語譯譯師釋性忠、參異譯師釋性柏、考據譯師釋性理、釋性展、譯場行政釋性回，2020 年 5 月 19 日初稿譯訖，2021 年 3 月 26 日會校訖，2021 年 6 月 20 日定稿。譯場檀越：李玉瑩、舒子正、郭淑娩郭啟東闔家、鄧宏忠尹淑萍闔家、劉冰梅、錢本錚、朱希孟、183、203 親師生、三寶弟子、廖明燦、唐啟慧、陳廣儀。

索引

■ 佛菩薩、人名

ㄅ

不空三藏	32
不敗尊	283
巴擦譯師	114
布袋和尚	31
布敦大師	29
波羅頗蜜多羅	170
博朵瓦	104, 114
遍入天	160
寶金剛	74
寶傘如來	30
寶幢	74
寶藏如來	30

ㄆ

帕繃喀大師	102
婆毗吠伽	94
婆毗薛迦	94
婆藪槃豆	170
普見	32
普照如來	32
菩提光王	105
菩提流支	37
菩提賢論師	152
樸穹瓦	104

ㄇ

妙吉祥	32
妙音	32
妙德	32
明辯	94
馬鳴	33, 160, 309
曼陀羅仙	58
曼殊室利	32
曼殊廓喀	32
滿殊尸利	32
摩咥哩制吒	160
彌帝	94
彌勒	30, 31, 55, 283

ㄈ

分別明菩薩	94
伐蘇畔度	170
佛靜論師	179
佛護	33, 34, 94
法成法師	212
法祥大師	29
法尊法師	33, 34, 76, 105, 112, 187
法護	58, 209
法顯	73
福稱大師	273

ㄉ

大自在天	160
大梵天	160
大勢如來	30
大德月	179
多羅那他	31
棟敦‧慧稱	115

達摩波羅王　119

達摩流支　58

德怙　74

德稱　114

德慧論師　185

ㄊ

天息災　80

塔波拉傑　178

曇無讖　55, 73

ㄋ

年本慶喜德　29

那洛巴大師　94

那措譯師　113, 152

那連提耶舍　75

南巴瓦　113

ㄌ

拉梭瓦　113

哩帝　144

朗達瑪　105

勒那摩提　73

梨波多　144

隆蓮比丘尼　74

雷音王佛　32

蓮花戒　46

蓮華眼如來　58

龍種明燈佛　32

龍種尊勝如來　32

龍樹　32, 33, 94, 95, 119, 160

隸婆哆　144

隸跋多　144

藍婆　234

離曰　144

離婆　144

離婆多　144

離越　144

離越多　144

麗越　144

ㄍ

功德光論師　170

郭和卿　30, 31

噶瑪巴若必多傑　29

觀音菩薩　104

ㄎ

克主傑　30, 232

窺基　232, 283

ㄏ

海雲大師　60

海塵婆羅門　30

黑莫敵　160

慧吉祥　232

慧堅比丘　30

慧嚴　73

褐麗筏多　144

吉祥燃燈智	105
江波	73
近侍三子	160
金洲大師	105
金剛手菩薩	94
金剛自在	104
堅慧	185
寂天	33, 209
寂靜論師	42
寂鎧	33
敬父	160
敬母	160
賈律師	113
賈曹傑	30
賈曹傑盛寶	74
鳩摩羅什	33
懂哦瓦	104, 114
頡戾茷多	144
頡隸伐多	144
頡離伐多	144
靜命	46, 119
覺賢論師	152

切喀巴	115
穹波雷巴	29
契此	31
清辨	33, 94

玄奘大師	37, 55, 66, 86, 112, 199, 215, 232
先公	75
秀勒瓦	113
虛空	32
虛空幢	29
須菩提	94
賢護菩薩	151
霞惹瓦	114

支婁迦讖	151
仲敦巴	104
周加巷	30
真諦三藏	37, 55, 112, 185, 199
張建木	31
眾賢阿闍黎	170
智光王	94, 105
智稱論師	94, 232
照顯	30
種敦巴	95, 104

赤松德贊	46
除一切蓋障菩薩	58
除蓋障	58
常啼菩薩	119
陳那菩薩	170
墀江仁波切	102

ㄕ

世親	31, 170, 185, 199, 232, 270, 303
舍利弗	144
室星	144
施護	46, 87
師子覺論師	232
紹勝尊	30
勝天	33
勝行	85
勝依吉祥賢	29
勝者生源	104
善來	233
善勝王	105
善慧名稱	29
獅子賢論師	119, 314
聖天	33, 160
聖勇	159
聖解脫軍	119, 170, 314
壽自在瑜伽師	29
闍那崛多	151
釋如法	284
釋性景	30

ㄖ

仁達瓦	29, 74
日稱	209
如石法師	80, 105, 152
如性法師	74
若慶普瓦	113
絨敦釋迦幢	74
榮增・益西堅參	31

ㄗ

宗喀巴大師	29, 33, 74, 79, 112, 314
最勝子阿闍黎	232, 314
增上行	85

ㄘ

慈氏	30
慈尊	30, 283

ㄙ

色尊喇嘛	104
僧伽婆羅	58

ㄚ

阿底峽	42, 95, 104, 105, 113, 114, 152
阿殊迦阿闍黎	179
阿逸多	30, 283

ㄞ

唉拉達里	33

ㄢ

安慧論師	170, 185, 232, 270, 311

ㄦ

二勝六莊嚴	31, 170

ㄧ

益西班覺	179
義成寶	29
義淨大師	233

ㄨ

文殊	29, 32, 33
文殊名稱阿闍黎	86
文殊師利	32
無性論師	311
無垢光	30
無能勝	283
無著	31, 55, 65, 73, 95, 119, 170
鄔瑪巴	29
鄔摩天女	160
衛世沙迦	179

ㄩ

月官論師	178
月稱	33, 179
月藏	105
宇井伯壽	270
雲增耶喜絳稱	31
圓測	37

■ 書名
....

ㄅ

八千頌大疏	119
北本涅槃經	73
本地分	97
拔陂菩薩經	151
波羅蜜多乘修次教授	95
般舟三昧經	151
般若波羅蜜多口訣現觀莊嚴論釋廣解·善說金鬘論	232, 314
般若波羅蜜多教授論	42
辨中邊論	31, 112
辨中邊論疏	185
辨寶性大乘上續論釋	73
寶性論大疏	73
寶性論廣釋	73
寶雲經	58
寶積部	87
寶積經	87
辯中邊論頌	112

ㄆ

菩提行經　　　　　　80

菩提道次師承傳　　　31

菩提道次第引導　　　102

菩提道次第師師　　　31
相承傳

菩提道次第廣論　　　157
筆記・仙人古道

菩提道炬論　　　　　105

菩提道燈　　　　　　105

菩提道燈抉微　　　　152

菩薩地　　　　　　　59

菩薩地持經　　　　　55

菩薩地釋　　　　　　60

菩薩戒本　　　　　　59

菩薩善戒經　　　　　59

菩薩藏會　　　　　　86

菩薩藏經　　　　　　86

ㄇ

彌勒上生經　　　　　30

ㄈ

佛光大辭典　　　　　33

佛說大迦葉問大　　　87
寶積正法經

佛說月燈三昧經　　　75

佛說法集經　　　　　79

佛說除蓋障菩薩　　　58
所問經

佛說解節經　　　　　37

佛說摩訶衍寶嚴　　　87
經

佛說寶雨經　　　　　58

法尊法師全集　　　　34

ㄉ

大方等大集經賢　　　151
護分

大正新修大藏經　　　31

大乘五蘊論　　　　　47

大乘阿毗達磨集　　　65
論

大乘後續論廣釋　　　73

大乘莊嚴經論　　　　59

大乘經莊嚴論釋　　　170

大乘經莊嚴論　　　　59

大乘經莊嚴論寶　　　59
鬘疏

大乘廣五蘊論　　　　270

大乘寶雲經　　　　　58

大唐西域記　　　　　94

大般泥洹經　　　　　73

大般涅槃經　　　　　73

大聖文殊師利菩　　　32
薩佛土功德莊嚴
經

大藏經補編　　　　　105

大寶積經　　　　　　87

定資糧品　　　　　　152

東噶藏學大辭典　　　47

等持資糧品　　　　　152

道炬論　　　　　　　105

道炬論釋　152

對法集論釋　314

德格版・西藏大　270
藏經總目錄

ㄋ

南本涅槃經　73

難解光明　232

ㄌ

龍樹菩薩傳　33

ㄍ

格西夏熱瓦的歷　115
程

貢德大辭典　43

廣釋菩提心論　46

噶當派大師箴言　113
集

ㄏ

和合解脫經　104, 161

ㄐ

決定藏論　55

究竟一乘寶性論　73

金鬘論　314

俱舍論　303

俱舍論自釋　199

俱舍釋　199

集論　65

集論最勝子釋　314

經莊嚴論　31, 59

經莊嚴論疏　311

經莊嚴論廣釋　311

經莊嚴論釋　170

解深密經　37

靜慮無色等至建　39
立・佛教嚴飾教
理大海令善緣喜

ㄑ

起信津梁：宗喀　30
巴大師傳記合刊

ㄒ

下部對法　316

心要莊嚴疏　232

相合明點　231

修次第論　46

修信大乘經　38

現在諸佛現住三　151
摩地經

新譯大唐西域記　94

賢愚經　30

霞惹瓦道次第　115

ㄓ

中邊分別論　112

中觀心論　94

中觀修次　46

正相合大怛特羅　231

正攝法經　79

至尊宗喀巴大師　30
傳

至尊夏日東善慧 34
講修海文集

莊嚴光明論 119

莊嚴經論 59

莊嚴經論釋 170

掌中解脫——菩 102
提道次第二十四
天教授

彳

懺悔讚 178

懺悔讚釋 179

尸

十七地論 55

十方現在佛悉在 151
前定立經

十萬頌、二萬 232
頌、一萬八千頌
廣釋

十萬頌廣釋 232

上下對法 316

上部對法 316

深密解脫經 37

聖大乘信心進修 38
大乘經

聖大般涅槃經 73

聖正攝法大乘經 79

聖般若八千頌釋 119
現觀莊嚴光明論

聖現在諸佛現住 151
三摩地大乘經

聖無盡意所說經 232

聖無盡意所說經 232
廣釋

聖菩薩藏大乘經 86

聖開演萬法自性 75
真如三摩地王經

聖寶雲大乘經 58

適當讚嘆佛薄伽 309
梵嘆德文中難讚
之讚

聲聞地 94

釋量論 43

攝決擇分 118

攝波羅蜜多論 159

囗

入行論賈曹傑釋 74

入菩薩行 80

入菩薩行・佛子 74
津梁

入菩薩行論 80

入菩薩行論廣解 74

入菩薩行論釋・ 74
佛子正道

如意寶樹史 179

ㄗ

藏漢大辭典 32

總略住心論 157

讚應讚 309

讚悔 178

ㄘ

才旦夏茸至尊無 40
畏勝正理慧文集

三十頌釋　　　　270

三補止　　　　　231

三摩地王經　　　75

三摩地王經釋　　86

三摩地資糧品　　152

色無色定辨析・　68
開善說藏

宋高僧傳　　　　31

阿毗達磨俱舍論　199, 316

阿毗達磨俱舍論　303
本頌

阿毗達磨俱舍釋　199, 303
論

阿毗達磨集論　　31, 314, 316

阿毗達磨集論解　232

阿毗達磨集論釋　232, 314

阿嘉・雍曾洛桑　109
董智文集

阿彌陀經疏　　　283

二萬頌光明論　　231

一切智光明仙人　30
慈心因緣不食肉
經

由說甚深緣起門　33
中稱讚無上大師
世尊善說心藏

印度佛教史　　　31

優婆塞五戒威儀　55
經

五蘊論分別釋　　270

文殊怙主上師宗　34
喀巴大師文集

文殊師利菩薩十　75
事行經

唯識三十頌釋　　270

無等至尊宗喀巴　283
大師所著菩提道
次第廣論四家合
註善解諸難處大
乘道明炬論

月燈三昧經　　　75

月燈經　　　　　75

永津班智達智幢　160
文集

於止觀難處無倒　79
宣說聖者密意

瑜伽師地論　　　31, 55

瑜伽論手記　　　212

緣起讚善說藏論　33

■ 法相

八種斷行	115, 116, 233
八斷行	112, 115, 119, 224, 225, 231
不作行	112, 115, 206, 218, 224, 225
不淨	130, 132, 141
比度量	286
本生	51
本事	51
別別簡擇慧	38
遍一切處薩迦耶事	148
遍除	116
遍滿所緣	140
薄塵行	142
薄塵補特伽羅	144
邊際	303

平等住	242
毘奈耶	86
毘缽舍那	35, 52, 91, 296, 315, 322
毘缽舍那品	35
譬喻	51

明了	65, 66
明分力	66, 166
明點	120
滅諦	130, 137, 304

分位除	116
方廣	51
佛弟子	109
法性	73, 90, 286
法爾道理	286
風界	133
諷頌	51

大車	95
地界	133
定	38, 47, 50, 52, 82, 103, 110, 122
掉舉	115, 192, 194, 213, 216, 220, 224, 279
第一靜慮	97
第一靜慮近分定	52, 97
第一靜慮根本定	97
等分行	142
等引	51, 76
等引地	132, 266, 276
等引地攝	132
等引作意	60
等至	51, 198
等住	113
等持	38, 47, 51, 113, 245
等無間緣	135
道諦	130, 137
頓行阿羅漢	309

諦實行相　　　87

斷語　　　185

ㄊ

天耳通　　　325

天杖　　　152

天眼通　　　325

他心通　　　325

退弱　　　194, 207

調伏　　　86, 116

調順　　　238, 241

聽聞力　　　248, 249, 258

ㄋ

內不淨　　　130

內分別體　　　67, 146, 148

內住　　　113, 238

念　　　112, 115, 116, 169, 171, 182, 224, 233, 258

能仁王　　　30

ㄌ

了相　　　311, 315, 317, 320

了相作意　　　61, 299, 312, 319

力勵運轉作意　　　254, 255, 256, 258

六力　　　113, 248

六界　　　129, 133

六過失　　　115, 116

流散　　　194

論議　　　51

ㄍ

光支　　　152

光影　　　67, 146, 148

根本定　　　97

骨杖　　　152

廣行派　　　31

觀待道理　　　286

觀神足　　　228

觀察作意　　　317, 319, 323

觀察修　　　40

ㄎ

空點　　　120, 152

苦諦　　　130, 137

苦蘊　　　86

堪能風　　　69

ㄏ

火界　　　133

昏沈　　　116, 196, 206

慧　　　47

ㄐ

九地　　　267

九住心　　　96, 110, 245, 257

九種心住　　　113, 255

加行究竟作意　　　319, 322, 323

加行究竟果作意　　　319

加行道　　　130, 301

見道　　　301

近分定　　　97, 307, 311

近止　　　116

近住　　　238, 241

近除　　　240

記別　　　50

寂止　　　39, 48, 52, 61, 62

寂止品　　　39

寂靜　　　113, 239

淨行所緣　　　130, 141

淨惑所緣　　　135, 145

跏趺坐　　　107

集諦　　　130, 137

漸行阿羅漢　　　309

精進力　　　248, 249, 259

覺明慧行　　　60

覺知　　　65, 156

信解信　　　122

相乘　　　231

相縛　　　41, 43

修道　　　301

現證量　　　286

細相　　　152

喜樂　　　152

戲論　　　60

續住　　　238

契經　　　50

輕安　　　61, 112, 116, 121, 224, 233, 268, 271

趨行坐臥　　　267

心一境性　　　38, 182

心三摩地　　　228

心依　　　168

心堪能　　　268

行捨　　　223, 224, 227

希法　　　51

信　　　112, 115, 121, 224, 225, 233

止　　　116

止住修　　　40

正知　　　112, 115, 116, 169, 201, 233

正知力　　　248, 249, 259

正思擇　　　53, 54

正斷而轉　　　231

正斷精進　　　226

至教量　　　286

周遍伺察　　　53, 54

周遍所緣　　　126, 140

周遍尋思　　　53, 54

咒字　　　120

知止　　　116

真實之義　　　79

執取相　　　135

專注一境　　　241

專注一趣　　　113, 242

轉依　　　129

證成道理　　　286

出世間	37
成實	128
串習力	248, 249, 259
沈沒	179, 195, 206, 216, 224
除	116

ㄕ

十七地	97
十二分教	50
十二處	129
十八空	161
十八界	129
十三資糧	106
十六行	137
水界	133
世間	37
身堪能	268
事邊際	65, 126
殊勝標幟	152
神足	227, 228
神足通	325
奢摩他	48, 52, 262, 273
奢摩他品	35
奢摩他隨順作意	262
捨	115, 116, 233
捨無量	223
深忍	122
深見派	33
勝解作意	319, 320
勝觀	39, 43, 48, 61, 62, 306
勝觀品	39
善巧所緣	133, 145
順解脫分	304
聖法毘奈耶	86
聖者	38, 76, 301
攝樂作意	319, 322

| 忍樂覺見觀 | 55 |

自說	51
作用道理	286
作行	112, 205, 206, 224
作意	50, 262
作意處	146
最後有	303
最極思擇	53, 54
最極寂靜	113, 241
資糧道	301, 304
增上緣	135

粗重縛	41, 43
粗靜行相	87
策勵	115

| 三界 | 267 |
| 三摩地 | 47, 51 |

三摩地方便　146, 148

三摩地所行境界　148

三摩地門　146, 148

三摩地相　146, 148

三摩缽底　198

三緣　135

四種作意　113, 257

四諦　129, 137

所作成辦　127

所緣依處　141

所緣緣　133, 135

思　115, 116, 206, 233

思惟力　248, 249, 258

宿命通　325

散亂　199

隨眠　85

Ｙ

阿那波那　132

ㄢ

安住　113, 238

安　115

ㄦ

二道資糧　106

ㄧ

一生所繫　301

一坐加行道　304

一來　97

因緣　51

有分別影像　66, 126

有法　90

有間缺運轉作意　254, 255, 256, 259

依無染　231

依滅　231

依離　231

異生　301

異門　38

義共相　54

義總　79

厭壞對治　321, 322

影像　126, 148

憶念力　248, 249, 258

壓伏　137, 298

應頌　50

ㄨ

五過失　225

五種神通　325

五蓋　279

五蘊　51, 129

外不淨　130

無上瑜伽　253

無分別影像　66, 126

無功用運轉作意　256

無所有　284

無間缺運轉作意　254, 255, 256, 259

無間緣　133

無學道　301

欲	115, 116, 233
欲神足	228
圓滿次第	253
預流	309
遠離作意	319, 322
緣起三世圓滿	132

■ 地名
....

補讓	152

旁多	113

孟加拉	105
摩梨耶羅	94
摩竭陀國	42, 144

鉢伐多國	232

大自在天神湖	160

大昭寺	30
大菩提寺	105
東方大蓮華世界	58
兜率內院	31
堆隆普	104
登隆唐	94

彈咤迦羅尼耶	185

那羅陀村	144
那爛陀寺	31, 33, 87, 160, 170, 179
南方無塵淨積佛土	32
聶塘	105

ㄌ

拉梭寺	113
拉頂	29
林曲金殿	95
隆學寺	114
靈鷲山	38

ㄍ

甘丹寺	30, 74

ㄎ

柯謨桑	33
喀什米爾	160, 170
喀薩巴尼	119

ㄏ

後藏娘堆	74

ㄐ

金剛座	33, 105
健馱邏國	31
精奇寺	29
雞足山	31

ㄑ

青海宗喀	29
前藏	74
耆闍崛山	75

ㄒ

象頭山	58

ㄕ

室羅伐城	233

ㄖ

如願圓滿積集離塵清淨世界	32
絨波	114
熱振	114
熱振寺	104

ㄙ

桑耶	152
桑樸	74
薩迦	74

ㄚ

阿里	105

ㄧ

亞澤	114

ㄨ

王舍城	38, 75, 144, 151
沃卡	33
衛藏	29, 105

《菩提道次第廣論》原文改譯參考表

廣論 頁/行	四家合註 頁次	原譯（福智第三版）	改譯	改譯原因
P336-L3	P28	別學後二波羅蜜多	別學後二波羅蜜多者	依據法尊法師1948年版《廣論》（以下簡稱'48年版廣論）補譯。
P336-L3	P28	毘缽舍那	毘缽舍那道理	據藏文補譯。
P336-L3	P28	如其次第	此二如其次第	據藏文補譯。
P336-L5	P34	理須雙修	須雙修之因相	據藏文改譯。
P336-L5	P34	次第決定	次第決定之理	據藏文補譯。
P336-L9	P35	身中	相續	據藏文改譯。
P336-L10	P35	實是已得修所成之功德	實是已得修所成者相續之德	據藏文改譯。
P336-L10	P35	然以善緣心一境性諸三摩地	然於善所緣心一境性以上諸三摩地	據藏文補譯。
P336-L11	P35	揀擇	簡擇	按揀擇為選擇之義，藏文原意為分辨之義，簡亦有分辨之義，故據藏文改譯。
P336-L11	P35	盡所有性	盡所有性義	據藏文補譯。
P337-L4	P41	如《解深密經》云：「眾生為相縛，及為粗重縛，要勤修止觀，爾乃得解脫。」	又《解深密經》云：「眾生由修觀，以及奢摩他，乃從粗重縛，及相縛解脫。」	法尊法師係依玄奘大師譯《解深密經》文譯出，為配合箋註，據藏文改譯。
P337-L5	P41	所有	所住	據藏文改譯。
P337-L5	P41	內心顛倒	顛倒有境	據藏文改譯。
P337-L5	P41	謂於外境前後所生顛倒習氣	謂於顛倒境前後所生耽著，潤彼習氣	據藏文改譯。
P337-L6	P41	《般若波羅蜜多教授論》說，前者為觀所斷，後者為止所斷	前者為觀所斷，後者為止所斷，是為《般若波羅蜜多教授論》所說	據藏文改譯。
P337-L6	P41	此上	此等	據藏文改譯。

廣論 頁/行	四家合註 頁次	原譯（福智第三版）	改譯	改譯原因
P337-L8	P44	第二、顯示此二攝一切定	第二者	據藏文改譯。
P337-L8	P44	總攝彼一切扼要	總攝彼一切之扼要者	據藏文改譯。
P337-L9	P44	然總攝	然總攝彼	據'48年版《廣論》改譯。
P337-L11	P44	應求一切等持總聚止觀二品	應善尋求一切等持總綱——止觀二者將護道理	據藏文補譯。
P337-L11	P44	修次下編	修次下篇	修次初、中、下三「編」，以下據'48年版《廣論》統一為「篇」。
P337-L12	P44	止觀二品	止觀二者	本章中「品」字多作「相似品」解，此處實指止觀二者，而非指其相似品，故改譯。
P337-L12	P44	當說	故當說彼	據藏文補譯。
P337-L13	P44	修次中編	修次中篇	統一為「篇」。
P337-L13	P44	亦云	云	據藏文改譯。
P337-L13	P44	二品	二者	本章中「品」字多作「相似品」解，此處實指止觀二者，而非指其相似品，故改譯。
P337-L13	P44	應修	定應修學	據藏文補譯。
P338-L1	P48	第三、止觀自性，分二：初、奢摩他自性	第三中，奢摩他自性者	據藏文改譯。
P338-L1	P48	空間	空閒	據'48年版《廣論》改譯。
P338-L3	P48	如是菩薩能求奢摩他	如是是為菩薩遍尋奢摩他	據藏文改譯。
P338-L4	P49	由念正知，令能緣心於所緣境相續安住而不散亂	緣彼之心不向餘散，由念正知於彼所緣相續繫念	據藏文改譯。

廣論 頁/行	四家合註 頁次	原譯（福智第三版）	改譯	改譯原因
P338-L7	P52	二毘鉢舍那自性	毘鉢舍那自性者	據藏文補譯。
P338-L9	P52	如是菩薩能善巧毘鉢舍那	如是是為菩薩善巧毘鉢舍那	據藏文改譯。
P339-L1	P53	非執諦實	非是實執	據藏文改譯。
P339-L1	P53	明了境相	分辨境相	據藏文改譯。
P339-L3	P56	如云	亦明顯云	據藏文改譯。
P339-L4	P56	云	亦云	據藏文補譯。
P339-L5	P56	及善思擇法，應知是止觀	及善擇法故，是寂止勝觀	據藏文改譯。
P339-L5	P56	定	正定	據藏文補譯。
P339-L6	P56	云	亦云	據藏文補譯。
P339-L7	P56	安住、等住	安住	據藏文改譯。
P339-L8	P56	思惟	作意	據藏文改譯。
P339-L10	P56	此文	此文如前	據藏文補譯。
P339-L10	P56	故於前文所明止觀應生定解	能於前文所明止觀堅固定解	據藏文改譯。
P339-L10	P56	編	篇	統一為「篇」。
P339-L12	P57	思擇真實	但唯於彼思擇之者	據藏文改譯。
P339-L12	P62	云	亦云	據藏文補譯。
P339-L13	P63	盡所有性	盡所有性之義	據藏文補譯。
P340-L1	P63	《解深密經》云	以此亦即《深密》密意，如云	據藏文補譯。
P340-L3	P63	寂靜論師如前所說	由是如前寂靜論師所說	據藏文改譯。
P340-L4	P63	能俱緣如所有性、盡所有性	有緣取如所有性、盡所有性二者	據藏文改譯。
P340-L5	P63	即說名止	故名寂止	據藏文改譯。
P340-L5	P63	即名勝觀	故名勝觀	據藏文改譯。
P340-L6	P63	無明了相	無有明了之明分力	據藏文改譯。

廣論 頁/行	四家合註 頁次	原譯（福智第三版）	改譯	改譯原因
P340-L6	P63	明了力	明分力	據藏文改譯。
P340-L8	P63	揀擇	簡擇	據藏文改譯。
P340-L8	P63	又	特於	據藏文改譯。
P340-L8	P63	力	明分力	據藏文補譯。
P340-L10	P68	性	境	據藏文改譯。
P340-L12	P68	雖未獲得實性見解，但若執心令無分別，現可生起	現前可證，雖未獲得實性見解，但可執心令無分別	據藏文改譯。
P340-L13	P68	風生堪能	生堪能風	據藏文改譯。
P340-L13	P68	身心法爾	彼生起時，身心法爾	據藏文補譯。
P340-L13	P68	喜樂	安樂	據藏文改譯。
P341-L1	P68	令心明了	能令心起明分	據藏文改譯。
P341-L2	P68	諸	故	據藏文改譯。
P341-L4	P70	理須雙修	須雙修止觀之因相	據藏文改譯。
P341-L6	P70	亦須定解真義無倒妙慧	若具無倒定解真義妙慧	據藏文改譯。
P341-L7	P70	心不散亂	住心不散	據藏文補譯。
P341-L9	P70	分別風之所動搖	動搖分別風所攪擾	據藏文改譯。
P341-L9	P70	亦定	遂終	據藏文改譯。
P341-L9	P70	二品	二者	據藏文改譯。
P341-L9	P70	編	篇	統一為「篇」。
P341-L10	P70	不生明了智慧光明，故當雙修	以是不生明了智光，故當同等習近二者	據藏文改譯。
P341-L10	P70	《大般涅槃經》云	由此《大般涅槃經》亦云	據藏文補譯。
P341-L12	P71	不動心故	不能動心	據藏文改譯。
P341-L13	P71	安住所緣	自然安住所緣	據藏文補譯。
P342-L1	P71	證無我義	由證無我之真實性	據藏文改譯。
P342-L1	P71	山王	山嶽	據藏文改譯。

廣論 頁／行	四家合註 頁次	原譯（福智第三版）	改譯	改譯原因
P342-L1	P71	應知差別	應各分別	據藏文改譯。
P342-L3	P76	無我影像且不明顯	無我義總亦不明顯	據藏文改譯。
P342-L4	P76	影像	義總	據藏文改譯。
P342-L4	P76	不散動心	心不動分	據藏文改譯。
P342-L5	P76	通達實義	達實義分	據藏文改譯。
P342-L5	P76	照色	照色之分	據藏文補譯。
P342-L5	P76	前念燈火	前炷及火	據藏文改譯。
P342-L6	P77	燈固不動	燈火不動堅固之分	據藏文補譯。
P342-L6	P77	則從幔生	則從帳幔等生	據藏文補譯。
P342-L6	P77	若心無掉沈不平等相，住奢摩他定，次以慧觀，能證真實	若慧具足心無沈掉不平等相奢摩他之等引，以彼觀之，當知真實之義	據藏文改譯。
P342-L7	P77	編	篇	統一為「篇」。
P342-L8	P77	說	亦說	據藏文補譯。
P342-L9	P77	又成就奢摩他已	又若成就奢摩他	據藏文改譯。
P342-L10	P77	修觀慧時	妙觀察慧所觀察修	據藏文改譯。
P342-L11	P77	皆有大力	力皆極大	據藏文補譯。
P342-L11	P77	散心	散於其餘所緣	據藏文補譯。
P342-L13	P81	定	住等持	據藏文補譯。
P342-L13	P81	如欲而住	任欲遣使	據藏文改譯。
P343-L1	P81	須於	亦於	據藏文改譯。
P343-L1	P81	通利溝	濬溝渠	據'48年版《廣論》改譯。
P343-L2	P81	更須修集緣如所有及盡所有妙慧、施心、戒心、忍辱、精進、淨信及厭離等無邊眾善，滅無邊失	更須將護所緣行相，謂緣如所有及盡所有境智慧、施心、戒心、忍辱、精進、淨信及厭離等，諸能攝無邊善、滅無邊失者	據藏文改譯。

廣論頁/行	四家合註頁次	原譯（福智第三版）	改譯	改譯原因
P343-L3	P81	不能增長廣大善行	應知不能令於善行起大功效	據藏文補譯。
P343-L4	P81	觀察慧	觀察慧所觀察修	據藏文補譯。
P343-L4	P82	又	尤	據藏文改譯。
P343-L4	P82	觀慧引生恆常猛利定解	引生恆常猛利定解方便，謂以觀慧觀擇將護，如是	據藏文補譯。
P343-L5	P82	唯	縱	據藏文改譯。
P343-L5	P82	能	容	據藏文改譯。
P343-L6	P82	編	篇	統一為「篇」。
P343-L6	P82	煩惱現行	煩惱	據藏文改譯。
P343-L8	P82	斷諸	善摧	據藏文改譯。
P343-L8	P83	云	亦云	據藏文補譯。
P343-L8	P83	外道	勝行	據藏文改譯。
P343-L9	P83	菩薩	菩薩藏	據藏文補譯。
P343-L10	P83	聖調伏法	聖法毘奈耶	據藏文改譯。
P343-L10	P83	憍慢	我慢	據藏文改譯。
P343-L11	P83	不能解脫諸大苦蘊	亦復不能解脫苦蘊	據藏文改譯。
P343-L11	P83	聽聞	聽聞隨順	據藏文補譯
P343-L12	P83	云	亦云	據藏文補譯。
P343-L13	P83	云	亦云	據藏文補譯。
P344-L2	P87	次第決定	次第決定之理者	據藏文補譯。
P344-L3	P87	編	篇	統一為「篇」。
P344-L3	P88	此二	此之	據'48年版《廣論》改譯。
P344-L4	P88	法及法性	有法、法性	據藏文補譯。
P344-L5	P88	同時俱起	即可俱起	據藏文補譯。

廣論 頁/行	四家合註 頁次	原譯（福智第三版）	改譯	改譯原因
P344-L5	P88	此說觀前先修止者	此說止為勝觀前行之理者	據藏文改譯。
P344-L5	P88	非說引生正見通達無我	非說引生證無我正見之領解	據藏文改譯。
P344-L6	P88	強力之感覺	轉心覺受	據藏文改譯。
P344-L7	P88	思擇	思擇串習	據藏文補譯。
P344-L7	P88	此亦能生強力感覺	亦能轉心	據藏文改譯。
P344-L7	P88	若相違者	以若相違	據藏文改譯。
P344-L8	P88	強力之感覺	轉心覺受	據藏文改譯。
P344-L9	P88	觀前修止為何耶？如	觀須寂止，道理為何？於此	據藏文改譯。
P344-L10	P88	相應	隨順	據'48年版《廣論》改譯。
P344-L10	P88	先未得止者	若未得止	據藏文改譯。
P344-L10	P88	僅以觀慧而修思擇	縱以觀慧任作何許觀修	據藏文改譯。
P344-L11	P88	觀須止因	觀須止為因	據藏文補譯。
P344-L12	P91	故若非僅由住一境，即以觀慧思擇之力	是故觀慧不住一境，即以思擇之力	據藏文改譯。
P344-L13	P91	非此	僅此不立	據藏文補譯。
P344-L13	P91	又未得止者	以初未得寂止	據藏文補譯。
P345-L1	P91	不能	終不	據藏文改譯。
P345-L2	P91	之外	之法	據藏文補譯。
P345-L2	P91	修觀	求觀	據藏文改譯。
P345-L2	P91	修止	求止	據藏文改譯。
P345-L2	P91	次修勝觀決定次第	依此而修勝觀次第	據藏文改譯。
P345-L3	P91	思擇	別別觀察之觀修	據藏文改譯。
P345-L3	P91	建立為觀者	作為發觀之理	據藏文改譯。
P345-L3	P91	修止	求止	據藏文改譯。

廣論 頁/行	四家合註 頁次	原譯（福智第三版）	改譯	改譯原因
P345-L3	P91	次乃	次乃依之	據藏文補譯。
P345-L4	P91	不應	極非	據藏文改譯。
P345-L4	P91	《解深密經》	以如前引《解深密經》	據藏文補譯。
P345-L4	P91	要依	要依獲得	據藏文補譯。
P345-L5	P92	修觀	修觀次第	據藏文補譯。
P345-L6	P92	編	篇	統一為「篇」。
P345-L7	P92	修	求	據藏文改譯。
P345-L8	P92	轍	車	據藏文改譯。
P345-L9	P95	新生	最初新生	據藏文補譯。
P345-L9	P95	若先已生，則無決定次第，亦可先修毘缽舍那，次修奢摩他	後亦可先修毘缽舍那，次修奢摩他，故無決定次第。若爾	據藏文改譯。
P345-L11	P95	未到定	近分定	據藏文改譯。
P345-L11	P95	三摩地	根本定	據藏文改譯。
P345-L11	P95	證	現證	據藏文補譯。
P345-L13	P95	於此無間住心	彼便宴坐，無間住心	據藏文補譯。
P346-L2	P100	學雙運法	彼二雙運之法	據藏文補譯。
P346-L3	P100	奢摩他	奢摩他之理	據藏文補譯。
P346-L4	P100	諸瑜伽師先集資糧，即是速易成止之因	諸瑜伽師當依速易成止之因——寂止資糧	據藏文補譯。
P346-L4	P100	住具五德之處	謂住具五德處	據'48年版《廣論》改譯。
P346-L7	P100	云	亦云	據藏文補譯。
P346-L7	P100	易得	善得	據藏文改譯。
P346-L7	P100	不貪眾多上妙衣服	無增上貪眾多上妙法衣	據藏文補譯。
P346-L8	P100	雖得微少粗弊衣等	但得微劣法衣等物	據藏文補譯。
P346-L10	P100	悔除	還淨	據藏文改譯。
P346-L10	P100	貪欲	欲	據藏文改譯。

廣論 頁/行	四家合註 頁次	原譯（福智第三版）	改譯	改譯原因
P346-L10	P100	於貪欲等	謂於諸欲	據藏文改譯。
P346-L12	P100	貪	增上貪	據藏文補譯。
P346-L12	P100	由是修習，能斷貪等諸惡尋思	應如是修，斷除一切諸欲尋思	據藏文改譯。
P346-L12	P100	編	篇	統一為「篇」。
P346-L13	P100	之意	之意而說	據藏文補譯。
P347-L1	P103	正定	妙定	據藏文改譯。
P347-L3	P103	前六法	前六等	據藏文改譯。
P347-L3	P103	編	篇	統一為「篇」。
P347-L5	P103	云	亦云	據藏文補譯。
P347-L6	P103	十三資糧	十三支分或資糧等	據藏文補譯。
P347-L7	P106	奢摩他	奢摩他之理	據藏文補譯。
P347-L11	P106	編	篇	統一為「篇」。
P347-L11	P106	編	篇	統一為「篇」。
P347-L11	P106	於安樂具身具八法	於極柔軟安樂坐墊具身威儀八法	據藏文補譯。
P347-L11	P106	足者	其中足者	據藏文補譯。
P347-L11	P106	或半跏趺	或半跏趺，應如是行	據藏文補譯。
P347-L12	P107	莫	亦莫	據'48年版《廣論》補譯。
P347-L12	P107	端身內念	內住正念端身而坐	據藏文補譯。
P348-L1	P107	徐徐而轉	徐徐而轉，應如是行	據藏文補譯。
P348-L2	P107	因緣	因相	據藏文改譯。
P348-L4	P107	威儀	威儀宴坐	據藏文補譯。
P348-L5	P107	因緣	因相	據藏文改譯。
P348-L5	P107	結跏趺坐	說應結跏趺坐	據藏文補譯。
P348-L5	P107	為令不生	是說為令不生	據藏文補譯。

廣論 頁/行	四家合註 頁次	原譯（福智第三版）	改譯	改譯原因
P348-L5	P107	先應	如是先應	據藏文補譯。
P348-L7	P110	次第	次第者	據藏文補譯。
P348-L8	P110	更於彼上加《聲聞地》所說六力、四種作意及九住心	謂於彼上須加《聲聞地》所說六力、四種作意及九住心而修	據藏文補譯。
P348-L8	P110	大師	大師於自	據藏文補譯。
P348-L9	P110	九住心，及斷六過	九種住心方便，及六過失	據藏文改譯。
P348-L10	P110	中觀宗三編《修次》	《中觀修次》三篇	據藏文改譯。
P348-L11	P110	現在	近世	據藏文改譯。
P348-L12	P111	定終不成	不說能成等持	據藏文補譯。
P348-L12	P111	此語	現見此語	據藏文補譯。
P348-L13	P117	道次第	道次第引導之理	據藏文補譯。
P348-L13	P117	《五分》	《瑜伽師地》	據常用譯法改譯。
P349-L1	P117	然於一處	又於一論	據藏文改譯。
P349-L2	P117	則於	亦於	據藏文改譯。
P349-L2	P117	九住心	九種住心方便	據藏文補譯。
P349-L3	P117	蓮花戒	嘎瑪拉希拉	為配合箋註，據藏文改譯。
P349-L3	P117	佛像、空點、種子形	本尊身、空點、咒字	據藏文改譯。
P349-L4	P117	尤於	現見尤於	據藏文補譯。
P349-L5	P117	較	極	據藏文改譯。
P349-L5	P117	然能	然見能知	據藏文補譯。
P349-L5	P117	妄執開示心要義理別有教授	妄執別有開示心要義理教授	據藏文改譯。
P349-L6	P117	於彼	現見於彼	據藏文補譯。
P349-L6	P117	然此	今此	據藏文改譯。
P349-L7	P117	皆取	唯取	據藏文改譯。

廣論 頁/行	四家合註 頁次	原譯（福智第三版）	改譯	改譯原因
P349-L7	P117	所出	所出，以之為重	據藏文補譯。
P349-L8	P120	繫心	心注	據藏文改譯。
P349-L8	P120	住所緣	注所緣	據藏文改譯。
P349-L9	P120	住所緣	注所緣	據藏文改譯。
P349-L11	P120	身心輕安，喜樂增廣	喜樂增廣身心輕安	據藏文改譯。
P349-L12	P120	然	為	據藏文改譯。
P349-L12	P120	然	為	據藏文改譯。
P349-L13	P120	生堅信心	引動心意堅固信心	據藏文改譯。
P350-L1	P120	者	而	據藏文改譯。
P350-L3	P122	身心喜樂	由增心喜、身安樂故	據藏文改譯。
P350-L5	P122	毘缽舍那	毘缽舍那證德	據藏文補譯。
P350-L5	P122	若能思惟此諸功德，則於修定增長勇悍。生勇悍故，恆樂修定	凡思惟已，能於修定增勇悍者，是諸功德皆應了知而修。若生勇悍，恆常策勵向內修定	據藏文補譯。
P350-L6	P122	得已不失，能數修習	得已亦能數數趣修，故難退失	據藏文改譯。
P350-L7	P126	住所緣	注所緣	據前藏文科文改譯。
P350-L7	P126	明心住之所緣	明心住之事——所緣	據藏文補譯。
P350-L7	P126	心於所緣如何安住	如何心注所緣之理	據藏文改譯。
P350-L8	P126	正明所緣	明正所緣	據藏文改譯。
P350-L13	P126	住	而住心時	據藏文補譯。
P351-L1	P126	影像	影像或行相	據藏文補譯。
P351-L5	P127	作意所緣	緣彼作意	據藏文改譯。
P351-L5	P127	遠離粗重	由是之力遠離各自粗重	據藏文補譯。
P351-L7	P130	慈愍	慈心	據藏文改譯。
P351-L11	P131	除法	除彼等外	據藏文改譯。

廣論 頁/行	四家合註 頁次	原譯（福智第三版）	改譯	改譯原因
P351-L11	P131	於	緣	據藏文改譯。
P351-L12	P131	住心不散	令心不散餘處而緣	據藏文補譯。
P351-L13	P133	蘊	其中蘊	據藏文補譯。
P352-L2	P133	等無間緣	無間緣	據藏文改譯。
P352-L3	P133	謂從善業生可愛果	謂從善生可愛異熟	據藏文改譯。
P352-L4	P133	從不善業生可愛果是名非處	從不善生可愛異熟是非處等	據藏文改譯。
P352-L4	P133	緣起	緣起別相	據藏文補譯。
P352-L5	P133	此是了知	由此能知	據藏文改譯。
P352-L5	P134	相	執取相	據藏文補譯。
P352-L7	P135	暫傷	壓伏	據藏文改譯。
P352-L8	P135	行	行相	據譯經院體例改譯。
P352-L8	P135	諸境所現影像	所現諸境行相	據藏文改譯。
P352-L10	P136	編	篇	統一為「篇」。
P352-L11	P136	蘊等總攝諸法	總攝諸法蘊等	據藏文改譯。
P352-L12	P136	所攝	所攝之理	據藏文補譯。
P352-L12	P136	譬如觀擇而修，能生觀慧	譬如別別簡擇而串習之，能生妙觀察慧	據藏文改譯。
P353-L1	P136	一切法	一切法之理	據藏文補譯。
P353-L2	P138	又，淨行所緣，上品貪行等易除貪等	此中，淨行所緣如所宣說，易除貪等上品行者之貪等	據藏文改譯。
P353-L4	P138	殊勝	具足殊勝所為之	據藏文補譯。
P353-L5	P138	有緣塊石草木等物	或以塊石草木等為所緣依處	據藏文改譯。
P353-L5	P138	所緣住心	注所緣處持心	據藏文補譯。
P353-L6	P138	所緣	所緣境	據藏文補譯。

廣論 頁／行	四家合註 頁次	原譯（福智第三版）	改譯	改譯原因
P353-L6	P138	此是未解修空	是全未解修空道理	據藏文補譯。
P353-L7	P138	為知何事，故亦定有所知	則須承許所知，由知該事乃立為知	據藏文改譯。
P353-L8	P138	凡三摩地皆是著相	彼三摩地亦是著相	據'48年版《廣論》改譯。
P353-L9	P138	觀	關	據'48年版《廣論》改譯。
P353-L9	P138	所緣	所緣境	據藏文補譯。
P353-L10	P139	是則緣於唯心所緣，持心不散	是則定須緣於唯心所緣，持心全不流散為相	據藏文補譯。
P353-L10	P139	言無所緣與自心相違	言無所緣便與自心體驗相違	據藏文補譯。
P353-L11	P139	故於住心之所緣	故於住心所緣依處	據藏文改譯。
P353-L12	P139	隨一所緣	於隨一所緣	據藏文補譯。
P354-L1	P141	事	境者	據'48年版《廣論》改譯。
P354-L5	P141	云	亦云	據藏文補譯。
P354-L6	P141	又彼所緣各別決定，故於所緣定應勤修	又彼所緣唯是各別決定，是故彼等定應以彼所緣勤修	據藏文補譯。
P354-L6	P141	故於所緣定應勤學	故定勤修彼等所緣	據藏文改譯。
P354-L7	P142	攝心	持心即可	據藏文補譯。
P354-L8	P142	住心	少分住心	據藏文補譯。
P354-L12	P142	可愛境等	貪欲境等	據藏文改譯。
P354-L13	P145	如	亦如	據藏文補譯。
P355-L5	P145	通達	厭患	據藏文改譯。
P355-L7	P145	有是	有者可為	據藏文補譯。
P355-L9	P145	正定所緣攝持心處	定所緣處、持心之事	據藏文改譯。
P355-L9	P145	影像	影像或行相	據藏文補譯。

廣論 頁/行	四家合註 頁次	原譯（福智第三版）	改譯	改譯原因
P355-L10	P145	即此影像亦名『三摩地相』	即此影像亦名『影像』，亦名『三摩地相』	據藏文補譯。
P356-L2	P148	已說如是多種所緣，今當緣何而修止耶	如作是念：若爾，已說如是多種所緣，今於此中當依何等所緣而修止耶	據藏文補譯。
P356-L3	P148	尤其上品貪行者等修奢摩他時	尤其定當修成最下奢摩他者，若是上品貪行者等	據藏文補譯。
P356-L3	P148	所緣各別決定	須依決定所緣	據藏文改譯。
P356-L4	P148	相應	隨順	據'48年版《廣論》改譯。
P356-L4	P148	若不久修淨行所緣	以雖修淨行所緣，然未經久	據藏文改譯。
P356-L5	P149	淨行所緣。多尋思者尤應修息	淨行所緣弗能成故。尤其多尋思者定應修息	據藏文補譯。
P356-L5	P149	於前所說	於如前說	據藏文補譯。
P356-L6	P149	編	篇	統一為「篇」。
P356-L7	P149	說多所緣	亦說多種	據藏文改譯。
P356-L8	P149	內緣有二	其中內緣亦有二種	據'48年版《廣論》改譯。
P356-L9	P149	三昧耶相	殊勝標幟	據藏文改譯。
P356-L10	P149	佛身	身	據藏文改譯。
P356-L11	P149	隨念諸佛	是隨念佛	據藏文改譯。
P356-L11	P149	可作	則可緣作	據藏文改譯。
P356-L12	P149	故此所緣最為殊勝	極為殊勝	據藏文改譯。
P356-L12	P149	又如	又如前引	據藏文補譯。
P357-L1	P149	有如是等眾多義利	現見有如是等眾多所為	據藏文補譯。
P357-L2	P149	廣如《現在諸佛現住三摩地經》所明。又如《修次下編》所說，定應了知	廣於《現在諸佛現住三摩地經》詳明，故如《修次下篇》所說，定應從彼了知	據'48年版《廣論》及藏文改譯。

廣論 頁/行	四家合註 頁次	原譯(福智第三版)	改譯	改譯原因
P357-L3	P149	所緣	所緣依處	據藏文補譯。
P357-L3	P149	餘諸勝事	餘勝所為	據藏文改譯。
P357-L5	P154	所緣	所緣依處	據藏文改譯。
P357-L5	P154	編	篇	統一為「篇」。
P357-L6	P154	當常思惟如來身像黃如金色	由常作意如來身像黃如純金色	據藏文改譯。
P357-L7	P155	於佛功德發生願樂,息滅昏沈	故於佛德發生希欲,息滅沈沒	據藏文改譯。
P357-L8	P155	云	亦云	據藏文補譯。
P357-L8	P155	佛身如金色,相好最端嚴,菩薩應緣彼,心轉修正定	由如金色身,妙嚴世間怙,心趣此所緣,名菩薩等引	據藏文改譯
P357-L9	P155	所緣	所緣依處	據藏文補譯。
P357-L9	P155	後易生信	後於生信尤勝	據藏文改譯。
P357-L11	P155	者	時	據藏文改譯。
P357-L11	P155	謂先當求一若畫若鑄	先當求一畫像或鑄像等	據藏文補譯。
P357-L11	P155	善取	執取	據藏文改譯。
P357-L12	P155	數數修習令現於心	現為心境而令熟習	據藏文改譯。
P357-L12	P155	所緣	所緣依處	據藏文補譯。
P357-L13	P155	要令	要學	據藏文改譯。
P357-L13	P155	目睹	瞠視	據藏文改譯。
P357-L13	P155	善為破之	破之甚善	據藏文改譯。
P358-L1	P155	妙	故	據藏文改譯。
P358-L1	P155	親所緣境	直接境	據藏文改譯。
P358-L2	P155	又如前說是緣實境之總義,或影像故	及如前說,謂須緣於所現實所緣境義共相或影像故	據藏文改譯。
P358-L2	P157	影像亦有粗細二分,有說先緣粗分	身分亦有粗細二分,於餘處說,須先緣取粗分	據藏文改譯。

廣論 頁/行	四家合註 頁次	原譯（福智第三版）	改譯	改譯原因
P358-L3	P157	自心亦覺粗分易現起故，應先從粗像為所緣境	且體驗中，亦極易現粗分，故應先從粗像為所緣處	據藏文改譯。
P358-L4	P157	不可	一切種中不可	據藏文補譯。
P358-L4	P157	若換	以若更換	據藏文補譯。
P358-L5	P157	最大	重大	據藏文改譯。
P358-L5	P157	編	篇	統一為「篇」。
P358-L6	P157	皆說初修定時，依一所緣而修	皆就初修定時唯依一所緣而說修習	據藏文改譯。
P358-L6	P157	顯此義云	亦明顯云	據藏文改譯。
P358-L6	P157	應於一所緣，堅固	專固一所緣，堅穩	據藏文改譯。
P358-L7	P157	云	亦云	據藏文補譯。
P358-L8	P157	說「於一」言，是指定詞	是以「於一」之指定詞而說	據藏文改譯。
P358-L8	P157	編	篇	統一為「篇」。
P358-L9	P157	蘊、處、界	蘊、界	據藏文改譯。
P358-L9	P157	說瑜伽師緣十八空等眾多差別所緣	亦由瑜伽師緣十八空等差別，說多所緣之相	據藏文改譯。
P358-L11	P158	攝心所緣	持心所緣依處	據藏文改譯。
P358-L11	P158	先	先數返	據藏文補譯。
P358-L11	P158	其後思惟身之總體	於末作意身總體時	據藏文改譯。
P358-L12	P158	縱無光明	縱無明晰具光明等	據藏文補譯。
P358-L12	P158	應知喜足，於彼攝心	亦當即以爾許為足，於彼持心	據藏文改譯。
P358-L12	P158	道理，若以此許猶不為足而不持心，欲求明顯數數攀緣	因相，若不以此為足而持其心，更求顯了數令明現	據藏文改譯。
P358-L13	P158	妙三摩地令心安住	心安住分之三摩地	據藏文改譯。
P359-L1	P158	次令明顯其明易成	其後明顯既轉增進，則易成就明了分故	據藏文補譯。

廣論 頁／行	四家合註 頁次	原譯（福智第三版）	改譯	改譯原因
P359-L2	P158	極為重要	現見極為重要	據藏文補譯。
P359-L3	P158	又所緣境	所緣依處	據藏文改譯。
P359-L3	P158	有	見	據藏文改譯。
P359-L3	P158	然由補特伽羅種性別故，種種無定，行相現顯有難有易，即已現中有明不明，此二復有堅不堅固	然因補特伽羅種性，而現行相有難有易，即已現中有明不明，此二復有堅不堅固，見有種種故無決定	據藏文改譯。
P359-L4	P162	天之行相	天尊行相	據藏文改譯。
P359-L5	P162	佛相	天尊行相	據藏文改譯。
P359-L5	P162	於前隨一所緣持心，以此主要在得止故	可於前說隨一所緣而持其心，主要所為唯在成就寂止定故	據藏文改譯。
P359-L6	P162	又緣像修，若像不現任持心者	此若仍緣天身而修，相既不現然又持心	據藏文改譯。
P359-L7	P162	又緣總身像時	又隨所現持身總相	據藏文補譯。
P359-L7	P162	明顯可緣彼分，若彼復沒仍緣總像。若欲修黃	明現即持彼分，若彼轉晦仍持總相。若時欲修為黃	據藏文改譯。
P359-L8	P162	為小，形體	極小，大小	據藏文改譯。
P359-L9	P162	則定不可隨逐而轉	則全不可隨逐彼等	據藏文改譯。
P359-L9	P162	所緣境	所緣依處	據藏文改譯。
P359-L10	P166	心於彼所緣如何安住	於彼所緣如何注心之理	據藏文改譯。
P359-L10	P166	修時	座時	據藏文改譯。
P359-L11	P166	令心明顯具明顯分	令心極明具明分力	據藏文改譯。
P359-L12	P166	分	者	據藏文改譯。
P359-L12	P166	適悅行相	具適悅相	據藏文改譯。
P359-L13	P166	非初靜慮未到分	然非初靜慮近分	據藏文改譯。
P359-L13	P166	三乘功德	說為成辦三乘功德	據藏文補譯。
P360-L1	P166	極明顯分	有力明分	據藏文補譯。

廣論 頁／行	四家合註 頁次	原譯（福智第三版）	改譯	改譯原因
P360-L1	P166	雖於無色地攝少數定中亦不得生	無色地攝少數定中雖無	據藏文改譯。
P360-L2	P166	除少	此謂除少	據藏文補譯。
P360-L3	P166	昏沈能障如是明顯	沈沒能障如是明分力生	據藏文改譯。
P360-L3	P166	無分別住	一境無所分別	據藏文改譯。
P360-L4	P166	不識	不善識別	據藏文補譯。
P360-L5	P166	亦難生起	亦不容生	據藏文改譯。
P360-L5	P166	沈掉乃是修止之違緣	此中沈掉乃是修止違緣	據藏文補譯。
P360-L6	P167	違緣及破除之方法	辨識違緣及正破之法	據藏文補譯。
P360-L7	P169	所緣	所緣之分	據藏文補譯。
P360-L7	P169	此須二種方便，一於根本所緣令心不散，二於已散未散	此須二種，一於根本所緣令心不散方便，及於已散未散	據藏文改譯。
P360-L9	P169	是能安住	是為能注	據藏文改譯。
P360-L10	P169	故明記所緣念為根本	故不忘所緣之念為本	據藏文改譯。
P360-L10	P169	於所緣境住心	心注所緣	據藏文改譯。
P360-L10	P169	所緣	所緣依處	據藏文補譯。
P360-L10	P169	若能現起	若時現一	據藏文改譯。
P360-L11	P169	令心堅持	當發內心堅持於彼之有力執取相	據藏文補譯。
P360-L12	P171	心不忘為相	令心不忘	據藏文改譯。
P360-L12	P171	一	其中	據藏文改譯。
P360-L13	P171	所緣之相	所緣依處之相	據藏文補譯。
P360-L13	P171	行相差別者	行相或執取相之差別者	據藏文補譯。
P360-L13	P171	明記其境	不忘其境之分	據藏文改譯。
P361-L1	P171	所緣	所緣依處	據藏文補譯。
P361-L1	P171	言不忘者	不忘之理者	據藏文補譯。

廣論 頁/行	四家合註 頁次	原譯（福智第三版）	改譯	改譯原因
P361-L1	P171	所緣	所緣依處	據藏文補譯。
P361-L2	P171	安住	繫於	據藏文改譯。
P361-L2	P171	能生散亂	散亂方生	據藏文改譯。
P361-L2	P171	故於所緣安住心已	故心如前既住所緣依處	據藏文改譯。
P361-L2	P171	須起是念「已住所緣」	復起是念「如是已繫所緣」	據藏文改譯。
P361-L3	P171	勢力	勢力令不斷絕	據藏文補譯。
P361-L3	P171	是修念心最切要處	是依念理殊勝宗要	據藏文改譯。
P361-L4	P171	如是調心令住所緣	如是心繫所緣而調伏者	據藏文補譯。
P361-L4	P171	如調象喻	以調象喻諭之	據藏文改譯。
P361-L5	P171	以正	亦以	據藏文補譯。
P361-L7	P171	編	篇	統一為「篇」。
P361-L8	P171	正能令心於所緣境相續住者，是明記念；正知間接亦能令心安住所緣，謂由正知了知沈掉	正能相續繫心所緣者，是為正念，正知間接亦能令心注於所緣。謂由正知了知或正沈掉	據藏文改譯。
P361-L11	P172	又如	又如前引	據藏文補譯。
P361-L11	P172	令心住	注	據藏文改譯。
P361-L11	P174	正於所緣相續繫心	直令其心相續繫於所緣	據藏文改譯。
P361-L12	P174	故修念之法，即修能引三摩地之主因	故能引定主要修法，即是修念之法	據藏文改譯。
P361-L12	P174	念之行相為定知相	正念亦具定解為相之執取相	據藏文改譯。
P361-L12	P174	故修定者若無定知之相	故修定時若無堅牢決定之執取相	據藏文改譯。
P361-L13	P174	心縱澄淨，然無明顯定知	心縱得澄淨明分，然其明分不發決定之力	據藏文改譯。
P361-L13	P174	亦未	由是亦未	據藏文補譯。
P362-L1	P174	又全不住像等所緣	又不住餘像等所緣依處	據藏文補譯。

廣論 頁/行	四家合註 頁次	原譯（福智第三版）	改譯	改譯原因
P362-L1	P174	亦須憶念住心教授，令心於境全不分別，次則令心不流不散。令不流散	亦須憶念教授，謂「令心任於何境全不分別而住」，次則於心不流散者，不令散逸。不散逸者	據藏文改譯。
P362-L2	P174	明記	不忘	據藏文改譯。
P362-L3	P174	修習具足定知有力之念	依止發決定力之念	據藏文改譯。
P362-L4	P175	謂若如前說策舉其心無分別住，	謂如前說善舉策心無分別住，是時	據藏文補譯。
P362-L5	P175	掉舉增上，現見不能相續久住，若低其舉緩其策，現見住心速能生起	然由掉舉增上，現見不能相續住分；低其舉心復緩善策，則見住分速能生起	據藏文補譯。
P362-L6	P176	發大音聲唱言	得定解已，見其高聲唱言	據'48年版《廣論》及藏文補譯。
P362-L6	P176	沈修二法差別	生沈及修二者	據藏文改譯。
P362-L7	P176	非唯令心無分別住一分而足	唯有心無分別堅固住分未為完足	據藏文改譯。
P362-L7	P176	若謂於境令心昏昧可名為沈，今無彼暗內心澄淨	若謂此有矇昧令心渾濁，可名為沈，然今無彼，心有澄淨明分	據藏文改譯。
P362-L8	P176	此乃未辨昏、沈二法差別之言，下當廣說	現見此乃未辨昏、沈二法之言，是等下當廣說	據藏文補譯。
P362-L8	P176	雖能明了	心令有力時雖有明分	據藏文補譯。
P362-L9	P176	太緩慢	太緩慢而修	據藏文補譯。
P362-L9	P176	又不明了	故明無力	據藏文改譯。
P362-L10	P176	難得，故極難生	極其難得，故難生起	據藏文補譯。
P362-L10	P176	云	依此密意說云	據藏文補譯。
P362-L11	P176	界	理	據藏文改譯。
P362-L11	P176	精勤修者	義指「精勤修者	據藏文改譯。
P362-L11	P176	策舉	策勵	據藏文改譯。

廣論 頁／行	四家合註 頁次	原譯（福智第三版）	改譯	改譯原因
P362-L12	P176	義謂俱離	由見此故，俱離	據藏文補譯。
P362-L12	P176	平等安住，心於此界	等分安住之心，如理	據藏文改譯。
P362-L12	P176	佛靜《釋》云	如是佛靜《釋》亦云	據藏文補譯。
P362-L13	P176	謂於	此中謂於	據藏文補譯。
P363-L2	P176	其《釋》中云	其《釋》亦明顯云	據藏文補譯。
P363-L2	P176	若起功用勵力運轉	由極勵力，勤策運轉起功用時	據藏文補譯。
P363-L3	P177	所緣等之過失，令心退沒	所緣境等過，令心內縮，生起沈沒	據藏文補譯。
P363-L4	P177	中界	中道	據'48年版《廣論》改譯。
P363-L4	P177	平等	合理平等	據藏文補譯。
P363-L4	P177	若可太緩	若善緩即可	據藏文改譯。
P363-L5	P177	則	故	據藏文改譯。
P363-L5	P179	明澄	澄明	據藏文改譯。
P363-L5	P179	須策勵相	猶須執取相策勵分	據藏文補譯。
P363-L7	P179	編	篇	統一為「篇」。
P363-L7	P179	云	亦云	據藏文補譯。
P363-L7	P180	編	篇	統一為「篇」。
P363-L7	P180	云	復云	據藏文補譯。
P363-L8	P180	明見所緣	極其明見所緣，當如是行	據藏文補譯。
P363-L8	P180	境略明顯	唯是境界明顯	據藏文改譯。
P363-L8	P180	相	執取相	據藏文補譯。
P363-L8	P180	為最要	極切要	據藏文改譯。
P363-L9	P180	有此多過反自矜為有堅固定	諸凡此等有過甚多，反見自矜有堅固定	據藏文補譯。
P363-L10	P182	住	繫	據藏文改譯。

廣論 頁／行	四家合註 頁次	原譯（福智第三版）	改譯	改譯原因
P363-L10	P182	分別觀察於所緣境持未持耶	發起分別，偵察所緣善不善持	據藏文改譯。
P363-L11	P182	編	篇	統一為「篇」。
P363-L11	P182	後即於此等住其心。善等住已	於此應當如前相續住心。善安住已	據藏文改譯。
P363-L12	P182	為外散耶	為現外境而散亂耶？應作是念而觀察之	據藏文補譯。
P363-L13	P182	住否	是否如前而住	據藏文改譯。
P364-L1	P182	未盡勢力	勢力未盡	據藏文改譯。
P364-L1	P182	能生心力相續久住	生心力已力能久住	據藏文補譯。
P364-L1	P182	了知沈掉	了知沈掉，有此所為	據藏文補譯。
P364-L2	P182	然能時時憶念所緣而修者，心須有力相續運轉正念之因，故應修念	如是時時略憶前緣而修者，亦為有力、相續運轉正念之因所須，故為修念之法	據藏文改譯。
P364-L4	P182	何等名為數數隨念	其中是於何等數數隨念	據藏文改譯。
P364-L5	P182	於此所緣正念流注隨轉安住	於此所緣以流注念隨轉投注	據藏文改譯。
P364-L5	P182	《辨中邊論釋》	《辨中邊論疏》	據藏文改譯。
P364-L5	P182	云	亦云	據藏文補譯。
P364-L5	P182	言『念能不忘境』者，謂『能不忘住心教授意言』之增語	言『念不忘所緣』者，謂『以意言住心教授』之斷語	據藏文改譯。
P364-L6	P183	故修正念為於所緣滅除忘念，能滅之明記所緣者，謂所緣意言	故依念者，為於所緣滅除散亂忘念，由是滅彼不忘所緣者，謂以意言所緣	據藏文改譯。
P364-L7	P183	所知少義	一所知義	據藏文改譯。
P364-L8	P183	於所緣境攝心不散而正觀察	心於所緣緊持不散而作偵察	據藏文改譯。
P364-L8	P183	若謂	是故應知，若謂	據藏文改譯。
P364-L9	P183	應知難生	極難生起	據藏文改譯。

廣論 頁／行	四家合註 頁次	原譯（福智第三版）	改譯	改譯原因
P364-L10	P185	修	座	據藏文改譯。
P364-L10	P185	由念令心住所緣境	若爾，由念令心繫於所緣	據藏文補譯。
P364-L10	P185	有無定量	座量有無決定	據藏文補譯。
P364-L10	P185	西藏各派	此中西藏各派先輩	據藏文補譯。
P364-L10	P185	時	座	據藏文改譯。
P364-L11	P185	時短樂修中止，則於下次愛樂修習，若時長久則覺厭煩	若短座修及善支配，則後每次亦樂修習，若座久長則覺厭煩	據藏文改譯。
P364-L12	P185	時	座	據藏文改譯。
P364-L12	P185	則極難生	則難生起	據藏文改譯。
P364-L12	P185	修	座	據藏文改譯。
P364-L13	P185	《修次下編》	然《修次下篇》	據藏文補譯。
P364-L13	P186	半修時或一修時，乃至	夜巡半修或一座時，抑或乃至	據藏文補譯。
P364-L13	P186	修	趣	據藏文改譯。
P364-L13	P186	此是已成奢摩他後，修勝觀時所說時量，初修止時想亦同此	此雖見此是成寂止已，勝觀修時座量時說，初修止時現見亦同	據藏文改譯。
P365-L1	P187	若能如前修念正知	此復，若如前說修念知法	據藏文補譯。
P365-L2	P187	觀察所緣	所緣、偵察監視	據藏文改譯。
P365-L2	P187	然初業者	然見初業行者	據藏文補譯。
P365-L3	P188	前	彼二前者	據藏文補譯。
P365-L4	P188	則	故	據藏文改譯。
P365-L4	P188	失	散	據藏文改譯。
P365-L4	P188	惡於未忘所緣不能速疾了知沈掉	較於未忘所緣不能速疾了知沈掉，其惡更甚	據藏文改譯。
P365-L5	P188	散亂	散逸	據藏文改譯。

廣論 頁/行	四家合註 頁次	原譯（福智第三版）	改譯	改譯原因
P365-L5	P188	修念	如前所說修念	據藏文補譯。
P365-L5	P188	若忘念重	設若散逸忘念厚重	據藏文補譯。
P365-L6	P188	短小	座短	據藏文改譯。
P365-L6	P188	若不忘念	若見忘念難生	據藏文改譯。
P365-L6	P188	之時，長亦無過	是時座稍延長亦無過失	據藏文補譯。
P365-L6	P188	故密意云或一時等，未 說定時	故密意云一正時等，時 長不定	據藏文改譯。
P365-L7	P188	以	須	據藏文改譯。
P365-L7	P188	未生疾病	未猝發疾	據藏文改譯。
P365-L8	P188	所許	密意	據藏文改譯。
P365-L8	P188	如是修者，應知亦是修 時	應知如是修者，亦是座 修幾時之	據藏文改譯。
P365-L9	P192	住	注	據藏文改譯。
P365-L10	P192	修習知已為斷彼故對治 不勤功用	修習對治知已不為斷彼 勤加功用	據藏文改譯。
P365-L12	P192	靜照	寂靜	據藏文改譯。
P365-L13	P192	是貪分中趣境愛相	是貪分故，愛相趣境	據藏文改譯。
P366-L1	P192	於內所緣令心住時	於內令心繫所緣時	據藏文改譯。
P366-L1	P192	於境牽心令不自在，貪 愛散亂	令無自在於彼等境牽心 散亂	據藏文改譯。
P366-L2	P192	令心於彼住，惑索令離 彼	於彼意數注，離彼惑索 者	為配合箋註故改 譯。
P366-L2	P192	由餘煩惱，從所緣境令 心流散	若爾，由餘煩惱從所緣 令心散逸，即此流散	據藏文改譯。
P366-L3	P192	流散	散逸	據藏文改譯。
P366-L4	P192	非一切散皆是掉舉	一切流散非皆掉舉	據藏文改譯。
P366-L5	P194	亦譯	眾譯亦作	據藏文改譯。
P366-L5	P195	雪山	現見雪山	據藏文補譯。

廣論 頁/行	四家合註 頁次	原譯（福智第三版）	改譯	改譯原因
P366-L5	P195	多於安住不散，相不明澄之昏昧	將於餘境不流散住，相不明澄昏沈之心	據藏文改譯。
P366-L6	P195	昏昧為沈之因	昏沈為沈沒因	據藏文改譯。
P366-L6	P195	編	篇	統一為「篇」。
P366-L7	P195	云	亦云	據藏文補譯。
P366-L7	P195	若由昏沈及以睡眠，或由沈沒	若由昏沈及以睡眠而致沈沒	據藏文改譯。
P366-L9	P195	散動	散亂	據藏文改譯。
P366-L10	P196	昏沈	是故昏沈	據藏文補譯。
P366-L11	P196	俱舍論	俱舍釋	據藏文改譯。
P366-L12	P196	謂心於所緣執持力緩，或不極明	謂心力緩執所緣之執取相，不極明現所緣，或不堅持	據藏文改譯。
P366-L12	P196	澄淨	有澄淨分	據藏文補譯。
P366-L12	P196	若取所緣不極明顯，即是沈沒	若所緣執取相不極明顯，即成沈沒	據藏文改譯。
P366-L13	P196	編	篇	統一為「篇」。
P367-L2	P196	思	須思	據藏文補譯。
P367-L2	P196	策舉	高舉	據藏文改譯。
P367-L3	P196	心力	心執取相	據藏文改譯。
P367-L3	P196	策舉之力	執持緊度	據藏文改譯。
P367-L3	P196	心澄清	有境澄分	據藏文改譯。
P367-L4	P196	唯沈沒相諸大經論多未明說	然於沈沒，現見堪為依據諸大教典多未明辨	據藏文改譯。
P367-L4	P196	然極重要，以易於彼誤為無過三摩地故	然見極為重要，以見於此誤為無過等持為大謬處	據藏文改譯。
P367-L5	P196	觀察	善觀	據藏文改譯。
P367-L6	P200	於正修時，生覺沈掉正知之方便者	生覺沈掉正知之方便者	據藏文刪之。

廣論 頁/行	四家合註 頁次	原譯（福智第三版）	改譯	改譯原因
P367-L7	P200	又須漸生有力正知，沈掉生已，須生無間能知之正知	又由漸生有力正知，故於沈掉生已無間，即能生起識彼正知	據藏文改譯。
P367-L7	P200	即於未生將生，亦須正知預為覺了	縱實未生而將生時，亦須生起覺了正知	據藏文改譯。
P367-L8	P200	編	篇	統一為「篇」。
P367-L10	P200	不能知故	亦不知故	據藏文改譯。
P367-L10	P200	如	如是亦如	據藏文補譯。
P367-L10	P200	覺了沈掉	謂覺沈掉	據藏文改譯。
P367-L10	P200	若未生正知，凡沈掉生，必無所覺	如是若未生起正知，凡生沈掉即必覺察	據藏文改譯。
P367-L11	P200	不覺沈掉	沈掉正生而不自覺	據藏文改譯。
P367-L12	P201	正知	若爾，正知	據藏文補譯。
P367-L12	P201	前修念法	前所開示修念之法	據藏文補譯。
P367-L12	P201	即修正知重要一因	即一最要之因	據藏文改譯。
P367-L13	P201	流散，亦能	散逸，故能	據藏文改譯。
P367-L13	P201	故生沈掉極易覺了	遂易覺了沈掉	據藏文改譯。
P367-L13	P201	又覺失念之沈掉，與覺未失念之沈掉	以覺失念時之沈掉，與覺未失時之沈掉	據藏文改譯。
P368-L1	P201	觀心極顯	環繞體驗觀之甚明	據藏文改譯。
P368-L1	P201	密意說云	亦密意說	據藏文改譯。
P368-L1	P201	《辨中邊論釋》云	《辨中邊論疏》亦云	據藏文補譯。
P368-L3	P201	佛像	天身	據藏文改譯。
P368-L3	P201	緣能取明了等相	緣覺受唯知唯明等能取相	據藏文改譯。
P368-L3	P201	觀察於餘散與未散	相續偵察流未流散餘處	據藏文改譯。
P368-L4	P201	即修正知極切要處	應執此即將護正知扼要	據藏文改譯。
P368-L4	P203	《入行論》云	如是亦如《入行論》云	據藏文補譯。

廣論頁/行	四家合註頁次	原譯（福智第三版）	改譯	改譯原因
P368-L4	P203	總彼彼即是，守護正知相	總之唯彼彼，是護正知相	據藏文改譯。
P368-L5	P203	由此能生沈掉將生了知正知	故此能了知沈掉將生之正知	據'48年版《廣論》改譯。
P368-L5	P203	應善辨別	是故應善辨別	據藏文補譯。
P368-L6	P203	雜一切心全無分別	將一切心混雜為一，不知分辨	據藏文改譯。
P368-L6	P203	如今後人修習而修，由混亂因，三摩地果	如近世人修習而修，由混亂因，所修三摩地果	據藏文改譯。
P368-L7	P203	故應順大論	故應順一堪為依據大論	據藏文補譯。
P368-L9	P205	修習知已為斷彼故對治不勤功用	修習對治知已不為斷彼勤加功用	據藏文改譯。
P368-L9	P205	若	由	據藏文改譯。
P368-L10	P205	必無不知沈掉之過。然彼生已，忍受不修破除功用，是三摩地最大過失	無有沈掉生已不識之過。然彼二者生已無間，不修破除功用，忍而不起功用、不作行者，是三摩地極大過失	據藏文改譯。
P368-L11	P205	若心成習，難生遠離沈掉之定。故生沈掉，為斷彼故，對治不行，應修作行、功用之思	以若如是，令心成習，極難發起離沈掉定。故於沈掉生已不行斷除，應修對治名曰「作行、功用」之思	據藏文改譯。
P368-L13	P206	明能生沈掉之因	明依何因而生沈掉	據藏文改譯。
P369-L1	P206	意業	之意業	為避歧義故補譯。
P369-L1	P206	為業。」	為業。」應如是知	據藏文補譯。
P369-L1	P206	如由磁石增上力故，令鐵隨轉	此復如由磁石力故，令鐵轉動不得自在	據藏文改譯。
P369-L2	P206	能令心之心所	令心策動之心所者	據藏文改譯。
P369-L2	P206	此中是說生沈掉時	此中是明沈掉隨一生時	據藏文改譯。
P369-L4	P206	為斷	若爾，如是為斷	據藏文補譯。
P369-L4	P206	復應如何除沈掉耶	當如何修滅沈掉理	據藏文改譯。

廣論 頁/行	四家合註 頁次	原譯（福智第三版）	改譯	改譯原因
P369-L4	P206	失攀緣力	失所緣之執取相	據藏文改譯。
P369-L4	P206	故應	故應於彼	據藏文補譯。
P369-L5	P206	能令心意向外流散，謂佛像等極殊妙事	能令心意向外之因。此復如極端嚴佛像	據藏文改譯。
P369-L5	P206	日月光等諸光明相	日光等諸光明相狀	據藏文改譯。
P369-L6	P206	所緣	所緣執取相	據藏文補譯。
P369-L6	P206	編	篇	統一為「篇」。
P369-L6	P206	所緣	執持所緣	據藏文補譯。
P369-L8	P206	由厭令心向內攝故	厭患是心內攝因故	據藏文改譯。
P369-L8	P207	思擇	思擇開衍	據藏文補譯。
P369-L9	P207	而	則	據藏文改譯。
P369-L9	P207	與	或	據藏文改譯。
P369-L9	P207	謂緣所緣	謂所緣執取相	據藏文補譯。
P369-L9	P207	說名	故名	據藏文改譯。
P369-L9	P207	說名	故名	據藏文改譯。
P369-L10	P207	力	持力	據藏文補譯。
P369-L10	P207	廣	廣開	據藏文補譯。
P369-L11	P207	云	亦云	據藏文補譯。
P369-L11	P207	智者	賢哲	據藏文改譯。
P369-L12	P207	令	須	據藏文改譯。
P369-L13	P207	功德觀擇修習，已生感觸	諸勝利品，以妙觀察觀察修之，令發覺受	據藏文改譯。
P369-L13	P209	沈沒	生沈沒	據藏文補譯。
P370-L1	P209	則不依彼而生沈沒	習近對治，依彼所生沈沒亦能不生	據藏文補譯。
P370-L2	P209	及念	以及隨念	據藏文改譯。
P370-L2	P209	策舉	真實策舉	據藏文補譯。

廣論 頁/行	四家合註 頁次	原譯（福智第三版）	改譯	改譯原因
P370-L3	P209	經論	法	據藏文改譯。
P370-L3	P209	星等	星辰	據藏文改譯。
P370-L3	P209	洗面	洗面等	據藏文補譯。
P370-L3	P210	若沈	此復沈沒若極	據藏文改譯。
P370-L4	P210	勵心正修	勵心正修心執取相	據藏文補譯。
P370-L4	P210	若	見	據藏文改譯。
P370-L5	P210	若心所取內外	若見心取內觀外觀	據藏文改譯。
P370-L5	P210	內心黑暗	心如暗覆之相	據藏文改譯。
P370-L5	P210	則其沈沒極難斷除	沈沒難斷	據藏文改譯。
P370-L7	P210	修習	正修	據藏文改譯。
P370-L7	P210	汝若如是於止觀道修光明想	如是汝於止觀之道修習光明想時	據藏文改譯。
P370-L10	P210	即前論云	亦如前論說云	據藏文改譯。
P370-L10	P210	非唯限於修三摩地	非獨修習三摩地時	據藏文改譯。
P370-L12	P213	攝錄	攝錄之因	據藏文補譯。
P370-L13	P213	應住	等引	據藏文改譯。
P370-L13	P213	編	篇	統一為「篇」。
P370-L13	P213	喜笑	散亂、嬉戲	據藏文改譯。
P370-L13	P213	掉舉	時時掉舉	據藏文補譯。
P371-L1	P213	作意思惟	作意	據藏文改譯。
P371-L2	P213	云：「思惟	亦云：「作意	據藏文改譯。
P371-L3	P213	云	亦云	據藏文補譯。
P371-L3	P213	應思無常而令息滅	應作意無常而善息滅	據藏文改譯。
P371-L4	P213	極為切要	方至扼要	據藏文改譯。
P371-L4	P213	非流散時，唯由攝錄而能安住。若掉舉無力	非是心一流散，即由攝錄而安住之。掉舉若未強力如許	據藏文改譯。

廣論 頁/行	四家合註 頁次	原譯（福智第三版）	改譯	改譯原因
P371-L4	P213	攝錄	攝錄流散	據藏文補譯。
P371-L4	P213	住	繫	據藏文改譯。
P371-L5	P213	而	理	據藏文改譯。
P371-L6	P213	總之	總之說二	據藏文補譯。
P371-L6	P213	策舉	執持	據藏文改譯。
P371-L7	P213	淨妙舉相，慇懃策勵，慶悅其心，是名策心。云何持心？謂修舉時	善持淨相，令善執持，慶悅其心，是名善持其心。云何善住？即善持時	據藏文改譯。
P371-L9	P213	修奢摩他，是名持心	於奢摩他令善安住	據藏文改譯。
P371-L13	P216	應知是說沈沒之因	於此應知是沈沒因	據藏文改譯。
P372-L1	P216	不曾修舉，於舉未善	不習精勤，未嫻善持	據藏文補譯。
P372-L3	P216	如前廣說	即如前說	據藏文改譯。
P372-L4	P218	未修中間防護根門等四	未修中間行持章中所示防護根門等四	據藏文補譯。
P372-L4	P218	於滅沈掉極為利益	於滅沈掉為要；復次，顯然由知彼諸因已，若勤遮滅彼等，於滅沈掉極為利益。	據藏文補譯。
P372-L4	P218	沈掉	故沈掉	據藏文補譯。
P372-L4	P218	皆以正知正覺了已	皆以正知覺了，沈掉若何	據藏文改譯。
P372-L5	P218	畢竟滅除	須畢竟滅	據藏文改譯。
P372-L5	P218	名「不作行」，《辨中邊論》說是	《辨中邊論》說是名「不作行」	據藏文改譯。
P372-L5	P218	故若有說：微細掉舉及散亂等初時難斷，捨而不斷	故或念云：微細掉舉及散亂等，於初時中斷亦不絕，故不應斷。於是捨棄	據藏文改譯。
P372-L6	P218	恆常相續，微劣	連鎖過長，則力微劣	據藏文改譯。
P372-L7	P218	為斷彼故而不作行	不為斷彼而起作行	據藏文改譯。

廣論 頁／行	四家合註 頁次	原譯（福智第三版）	改譯	改譯原因
P372-L7	P219	以捨慈尊等所決擇修習三摩地之法故	以其背離慈尊等師，於修三摩地法決擇軌理	據藏文改譯。
P372-L9	P219	多因掉舉、散亂為障，先勵斷彼	亦多先為掉舉、散亂所障，故須勵力斷彼	據藏文改譯。
P372-L9	P219	安住	住分	據藏文改譯。
P372-L10	P219	勵力	心中勵力	據藏文補譯。
P372-L10	P219	掉動	掉舉	據藏文改譯。
P372-L11	P219	掉退滅已	掉舉退時	據藏文改譯。
P372-L11	P219	總散掉時，應當錄心	總之當從散、掉錄心	據藏文改譯。
P372-L11	P219	住內	內繫	據藏文改譯。
P372-L12	P219	住分生時，勵防沈沒，令心明了	隨生住分，即當勵防沈沒，令發明晰勢力	據藏文改譯。
P372-L13	P219	明了	明分	據藏文改譯。
P373-L1	P221	如前勤修	如前所說，修習	據藏文改譯。
P373-L1	P221	沈掉	或沈或掉	據藏文改譯。
P373-L1	P221	其心便能平等運轉	心能平等運轉之時	據藏文改譯。
P373-L2	P221	《修次中編》	如是亦如《修次中篇》	據'48年版《廣論》改譯。
P373-L3	P221	如欲而住	是時欲坐幾時，即安坐之	據藏文改譯。
P373-L3	P221	何故作行或有功用為過失耶	若爾，何為作行或有功用而致過失之理	據藏文改譯。
P373-L4	P221	防護修習	而作修習	據藏文改譯。
P373-L4	P221	有時沈掉俱不現起，若仍如前防沈、防掉策勵而修，反令散亂	於一合適座中，自有成算沈掉不起之時，若仍如初勵防沈掉而修。如是行者，則	據藏文改譯。
P373-L5	P221	編	篇	統一為「篇」。
P373-L5	P221	故於爾時須知放緩	反成散亂，故於爾時應知放捨	據藏文改譯。

廣論 頁/行	四家合註 頁次	原譯（福智第三版）	改譯	改譯原因
P373-L6	P221	此是放緩防慎作用，非是放捨持境之力	此復是為放緩功用，非捨執取相力	據藏文改譯。
P373-L8	P222	云何為捨	設念：其捨為何	據藏文改譯。
P373-L8	P222	無量捨	四無量之捨	據藏文補譯。
P373-L9	P222	云何為捨？謂於所緣心無染污，心平等性，於止觀品調柔、正直、任運轉性，及調柔心、有堪能性，令心隨與任運作用	此中云何為捨？謂於止觀品所緣心無染污之心平等性、正直、自任運轉、適悅心、心堪能性，無隨功用行而捨	據藏文改譯。
P373-L10	P222	謂得此捨時修三摩地，於無沈掉，捨現前時，當住不發太過功用	應如是知。獲得此捨之時，修三摩地不起沈掉之際，令捨現前，安住不發太過功用	據藏文補譯。
P373-L11	P222	太	太過	據玄奘大師譯文補之。
P373-L12	P222	止觀品所有沈掉心已解脫	心於止觀品無沈掉時	據藏文改譯。
P373-L13	P224	是依慈尊	此等是依慈尊所說	據藏文補譯。
P374-L2	P224	為斷而作行	起作行斷彼	據藏文改譯。
P374-L3	P224	故說能成一切義	故能成滿一切義利	據藏文改譯。
P374-L7	P225	住定	等引	據藏文改譯。
P374-L8	P225	《修次》等說，沈掉二過合一為五，若各分別是六過失	沈掉二過合一為五，《修次》諸篇亦各分別說為六過	據藏文改譯。
P374-L8	P225	對治此等為八斷行，對治懈怠有四	此等對治為八斷行，其中對治懈怠有四	據藏文改譯。
P374-L10	P225	廣說如前	此等前已廣說	據藏文補譯。
P374-L10	P227	論師	大論師	據藏文補譯。
P374-L10	P227	編	篇	統一為「篇」。
P374-L11	P227	大論師	大智者	據藏文改譯。
P374-L11	P227	於修定時，皆數宣說	皆於修定眾多章中宣說	據藏文改譯。

廣論 頁/行	四家合註 頁次	原譯（福智第三版）	改譯	改譯原因
P374-L11	P227	於修止時，亦引宣說	亦於修止章中宣說	據藏文改譯。
P374-L11	P228	道次先覺亦皆說其粗概次第	故見道次先覺亦皆說其粗概	據藏文改譯。
P374-L13	P228	共同教授	教授所共	據藏文改譯。
P374-L13	P228	無上瑜伽續中	以無上瑜伽續中	據藏文補譯。
P375-L1	P228	如《三補止》初章第二品云	亦如《吉祥三補止·初觀察第二品》云	據藏文改譯。
P375-L1	P228	斷行俱行欲三摩地神足，謂住遠離，住於離欲，住於滅盡，由正斷成	欲三摩地斷行成就神足，依離、依無染、依滅、正斷而轉	據藏文改譯。
P375-L2	P228	非極下劣及太高舉	非太退弱以及高舉	據藏文改譯。
P375-L3	P228	《辨中邊論釋》等說成此定	成就此定	據藏文改譯。
P375-L4	P228	由觀擇境	觀擇所緣	據藏文改譯。
P375-L5	P228	名心三摩地	名心三摩地，此乃《辨中邊論疏》等所說	據藏文改譯。
P375-L5	P228	極下劣者	太退弱者	據藏文改譯。
P375-L5	P228	太高舉者	結合為「太高舉」者	據藏文改譯。
P375-L6	P228	離彼二邊而修	須離彼二而修	據藏文改譯。
P376-L2	P238	二、由六力成辦；三、具四種作意。　今初	二、由六力成彼之法；三、彼具四作意之理。	據藏文改譯。
P376-L3	P238	內住者	於彼彼內住者	據藏文補譯。
P376-L3	P238	攝錄	正攝	據藏文改譯。
P376-L3	P238	攀緣內所緣境	內注所緣	據藏文改譯。
P376-L4	P238	心住內所緣	心注所緣已	據藏文改譯。
P376-L4	P238	初所繫心令不散亂	初所注心令不餘散	據藏文改譯。
P376-L5	P238	謂由忘念向外散時，速知散已	謂若忘念散於外境，知已	據藏文改譯。
P376-L6	P238	編	篇	統一為「篇」。

廣論 頁/行	四家合註 頁次	原譯（福智第三版）	改譯	改譯原因
P376-L7	P238	從	自然從	據藏文補譯。
P376-L7	P238	如云	此同如云	據藏文改譯。
P376-L9	P238	調伏	調順	據譯經院統一用 詞改譯。
P376-L12	P238	欣喜	樂彼	據藏文改譯。
P376-L12	P238	諸惡	諸	據藏文改譯。
P376-L12	P239	能擾亂心	擾亂心時	據藏文改譯。
P377-L1	P241	謂若生貪心、憂感、昏 沈、睡眠等時	謂若貪心、憂心、昏 沈、睡眠等生	據藏文改譯。
P377-L2	P241	由失念故，若起	若生忘念，而起	據藏文改譯。
P377-L3	P241	能	悉	據藏文改譯。
P377-L3	P241	任運	無勞而	據藏文改譯。
P377-L4	P242	於三摩地相續而住	相續安住三摩地流	據藏文改譯。
P377-L5	P242	專注一趣。」	專注一趣。」應如是知	據藏文補譯。
P377-L5	P242	第八心名專注一趣	又見第八住心取名「專 注一趣」	據藏文改譯。
P377-L6	P242	任運	任運自然	據藏文補譯。
P377-L6	P242	如論云	如是又云	據藏文改譯。
P377-L7	P242	如云	其義彼論亦明顯云	據藏文補譯。
P377-L7	P242	無功用任運轉	任運轉、自然轉	據藏文改譯。
P377-L8	P242	由是因緣，不由加行， 不由功用，心三摩地任 運相續，無散亂轉	即此無作行、任運，能 令其心於無散定續流而 轉	據藏文改譯。
P377-L9	P242	之	立	據藏文改譯。
P377-L9	P242	是如《修次初編》所引	是如所引《修次初篇》等 文	據藏文改譯。
P377-L10	P248	成辦	成彼之法	據藏文改譯。
P377-L11	P248	何心	何心之理	據藏文補譯。

廣論 頁／行	四家合註 頁次	原譯（福智第三版）	改譯	改譯原因
P377-L11	P248	一由聽聞力	由聽聞力	據藏文刪之。
P377-L11	P248	謂	以	據藏文改譯。
P377-L11	P248	最初令心安住內境	僅是最初繫於所緣	據藏文改譯。
P377-L12	P248	謂於所緣先所住心，由數思惟將護修習，初得少分相續住故	以於最初繫於所緣，由數思惟將護其流，初得略能續其流故	據藏文改譯。
P377-L13	P248	謂	以	據藏文改譯。
P378-L1	P248	又	及	據藏文改譯。
P378-L1	P248	調伏	調順	據譯經院統一用詞改譯。
P378-L1	P248	謂由正知了知諸相諸惡尋思及隨煩惱流散過患，令於彼等不流散故	以由正知了知尋思、隨煩惱相流散過患，見為過患，令於彼二不流散故	據藏文改譯。
P378-L3	P248	趣	境二心	據譯經院統一用詞改譯。
P378-L3	P248	雖生微細諸惡尋思	以雖略生尋思	據藏文改譯。
P378-L3	P248	不忍	而不忍受	據'48年版《廣論》改譯。
P378-L4	P248	定相續生	能成相續所生三摩地故	據藏文改譯。
P378-L4	P248	謂	以	據藏文改譯。
P378-L4	P248	生無功用任運	能生無勞自然	據藏文改譯。
P378-L5	P248	雖見餘處亦作餘說，然難憑信	雖見餘說然不可信	據藏文改譯。
P378-L6	P249	若得	此中若得	據藏文補譯。
P378-L6	P249	譬如讀書	如誦經等	據藏文改譯。
P378-L6	P249	最初發起欲誦之心	先發誦唸等起而誦	據藏文改譯。
P378-L6	P249	讀誦	誦唸	據藏文改譯。
P378-L7	P249	如是初念於所緣境，令心住已，次雖未能一類相續依念正知	如是初念注於所緣，令起一次等引，次雖未能恆依相續念知	據藏文改譯。

廣論頁/行	四家合註頁次	原譯（福智第三版）	改譯	改譯原因
P378-L8	P250	長時流轉	相續長轉	據藏文改譯。
P378-L8	P250	一類	相續	據藏文改譯。
P378-L9	P250	生三摩地經極長時	生一久續三摩地	據藏文改譯。
P378-L11	P250	須先了知諸惡尋思及隨煩惱散亂過患	須先於諸尋思及隨煩惱散亂知為過患	據藏文改譯。
P378-L12	P250	觀察	偵察	據藏文改譯。
P378-L13	P250	須於散失所緣境時速憶所緣，及須最初從所緣境念不令散	復須散失所緣亦即速憶所緣，及須最初不從所緣散亂正念	據藏文改譯。
P379-L1	P250	安住	繫於	據藏文改譯。
P379-L2	P250	及令住已相續不散	及令所繫續流不散	據藏文改譯。
P379-L3	P251	所聞	聽聞	據藏文改譯。
P379-L3	P251	善令心住。次如所住數數思惟，令略相續將護流轉	善修令心等住之理。次於如是安住，由數思惟令略相續而護其流	據藏文改譯。
P379-L4	P251	心	而	據藏文改譯。
P379-L4	P251	於所緣境初不令散	從初便發不散所緣念力	據藏文改譯。
P379-L5	P252	又當生起猛利正知，觀沈掉等能從所緣散亂過失	當觀所緣散亂沈掉等過，以發猛利偵察正知	據藏文改譯。
P379-L6	P252	失念	忘念	據藏文改譯。
P379-L6	P252	斷截	而截其流	據藏文改譯。
P379-L6	P252	定漸延長	漸延續流	據藏文改譯。
P379-L6	P252	若生此心	生此力時	據藏文改譯。
P379-L7	P252	勝	成	據藏文改譯。
P379-L8	P252	雖不特於住心	雖不特修等住	據藏文改譯。
P379-L8	P252	然心亦能任運入定	心亦自然成三摩地	據藏文改譯。
P379-L10	P252	光明	明顯	據藏文改譯。
P379-L10	P252	根本	等引	據藏文改譯。

廣論 頁/行	四家合註 頁次	原譯（福智第三版）	改譯	改譯原因
P379-L10	P252	尤有眾多	尤見極多	據藏文改譯。
P379-L11	P252	已生	已圓滿生	據藏文補譯。
P379-L11	P252	下當廣說	下文當說	據藏文改譯。
P379-L12	P254	具四種作意	彼具四作意之理	據藏文補譯。
P380-L1	P254	調伏	調順	據譯經院統一用 詞改譯。
P380-L2	P255	有	立	據藏文改譯。
P380-L2	P255	昏沈	沈沒	據藏文改譯。
P380-L3	P255	久修	經久座修	據藏文改譯。
P380-L3	P255	有	立	據藏文改譯。
P380-L3	P256	第八心時	隨後第八心時	據藏文補譯。
P380-L3	P256	昏沈	沈沒	據藏文改譯。
P380-L3	P256	能長時修	而能經久座修	據藏文改譯。
P380-L4	P256	有	立	據藏文改譯。
P380-L4	P256	第九心時	隨後第九心時	據藏文補譯。
P380-L4	P256	又不恆常勤依	又復不須恆依	據藏文改譯。
P380-L4	P256	有	立	據藏文改譯。
P380-L7	P256	心入不入定	心成不成定	據藏文改譯。
P380-L7	P256	時長	極長	據藏文改譯。
P380-L8	P256	故於後者就三摩地障礙 立名	故於後者立三摩地間缺 之名	據藏文改譯。
P380-L9	P256	說中間	立	據藏文改譯。
P380-L9	P256	如是住前所說資糧	如是謂住前說資糧	據藏文改譯。
P380-L11	P256	亦如是	理亦然	據藏文改譯。
P380-L12	P262	顯示依奢摩他趣總道軌	總示依奢摩他趣道軌理	據藏文改譯。
P380-L12	P262	顯示別趣	別顯往趣	據藏文改譯。
P381-L1	P262	第九心時	此第九心	據藏文改譯。

廣論 頁/行	四家合註 頁次	原譯（福智第三版）	改譯	改譯原因
P381-L2	P262	長時修習	經久座修	據藏文改譯。
P381-L2	P262	此又不待策勵功用相續 依止正念正知，而三摩 地能任運轉	此復若得任運而轉妙三 摩地，不待策勵功用相 續依止正念正知	據藏文改譯。
P381-L4	P262	如《解深密經》云	《解深密經》明顯說云	據藏文補譯。
P381-L6	P262	云	亦云	據藏文補譯。
P381-L6	P262	由習無作行，次獲得圓 滿，身心妙輕安	由習而無作，次於彼身 心，獲得妙輕安	據藏文改譯。
P381-L6	P262	此說	此處	據藏文改譯。
P381-L7	P262	《聲聞地》文至下當說	如下所說《聲聞地》文	據藏文改譯。
P381-L7	P262	編》云	篇》亦云	統一作「篇」及據藏 文補譯。
P381-L9	P262	編	篇	統一為「篇」。
P381-L9	P262	任	得	據藏文改譯。
P381-L10	P262	在	亦	據藏文改譯。
P381-L10	P262	編	篇	統一為「篇」。
P381-L11	P263	云	亦云	據藏文補譯。
P381-L12	P263	作意思惟	而起作意	據藏文改譯。
P381-L12	P263	多數思惟	多返作意	據藏文改譯。
P382-L2	P265	又	以	據藏文改譯。
P382-L2	P265	已	須	據藏文改譯。
P382-L3	P266	「等引地」	「等引地」，其因相	據藏文補譯。
P382-L3	P266	歡喜、妙樂	最勝喜樂	據藏文補譯。
P382-L3	P266	如	如是亦如	據藏文補譯。
P382-L4	P266	歡	勝	據藏文改譯。
P382-L5	P266	由是因緣，未得輕安	如是若未獲得輕安	據藏文改譯。
P382-L5	P266	一類	相續	據藏文改譯。

廣論 頁/行	四家合註 頁次	原譯（福智第三版）	改譯	改譯原因
P382-L6	P266	能無分別心任運轉	自然能成心無分別	據藏文改譯。
P382-L6	P266	復能	復現似能	據藏文改譯。
P382-L6	P266	行、住、坐、臥	趨、行、坐、臥	據藏文改譯。
P382-L6	P266	然是欲界心一境性，應當了知不能立為真奢摩他	應知是名「欲界心一境性」，不可立為真奢摩他	據藏文改譯。
P382-L8	P268	輕安	輕安之理	據藏文補譯。
P382-L8	P268	云何而能成奢摩他	又云何為能成奢摩他理	據藏文補譯。
P382-L9	P268	粗重	粗重續流故	據藏文補譯。
P382-L10	P268	隨所欲轉	隨欲遣使	據藏文改譯。
P382-L10	P268	則其身心於善事轉	則遣身心令行善事	據藏文改譯。
P382-L11	P268	皆得遣除	得遣除已	據藏文改譯。
P382-L12	P268	如是能障樂斷煩惱，煩惱品攝內心粗重，若勤功用斷煩惱時，愛樂運轉攀緣善境不堪能性皆得遣除	如是為斷煩惱，所謂能障樂斷煩惱，煩惱品攝內心粗重，由是勤功用時，不堪愛樂運轉注善所緣得遣除已	據藏文改譯。
P382-L13	P268	如	如是亦如	據藏文補譯。
P383-L1	P268	身堪能者	此中身堪能者	據藏文補譯。
P383-L1	P268	謂趣正思惟，令心適悅、輕利之因心所有法；由此相應於所緣境	謂令趣正作意之心，能得適悅、輕利之因餘心所法；以若具此，能於所緣	據藏文改譯。
P383-L2	P268	總略應知若得輕安，於斷煩惱起功用欲，如行難行，恆常畏怯身心難轉不堪能性皆得遣除，身心最極調柔隨轉	總之雖欲功用斷除煩惱，然如拙於事者趣自事業畏怯難轉；若得輕安，如是身心不堪能性皆除遣已，遣使身心極具便利	據藏文改譯。
P383-L4	P268	劣	細	據藏文改譯。
P383-L5	P268	時	故	據藏文改譯。
P383-L5	P268	先發	唯於其初發起	據藏文改譯。

廣論頁/行	四家合註頁次	原譯（福智第三版）	改譯	改譯原因
P383-L5	P268	若心輕安，若身輕安，身心調柔微細而轉，難可覺了	起心輕安，若身輕安、身心堪能，微細難覺	據藏文改譯。
P383-L7	P268	輾轉	轉承	據藏文改譯。
P383-L7	P268	強盛	粗顯	據藏文改譯。
P383-L8	P271	重而起	有重物	據藏文改譯。
P383-L9	P271	諸煩惱品	煩惱	據藏文改譯。
P383-L10	P271	強盛	粗顯	據藏文改譯。
P383-L10	P271	似重而起，非損惱相	現似負重，又非損惱之相	據藏文改譯。
P383-L12	P271	調柔	堪能	據藏文改譯。
P383-L12	P271	風入身中，由此風大遍全身分	風息流身，此風通遍身分之時	據藏文改譯。
P383-L13	P271	此亦由其調柔風力，遍一切身	此復舉身充實，而由堪能風力	據藏文改譯。
P384-L4	P273	此	如是此	據藏文補譯。
P384-L5	P273	最極安樂	強烈樂受	據藏文改譯。
P384-L5	P273	喜樂	喜樂覺受	據藏文補譯。
P384-L5	P273	輕安	其後輕安	據藏文補譯。
P384-L5	P273	強盛	粗顯	據藏文改譯。
P384-L6	P273	如影隨形有妙輕安	當有輕安輕薄如影	據藏文改譯。
P384-L7	P273	滅	已	據藏文改譯。
P384-L7	P273	喜動	大喜擾動	據藏文補譯。
P384-L7	P273	乃為	是即	據藏文改譯。
P384-L9	P273	有妙輕安隨身而轉	身具輕安猶如光影	據藏文改譯。
P384-L9	P273	漸次退減，由奢摩他所攝持故，心於所緣相寂靜轉	亦當捨卻，由奢摩他令心堅固，以極靜相轉趣所緣	據藏文改譯。
P384-L10	P274	或名得奢摩他，或名有作意	得奢摩他，或如論云：「名有作意」	據藏文改譯。

廣論 頁 / 行	四家合註 頁次	原譯（福智第三版）	改譯	改譯原因
P384-L11	P274	定地	等引地	據藏文改譯。
P384-L11	P276	如	如是亦如	據藏文補譯。
P384-L12	P276	定地所攝	等引地	據藏文改譯。
P384-L13	P276	定地	等引地	據藏文改譯。
P385-L1	P278	第二，分二，初有作意相	第二中，有作意相者	據藏文改譯。
P385-L1	P278	具何相、狀能令自他了知是為已「得作意」	言「已得作意」所具自他所能明了相、狀者	據藏文改譯。
P385-L2	P278	則得色地所攝少分定心、身心輕安、心一境性	則得少分色地攝心、身心輕安、心一境性四者	據藏文改譯。
P385-L3	P278	暫持心	等引時	據藏文改譯。
P385-L3	P278	欲等	貪欲等	據藏文改譯。
P385-L3	P278	從定起時	出等引時	據藏文改譯。
P385-L3	P278	輕安隨順而轉	輕安	據藏文刪之。
P385-L4	P278	如	如是亦如	據藏文補譯。
P385-L6	P278	於內正住暫持其心	於內正住而坐，投注心時	據藏文改譯。
P385-L7	P278	而有少分輕安餘勢隨身心轉	亦有些許身心輕安	據藏文改譯。
P385-L8	P280	作意力故	作意	據藏文刪之。
P385-L8	P280	奢摩他心一境性住定	等引心一境性奢摩他	據藏文改譯。
P385-L9	P280	輕安轉增	故令輕安轉增	據藏文改譯。
P385-L10	P280	如	如是亦如	據藏文補譯。
P385-L12	P280	堪能者	堪能時	據藏文改譯。
P386-L2	P281	第二、斷疑者	斷疑者	據藏文刪之。
P386-L2	P281	前說	於說無分別	據藏文改譯。
P386-L2	P281	不須策勵勤加功用，心任運轉趣三摩地，無諸分別	雖於念知不起恆勤功用，心成等持	據藏文改譯。

廣論 頁 / 行	四家合註 頁次	原譯（福智第三版）	改譯	改譯原因
P386-L4	P281	又如前於	如於前述	據藏文改譯。
P386-L4	P281	雖從定起	雖出等引	據藏文改譯。
P386-L5	P281	何道	何位	據藏文改譯。
P386-L5	P281	昔及現在總有多人立為入大乘道	現見今昔有極多人，總體立為大乘之道	據藏文改譯。
P386-L6	P281	一切身中	狀似舉身	據藏文改譯。
P386-L6	P281	此又	又見	據藏文改譯。
P386-L7	P282	微妙瑜伽	瑜伽	據藏文刪之。
P386-L7	P282	無著	聖無著	據藏文補譯。
P386-L9	P282	即修根本第一靜慮觀粗靜相諸世間道，皆依此定	此觀粗靜為相諸世間道，能成第一靜慮根本定者，亦依此定	據藏文改譯。
P386-L9	P282	外道	是以外道	據藏文補譯。
P386-L10	P282	皆須依此而趣上地	亦須依此而趣上道	據藏文改譯。
P386-L11	P282	或無顛倒	或由無倒	據藏文改譯。
P386-L11	P282	厭離生死、希求解脫，由出離心所攝持者，是解脫道	而厭生死、希求解脫，由此出離意樂攝持，成解脫道	據藏文改譯。
P386-L12	P282	若菩提心之所攝持	若由菩提心寶攝持	據藏文補譯。
P387-L1	P282	趣與不趣能證解脫及一切種智道	能不能成解脫及一切智道	據藏文改譯。
P387-L2	P284	決擇	如何決擇	據藏文補譯。
P387-L2	P284	所觀境時	正見之境	據藏文改譯。
P387-L2	P284	證德	證德總體軌理	據藏文補譯。
P387-L2	P284	無著菩薩	聖無著	據藏文改譯。
P387-L4	P284	然不許	故不許	據藏文改譯。
P387-L4	P284	故諸	以諸	據藏文改譯。
P387-L4	P284	修毗缽舍那法	毗缽舍那	據藏文刪之。

廣論 頁/行	四家合註 頁次	原譯（福智第三版）	改譯	改譯原因
P387-L5	P284	《中觀修次》	《中觀修次》諸篇	據藏文補譯。
P387-L5	P284	《般若波羅蜜多教授論》等	《般若波羅蜜多教授論》	據藏文刪之。
P387-L5	P284	亦以	亦說	據藏文改譯。
P387-L6	P284	五論	論典	據藏文改譯。
P387-L6	P284	除	亦除	據藏文補譯。
P387-L7	P284	一切大轍	現見一切大車	據藏文改譯。
P387-L8	P287	唯是寂止	故唯是止	據藏文改譯。
P387-L9	P287	決定	究竟決定	據藏文補譯。
P387-L9	P287	抑不思擇	抑唯全不思擇	據藏文補譯。
P387-L10	P287	初者	若如初者	據藏文補譯。
P387-L10	P287	則「應	理應如是分別宣說：「應當	據藏文改譯。
P387-L11	P287	彼見	見解	據藏文改譯。
P387-L11	P287	唯不分別而修，則非修習甚深空性。」理應如是分別宣說	全不分別而修，其修則非修深空性。」	據藏文改譯。
P387-L12	P287	凡無思惟一切癡修	諸凡一切無思惟修	據藏文改譯。
P388-L1	P287	一切止修	而住，此一切修	據藏文改譯。
P388-L2	P287	由彼定時	以由彼等安住定時	據藏文補譯。
P388-L2	P288	除念正知勢力微時略起觀察，餘時全不略起分別	除些許時念正知勢力轉弱起偵察等，餘時全不略起分別而修	據藏文改譯。
P388-L2	P289	故諸能引正奢摩他妙三摩地，《解深密經》說緣無分別影像	故《解深密經》說，諸能引發正奢摩他妙三摩地，緣無分別影像	據藏文改譯。
P388-L3	P289	成無分別影像所緣	緣無分別影像	為配合箋註故改譯。
P388-L4	P289	不復思擇、不極思擇	不復簡擇、不極簡擇	據玄奘大師原譯及藏文改譯。

廣論頁/行	四家合註頁次	原譯（福智第三版）	改譯	改譯原因
P388-L5	P289	由失念故，及由串習諸相、尋思、隨煩惱等諸過失故，如鏡中面，所緣影像數現在前	由失念及未串習之失，故由諸相、尋思及隨煩惱，令得顯現、開啟門徑、能為緣取	據藏文改譯。
P388-L6	P289	即更當修不念作意，謂先所見諸過患相增上力故。即於如是所緣境像，由所修習不念作意，除遣、散滅，當令畢竟不現在前	由先所見諸過患相增上力故，即更當修不念作意。如是由修不念作意，除遣、散滅所緣，當住無顯現性	據藏文改譯。
P388-L8	P289	此亦是於	此是僅於	據藏文改譯。
P388-L9	P289	修空	修空行持	據藏文補譯。
P388-L9	P289	尤其說修「不念作意」	尤許「凡說『不念作意之修』」	據藏文改譯。
P388-L10	P289	善為破除	亦善破除	據藏文改譯。
P388-L10	P289	編	篇	統一為「篇」。
P388-L11	P289	云	亦云	據藏文補譯。
P388-L12	P289	又	又於前引	據藏文補譯。
P388-L12	P289	已引如是眾多經論	此等眾經、大車諸論	據藏文改譯。
P388-L13	P290	一切安樂	安樂	據藏文刪之。
P389-L1	P292	此等乃是	若如是者，此等亦僅	據藏文改譯。
P389-L2	P292	尚未得止，便於少分無分別定	便於少分尚未得止住無分別定	據藏文改譯。
P389-L3	P292	定量智者	現見定量賢哲	據藏文改譯。
P389-L4	P292	思擇	分別觀擇	據藏文改譯。
P389-L4	P292	即違一切定量經論	即正違背定量諸論	據藏文改譯。
P389-L5	P292	凡無分別皆說是修甚深空義毘缽舍那，純粹支那堪布修法	然以全無分別認作修習勝觀深義，見此未雜餘說，純是支那堪布之宗	據藏文改譯。
P389-L5	P292	編	篇	統一為「篇」。
P389-L7	P296	顯示依奢摩他趣總道軌	總示依奢摩他趣道軌理	據藏文改譯。

廣論 頁/行	四家合註 頁次	原譯（福智第三版）	改譯	改譯原因
P389-L7	P296	又有明顯、無分別等殊勝差別，唯應修此無分別耶	彼唯應修具足明顯、無分別等殊勝之無分別耶	據藏文改譯。
P389-L8	P296	能斷	能摧	據藏文改譯。
P389-L9	P296	若不依此令生毘缽舍那	是故若不依此引發勝觀	據藏文改譯。
P389-L10	P296	暫伏	斷	據藏文改譯。
P389-L10	P296	趣世間道	世間道所行	據藏文改譯。
P389-L10	P296	能永斷	能從根本斷除	據藏文改譯。
P389-L11	P296	趣出世道	出世道所行	據藏文改譯。
P389-L11	P296	上進	進道	據藏文改譯。
P389-L13	P296	出世道	出世道所行	據藏文補譯。
P390-L1	P296	奢摩他道	奢摩他	據藏文刪之。
P390-L1	P296	如是修故，所有輕安、心一境性皆得增長	如是修時，輕安、心一境性皆極增長	據藏文改譯。
P390-L2	P296	後於二道隨樂何往	其後欲以二道隨一而行	據藏文改譯。
P390-L2	P296	加行	精勤	據藏文改譯。
P390-L2	P296	諸瑜伽師，由有作意	諸瑜伽師有作意者	據藏文改譯。
P390-L3	P296	往世間趣，或念我當往出世趣	以世間行而趣，或念我當以出世行而趣	據藏文改譯。
P390-L4	P296	增廣	增長、廣、大	據藏文補譯。
P390-L4	P296	若此作意堅固、相續、強盛而轉，發起清淨所緣勝解	若時彼之作意堅、穩、牢固，於淨所緣勝解而轉	據藏文改譯。
P390-L5	P296	隨所樂往	樂以何往	據藏文改譯。
P390-L6	P296	修粗靜相	修習粗靜為相	據藏文補譯。
P390-L7	P297	行相	為相，如是修持	據藏文改譯。
P390-L8	P299	若得前說	如是得前所說	據藏文改譯。
P390-L8	P299	不趣出世道，而趣世間道	不以出世道行，而以世間道行	據藏文改譯。

廣論 頁/行	四家合註 頁次	原譯（福智第三版）	改譯	改譯原因
P390-L9	P299	樂往世間道，非出世道	唯以世間道行，非以出世道	據藏文改譯。
P390-L9	P299	一切外道	除此以外一切外道	據藏文補譯。
P390-L10	P299	先修止行	先慣修止	據藏文改譯。
P390-L11	P301	外道	其中外道	據藏文補譯。
P390-L11	P301	然於無我	於補特伽羅無我	據藏文改譯。
P390-L12	P301	信解	勝解	據藏文改譯。
P390-L12	P301	或唯	由是或唯	據藏文補譯。
P390-L12	P301	或更進修粗靜行相	或唯修習粗靜為相	據藏文改譯。
P390-L12	P301	能往世間之道	以世間道而行	據藏文改譯。
P390-L13	P301	於奢摩他先多修習	唯先多習寂止止修，於此多所習近	據藏文改譯。
P390-L13	P301	故不樂修於無我義觀慧思擇	遂不樂以觀察慧於無我義觀擇而修	據藏文改譯。
P391-L1	P301	能往世間之道	以世間道而行	據藏文改譯。
P391-L1	P301	以	以或	據藏文補譯。
P391-L1	P301	行相	為相	據藏文改譯。
P391-L2	P301	諦現觀	現證諦	據藏文改譯。
P391-L3	P301	往世間道	以世間道而行	據藏文改譯。
P391-L3	P301	非緣無我不能修習毗缽舍那	非不能修緣無我之毗缽舍那	據藏文改譯。
P391-L3	P301	補處	所繫	據藏文改譯。
P391-L4	P301	亦必來世於最後有	亦於來世最後有時	據藏文改譯。
P391-L4	P301	從加行道四道俱生	加行道起共四種道生於相續	據藏文改譯。
P391-L4	P301	補處	所繫	據藏文改譯。
P391-L4	P301	於現法唯往世間道	名「現法唯以世間道行」	據藏文改譯。

廣論 頁/行	四家合註 頁次	原譯（福智第三版）	改譯	改譯原因
P391-L5	P301	如	此順小乘教成佛道理，如	據藏文改譯。
P391-L5	P301	依邊定一坐	定際依一遍	據藏文改譯。
P391-L5	P302	此順小乘教成佛道理，非無著	非無著	據藏文改譯。
P391-L6	P304	由是外道修粗靜相道伏煩惱現行，內佛弟子修無我義斷煩惱根本	若如是者，但凡外道修粗靜為相之道斷現行煩惱，內佛弟子修無我義根本斷除煩惱	據藏文改譯。
P391-L7	P304	伏斷煩惱所依根本	斷除煩惱依處所需	據藏文改譯。
P391-L9	P304	又	非唯如是，又	據藏文補譯。
P391-L9	P304	即大乘中	大乘人中	據藏文改譯。
P391-L10	P304	觀行者	瑜伽師	據藏文改譯。
P391-L10	P304	最要	極要	據藏文改譯。
P391-L10	P304	唯除少分所緣差別，謂緣形像、或緣三昧耶相、或種子字等	唯除所緣差別，謂緣天身，或緣標幟、咒字等而修習等	據藏文改譯。
P391-L11	P304	其斷懈怠等三摩地五種過失，及能對治依止正念及正知等	其須斷除懈怠等五種三摩地過，及彼對治依止念知等理	據藏文改譯。
P391-L13	P304	此三摩地極其寬廣。故《解深密經》密意宣說	故此等持極其寬廣。《解深密經》於此密意宣說	據藏文改譯。
P392-L2	P305	多種	極多	據藏文改譯。
P392-L2	P305	然主要者	然主要所為者	據藏文補譯。
P392-L3	P305	內外、大小乘所共，能暫伏煩惱現行，粗靜行相	內外所共，於內道中亦為大小乘所共，僅斷現行煩惱粗靜為相	據藏文改譯。
P392-L4	P305	修習無我真實行相	無我實性為相	據藏文改譯。
P392-L5	P305	真實	實性	據藏文改譯。
P392-L5	P306	以若得前說	此復若得如前所說	據藏文改譯。

廣論 頁／行	四家合註 頁次	原譯（福智第三版）	改譯	改譯原因
P392-L5	P306	未到地	近分地	據藏文改譯。
P392-L6	P306	以上	彼止以上	據藏文補譯。
P392-L6	P306	及	或	據藏文改譯。
P392-L7	P306	真實	實性	據藏文改譯。
P392-L8	P306	然終不能脫離生死	亦終不能脫生死故	據藏文改譯。
P392-L8	P306	如	如是亦如	據藏文補譯。
P392-L8	P306	置答	無以為報	據藏文改譯。
P392-L9	P306	未入佛正法	未向尊正法	據藏文改譯。
P392-L9	P307	仍苦	苦生	為配合箋註故改譯。
P392-L9	P307	佛	尊	據藏文改譯。
P392-L9	P307	勤	正	據藏文改譯。
P392-L10	P307	故預流、一來，一切	是故當知一切預流、一來	據藏文改譯。
P392-L11	P307	如是當知	如是	據藏文改譯。
P392-L11	P307	頓證	頓行	據藏文改譯。
P392-L11	P307	皆依前說	亦皆唯依前說	據藏文改譯。
P392-L11	P307	而勤修習	而修	據藏文改譯。
P392-L12	P307	故若身中未得	若相續中先未獲得	據藏文改譯。
P392-L13	P307	后	後	依現代通用字改譯。
P392-L13	P307	廣說	宣說	據藏文改譯。
P392-L13	P307	觀行師	諸瑜伽師	據藏文改譯。
P392-L13	P307	雖不必生緣所有粗靜行相	雖未發起緣盡所有粗靜為相	據藏文改譯。
P393-L1	P307	然必	然	為順文故改譯。
P393-L1	P307	初生之時	此復初生界限	據藏文改譯。

廣論 頁/行	四家合註 頁次	原譯（福智第三版）	改譯	改譯原因
P393-L1	P307	總應先生	總之，「先應發起	據藏文改譯。
P393-L2	P307	行相	為相	據藏文改譯。
P393-L2	P307	真實行相	實性為相	據藏文改譯。
P393-L3	P307	漸行五道而趣解脫或一切智，是佛教中總印所印。故隨修何種瑜伽	往趣解脫或一切智之五道者，是總佛教法印所印。故任何等修瑜伽師	據藏文改譯。
P393-L4	P307	是謂	是為	據藏文改譯。
P393-L5	P310	顯示別趣	別顯往趣	據藏文改譯。
P393-L5	P310	相道	為相之道	據藏文改譯。
P393-L5	P310	離欲	離欲界欲	據藏文補譯。
P393-L7	P310	粗靜相道	粗靜為相之道	據藏文改譯。
P393-L7	P310	須	先須	據藏文補譯。
P393-L7	P310	如	以	據藏文改譯。
P393-L7	P310	由此令彼增，由增極遠行，而得根本住	彼令此增已，由長足增長，故得根本住	據藏文改譯。
P393-L8	P310	由此增長彼三摩地，依此引發	彼令增長此三摩地，依之引發	據藏文改譯。
P393-L9	P311	又從第九心乃至未得作意時，說名	此復說從第九心起，乃至未得作意之間，是為	據藏文改譯。
P393-L9	P312	從得作意，為	得作意已，欲	據藏文改譯。
P393-L10	P312	名	是	據藏文改譯。
P393-L10	P312	了相	了相者	據藏文補譯。
P393-L11	P312	勤修作意，乃至未得所作作意	乃至未得作意	據藏文改譯。
P393-L11	P312	作意初修業者	初修業者	據藏文刪之。
P393-L12	P312	發起、攝受正勤修習了相作意	由此了相作意發起，為能受取而勤修習	據藏文改譯。
P393-L13	P312	瑜伽	瑜伽處	據藏文補譯。
P393-L13	P312	卷首	起首	據藏文改譯。

廣論 頁／行	四家合註 頁次	原譯（福智第三版）	改譯	改譯原因
P393-L13	P314	具足	修成	據藏文改譯。
P394-L1	P314	暫伏、永斷煩惱之理	斷煩惱理	據藏文改譯。
P394-L1	P314	未見明顯如此廣說	亦未明顯如此極廣宣說	據藏文補譯。
P394-L1	P314	故昔善巧大小《對法》	故見往昔善巧上下《對法》	據藏文改譯。
P394-L2	P314	及依此故暫伏、永斷煩惱之理	及依於彼斷煩惱理	據藏文改譯。
P394-L3	P315	若未善解《聲聞地》義	故若未能善解此《聲聞地》所說	據藏文改譯。
P394-L5	P315	未得近分	若未得此近分	據藏文改譯。
P394-L5	P315	了相作意	又復了相	據藏文改譯。
P394-L5	P315	由修習此	故由修此	據藏文改譯。
P394-L6	P315	《本地分》說	《本地分》文	據藏文改譯。
P394-L7	P315	故未得近分	故若未得第一近分	據藏文補譯。
P394-L8	P315	非初近分之最初	非僅是第一近分之初	據藏文改譯。
P394-L8	P315	尚有	須成	據藏文改譯。
P394-L9	P315	皆是	唯是	據藏文改譯。
P394-L9	P315	之義	所說	據藏文改譯。
P394-L9	P315	得奢摩他	現見得奢摩他	據藏文補譯。
P394-L11	P317	離欲	離欲界欲	據藏文補譯。
P394-L12	P317	且不能伏	不能暫遮	據藏文改譯。
P394-L13	P317	前說修奢摩他能伏煩惱現行	若爾，前說唯修寂止能伏現行煩惱	據藏文改譯。
P394-L13	P317	前依世間毘缽舍那悉皆攝為奢摩他而說	前者是依世間毘缽舍那攝入奢摩他中而說	據藏文改譯。
P395-L1	P317	初禪	第一	據藏文改譯。
P395-L2	P317	由諦行相及由粗靜相	由諦為相及粗靜為相	據藏文改譯。
P395-L2	P317	離欲	成辦離欲之理	據藏文補譯。

廣論 頁/行	四家合註 頁次	原譯（福智第三版）	改譯	改譯原因
P395-L3	P317	修此之身	此中所依者	據藏文改譯。
P395-L4	P317	勤修觀行	極起精勤	據藏文改譯。
P395-L5	P317	觀察	觀察作意	據藏文補譯。
P395-L5	P318	最後作意是證離欲根本定時所有作意，即所修果，前六作意是能修因	此中最後，是離欲界欲而入根本定時作意，故是所修；前六是為能修	據藏文改譯。
P395-L7	P319	修習何義而	而修何義以	據藏文改譯。
P395-L7	P319	雖由此道亦伏	其中雖由此道亦斷	據藏文改譯。
P395-L7	P319	餘惑現行	餘現行惑	據藏文改譯。
P395-L8	P319	修習欲貪	貪欲	據藏文改譯。
P395-L8	P319	其欲貪	又貪欲	據藏文改譯。
P395-L8	P319	貪欲	欲、貪	據藏文改譯。
P395-L9	P319	故能	故其	據藏文改譯。
P395-L9	P319	違貪欲相而善修習	倒執貪執取相而串習之	據藏文改譯。
P395-L9	P319	此雖無倒了解諸欲過失	又雖無倒分別解了欲界過失	據藏文改譯。
P395-L10	P319	隨久觀修此二德失	則於觀擇此二德失，任經幾許串習	據藏文改譯。
P395-L12	P319	此一切伏斷煩惱共同建立	此乃一切斷除煩惱建立	據藏文改譯。
P395-L12	P320	如是別思	若如是者，分別簡擇	據藏文改譯。
P395-L12	P320	善了其相	之了相	據藏文改譯。
P395-L13	P320	故此作意聞思間雜	故為聞思間雜	據藏文改譯。
P395-L13	P320	唯有修相	以修持相	據藏文改譯。
P396-L1	P320	《聲聞地》	於此《聲聞地》	據藏文補譯。
P396-L1	P320	於所緣相	由緣彼相	據藏文改譯。
P396-L2	P320	毘缽舍那中亦多宣說	多返說為毘缽舍那	據藏文改譯。
P396-L3	P321	止觀	止觀之理	據藏文補譯。

廣論 頁/行	四家合註 頁次	原譯（福智第三版）	改譯	改譯原因
P396-L4	P321	修習之理，謂若	故彼修習之理，謂於	據藏文改譯。
P396-L5	P322	輾轉修習止觀	交替修習止觀二者	據藏文改譯。
P396-L5	P322	由修習故	由依串習	據藏文改譯。
P396-L7	P322	是名	是為	據藏文改譯。
P396-L7	P322	便謂我今已斷煩惱	謂我今已斷除煩惱	據藏文改譯。
P396-L8	P323	諸欲	諸欲希求	據藏文補譯。
P396-L9	P323	醒覺故	醒覺彼	據藏文改譯。
P396-L9	P323	隨於一種可愛淨境攀緣思惟	攀緣隨一極其可愛貪境之時	據藏文改譯。
P396-L9	P323	是名為	是為	據藏文改譯。
P396-L10	P323	諸增上慢	我慢	據藏文改譯。
P396-L11	P323	由善	由於	據藏文改譯。
P396-L12	P323	伏斷	斷除	據藏文改譯。
P396-L13	P324	煩惱現行	現行煩惱	據藏文改譯。
P397-L1	P324	由此	此理	據藏文改譯。
P397-L1	P324	何況能得永度生死	是故不能度越生死	據藏文改譯。
P397-L2	P324	恐繁	此等恐繁	據藏文補譯。
P397-L2	P324	應當了知	故應觀閱	據藏文改譯。
P397-L2	P324	現在無修此等根本靜慮之理，故亦無有錯誤引導	今無此等修靜慮等根本定理，故因彼等導入歧途，亦復無由	據藏文改譯。
P397-L3	P324	然於此等若真了解，則於餘定亦斷歧途最為利益	然於此等若生領解，非徒空言，則於遮斷餘定歧途，見有大益	據藏文改譯。
P397-L4	P324	唯得此定	故雖得此殊勝等持，唯此	據藏文改譯。
P397-L5	P324	故於	故唯	據藏文改譯。
P397-L5	P324	真無我見毘缽舍那	別別觀察毘缽舍那無我正見	據藏文改譯。

廣論頁/行	四家合註頁次	原譯（福智第三版）	改譯	改譯原因
P397-L5	P327	縱未廣知修初靜慮等根本定法，然於前說	前說	據藏文改譯。
P397-L6	P327	定當了知此是	從	據藏文改譯。
P397-L6	P327	九種住心	九種住心之理	據藏文補譯。
P397-L7	P327	之所建立	所述	據藏文改譯。
P397-L7	P327	又《莊嚴經論》及無著菩薩於《菩薩地》、大乘《對法》、《攝決擇分》解彼意趣	彼經意趣，《經莊嚴論》為作解說；無著菩薩則於《菩薩地》、上部《對法》、《攝決擇分》中總略宣說	據藏文改譯。
P397-L8	P327	又《攝決擇分》於止觀二法，指《聲聞地》，故《聲聞地》解釋最廣	如《攝分》於止觀二法舉《聲聞地》，《聲聞地》中廣為解說	據藏文改譯。
P397-L9	P327	又	復有	據藏文改譯。
P397-L9	P328	今善觀彼等諸心要義，略示一二，全無杜撰	縱未廣知修初靜慮等根本定法，最下亦定須知經善觀察、遠離杜撰，所說彼等諸心要義	據藏文改譯。
P397-L10	P329	現在	一類	據藏文改譯。
P397-L10	P329	雖知其名	徒有空言	據藏文改譯。
P397-L11	P329	善	善解	據藏文補譯。
P397-L11	P329	棄而修餘	輕棄而修	據藏文改譯。
P397-L11	P329	又有眾多略得止品所攝正定，便謂已得空三摩地；或得內外所共第九住心定	見有略得止品所攝正定，便執是為空三摩地；眾多僅得內外二者共通等持第九住心	據藏文改譯。
P397-L12	P329	具眾	具足	據藏文改譯。
P397-L12	P329	已得根本	是為等引	據藏文改譯。
P397-L13	P329	善解	善辨理解	據藏文改譯。
P398-L1	P329	而生誤解	所惑	據藏文改譯。
P398-L1	P329	若能實知此定之義	知彼等持含義為何	據藏文改譯。

廣論 頁／行	四家合註 頁次	原譯（福智第三版）	改譯	改譯原因
P398-L2	P329	善巧	善巧。於此頌曰	據藏文補譯。
P398-L3	P329	因文簡直故，狹慧未能解	文深故未解，狹慧將自過	據藏文改譯。
P398-L3	P329	反謂此經論，無無分別教	反推諉經論，無修無別教	據藏文改譯。
P398-L4	P329	尚且未能辨	此輩尚未辨	據藏文改譯。
P398-L4	P329	善分辨	如實分	據藏文改譯。
P398-L5	P329	顯說	淺說	據藏文改譯。
P398-L5	P329	久習大論友	積年習論友	據藏文改譯。
P398-L6	P329	假石	碔砆	據藏文改譯。
P398-L6	P329	佛見除汝學	見除汝學典	據藏文改譯。
P398-L6	P329	讚「聞住林樂」，願觀察彼義	佛說「多聞者，林中樂」當參	據藏文改譯。
P398-L7	P330	修法與	初修法	據藏文改譯。
P398-L7	P330	了解	辨明	據藏文改譯。
P398-L8	P330	為聖教久住，故今略解釋	此亦為聖教，長久住世故	據藏文改譯。
P398-L9	P330	奢摩他靜慮自性	靜慮自性奢摩他	據藏文改譯。

AMRITA TRANSLATION FOUNDATION

大慈恩譯經基金會

創設緣起

　　真如老師為弘揚清淨傳承教法，匯聚僧團中修學五部大論法要之僧人，於 2013 年底成立「大慈恩・月光國際譯經院」，參照古代漢、藏兩地之譯場，因應現況，制定譯場制度，對藏傳佛典進行全面性的漢譯與校註。

　　譯經院經過數年的運行，陸續翻譯出版道次第及五部大論相關譯著。同時也收集了大量漢、藏、梵文語系實體經典以及檔案，以資譯經。2018 年，真如老師宣布籌備譯經基金會，以贊助僧伽教育、譯師培訓、接續傳承、譯場運作、典藏經像、經典推廣。

　　2019 年，於加拿大正式成立非營利組織，命名為「大慈恩譯經基金會」，一以表志隨蹤大慈恩三藏玄奘大師譯經之遺業；一以^上日^下常老和尚之藏文法名為大慈，基金會以大慈恩為名，永銘今後一切譯經事業，皆源自老和尚大慈之恩。英文名稱為「AMRITA TRANSLATION FOUNDATION」，意為不死甘露譯經基金會，以表佛語釋論等經典，是療吾等一切眾生生死重病的甘露妙藥。本會一切僧俗，將以種種轉譯的方式令諸眾生同沾甘露，以此作為永恆的使命。

　　就是現在，您與我們因緣際會。我們相信，您將與我們把臂共行，一同走向這段美妙的譯師之旅！

大慈恩譯經基金會官網網站：https://www.amrtf.org/

創始榮董名單

真如老師 楊哲優闔家 蕭丞莚 王名誼 釋如法 賴春長 江秀琴 張燈技
李麗雲 鄭鳳珠 鄭周 江合原 GWBI 蔡鴻儒 朱延均闔家 朱崴國際
康義輝 釋徹浩 釋如旭 陳悌錦 盧淑惠 陳麗瑛 劉美爵 邱國清 李月珠
劉鈴珠 楊林金寶 楊雪芬 施玉鈴 吳芬霞 徐金水 福泉資產管理顧問
王麒銘 王藝臻 王嘉賓 王建誠 陳秀仁 李榮芳 陳侯君 盧嬿竹 陳麗雲
張金平 楊炳南 宋淑雅 王淑均 陳玫圭 蔡欣儒 林素鐶 鄭芬芳
陳弘昌闔家 黃致文 蘇淑慧 魏榮展 何克澧 崔德霞 黃錦霞 楊淑涼
賴秋進 陳美貞 蕭仲凱 黃芷芸 陳劉鳳 楊耀陳 沈揚 曾月慧 吳紫蔚
張育銘 蘇國棟 闕月雲 蘇秀婷 劉素音 李凌娟 陶汶 周陳柳 林崑山
闔家 韓麗鳳 蔡瑞鳳 陳銀雪 張秀雲 游陳溪闔家 蘇秀文 羅云彤
余順興 Huang,Yu Chi 闔家 林美伶 廖美子闔家 林珍珍 蕭陳麗宏
邱素敏 李翊民 李季翰 水陸法會弟子 朱善本 顏明霞闔家 劉珈含闔家
蔡少華 李賽雲闔家 張航語闔家 詹益忠闔家 姚欣耿闔家 羅劍平闔家
李東明 釋性修 釋性祈 釋法謹 吳宜軒 陳美華 林郭喬鈴 洪麗玉
吳嬌娥 陳維金 陳秋惠 翁靖賀 邱重銘 李承慧 蕭誠佑 蔣岳樺 包雅軍
陳姿佑 陳宣廷 蕭麗芳 周麗芳 詹尤莉 陳淑媛 李永智 程莉闔家
蘇玉杰闔家 孫文利闔家 巴勇闔家 程紅林闔家 黃榕闔家 劉予非闔家
章昶 王成靜 丁欽闔家 洪燕君 崔品寬闔家 鄭榆莉 彭卓 德鳴闔家
周圓海 鄒靜 劉紅君 潘紘 翁梅玉闔家 慧妙闔家 蔡金鑫闔家
慧祥闔家 駱國海 王文添闔家 翁春蘭 林廷諭 黃允聰 羅陳碧雪
黃水圳 黃裕民 羅兆鈐 黃彥傑 俞秋梅 黃美娥 蘇博聖 練雪溱 高麗玲
彭劉帶妹・彭鈺茹 吳松柏・彭金蘭 吳海勇 陳瑞秀 傅卓祥 王鵬翔
張曜楀闔家 鄧恩潮 蔡榮瑞 蔡佩君 吳曜宗 陳耀輝 李銘洲 鄭天爵

創始榮董名單

鄭充閭　吳海勇　鐘俊益　鄭淑文　黃裕民闔家　任碧玉　任碧霞　龔龔顯
廖紫岑　唐松章　陳贊鴻　張秋燕　清達師　華月琴　鄭金指　練雪溱
林丕燦　高麗玲闔家　嚴淑華闔家　郭甜闔家　賴春長闔家　馮精華闔家
簡李選闔家　黃麗卿闔家　劉美宏　鄭志峯闔家　紀素華　紀素玲　潘頻
余闔家　莊鎮光　鍾淳淵　林碧惠　陳依涵　黃芷芸　蔡淑筠　陳吳月香
褚麗鳳　性覽師／法邦師　林春發　張健均　吳秀榕　葉坤土　林立茱
黃美燕　黃俊傑闔家　陳麗瑛　張俊梧　吳芬霞　邱金鳳　邱碧雲　詹明雅
陳奕君　翁春蘭　舒子正　李玉瑩　楊淑瑜　陳卉羚　張陳芳梅　徐不愛
林江桂　簡素雲　周秀麗　陳悌錦闔家　林淑美　王佳晴　古賴義裕　李回源

2020-2022 榮董名單

2020-2021

康玲玲 洪春秀 王富子 賴如椿 黃郁惠 林千愉 鄭松壽 鄭黃煦之
楊植三 蔡秀琴 邱竣華 謝文科 嚴宗耀 沈瑪莉 張玉虹 高之齊 盧蒼騰
黃宗誠 李春金 李芝蘭 張佩君 洪楚娜 林志明 許玉枝 蔡林玉燕
邱有財 林秀玲 許淑琅 李桂英 曾煥信 朱真如 朱曼如 何庚燁 曹永利
盧譽之 黃家鼎 邱俊維 楊吉田 張春梅 余佳雯親友團 李宜珍 伊永波
深圳市悅意集團 王建福 傅金漢 黃海庭 邱尚蘭 蔡均逸 陳美玉
陳素卿闔家 林秀珠闔家 蔡榮發 大悲齋僧團 林玉華 黃寶秀 李建中
嚴雅仙 范揚深闔家 陳贊鴻 吳靜君 王瑞豐闔家 洪雪闔家 蔡馬瞱
彭靜 潘泓 張素貞 鄭秋梅 陳維君闔家 Wendy Ho 李興芳 陳兆臨
林俊宏 陳慧蓉

2021-2022

釋清克 莊如松闔家 黃杜榮子 李靜泱闔家 福智園區教師群 林淼涼
闔家 蒙特婁越南玄空寺 李巧芳闔家 丁雅蓉 陳素真 劉阿基闔家
何錦潮 侯榮利陳秀亮闔家 許碧雲闔家 陳阿嬌闔家 魏美蓉何光燿闔家
蔡銀鏢 梁乃文 鄭淑文闔家 吳耀棠闔家 陳如馨闔家 舒子正 李玉瑩
胡欣蓮闔家 孟娟闔家 薛琍文闔家 蔡愛群蔡麗須闔家 李春景 許竣富
許竣賀闔家 王昭變闔家 彭志偉 蔡榮瑞 蔡佩君 林惠莉 林美華
HOPE Center 周宜容 何定慧闔家 林翠平闔家 李建彤 陳金源闔家
釋性哲

AMRITA
TRANSLATION FOUNDATION

AMRITA
TRANSLATION FOUNDATION

上士道護法——六臂怙主

上士道護法──六臂怙主 偈讚

上師怙主無分別　　我今虔誠敬皈依

我等有情諸煩惱　　祈願斷除盡無餘

怙主上師無分別　　我今虔誠敬皈依

我等有情諸障礙　　祈願斷除盡無餘

中士道護法——多聞天子

藥叉大王多聞子

財富自在雨妙欲

大悲怙主滅貧乏

敬禮天王并眷屬

下士道護法──閻摩法王

下士道護法──閻摩法王 偈讚

大力閻摩法王及眷屬

若於阿底峽及宗師教

作害怨魔盼汝悉鏟除

如子守護教法持教者

菩提道次第廣論四家合註白話校註集 5‧ 奢摩他

造　　論	宗喀巴大師	
合　　註	巴梭法王　語王堅穩尊者　妙音笑大師　札帝格西	
譯　　論	法尊法師	
總　　監	真　如	
譯　　註	釋如法　釋如密　釋如行等	

責任編輯	葉郭枝
文字編輯	王淑均
美術設計	吳珮湜　陳荷鸞　蘇筱涵
美術完稿	黃清田
排　　版	華漢電腦排版有限公司
印　　刷	科樂印刷事業股份有限公司

出 版 者	福智文化股份有限公司
地　　址	105407 台北市松山區八德路三段 212 號 9 樓
電　　話	02-2577-0637
網　　址	www.bwpublish.com
客服 Email	serve@bwpublish.com
總 經 銷	時報文化出版企業股份有限公司
地　　址	333019 桃園市龜山區萬壽路二段 351 號
電　　話	02-2306-6600 轉 2111
出版日期	2021 年 12 月　初版第二刷
定　　價	新台幣 1200 元

I S B N	978-986-93257-0-7（全　套：精裝）
	978-986-06682-3-0（第 5 冊：精裝）

本書所得用以支持經典譯註及佛法弘揚

國家圖書館出版品預行編目資料

菩提道次第廣論四家合註白話校註集. 5, 奢摩他 /
宗喀巴大師造論；巴梭法王，語王堅穩尊者，妙音
笑大師，札帝格西合註；法尊法師譯論；釋如法，
釋如密，釋如行等譯註. -- 初版. -- 臺北市：福智
文化股份有限公司，2021.12-
　　冊；　公分. --（廣論四家合註白話校註集；5-)
ISBN 978-986-06682-3-0（第 5 冊：精裝）

1.藏傳佛教　2.注釋　3.佛教修持

226.962　　　　　　　　　　　110017029

特別感謝：

BDRC（Buddhist Digital Resource Center，佛教資源中心）、寂禪法師、林先珍、
林蔚穎、南華大學宗教學研究所黃國清所長、石錦祥、李佩仙、李貴民、林秀卿、
林添進、洪琬雯、張志鵬、張淑鳳、張書銓、陳柏源、陳美美、曾珮宸、黃阿日、
劉珍珠、鄭塰芝、王錫瑤、湯秋惠、周麗華、沈平川、林桂美、張慧妤、江合原、
楊慶昌、唐淑蘭、蕭雅文、朱以彤、白綉澄、李金連、金郁文、金家梅、李家瑜、
葉惠欣等，單位、法師、居士提供資訊、諮商及繁瑣校對工作，至本書更臻完善，
特申謝忱。

大慈恩・月光國際譯經院 謹誌